普通高等教育机电类系列教材

# Creo 5.0 设计实用教程

编　著○钟日铭　丁敬永

CREO 5.0 SHEJI
SHIYONG JIAOCHENG



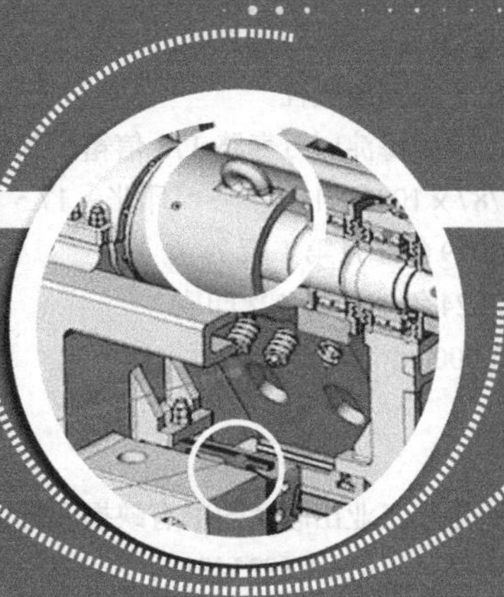

電子工業出版社
Publishing House of Electronics Industry
北京 · BEIJING

## 内 容 简 介

本书考虑初学者的学习特点，以理论知识结合典型范例的方式介绍 Creo 5.0 的基础知识与应用技巧。本书共 11 章，内容包括 Creo 5.0 入门概述、草绘、基准特征、基础特征、工程特征、特征复制和编辑、高级特征应用、曲面造型基础、柔性建模、装配设计和工程图等。本书知识点安排由浅入深，条理清晰，内容实用，案例真实，可帮助初学者快速掌握 Creo 5.0 的基本技能并学习实际工作中涉及的设计技巧。

本书可作为高等院校、职业院校计算机辅助设计、机械设计、工业设计等专业相关课程的教材，也可作为计算机辅助设计培训班的参考教材，也可供从事机械设计和工业设计等相关行业的设计人员参考。



**图书在版编目（CIP）数据**

Creo 5.0 设计实用教程 / 钟日铭，丁敬永编著 . —北京：电子工业出版社，2019.8
ISBN 978-7-121-37124-0

Ⅰ. ① C… Ⅱ. ①钟… ②丁… Ⅲ. ①计算机辅助设计－应用软件－高等学校－教材 Ⅳ. ① TP391.72

中国版本图书馆 CIP 数据核字 (2019) 第 150115 号

责任编辑：章海涛
文字编辑：张 鑫
印 刷：北京捷迅佳彩印刷有限公司
装 订：北京捷迅佳彩印刷有限公司
出版发行：电子工业出版社
北京市海淀区万寿路 173 信箱 邮编：100036
开 本：787×1092 1/16 印张：17.5 字数：426 千字
版 次：2019 年 8 月第 1 版
印 次：2024 年 1 月第 4 次印刷
定 价：52.00 元

凡所购买电子工业出版社图书有缺损问题，请向购买书店调换。若书店售缺，请与本社发行部联系，联系及邮购电话：（010）88254888，88258888。

质量投诉请发邮件至 zlts@phei.com.cn，盗版侵权举报请发邮件至 dbqq@phei.com.cn。

本书咨询联系方式：192910558（QQ 群）。

# 前言

INTRODUCTION

Creo 是由美国 PTC 公司推出的一款功能强大的 CAD/CAM/CAE 软件套件，它为用户提供了一个从产品设计到制造的完整 CAD 解决方案，广泛应用于机械设计、汽车、航天航空、电子家电、玩具、模具、化工等领域。Creo Parametric 是其中一款重要的应用软件。本书采用 Creo Parametric 5.0 简体中文版作为软件操作蓝本，在考虑初学者学习特点的基础上，有针对性地结合理论知识和典型范例进行讲解，以帮助初学者快速掌握 Creo Parametric 5.0 的基本技能并学习实际工作中涉及的设计技巧。

## 本书内容

本书共分 11 章，涉及草绘器、实体零件设计、曲面造型设计、装配（组件）设计、工程图设计等主要功能模块，具体的内容简述如下。

第 1 章 介绍 Creo 5.0 入门知识，包括 Creo 5.0 主要特点、启用 Creo Parametric 5.0、Creo Parametric 5.0 工作界面、基本的文件管理操作、模型视图基础、模型树与层的应用。

第 2 章 主要讲解二维草绘的实用知识，包括草绘器基础、基本图元绘制、图形编辑、设置几何约束、尺寸标注、尺寸修改、文本创建与修改、解决尺寸和约束冲突等。

第 3 章 介绍常见基准特征的创建方法及步骤。

第 4 章 结合应用实例，重点讲解几种基础特征的创建，如拉伸特征、旋转特征、扫描特征（恒定截面扫描特征和可变截面扫描特征）、体积块螺旋扫描特征和混合特征。

第 5 章 介绍倒圆角、倒角、孔、壳、筋、拔模和晶格等常见的工程特征。

第 6 章 阐述特征复制编辑知识，包括复制与粘贴、镜像、阵列等。

第 7 章 介绍应用高级特征的进阶知识，包括修饰特征（修饰草绘、修饰螺纹）、螺旋扫描、扫描混合、环形折弯和骨架折弯。

第 8 章 介绍曲面造型基础知识，主要包括创建基本曲面特征、曲面工程处理、曲面编辑处理基础、使用曲面创建或编辑实体（曲面加厚、实体化）、边界混合、造型设计。

第 9 章 介绍柔性建模的相关知识，以柔性建模综合范例为主线进行介绍。

第 10 章 介绍装配设计实用知识，包括进入装配模式、约束装配与连接装配、零件装配的一般步骤、移动元件、在装配模式下创建新元件、使用元件右键快捷菜单和浮动工具栏、装配相同零件的方法、创建爆炸视图、模型分析（如检查全局干涉情况）等。

第 11 章 介绍与工程图相关内容，涉及新建工程图文件、工程图绘图环境设置、建立基本工程视图、移动视图与对齐视图、标注视图（自动显示来自 3D 模型的项目、使用新参考创建尺寸、设置尺寸公差、插入几何公差、插入注释等）和创建工程图综合范例。

## 本书特点

本书知识点安排由易到难，由浅入深，将应用技巧和实用知识融合到典型范例中。这种循序渐进、重点突出的结构安排，能够让初学者一步一步地熟悉软件功能和掌握使用 Creo Parametric 5.0 进行相关设计的操作方法和技巧，从而迈向高手之列。

本书图文并茂、结构鲜明，有条不紊地介绍重要的知识点，并且尽量以操作步骤的形式体现出来，这样有利于实际上机操作，培养动手能力。另外，本书精选了案例和上机练习题，使初学者掌握和巩固 Creo 知识和基本操作，进而培养兴趣并产生成就感，这对于快速而有效提高设计能力的帮助很大。

## 如何阅读本书

在阅读本书时，需要注意：书中实例使用的单位制以采用的绘图模板为基准。

在阅读本书时，配合书中实例进行上机操作，学习效果更佳。

在阅读完每一章知识后，请认真对待“思考与上机练习”，以检验学习效果和巩固所学知识。

## 本书配套资源

本书提供配套资源包供下载，内容包含与书中实例和范例配套的原始文件、完成操作的模型参考文件、操作学习视频文件、电子教案等，可在华信教育资源网（http://www.hxedu.com.cn）上下载。

## 技术支持及答疑

如果读者在阅读本书时遇到什么问题，可以通过 E-mail 方式与作者联系，作者的电子邮箱为 sunsheep79@163.com，欢迎读者咨询技术或提出批评建议；也可以关注作者的微信公众号“桦意设计”，进行图书的技术答疑沟通，并获取更多的学习资料和视频教学观看机会。

微信搜一搜

桦意设计

另外，作者的 QQ 号码为 617126205，今日头条号为“CAD 钟日铭”。对于提出的问题，作者会在力所能及的范围内尽快答复。

本书由钟日铭编著，丁敬永等参与配套教学视频的录制。由于编写时间仓促，书中难免存在疏漏之处，请广大读者不吝赐教。谢谢。

天道酬勤，熟能生巧，以此与读者共勉。

钟日铭

# 目录

CONTENTS

第1章

# Creo 5.0 入门概述

**本章主要学习内容：**

- Creo 5.0 主要特点
- 启动 Creo Parametric 5.0
- Creo Parametric 5.0 工作界面
- 基本的文件管理操作
- 模型视图基础
- 模型树与层的应用

## 1.1 Creo 5.0 主要特点

Creo 是由美国参数科技公司（Parametric Technology Corporation，PTC）成功开发的一款主流、全方面的计算机三维辅助设计软件，它整合了 Pro/ENGINEER、CoCreate 和 ProductView 中经过验证的技术，并加以创新和完善。Creo 相当于一个可伸缩的套件，集成了一系列可互操作的应用软件，功能覆盖了产品的开发、制造和仿真等各个领域。在使用 Creo 的过程中，借助 Creo 超强的互操作性可以让数据在各个相应的应用软件和建模模式之间无缝链接，同时还能保持一致的设计意图，协同工作和数据共享更是大大地提高了团队设计效率和产品生产效率。Creo 系列软件在机械设计、模具设计、产品工业设计、航天航空、玩具、消费电子等相关领域应用广泛。

Creo 5.0 是目前较新的应用版本，它为用户提供了一套从概念设计到制造的完整 CAD 解决方案，是当今主流 CAD/CAE/CAM 代表软件套件之一。Creo 5.0 基础安装包主要包含 Creo Parametric 5.0，Creo Direct 5.0，Creo Layout 5.0，Creo Modelcheck 5.0，Creo Simulate 5.0，Creo Render Studio 5.0 和 Creo View Express 5.0 等。本书主要介绍其中最为重要的 Creo Parametric 5.0，此软件几乎包含 Creo Elements/Pro（即 Pro/ENGINEER）的所有功能，以及创新的柔性建模功能和其他强大设计功能等。

在 Creo Parametric 5.0 中，可以设计多种类型的模型，如零件、装配等。在开始设计之前，需要了解以下几个基本设计概念。

### 1. 设计意图

设计意图在设计工作中是很重要的，它是 Creo Parametric 基于特征建模过程的核心概念。设计意图根据产品规范或需求来定义成品的用途和功能。有效捕捉设计意图能够为产品设计带来较高价值。

### 2. 基于特征建模

在 Creo Parametric 中，零件建模是从逐个创建单独的几何特征开始的，一系列的特征按照一定的次序组合起来便构成了零件。零件模型主要分为曲面模型和实体模型。在设计过程中参照其他特征时，这些特征将和所参照的特征相互关联。

在特征之间还可以存在父项 / 子项关系，父项 / 子项关系提供了一种将设计意图捕获到模型中的有效方式。创建特征时，被参照的现有特征作为新特征的父项。如果父项特征被更改，那么子项特征（子特征）也会自动地随之进行相应更新。

### 3. 参数化设计

参数化设计是 Creo Parametric 最值得称赞的特点之一。特征之间的相关性使得模型成为参数化模型。如果修改了某特征，而此修改又直接影响其他相关（从属）特征，那么 Creo Parametric 会动态修改那些相关特征。参数化功能可保持零件的完整性，并可保持设计意图。

### 4. 相关性

Creo Parametric 中的相关性是指各模块之间具有某种关联。通过相关性，Creo Parametric 可在“零件”模式外（如“装配”模式、“绘图”模式等）也保持设计意图。如果在任意一级修改设计，项目将在所有级中动态反映该修改，这样便始终保持了设计意图。

### 5. 柔性建模

使用柔性建模工具可以对选定几何形状进行显式修改，而不用考虑预先存在的各个关系（如参考关联等），可以简化设计方案的去特征化、去参数化操作以方便下游设计流程的工作。柔性建模是参数化建模的有机补充（可以说柔性建模功能是与标准参数建模技术共同工作的一个强劲工具箱），对修改外来模型来说是十分有用的。

## 1.2 启动 Creo Parametric 5.0

通常可以采用如下两种方法启动 Creo Parametric 5.0。

### 1. 使用 Windows 操作系统的“开始”程序启动

以 Windows 10 操作系统为例，单击桌面左下角“开始”按钮，在应用程序列表中选择“PTC”程序组下的 Creo Parametric 5.0 启动命令，如图 1-1 所示。

### 2. 双击 Windows 桌面的快捷方式启动

如果设置在 Windows 操作系统的桌面上显示 Creo Parametric 5.0 程序的快捷方式图标，如图 1-2 所示，可以通过双击该快捷方式图标启动 Creo Parametric 5.0。

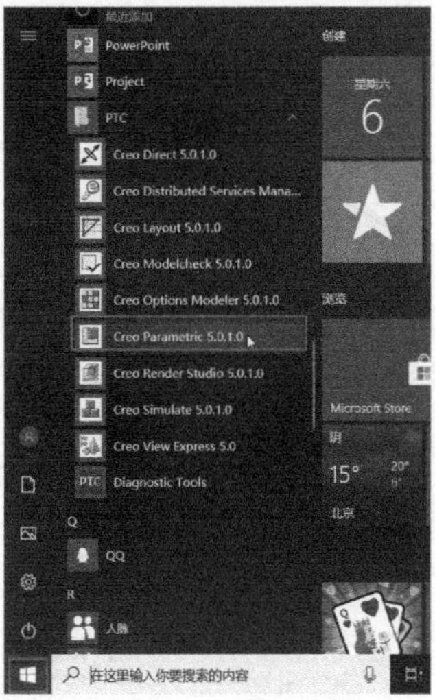


图 1-1　使用 Windows 操作系统的“开始”程序启动

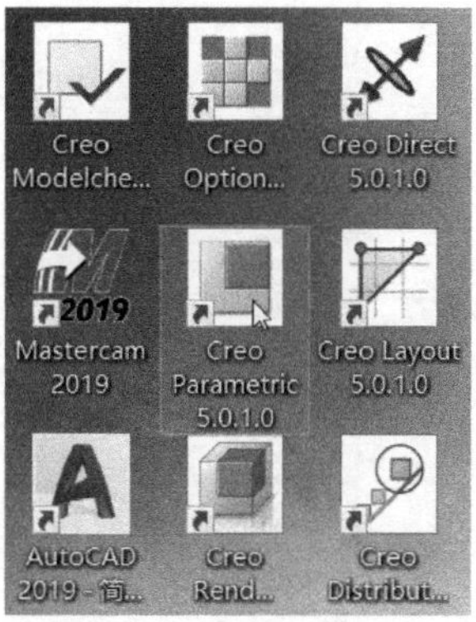


图 1-2　双击快捷方式来启动

# 1.3 Creo Parametric 5.0 工作界面

启动 Creo Parametric 5.0 后，弹出如图 1-3 所示的启动画面，片刻后，此启动画面消失，进入 Creo Parametric 5.0 工作界面。

图 1-3　Creo Parametric 5.0 的启动画面

如图 1-4 所示，Creo Parametric 5.0 工作界面主要由标题栏、“快速访问”工具栏、功能区、导航区、图形窗口、状态栏等组成。若新建或者打开零件模型，则工作界面的浏览器窗口将被图形窗口（模型显示区域）替代，在图形窗口中还可以调出“图形”工具栏，而在状态栏中还嵌入一个“选择”过滤器。用户可以根据需要调整浏览器窗口和图形窗口同时出现在当前工作界面中。

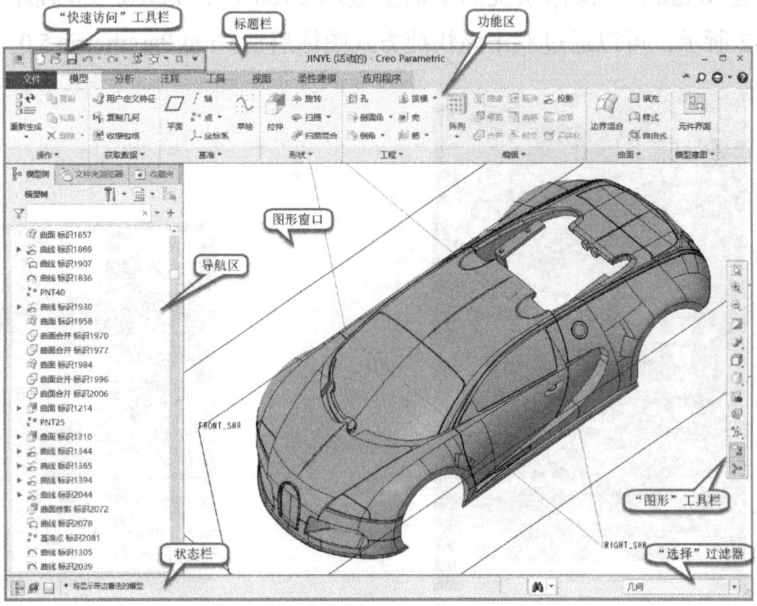


图 1-4　Creo Parametric 5.0 工作界面

# 1.4 基本的文件管理操作

Creo Parametric 5.0 基本的文件管理操作包括新建文件、保存文件、打开文件、拭除文件、删除文件、设置工作目录、重命名、关闭文件与退出系统。

## 1.4.1 新建文件

在“快速访问”工具栏中单击“新建”按钮，或者按 Ctrl+N 快捷键，打开“新建”对话框，通过该对话框创建一个新的文件。根据设计需要可以创建“草绘”“零件”“装配”“绘图”“制造”“格式”“记事本”和“布局”等格式的新文件。

**小实例 创建一个新实体零件文件**

**操作步骤**

（1）在“快速访问”工具栏中单击“新建”按钮，打开“新建”对话框。

（2）在“新建”对话框的“类型”选项组中，选择“零件”单选按钮；在“子类型”，选择“实体”单选按钮；在“文件名”文本框中输入新文件名为 HY_1_1，取消选中“使用默认模板”复选框，如图 1-5 所示。

（3）单击“新建”对话框的“确定”按钮，打开“新文件选项”对话框。

（4）在“新文件选项”对话框的“模板”选项组中选择 mmns_part_solid，如图 1-6 所示。

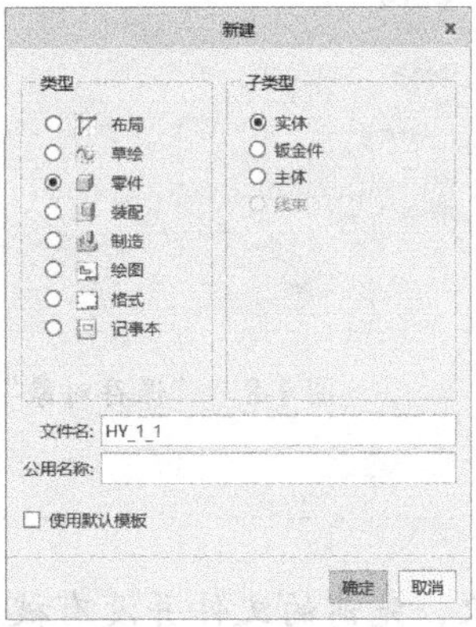


图 1-5 “新建”对话框

图 1-6 “新文件选项”对话框

**知识点拨**

通过模板文件生成的 Creo Parametric 5.0 文件具有预定义好的统一界面、格式，符合约定的制图标准。一般不推荐使用系统默认模板，这是因为默认模板为英制模板。mmns_part_solid 模板采用的单位制符合公制要求。

（5）单击“新文件选项”对话框的“确定”按钮，进入零件设计模式。

## 1.4.2 保存文件

在功能区打开“文件”应用程序菜单，可以看到与保存相关的命令有“保存”“保存副本”“保存备份”和“镜像零件”，如图 1-7 所示。用户可根据需要选择所需的保存命令。下面介绍前 3 个保存命令的用途。

### 1. “保存”命令

“保存”命令用于保存打开的模型。第一次在功能区“文件”应用程序菜单中选择“保存”命令，或者在“快速访问”工具栏中单击“保存”按钮，打开如图 1-8 所示的“保存对象”对话框。第一次保存时可以指定文件存放的位置（保存地址），然后单击“确定”按钮即可。如果要在浏览的文件夹根目录下新建一个文件夹作为模型文件存放的目录，那么可以在“保存对象”对话框中选择“组织”→“新建文件夹”命令，并在打开的“新建文件夹”对话框中指定新目录名称。以后再次单击“保存”按钮，系统将不再打开“保存对象”对话框，而是直接以进程中的文件名进行保存。

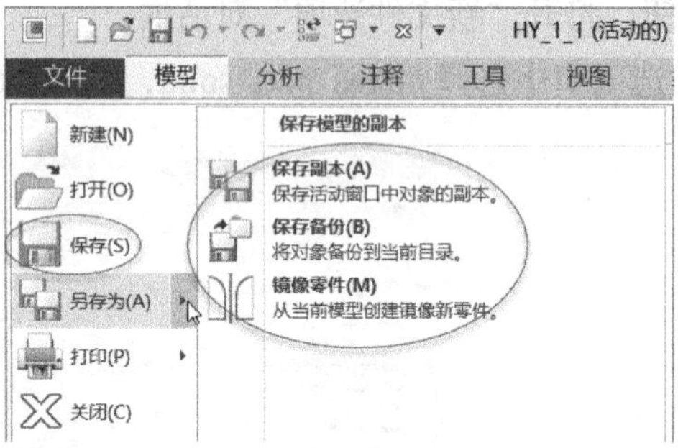


图 1-7　保存命令

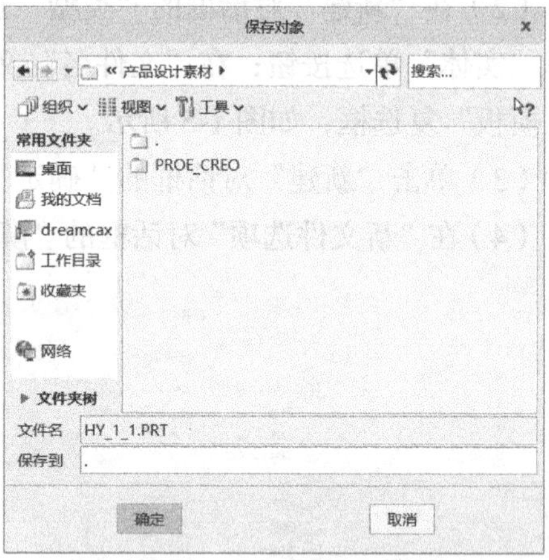


图 1-8　“保存对象”对话框

**注意**

执行“保存”命令时，每执行该命令保存一次，先前的文件并没有被覆盖，而保存生成的该同名文件会在其扩展名的后面自动添加版本编号。例如，第一次保存文件名为 HY_1_1.PRT.1，而第二次保存文件名则为 HY_1_1.PRT.2，以此类推。

### 2. “保存副本”命令

“保存副本”命令保存活动对象的副本。在功能区“文件”应用程序菜单中选择“另存为”→“保存副本”命令，打开如图 1-9 所示的“保存副本”对话框，指定保存目录，在“新文件名”文本框中输入副本名称，在“类型”下拉列表中选择所需的文件类型，然后单击“确定”按钮。

### 3. “保存备份”命令

“保存备份”命令将对象备份到指定目录下。在功能区“文件”应用程序菜单中选择“另存为”→“保存备份”命令，打开如图 1-10 所示的“备份”对话框，可以在指定的目录下备份文件。

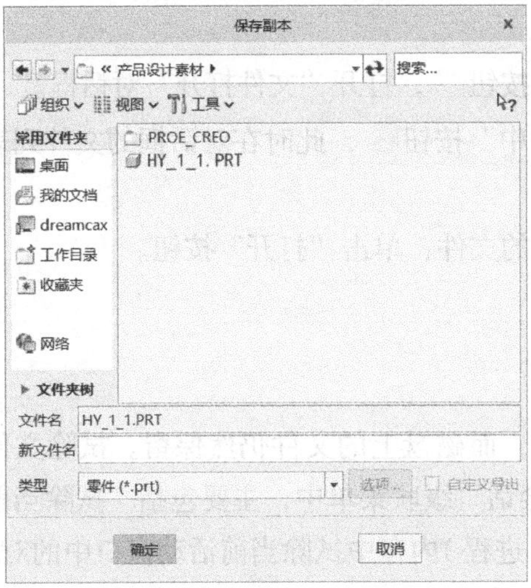

图 1-9 “保存副本”对话框

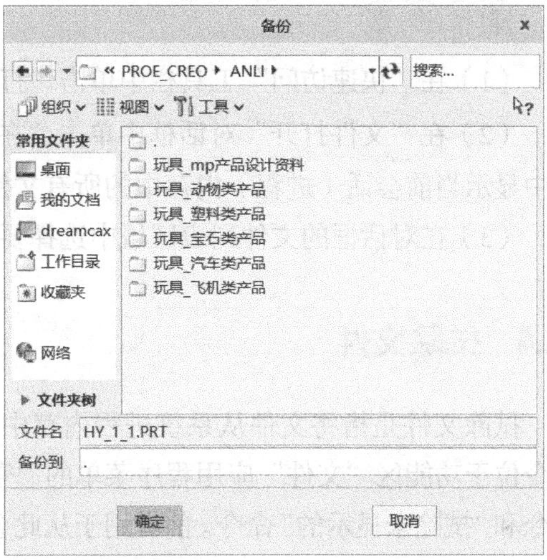

图 1-10 “备份”对话框

## 1.4.3 打开文件

在“快速访问”工具栏中单击“打开”按钮，或者在功能区“文件”应用程序菜单中选择“打开”命令，打开“文件打开”对话框，选择要打开的文件，需要时可以单击对话框中的“预览”按钮浏览要打开的模型，如图 1-11 所示，最后单击“打开”按钮。

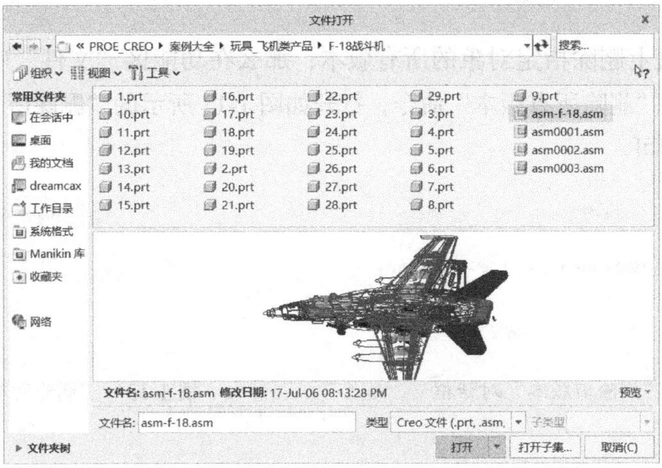

图 1-11 “文件打开”对话框

用户创建的或者打开的文件，都会存在系统会话（进程）内存中，除非执行相关命令将其从会话（进程）内存中拭除。会话（进程）可以理解为 Creo Parametric 从启动到退出的整个阶段。

**小实例　打开系统进程内存中的文件**

**操作步骤**

（1）在“快速访问”工具栏中单击“打开”按钮，打开“文件打开”对话框。

（2）在“文件打开”对话框中单击“在会话中”按钮，此时在对话框的文件列表区域中显示当前会话（进程）内存中的所有文件。

（3）在对话框的文件列表区域中选择要打开的文件，单击“打开”按钮。

### 1.4.4　拭除文件

拭除文件是指将文件从系统进程内存中清除，而磁盘上的文件仍然保留。拭除文件的命令位于功能区“文件”应用程序菜单的“管理会话”级联菜单中，主要包括“拭除当前”命令和“拭除未显示的”命令。前者用于从此会话（进程）内存中拭除当前活动窗口中的对象；后者则用于从会话（进程）内存中清除不在窗口中的所有对象。

### 1.4.5　删除文件

删除文件是指将相应文件从磁盘中永久地删除，这与拭除文件是有明显区别的，用户要慎重执行删除文件的操作。

在功能区“文件”应用程序菜单中选择“管理文件”→“删除旧版本”命令，打开如图 1-12 所示的“删除旧版本”对话框，单击“是”按钮，则删除指定对象除最高版本号以外的所有版本。

如果要从磁盘上删除指定对象的所有版本，那么在功能区“文件”应用程序菜单中选择“管理文件”→“删除所有版本”命令，打开如图 1-13 所示的“删除所有确认”对话框，单击“是”按钮即可。

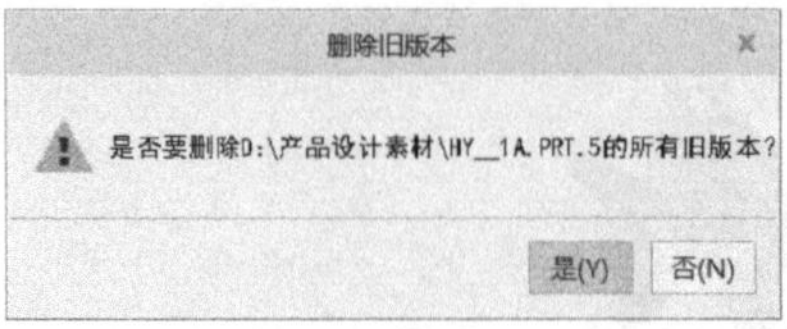


图 1-12　“删除旧版本”对话框

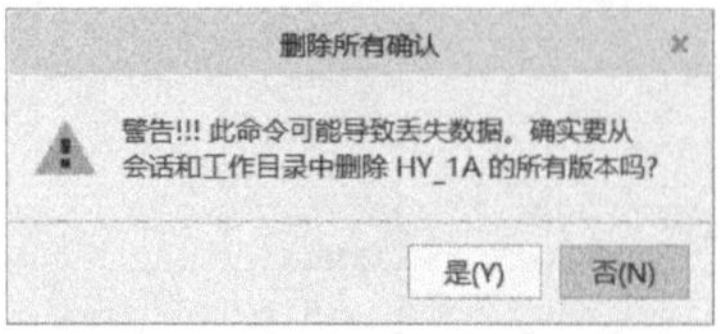


图 1-13　“删除所有确认”对话框

## 1.4.6 设置工作目录

在 Creo Parametric 5.0 中设置工作目录，有助于管理大量的设计文件，可以大大简化文件的保存、查找等工作。通常，属于同一设计项目的模型文件，可以放置在同一个工作目录下。

**小实例 设置工作目录**

**操作步骤**

（1）在功能区“文件”应用程序菜单中选择“管理会话”→“设置工作目录”命令，打开如图 1-14 所示的“选择工作目录”对话框。

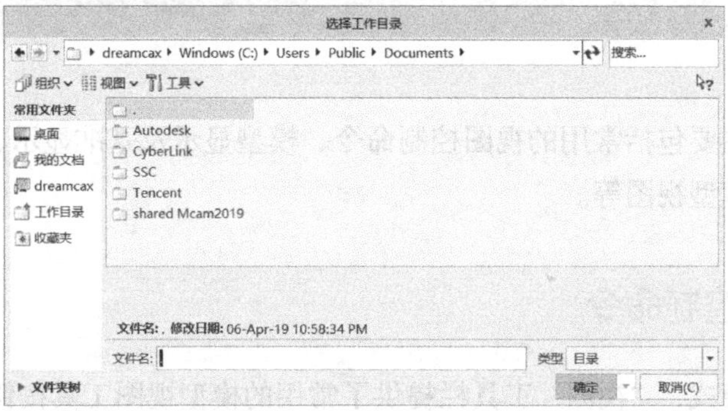


图 1-14 “选择工作目录”对话框

（2）将通过查找在列表框中指定所需的文件夹作为工作目录；或者在指定位置新建文件夹作为目录，然后单击“选择工作目录”对话框的“确定”按钮。

工作目录设置完成后，在以后进行文件创建、保存、打开、删除等操作时，系统会自动默认在该工作目录中进行；除非中途改变了其存储与读取路径。

## 1.4.7 重命名

如果要重命名模型文件，可以在功能区“文件”应用程序菜单中选择“管理文件”→“重命名”命令，打开如图 1-15 所示的“重命名”对话框，接着输入新文件名，并选择“在磁盘上和会话中重命名”单选按钮或“在会话中重命名”单选按钮，单击“确定”按钮。

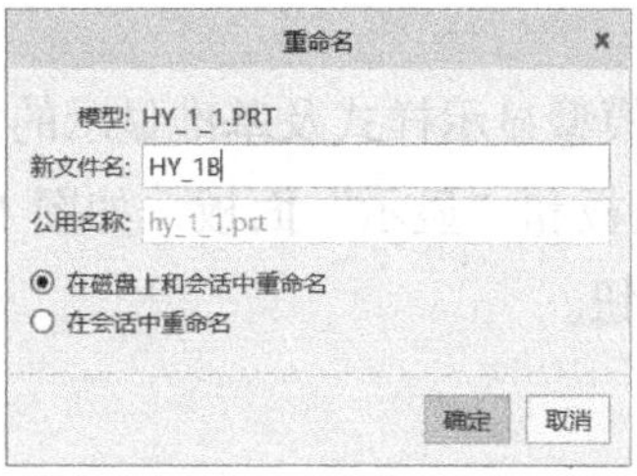


图 1-15 “重命名”对话框

### 1.4.8 关闭文件与退出系统

在功能区“文件”应用程序菜单中选择“关闭”命令，或者在“快速访问”工具栏中单击“关闭”按钮，可以关闭当前窗口文件而不退出 Creo Parametric 系统。以这种方式关闭文件后，该文件对象仍然保留在系统进程内存中。

在功能区“文件”应用程序菜单中选择“退出”命令，可以退出 Creo Parametric 系统。另外，在标题栏右侧部位单击“关闭”按钮，也可退出 Creo Parametric 系统。

## 1.5 模型视图基础

模型视图基础主要包括常用的视图控制命令、模型显示及基准显示、使用保存的视图列表、使用鼠标调整模型视图等。

### 1.5.1 了解视图控制命令

进入零件设计模式，“视图”工具栏提供了常用的模型视图工具按钮，如图 1-16 所示。有关视图控制的工具命令也基本集中在功能区“视图”选项卡上，“视图”选项卡主要包含“可见性”“外观”“方向”“模型显示”“显示”和“窗口”面板。

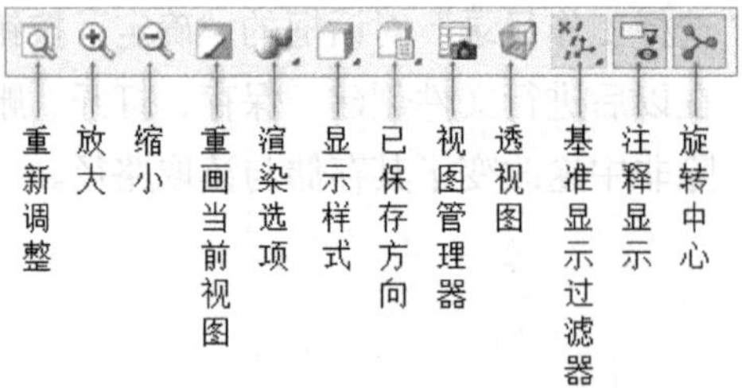


图 1-16 “视图”工具栏

### 1.5.2 模型显示及基准显示

“视图”工具栏提供了关于模型显示样式及基准显示的常用工具按钮，而功能区“视图”选项卡则提供了“模型显示”面板和“显示”面板，如图 1-17 所示。下面简要介绍模型显示样式和基准显示的常用工具按钮。

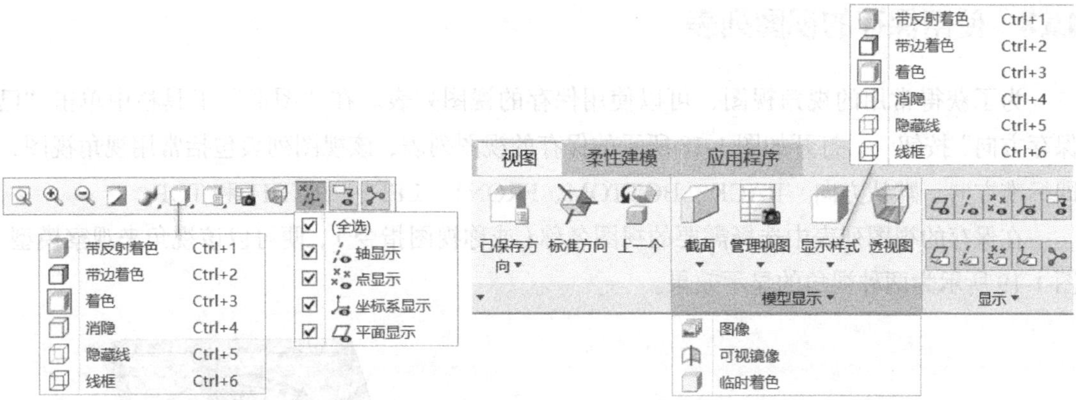


（a）位于“视图”工具栏　　（b）位于功能区“视图”选项卡

图 1-17　模型显示及基准显示的相关工具按钮

### 1. 模型显示样式

（带反射着色）：以带反射着色形式显示模型，对应的快捷键为 Ctrl+1。

（带边着色）：以带边着色形式显示模型，对应的快捷键为 Ctrl+2。

（着色）：以着色形式显示模型，对应的快捷键为 Ctrl+3。

（消隐）：以线框形式显示模型，且不显示隐藏线，对应的快捷键为 Ctrl+4。

（隐藏线）：以线框形式显示模型，其中隐藏线显示为浅色，对应的快捷键为 Ctrl+5。

（线框）：以线框形式显示模型，且被遮挡部位的线框也显示，对应的快捷键为 Ctrl+6。

### 2. 基准显示

（轴显示）：用于设置是否在图形窗口中显示基准轴。

（点显示）：用于设置是否在图形窗口中显示基准点。

（坐标系显示）：用于设置是否在图形窗口中显示基准坐标系。

（平面显示）：用于设置是否在图形窗口中显示基准平面。

（注释显示）：用于设置打开或关闭 3D 注释及注释元素。

### 3. 基准标记显示

在功能区“视图”选项卡的“显示”面板中还提供了以下几个关于基准标记显示的复选框。

（平面标记显示）：显示或隐藏基准平面标记。

（轴标记显示）：显示或隐藏基准轴标记。

（点标记显示）：显示或隐藏基准点标记。

（坐标系标记显示）：显示或隐藏坐标系标记。

（旋转中心）：显示或隐藏旋转中心。

## 1.5.3 使用保存的视图列表

为了获得常用的视角视图，可以使用保存的视图列表。在“图形”工具栏中单击“已保存方向”按钮，打开如图 1-18 所示的保存的视图列表，该视图列表包括常用视角视图，即标准方向、默认方向、BACK、BOTTOM、FRONT、LEFT、RIGHT 和 TOP。

在保存的视图列表中选择需要的视图名称（或称视图指令），便可以该视角来观察模型。图 1-19 所示为两种视角的显示效果。

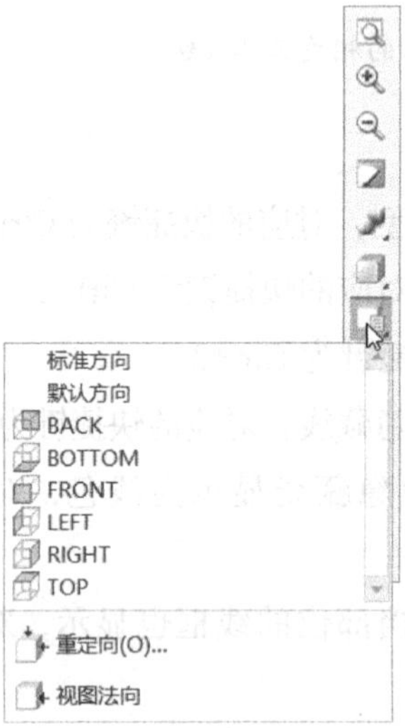


图 1-18 保存的视图列表

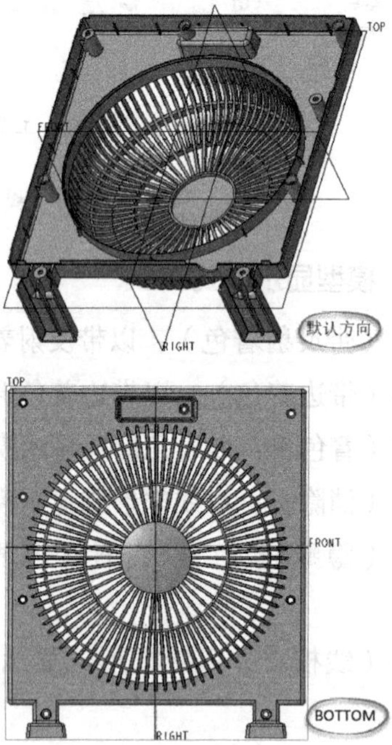


图 1-19 两种视角的显示效果

## 1.5.4 使用鼠标调整模型视图

在 Creo Parametric 5.0 中，根据设计需要可以使用三键鼠标调整模型视角，如对模型进行缩放、旋转、平移等实时操作。

### 1. 缩放模型

使用鼠标缩放模型的方法有如下两种。

（1）将鼠标指针置于图形窗口中，然后滚动鼠标中键，可以对模型进行缩放操作。

（2）同时按住 Ctrl 键 + 鼠标中键，并向前后拖动鼠标来缩放模型。

### 2. 旋转模型

将鼠标指针置于图形窗口中，按住鼠标中键并拖动鼠标，可以随意旋转模型。

### 3. 平移模型

将鼠标指针置于图形窗口中，按住 Shift 键 + 鼠标中键，然后拖动鼠标，可以实现快捷平移模型。

# 1.6 模型树与层的应用

模型树与层是 Creo Parametric 中两个重要的基础概念。前者以“树”结构的形式显示当前模型文件包含的特征或元件；后者以层树形式管理模型或装配中的图形元素。

## 1.6.1 模型树应用

模型树有助于用户把握模型的结构及各要素之间的次序和父子关系。默认时，模型树位于导航区的 (模型树) 选项卡中。初学时应注意零件模型树与装配模型树的差异。在零件模型树中，零件名称是模型树列表的主根，其下包含零件的特征，如图 1-20 所示；在装配模型树中，装配名称是模型树列表的主根，其下是构成装配体的各元件的名称等，如图 1-21 所示。

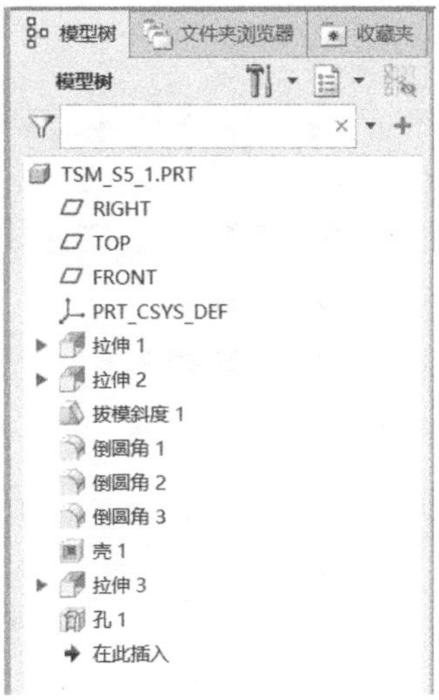


图 1-20 零件模型树

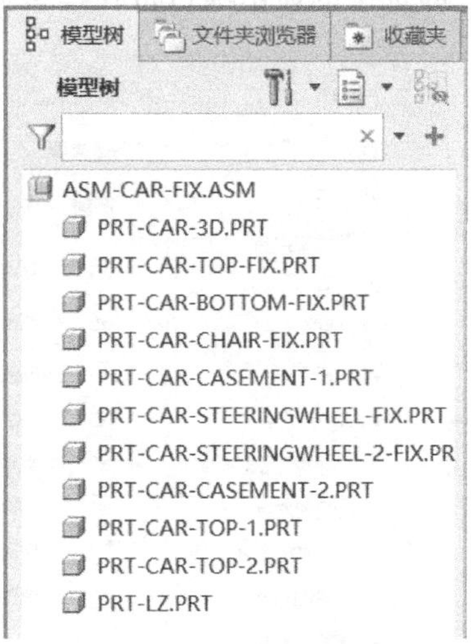


图 1-21 装配模型树

在模型树中，可以采用鼠标单击对象的方式选择特征或者零件。在模型树中单击对象后，可以通过弹出的浮动工具栏（也称快捷工具栏）对选定对象进行编辑定义、阵列、隐含、隐藏等操作。若使用鼠标右键单击模型树中的特征或者零件，则可以通过弹出的快捷菜单对选定特征或零件进行“复制”“删除”“参数”“重命名”“创建注释”等操作。

在模型树上方，单击“显示”按钮，弹出如图 1-22 所示的下拉菜单。通过该菜单可以控制模型树中对象（如特征或零件）的显示方式，其中“层树”选项用于设置层、层项目和显示状态。

在模型树上方，单击“设置”按钮，弹出如图 1-23 所示的下拉菜单。通过该菜单可以设置树过滤器、树列等。

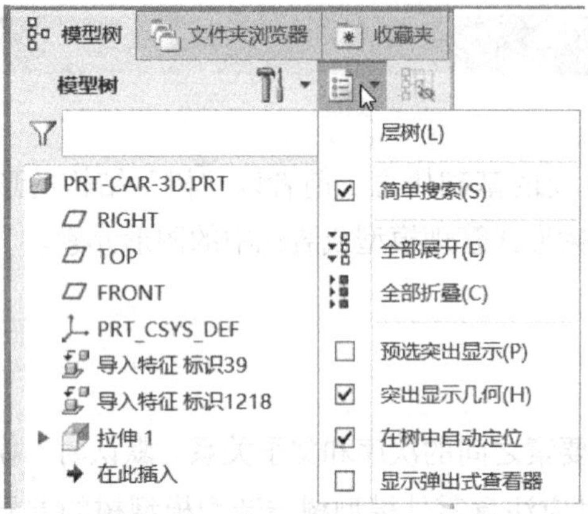


图 1-22　显示控制

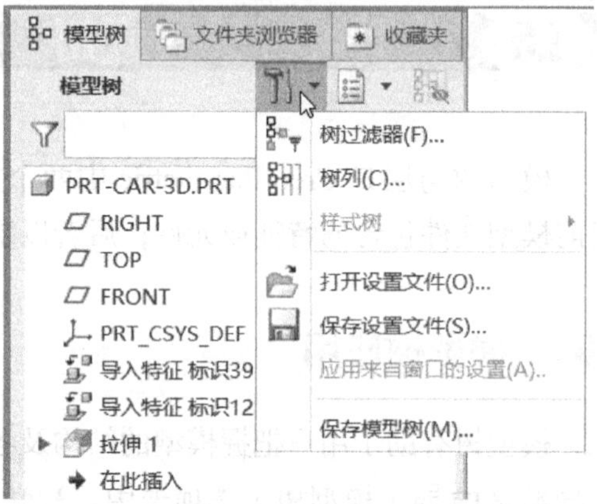


图 1-23　设置模型树

- 树过滤器：主要用于按类型和状态控制在模型树项目的显示。选择此命令，打开如图 1-24 所示的“模型树项”对话框。在该对话框中可设置相关的显示项目，即选中的显示项目将在模型树中显示。

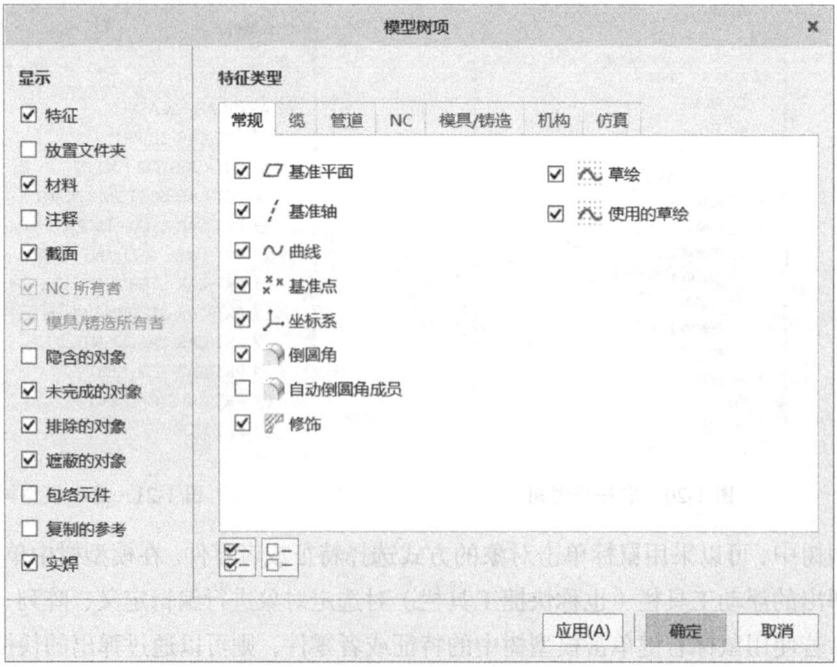


图 1-24　“模型树项”对话框

- 树列：用于控制模型树列的显示选项。选择此命令，打开如图 1-25 所示的“模型树列”对话框。在“不显示”选项组中选择某一个将要显示的列项目，单击“添加列”按钮 >>，该列项目将出现在“显示”选项组的列表框中，单击“应用”按钮，即可添加指定的列项目。例如，设置添加“特征号”列项目，设置完成后，模型树右侧显示了“特征号”树列，如图 1-26 所示。

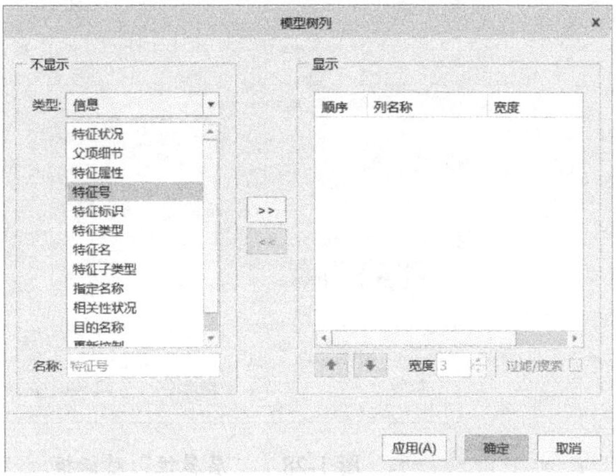


图 1-25 “模型树列”对话框

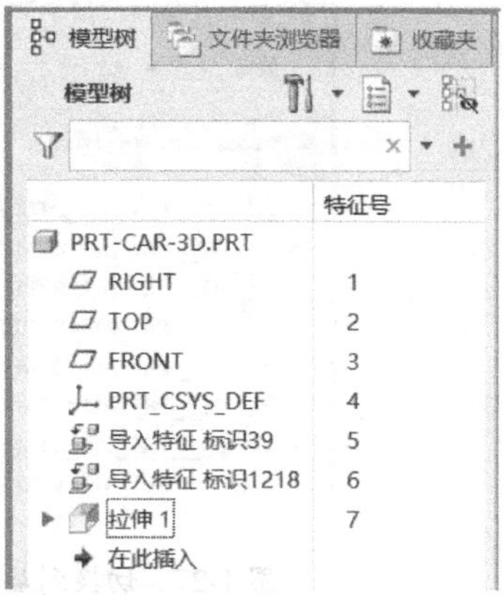


图 1-26 显示“特征号”树列

- 打开设置文件：载入以前存储的设置。
- 保存设置文件：将当前设置（信息栏等）存储到磁盘中。
- 应用来自窗口的设置：应用其他窗口的设置。
- 保存模型树：将显示的模型树信息以文本格式存储到磁盘中。

## 1.6.2 层应用

在实际设计中，巧用层可以很方便地对同一类的图形元素进行隐藏、隐含、显示等相关操作，这些同一类的图形元素可作为指定层的项目。

默认时，层和模型树都将显示在导航区的同一个位置上。要想显示层树，可以采用以下两种方法。

- 在功能区“视图”选项卡的“可见性”面板中单击“层”按钮。
- 在模型树上方单击“显示”按钮，在下拉菜单中选择“层树”命令。

此时，在导航区显示层树，如图 1-27 所示，该层树具有系统自定义的 8 个层。

### 小实例 新建一个层

**操作步骤**

（1）在层树上方单击“层”按钮，在下拉菜单中选择“新建层”命令，打开如图 1-28 所示的“层属性”对话框。

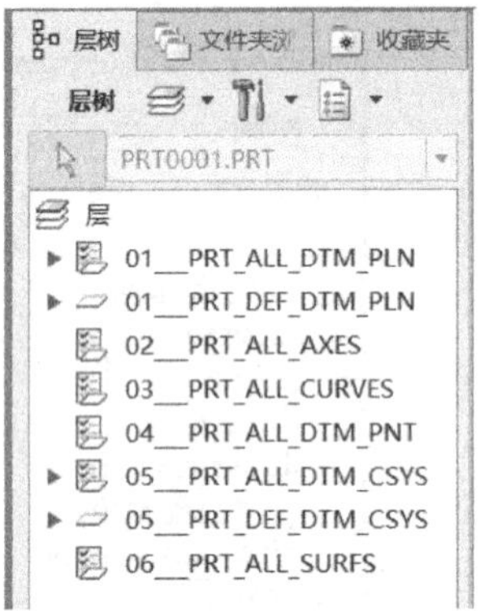


图 1-27　切换到层树

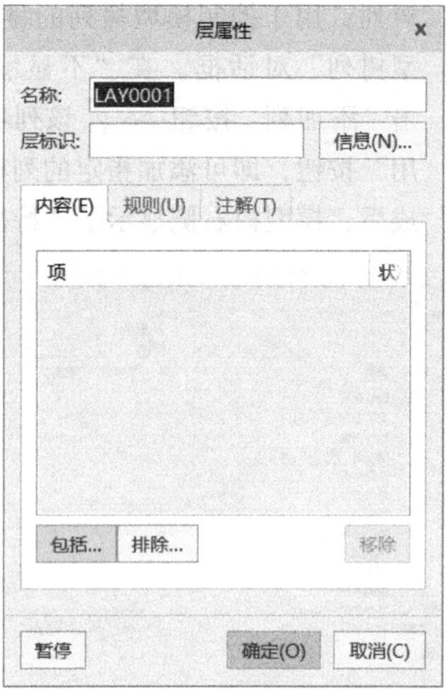


图 1-28　“层属性”对话框

（2）在“名称”文本框中输入新层的名称，注意，可以不填“层标识”文本框。

（3）选择所需的特征，则选择的特征出现在对话框的列表中，包含在层中的项目会以“+”表示，如图 1-29 所示。

（4）单击“层属性”对话框的“确定”按钮。新建的层被按数字、字母的顺序放到层树的适当位置上，如图 1-30 所示。

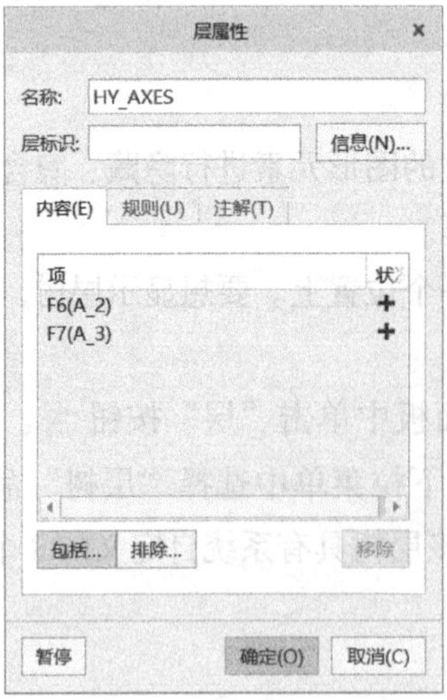


图 1-29　往层中添加项目

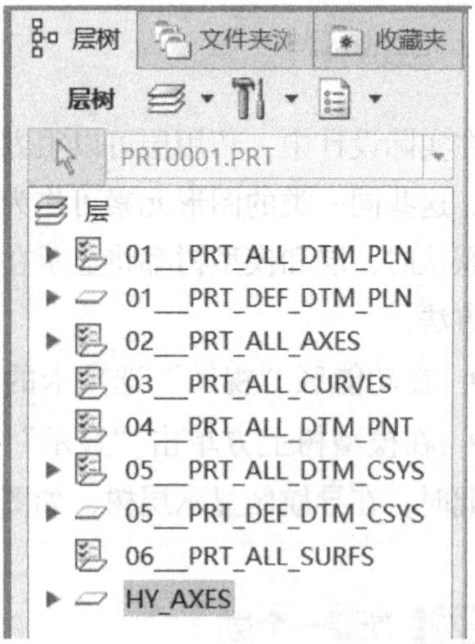


图 1-30　新建的层

（5）在功能区“视图”选项卡的“可见性”面板中再次单击“层”按钮，可返回模型树的显示模式。

# 1.7 典型范例——模型基本操作

本节介绍一个模型基本操作的典型范例，以巩固本章所学的基础知识。

**操作步骤**

（1）打开练习文件并设置相关基准特征的显示。

在“快速访问”工具栏中单击 “打开”按钮，打开“文件打开”对话框，选择配套资源第 1 章文件夹中的 HY_ZHFL.PRT 文件，单击“打开”按钮。该文件中已有的实体模型如图 1-31 所示。假设此时显示了全部的基准特征及其标识。

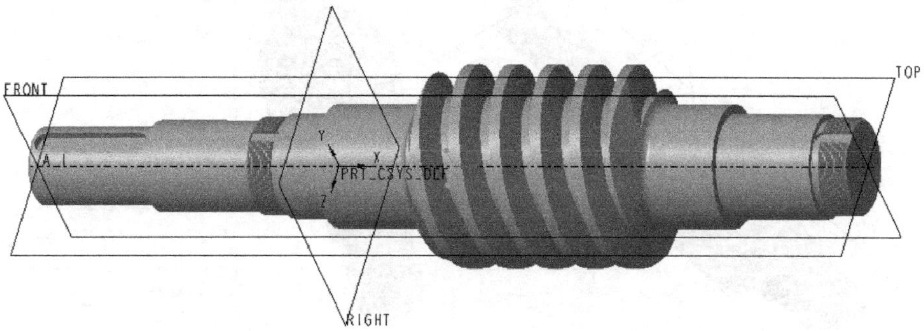


图 1-31　已有的实体模型

**知识点拨**

要在图形窗口中显示全部的基准特征，可以在“图形”工具栏中单击“基准显示过滤器”按钮，勾选“全选”复选框，如图 1-32 所示。要显示基准特征的相应标记，则需要在功能区“视图”选项卡的“显示”面板中确认选中“平面标记显示”按钮、“轴标记显示”按钮、“点标记显示”按钮和“坐标系标记显示”按钮。

要关闭基准轴和基准坐标系的显示状态，则在“图形”工具栏中单击（基准显示过滤器）按钮，接着分别取消选中“轴显示”复选框和“坐标系显示”复选框，如图 1-33 所示。

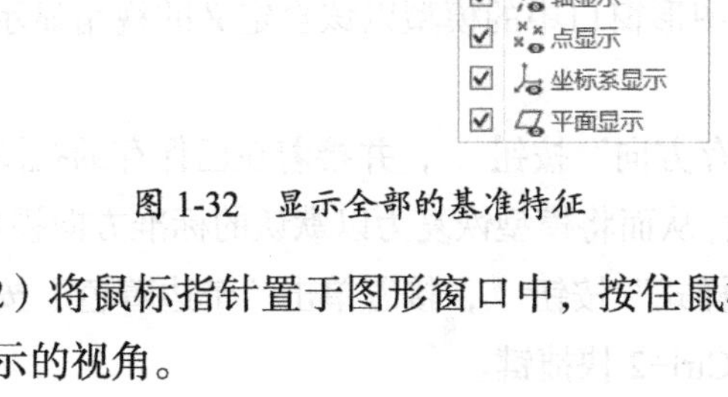


图 1-32　显示全部的基准特征

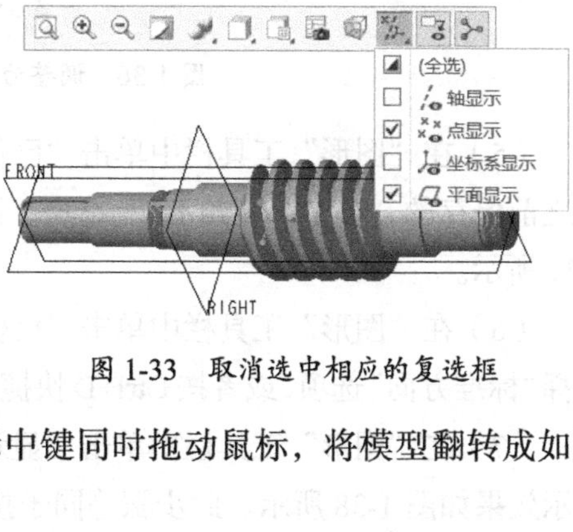


图 1-33　取消选中相应的复选框

（2）将鼠标指针置于图形窗口中，按住鼠标中键同时拖动鼠标，将模型翻转成如图 1-34 所示的视角。

（3）在“图形”工具栏中单击“已保存方向”按钮，接着单击“重定向”按钮，打开“视图”对话框，在“方向”选项卡的“类型”下拉列表中选择“动态定向”选项，接着分别拖动相应的滑块来对模型视角进行平移和旋转，并在“视图名称”文本框中输入“自定义视角 H1”，如图 1-35 所示，然后在对话框中单击“保存”按钮，再单击“确定”按钮。

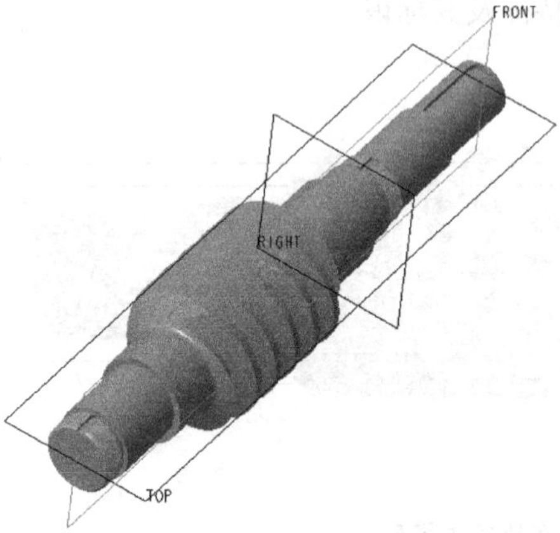


图 1-34　翻转模型视角

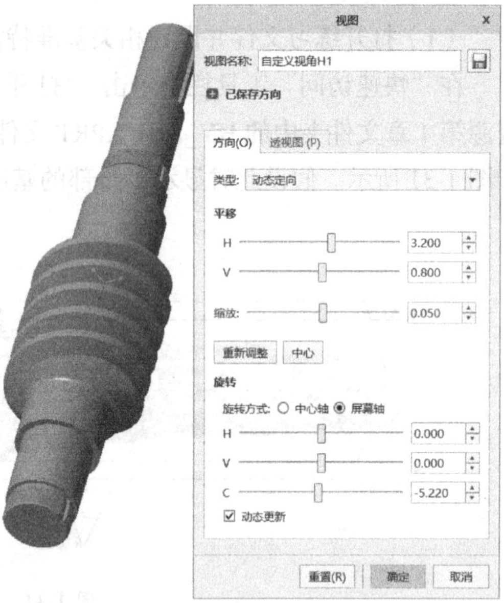


图 1-35　自定义视角

（4）按 Ctrl+D 快捷键，将模型快速调整为以默认的标准方向视角显示，如图 1-36 所示。

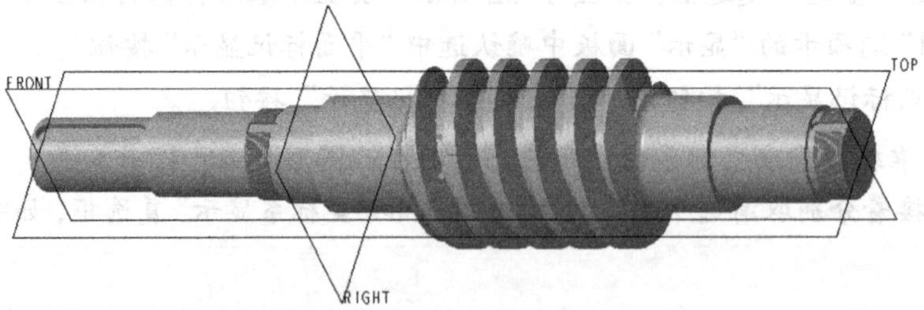


图 1-36　调整为以默认的标准方向视角显示

（5）在“图形”工具栏中单击“已保存方向”按钮，接着在已保存的视图列表中选择之前保存的“自定义视角 H1”选项，则图形窗口中的模型以该自定义的视角显示，如图 1-37 所示。

（6）在“图形”工具栏中单击“已保存方向”按钮，并接着在已保存的视图列表中选择“标准方向”选项，或者按 Ctrl+D 快捷键，从而将模型恢复为以默认的标准方向视角显示。

（7）在“图形”工具栏中单击“显示样式”按钮，接着单击“带边着色”按钮，显示效果如图 1-38 所示。此步骤等同于按 Ctrl+2 快捷键。

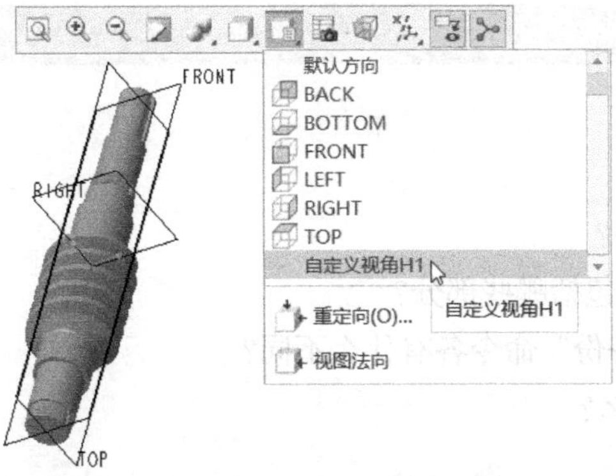


图 1-37 使用“自定义视角 H1”视角

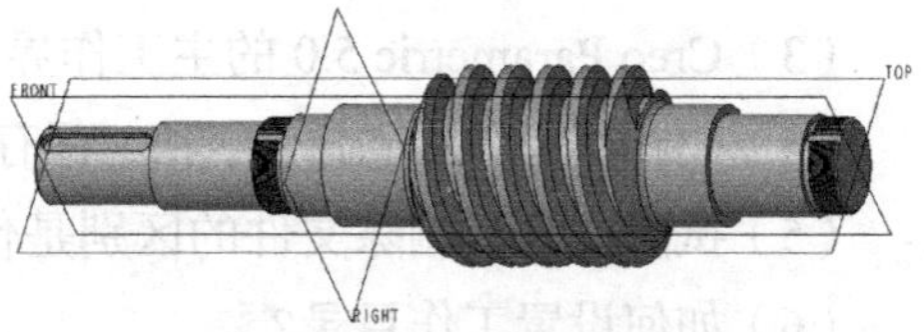

图 1-38 带边着色显示效果

（8）在“图形”工具栏中单击“显示样式”按钮，接着单击“带反射着色”按钮，显示效果如图 1-39 所示。此步骤等同于按 Ctrl+1 快捷键。

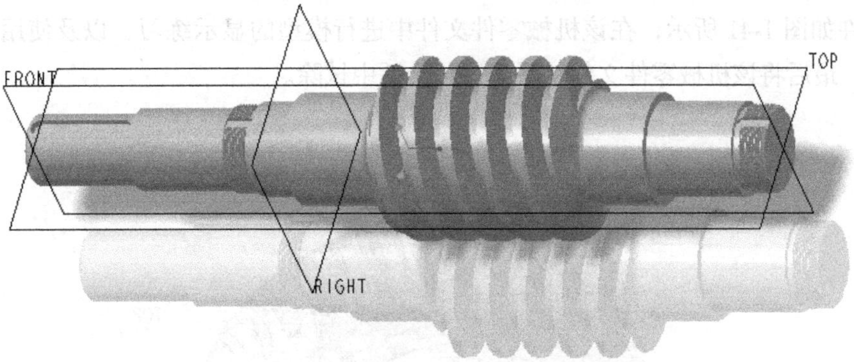


图 1-39 带反射着色显示效果

（9）在“图形”工具栏中单击“基准显示过滤器”按钮，取消选中“平面显示”复选框，然后按 Ctrl+4 快捷键以消隐方式显示模型，效果如图 1-40 所示。

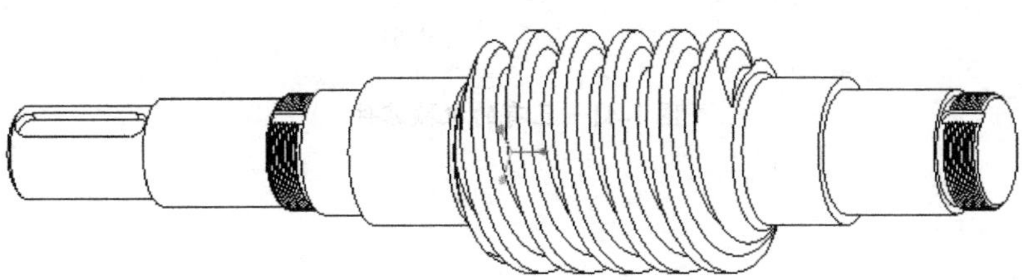

图 1-40 以消隐方式显示模型效果

（10）在功能区中打开“文件”应用程序菜单，选择“管理会话”→“拭除当前”命令，然后在打开的“拭除确认”对话框中单击“是”按钮，从而在当前会话中移除活动窗口中的对象。

## 1.8 思考与上机练习

（1）简述 Creo 5.0 的主要特点。

（2）如何启动 Creo Parametric 5.0 软件？

（3）Creo Parametric 5.0 的主工作界面包括哪些部分？

（4）“保存”“保存副本”和“保存备份”命令各有什么不同？

（5）拭除文件和删除文件的区别是什么？

（6）如何设置工作目录？

（7）在 Creo Parametric 5.0 中，如何使用三键鼠标对模型进行缩放、旋转、平移等实时操作？

（8）你对模型树与层了解多少？利用模型树与层分别可以带来哪些操作上的好处？

（9）上机练习：打开配套资源第 1 章文件夹中的 HY_1_EX9.PRT 文件，该文件中已有的机械零件如图 1-41 所示，在该机械零件文件中进行模型的显示练习，以及使用鼠标调整模型视图，最后将该机械零件文件从系统进程会话中拭除。

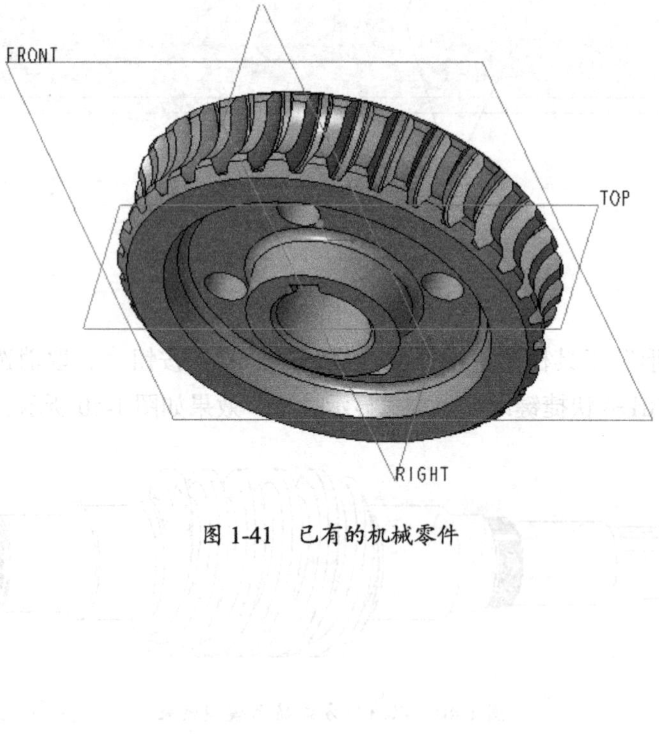


图 1-41　已有的机械零件

# 2

# 第2章

# 草绘

本章主要学习内容：

- 草绘器基础
- 绘制基本图元
- 图形编辑
- 设置几何约束
- 尺寸标注
- 尺寸修改
- 创建和修改文本
- 解决尺寸和约束冲突

# 2.1 草绘器基础

在学习基本图元绘制和编辑之前，先熟悉这些内容：草绘器中的基本术语、创建草绘文件、显示切换的快捷方式、设置草绘器优先选项。

## 2.1.1 草绘器中的基本术语

在Creo Parametric 5.0草绘器中，需要了解和掌握一些常用术语，如图元、参照图元、尺寸、约束、参数、关系、弱尺寸或弱约束、强尺寸或强约束、冲突等。

- 图元：截面几何的任何元素，如直线、圆弧、圆、样条、圆锥、点或坐标系。
- 参照图元：创建特征截面或轨迹等对象时，所参照的图元。参照的几何（如零件边）对草绘器为“已知”。
- 尺寸：图元形状或图元之间关系的测量。
- 约束：定义图元几何或图元之间关系的条件，约束符号出现在应用约束的图元旁边。
- 参数：草绘器中的一个辅助元素。
- 关系：关联尺寸和 / 或参数的等式。
- 弱尺寸或弱约束：由系统自动建立的尺寸或约束，在没有经过确认的情况下，草绘器可以根据判断自动移除这些尺寸或约束。弱尺寸和弱约束以灰色出现。由草绘器自动创建的尺寸是弱尺寸，当添加尺寸时，草绘器可以在没有任何确认的情况下移除多余的弱尺寸或弱约束。
- 强尺寸或强约束：指草绘器不能自动删除的尺寸或约束。由用户创建的尺寸和约束都是强尺寸和强约束；若几个强尺寸或约束发生冲突，则草绘器要求移除其中一个；强尺寸和强约束以系统设定的醒目颜色出现。
- 冲突：两个或多个强尺寸或约束的矛盾或多余条件；当出现这种冲突情况时，必须通过移除一个不需要的约束或尺寸立即解决这种冲突情况。

## 2.1.2 创建草绘文件

创建一个草绘文件的操作步骤如下。

（1）在“快速访问”工具栏中单击“新建”按钮，或者按 Ctrl+N 快捷键，打开“新建”对话框。

（2）在“新建”对话框的“类型”选项组中选择“草绘”单选按钮，在“文件名”文本框中输入草绘文件名称，如图 2-1 所示。

（3）单击“新建”对话框的“确定”按钮，进入草绘器界面。

## 2.1.3 显示切换的快捷方式

草绘器的“图形”工具栏提供了实用的草绘显示过滤器，如图 2-2 所示。在“图形”工具栏上单击“草绘显示过滤器”按钮，可以根据设计需要决定以下复选框的显示状态。

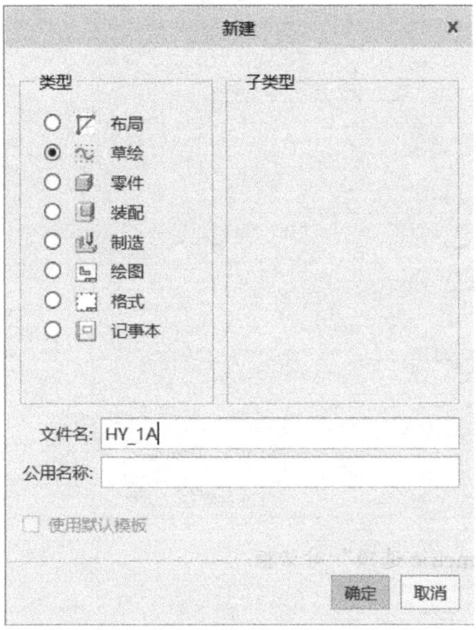


图 2-1 “新建”对话框

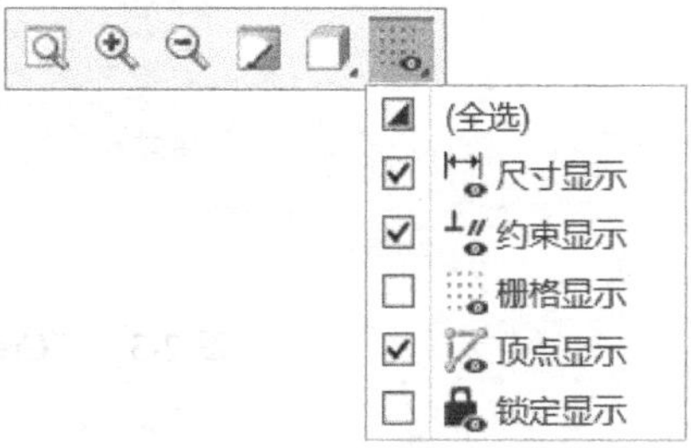


图 2-2 “图形”工具栏的草绘显示过滤器

- “尺寸显示”复选框：用于设置显示或隐藏草绘尺寸。
- “约束显示”复选框：用于设置显示或隐藏约束符号。
- “栅格显示”复选框：用于设置显示或隐藏草绘栅格。
- “顶点显示”复选框：用于显示或隐藏草绘顶点。
- “锁定显示”复选框：用于显示或隐藏图元锁定。

要一次勾选或取消选中上述全部的复选框，则可以通过勾选或取消选中“（全选）”复选框进行。

## 2.1.4 设置草绘器优先选项

若要设置草绘器优先选项，需要在功能区“文件”应用程序菜单中选择“选项”命令，打开“Creo Parametric 选项”对话框，在左窗格中选择“草绘器”选项，在右侧设置草绘器对象显示（如设置显示顶点、约束、尺寸、弱尺寸等）、栅格、样式和约束的选项，如图 2-3 所示。拖动右侧滚动条，还可以在“草绘器启动”选项组中勾选“使草绘平面与屏幕平行”复选框。设置好草绘器的相关选项后，单击“确定”按钮。

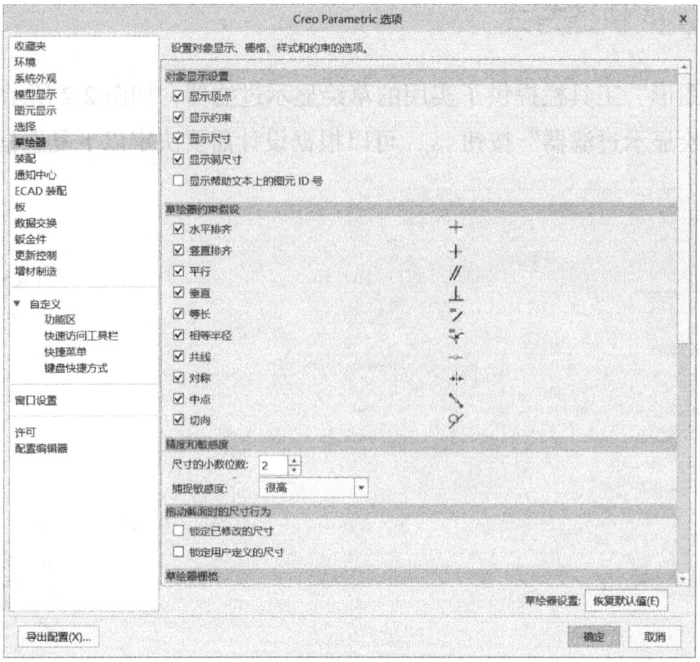


图 2-3 “Creo Parametric 选项”对话框

# 2.2 绘制基本图元

基本图元主要包括点、坐标系、直线、中心线、矩形、圆与椭圆、圆弧、样条曲线、圆角、椭圆角等。

## 2.2.1 绘制点及坐标系

### 1. 绘制点

在草绘器中，可以绘制两类点：几何点和构造点。其中，在草绘特征中创建的几何点将成为基准点，几何点能在草绘特征之外被引用。如果对草绘特征进行拉伸，那么草绘中的几何点将生成基准轴。

要在草绘中创建基准点，可在功能区“草绘”选项卡的“基准”面板中单击“几何点”按钮，接着在图形窗口的预定位置单击，即可在该位置创建一个几何点。可以继续移动鼠标指针在其他位置单击来创建多个几何点，单击鼠标中键结束命令操作。当草绘多个几何点时，系统在默认情况下自动标注尺寸，如图 2-4 所示。

要在草绘中创建构造点时，可在功能区“草绘”选项卡的“草绘”面板中单击“点”按钮×，接着在图形窗口中指定点位置即可，单击鼠标中键结束命令操作。

**2. 绘制坐标系**

在草绘器中，绘制的坐标系也分两种：几何坐标系和构造坐标系。几何坐标系将成为基准坐标系。

要在草绘器中绘制几何坐标系，可在功能区“草绘”选项卡的“基准”面板中单击“几何坐标系”按钮，接着移动鼠标指针并在图形窗口的指定位置单击，以创建一个几何坐标系，可以连续创建多个几何坐标系，最后单击鼠标中键结束命令操作。创建几何坐标系的图例如图 2-5 所示。绘制构造坐标系的操作方法类似，只不过用于创建构造坐标系的“坐标系”按钮位于功能区“草绘”选项卡的“草绘”面板中。

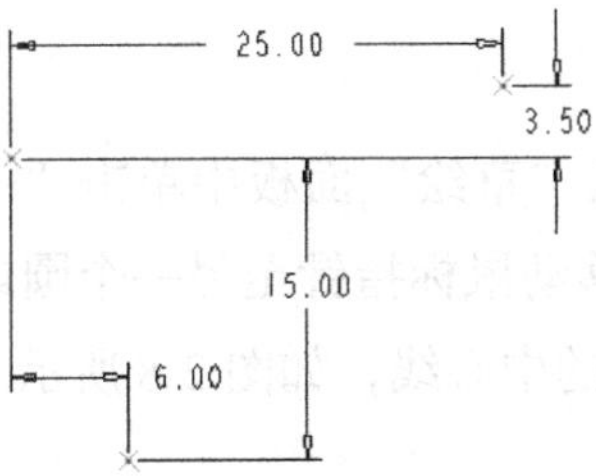


图 2-4　草绘多个几何点

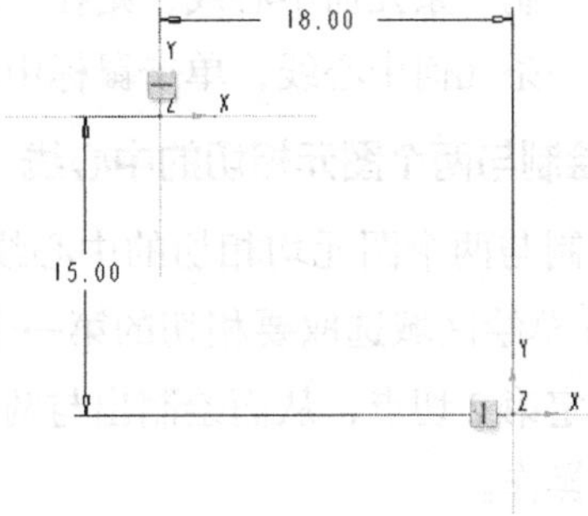


图 2-5　创建几何坐标系的图例

## 2.2.2 绘制直线与中心线

**1. 通过指定两点绘制直线**

在“草绘”面板中单击“线”按钮，接着在草绘区域先指定第 1 点，再指定第 2 点，即可完成创建由两点确定的一条直线段，可以继续指定点绘制其他直线段，此时上一点为后续直线段的第 1 点。若单击鼠标中键，则结束该命令操作。

绘制直线段的典型示例如图 2-6 所示。

**2. 绘制与两个图元相切的直线**

要绘制与选定的两个图元均相切的直线，则在“草绘”面板中单击“直线相切”按钮，接着在草绘区域选取要相切的第一个图元（如圆或圆弧），移动鼠标指针至另一图元预定区域，系统通常会捕捉到相切点，此时单击鼠标左键，即绘制出一条与所选两个图元相切的直线，如图 2-7 所示。

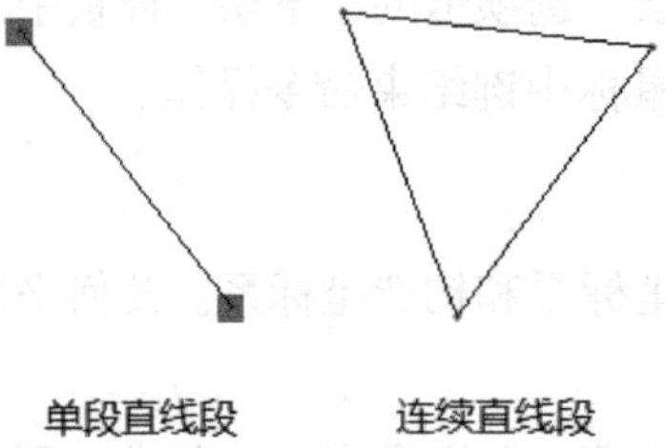

图 2-6　绘制直线段的典型示例

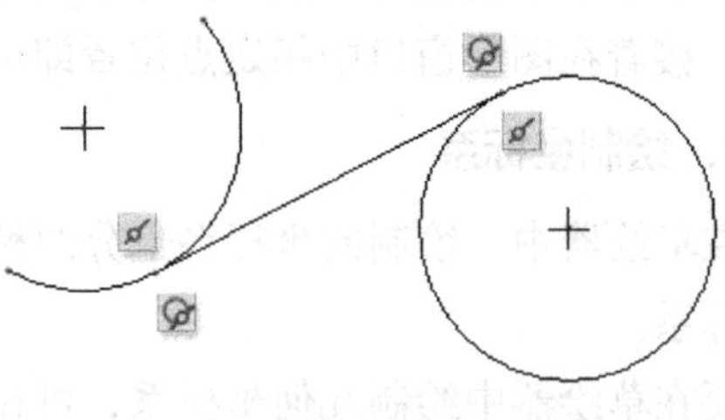
图 2-7　绘制相切直线

**3. 通过指定两点绘制中心线**

要通过指定两点绘制一条构造中心线，则在“草绘”面板中单击“中心线”按钮 ┆，分别选取第 1 点和第 2 点，从而绘制一条构造中心线。单击鼠标中键结束命令操作。

若要绘制一条几何中心线，则在“基准”面板中单击“几何中心线”按钮 ┆，分别指定两点完成一条几何中心线，单击鼠标中键结束命令操作。

**4. 绘制与两个图元相切的中心线**

要绘制与两个图元均相切的中心线，则可以在“草绘”面板中单击“中心线相切”按钮，在草绘区域选取要相切的第一个圆或弧，移动鼠标指针至另一个圆或弧的适当位置单击以指定第 2 切点，从而绘制出与两个图元相切的中心线，如图 2-8 所示。单击鼠标中键结束命令操作。

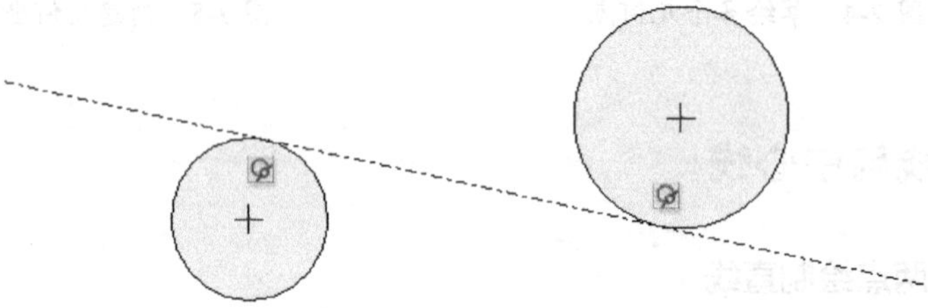
图 2-8　绘制与两个图元相切的中心线

### 2.2.3 绘制矩形

Creo Parametric 提供了绘制各类矩形的按钮，分别为“拐角矩形”按钮、“斜矩形”按钮、“中心矩形”按钮和“平行四边形”按钮。

**1. 绘制拐角矩形**

要绘制拐角矩形，则在“草绘”面板中单击“拐角矩形”按钮，在图形窗口中分别指定两个角点，绘制一个矩形，如图 2-9 所示。

### 2. 绘制斜矩形

要绘制斜矩形，则在“草绘”面板中单击“斜矩形”按钮◇，分别指定第 1 点和第 2 点（第 1 点和第 2 点确定斜矩形的一条边），然后移动鼠标指针并在适当位置单击，形成斜矩形的另一边长，如图 2-10 所示。

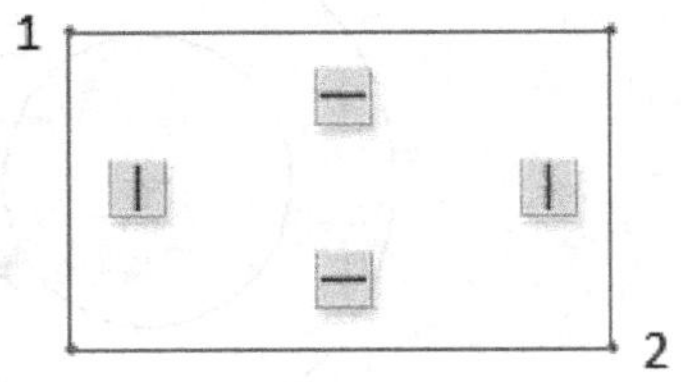


图 2-9 绘制拐角矩形

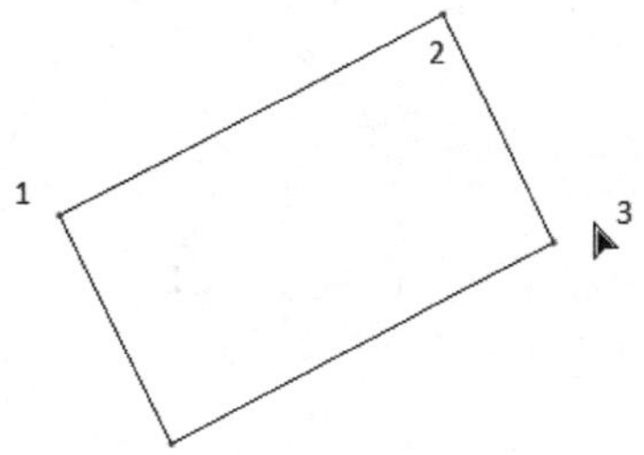


图 2-10 绘制斜矩形

### 3. 绘制中心矩形

要绘制中心矩形，则在“草绘”面板中单击“中心矩形”按钮，指定第 1 点作为矩形的中心点，再指定第 2 点作为矩形的一个角点，生成一个矩形，如图 2-11 所示。

### 4. 绘制平行四边形

要绘制平行四边形，则在“草绘”面板中单击“平行四边形”按钮▱，接着分别指定 3 个点形成一个平行四边形，如图 2-12 所示。

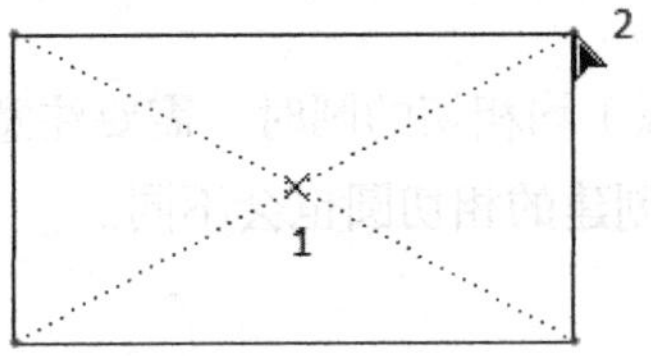


图 2-11 绘制中心矩形

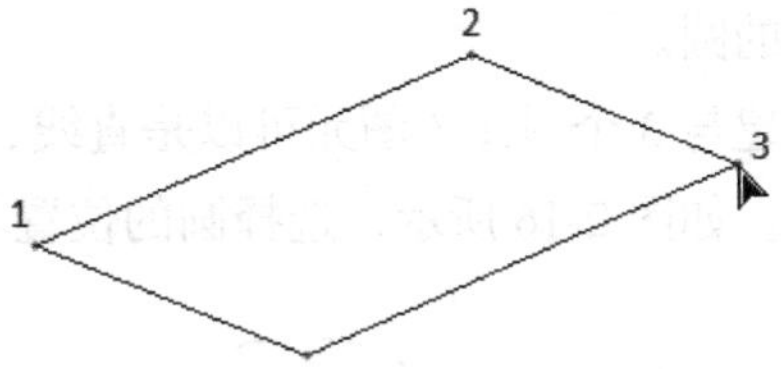


图 2-12 绘制平行四边形

## 2.2.4 绘制圆

绘制圆的按钮有“圆心和点方式”按钮、“同心圆”按钮、“3 点圆”按钮和“3 相切圆”按钮。

### 1. 通过拾取圆心和圆上一点来绘制圆

在“草绘”面板中单击“圆心和点方式”按钮，接着在绘图区域单击第 1 点作为圆心，然后移动鼠标指针在适当位置单击第 2 作为圆周上的一点，绘制一个圆，如图 2-13 所示。单击鼠标中键结束命令操作。

**2．绘制同心圆**

要绘制同心圆，则在“草绘”面板中单击“同心圆”按钮◎，在草绘区域中单击一个已经存在的参照圆或圆弧（也可直接单击圆心），然后移动鼠标指针在适当位置单击便可确定同心圆，如图 2-14 所示。可连续绘制多个同心圆，单击鼠标中键结束命令操作。

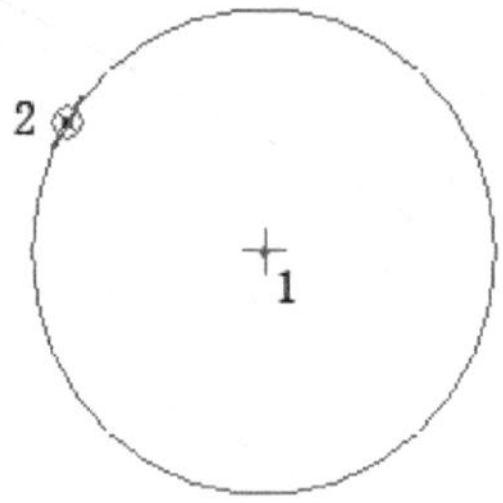


图 2-13　通过指定圆心和点的方式绘制圆

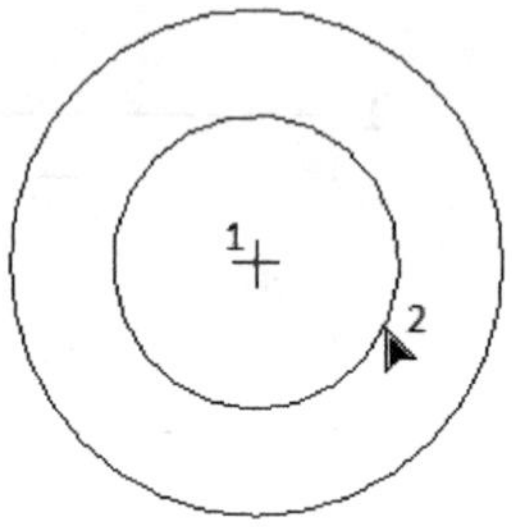


图 2-14　绘制同心圆

**3．通过拾取 3 个点来绘制圆**

在“草绘”面板中单击“3 点圆”按钮，单击拾取不共线的 3 个点绘制圆，如图 2-15 所示。单击鼠标中键结束命令操作。

**4．绘制与 3 个图元相切的圆**

要绘制与 3 个图元均相切的圆，则在“草绘”面板中单击“3 相切圆”按钮，在绘图区域依次单击两个图元，然后移动鼠标指针到第 3 个图元的预定位置单击，绘制与 3 个图元相切的圆。

创建与 3 个图元（图元可以是直线、圆或圆弧）均相切的圆时，需要注意圆或圆弧的选择位置。如图 2-16 所示，选择圆的位置不同，所创建的相切圆也会不同。

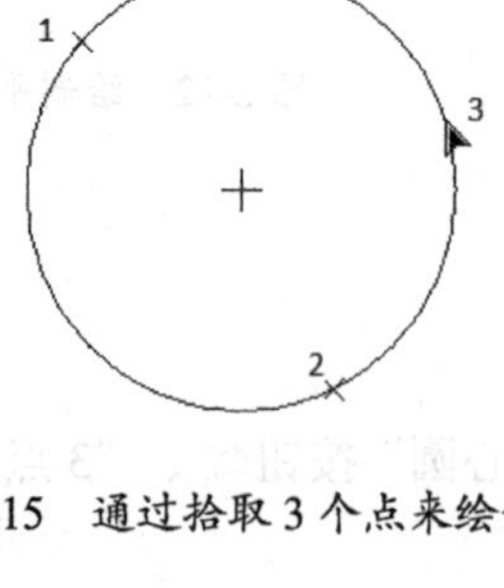


图 2-15　通过拾取 3 个点来绘制圆

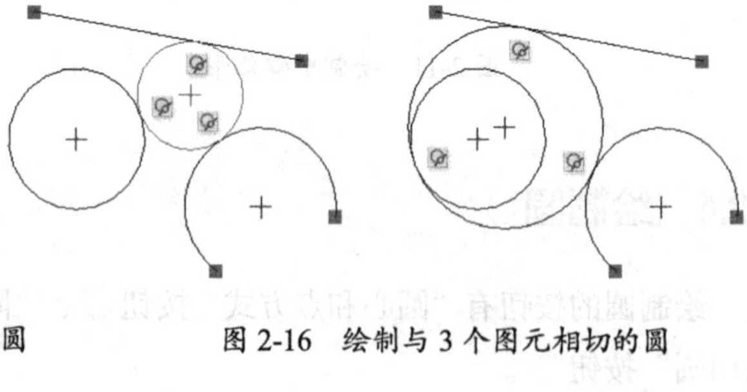

图 2-16　绘制与 3 个图元相切的圆

## 2.2.5　绘制弧类图元

绘制弧类图元的按钮有“3 点 / 相切弧”按钮、“同心圆弧”按钮、“圆心和端点”按钮、“3 相切圆弧”按钮和“圆锥”按钮。

### 1. 通过 3 点绘制圆弧或通过在其端点与图元相切绘制圆弧

在“草绘”面板中单击“3 点 / 相切弧”按钮，可以通过选择不共线的 3 个点绘制圆弧，其中选择的前两个点分别定义弧的起始点和终止点，而第 3 点则为弧上的其他点，如图 2-17 所示。

通过在其端点与图元相切绘制圆弧，方法是在“草绘”面板中单击“3 点 / 相切弧”按钮，选择一个图元（圆弧或直线）的端点作为起点，然后移动鼠标指针在适当位置单击第 2 点获得所需的相切弧，如图 2-18 所示。单击鼠标中键结束命令操作。

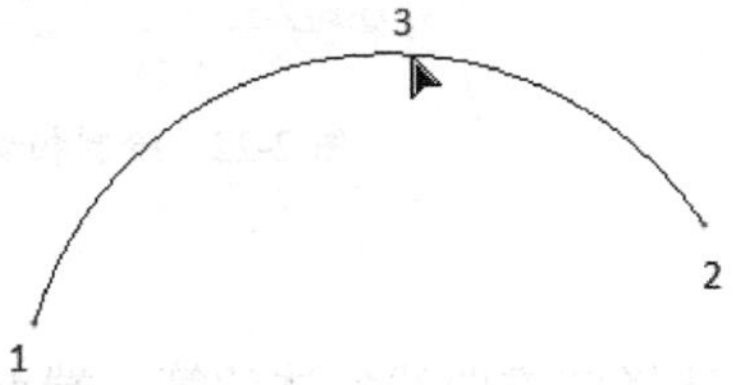

图 2-17 通过 3 点绘制圆弧

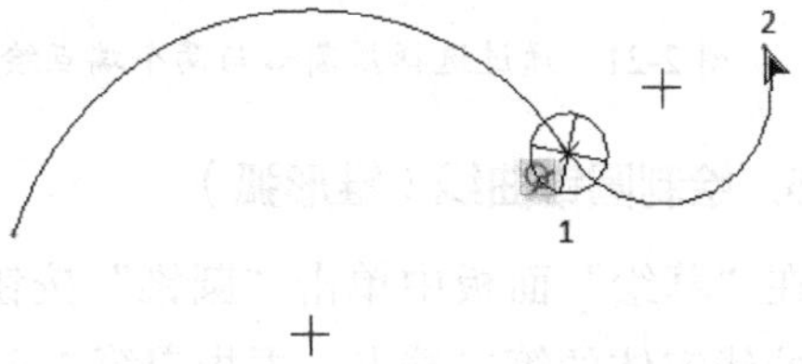

图 2-18 绘制相切端弧

### 2. 同心弧

在“草绘”面板中单击“同心圆弧”按钮，单击选择已有的圆弧或圆定义圆心（也可直接单击圆心），此时移动鼠标指针可以看到产生一个以虚线显示的动态同心圆，如图 2-19 所示，选取圆弧的起点，然后绕圆心顺时针或者逆时针指定圆弧的终点，如图 2-20 所示。可以继续绘制同心圆弧，单击鼠标中键结束命令操作。

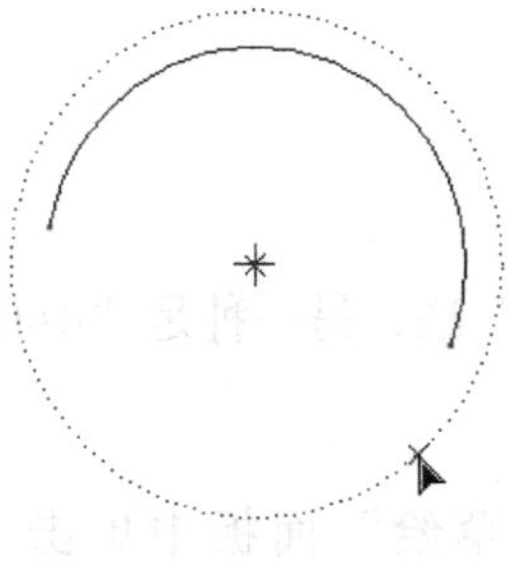
图 2-19 产生一个动态同心圆

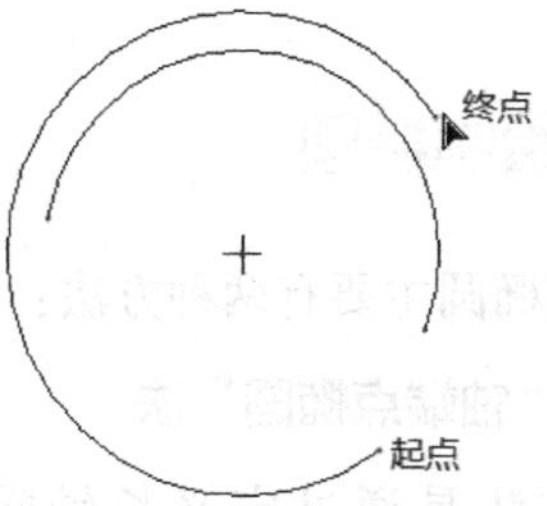

图 2-20 绘制同心弧

### 3. 通过选择弧圆心与两个端点绘制圆弧

在“草绘”面板中单击“圆心和端点”按钮，在草绘区域选择一点作为圆弧中心，移动鼠标指针则产生一个以虚线显示的动态圆，然后分别选取两点定义圆弧的两个端点，绘制一个圆弧，如图 2-21 所示。单击鼠标中键结束命令操作。

### 4. 绘制相切弧

在“草绘”面板中单击“3 相切圆弧”按钮，可以在草绘区域分别指定 3 个图元（如直线、圆或圆弧）绘制与之相切的圆弧，如图 2-22 所示。

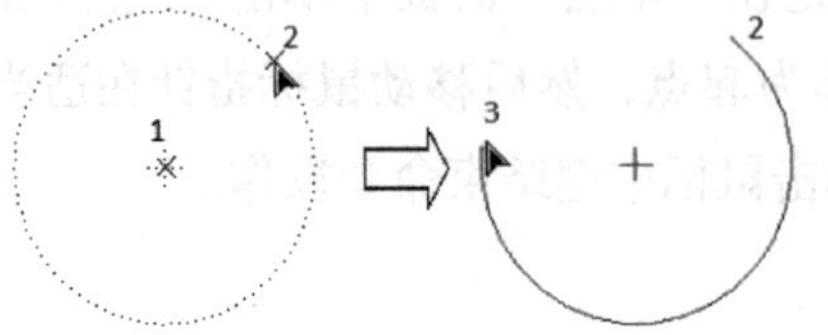


图 2-21　通过选择弧圆心与两个端点绘制圆弧

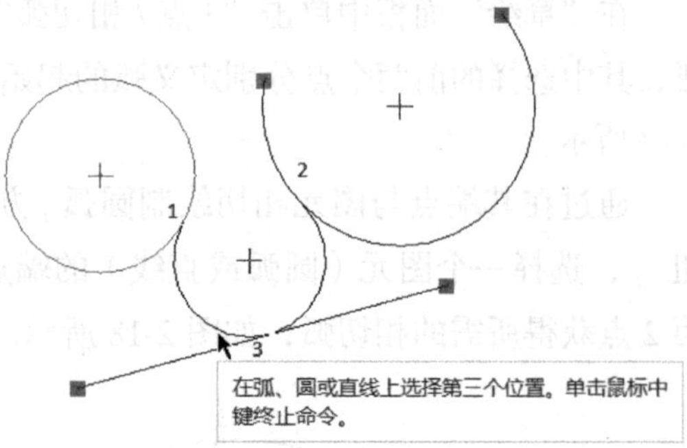


图 2-22　绘制相切弧

### 5. 绘制圆锥曲线（锥形弧）

在“草绘”面板中单击“圆锥”按钮，选择圆锥曲线实体的第一端点，接着选择圆锥曲线实体的第二端点，再指定第 3 点作为圆锥的肩点，完成一个锥形弧的绘制，如图 2-23 所示。单击鼠标中键结束命令操作。

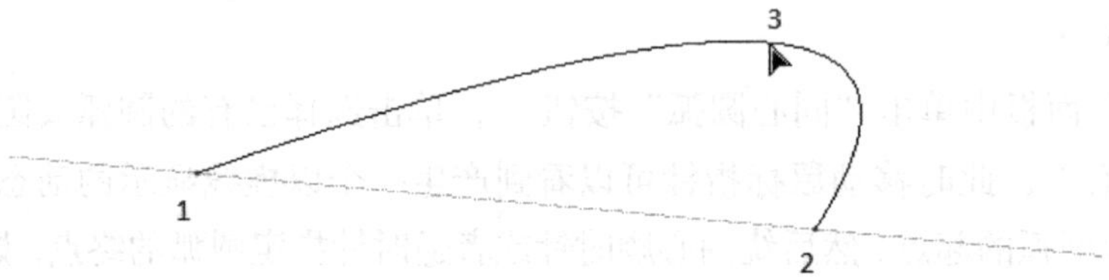


图 2-23　绘制圆锥曲线

## 2.2.6 绘制椭圆

绘制椭圆主要有两种方法：一种是“轴端点椭圆”法，另一种是“中心和轴椭圆”法。

### 1. “轴端点椭圆”法

此方法是通过定义长轴端点绘制椭圆。在“草绘”面板中单击“轴端点椭圆”按钮，分别指定两点作为长轴端点，移动鼠标指针在适当位置单击以指定另一轴的长度大小，如图 2-24 所示。

### 2. “中心和轴椭圆”法

此方法是通过定义中心点和长轴的一个端点绘制椭圆。在“草绘”面板中单击“中心和轴椭圆”按钮，接着指定第 1 点作为椭圆的中心点，移动鼠标指针指定第 2 点作为椭圆长轴的一个端点，然后指定第 3 点定义另一半轴的长度大小，如图 2-25 所示。

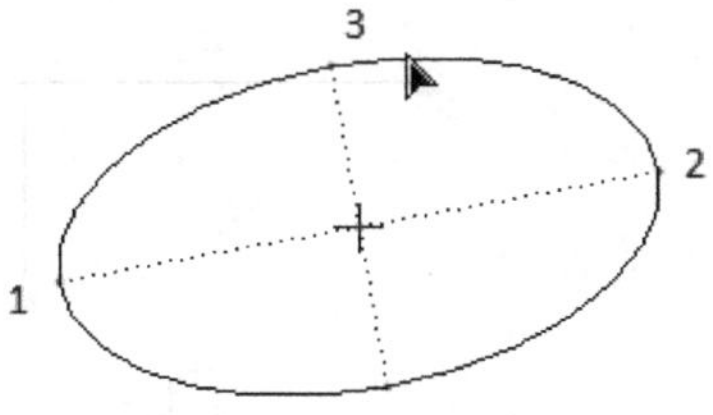


图 2-24 “轴端点椭圆”法

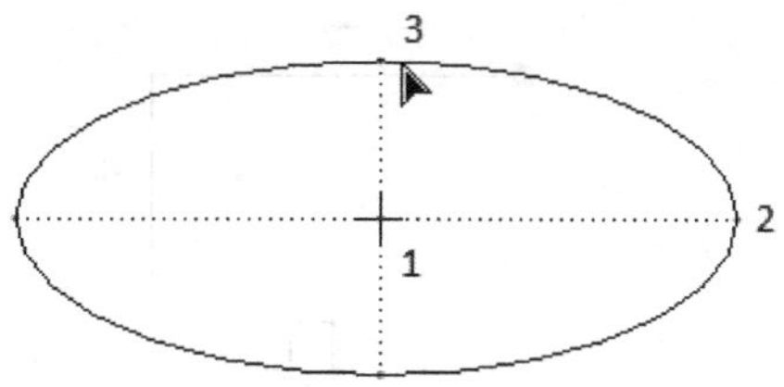


图 2-25 “中心和轴椭圆”法

## 2.2.7 绘制圆角与椭圆角

### 1. 绘制圆角

绘制圆角是指利用圆弧连接两个图元，根据设计要求可以选择是否添加可延伸至交点的构造线。

如图 2-26 所示，单击“圆角：圆形”按钮，选择在两者之间绘制圆角的两个对象，从而将所选的两个图元用圆弧连接起来，并带有构造线。单击鼠标中键结束命令操作。

如图 2-27 所示，单击“圆角: 圆形修剪”按钮，选择其中一条直线，再选择另一条直线，从而利用圆弧连接这两条直线。单击鼠标中键结束命令操作。

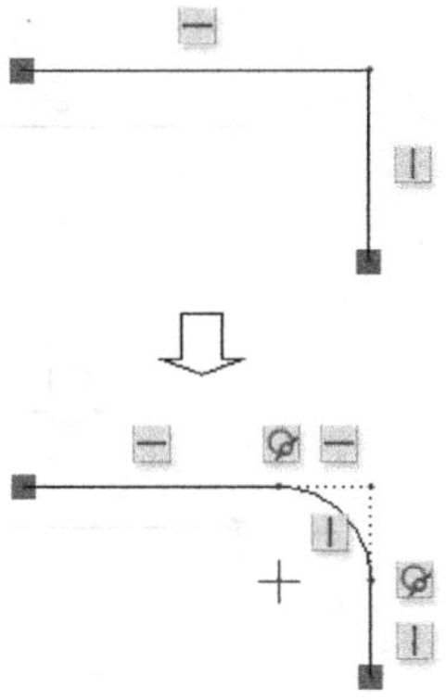

图 2-26 绘制圆角情形 1

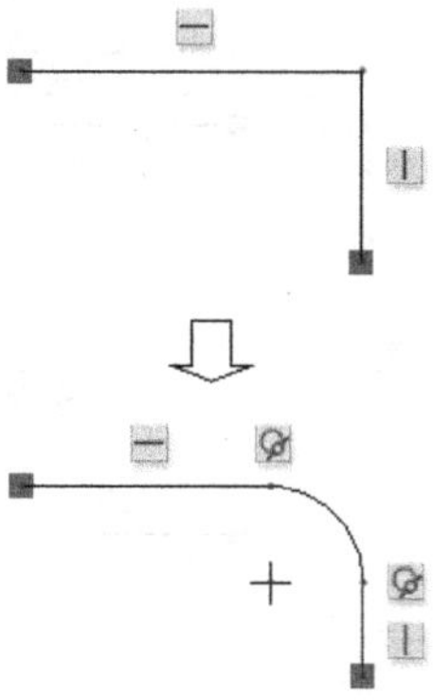

图 2-27 绘制圆角情形 2

### 2. 绘制椭圆角

绘制椭圆角是指利用椭圆弧连接两个图元，如果需要可以添加可延伸至交点的构造线。

在两个图元间绘制椭圆角的方法和绘制圆形圆角的方法类似。单击“椭圆形”按钮，在选择两个图元后生成带构造线的椭圆角，如图 2-28 所示；单击“椭圆形修剪”按钮，在选择两个图元后生成椭圆角，如图 2-29 所示。

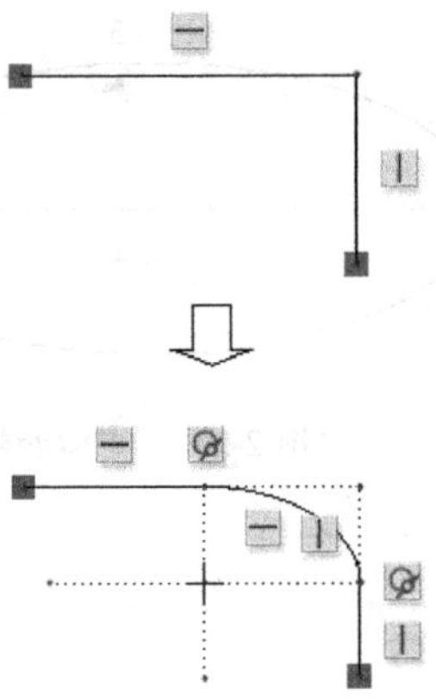

图 2-28　在两个图元间绘制椭圆角（带构造线）

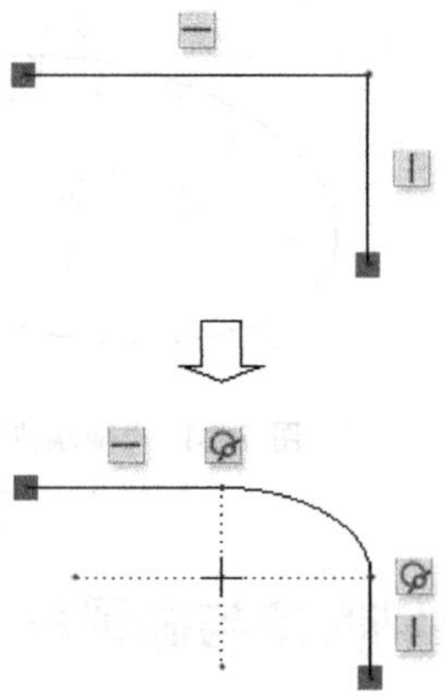

图 2-29　在两个图元间绘制椭圆角（不带构造线）

### 2.2.8　绘制倒角

单击“倒角”按钮，分别选择两个图元，利用倒角连接这两个图元，并且添加可延伸至交点的构造线，如图 2-30 所示。

单击“倒角修剪”按钮，分别选择两个图元，完成绘制不带构造线的倒角，如图 2-31 所示。

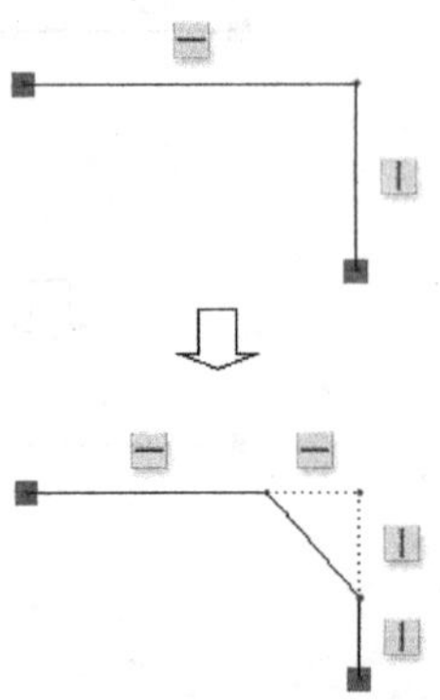

图 2-30　绘制倒角（带构造线）

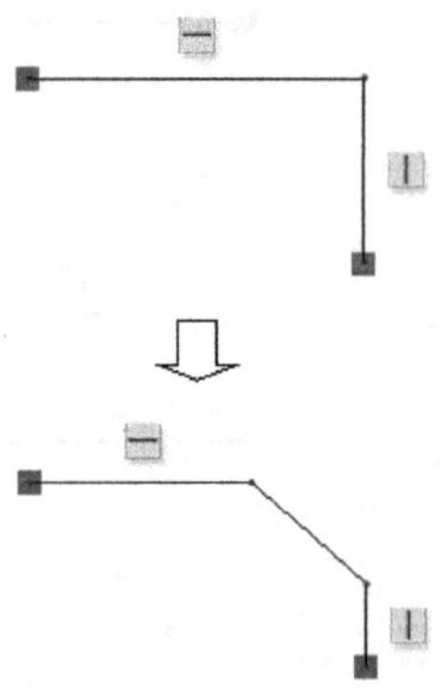

图 2-31　绘制倒角（不带构造线）

### 2.2.9　绘制样条曲线

要绘制样条曲线，则在“草绘”面板中单击“样条曲线”按钮，在草绘区域依次指定若干个点（即选取一系列点），从而绘制一条样条曲线，如图 2-32 所示。单击鼠标中键结束命令操作。

图 2-32　绘制一条样条曲线

## 2.2.10 将草绘器选项板中的外部数据插入到活动对象

在“草绘”面板中单击“选项板”按钮，打开如图 2-33 所示的“草绘器选项板”对话框。该对话框提供了系统预定义好的一些多边形、轮廓、形状和星形的图形。可以从这些预定义好的图形库中调用所需的图形，将其插入当前活动对象中。在“草绘器选项板”对话框的各选项卡上，单击图形项目可以预览。而双击图形项目可以选择该图形项目，然后在草绘窗口中单击即可使用默认大小放置，此时，可以使用鼠标指针对图形中出现的“平移”图柄⊗、“缩放”图柄或“旋转”图柄进行拖动操作，以获得所需方位和大小的图形。

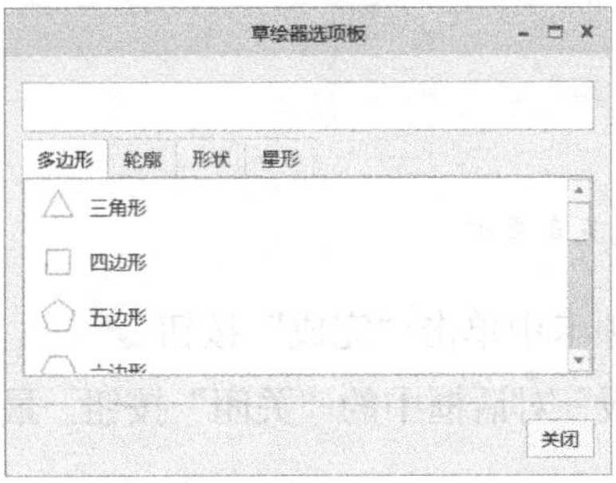


图 2-33　“草绘器选项板”对话框

在放置图形项目的过程中，功能区会出现如图 2-34 所示的“导入截面”选项卡，从中可以精确地设置缩放比例值和旋转值等。

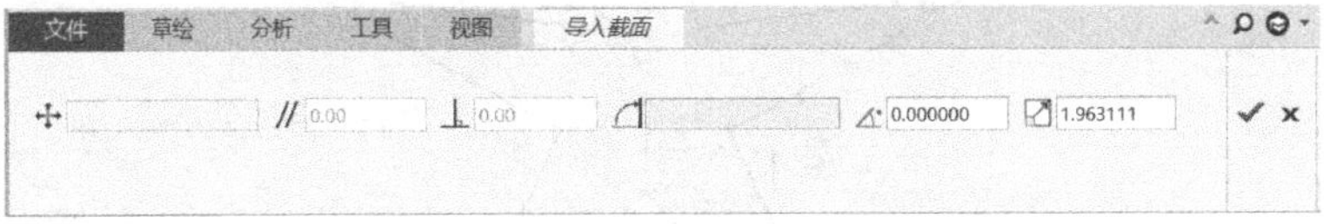


图 2-34　“导入截面”选项卡

**知识点拨**

在打开“草绘器选项板”对话框的情况下，也可以从相应的图形选项卡中找到所需的图形，使用鼠标将其拖动到图形窗口中快速放置，并可以利用功能区出现的“导入截面”选项卡进行缩放比例值和旋转值等的精确设置。

## 小实例 插入图形

**操作步骤**

（1）在“草绘”面板中单击“选项板”按钮，打开“草绘器选项板”对话框。

（2）切换到“星形”选项卡，在列表框中双击“五角星”图形项目，此时对话框如图 2-35 所示。

（3）在草绘窗口中的预定位置单击，插入图形，在功能区打开的“导入截面”对话框中输入缩放比例为 2，旋转角度为 0，如图 2-36 所示。

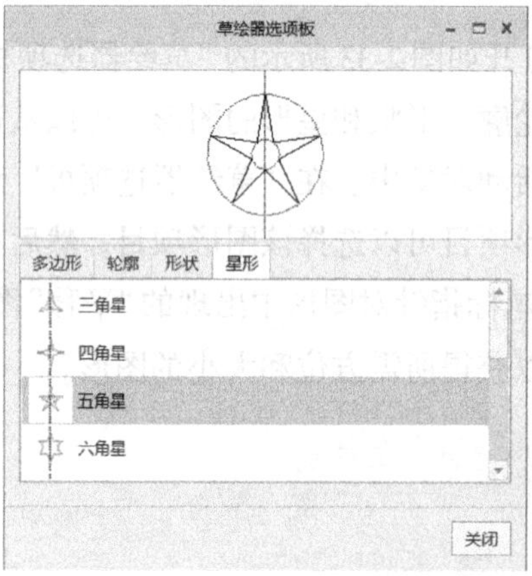


图 2-35　指定五角星形

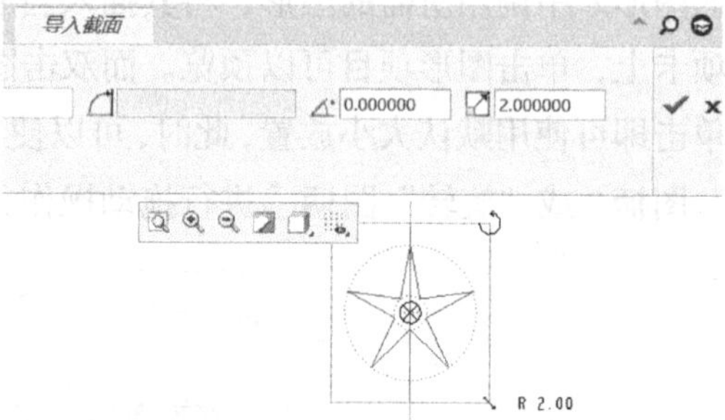


图 2-36　插入图形

（4）在“导入截面”选项卡中单击“完成”按钮✔。

（5）单击“草绘器选项板”对话框中的“关闭”按钮。最后插入的图形如图 2-37 所示。

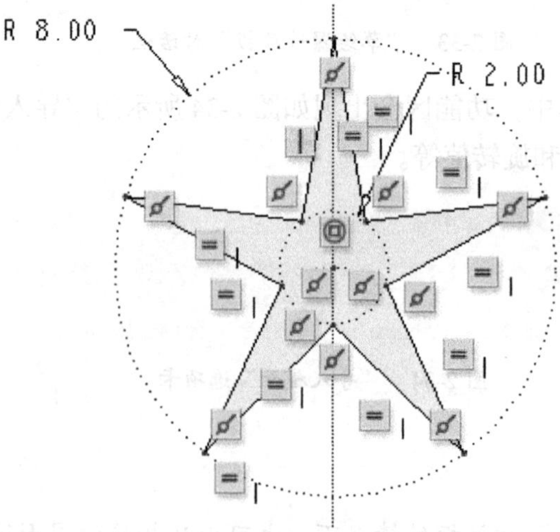


图 2-37　最后插入的图形

# 2.3 图形编辑

图形编辑的基本操作包括删除、镜像、修剪、旋转调整大小、复制与粘贴、切换构造等。

## 2.3.1 删除

删除图元的操作步骤如下。

（1）选择要删除的图元。

（2）在功能区“草绘”选项卡的“操作”面板中选择“删除”命令，或者直接按 Delete 键，或者在草绘区域内单击鼠标右键，在弹出的快捷菜单中选择“删除”命令。

## 2.3.2 镜像

镜像图元的操作步骤如下。

（1）选择要编辑的图元。

（2）在功能区“草绘”选项卡的“编辑”面板中单击“镜像”按钮。

（3）系统提示选取一条中心线，在草绘窗口中选取一条中心线作为镜像线。

镜像图元的示例如图 2-38 所示。

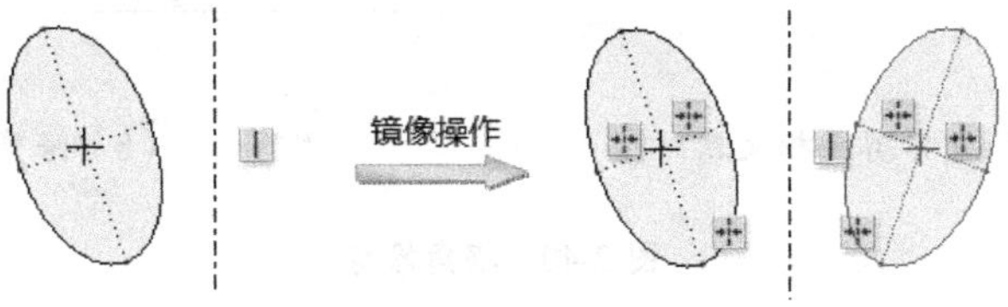


图 2-38　镜像图元的示例

**注意**

在进行镜像图元操作之前，草绘窗口中需已经存在着中心线。若之前没有中心线，则需要创建一个将作为镜像线的中心线。

## 2.3.3 修剪

修剪图元有 3 种方式：“删除段”、“拐角”和“分割”。

### 1. 删除段

删除段，即动态修剪剖面图元。操作步骤如下。

（1）在功能区“草绘”选项卡的“编辑”面板中单击“删除段”按钮。

（2）单击要裁剪掉的图元段，或者在图元上面拖动鼠标修剪图元。

删除段（动态修剪）的示例如图 2-39 所示。

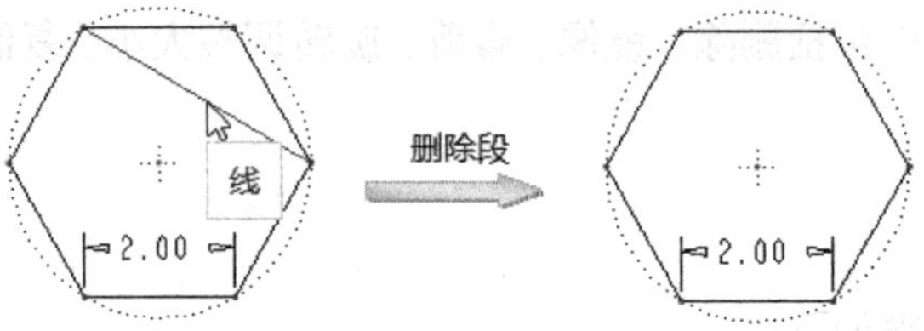


图 2-39　删除段（动态修剪）的示例

### 2. 拐角

拐角是指将图元修剪（剪切或延伸）到其他图元或几何上。要修剪的两个图元既可以相交，也可以不相交，但其延长线相交。拐角修剪至相交点示例如图 2-40（a）所示，单击位置指定了要保留的部分；拐角修剪延伸至相交点示例如图 2-40（b）所示，不相交的两图元被修剪后，其中一个图元延伸至与另一图元相交，并保留另一图元的单击一侧部分，超出延伸相交点的部分则被裁剪掉。

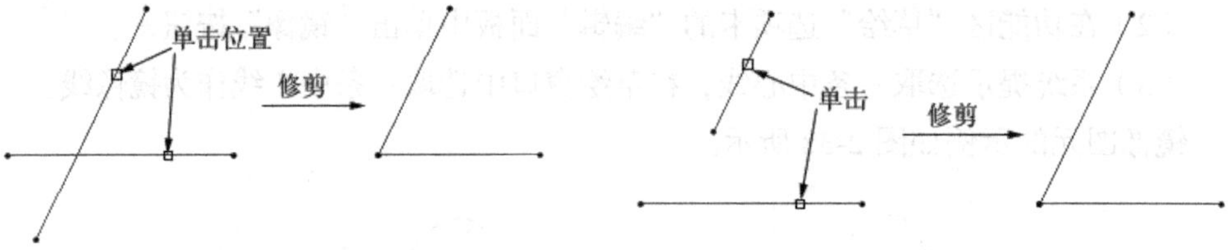


（a）修剪至相交点　　（b）修剪延伸至相交点

图 2-40　拐角修剪

拐角修剪的操作步骤如下。

（1）在功能区“草绘”选项卡的“编辑”面板中单击“拐角”按钮。

（2）选取要修整的两个图元，注意图元的单击位置，单击位置指定了要保留的部分。

### 3. 分割

可以在选取点的位置分割图元，操作步骤如下。

（1）在功能区“草绘”选项卡的“编辑”面板中单击“分割”按钮。

（2）将鼠标指针移动到所需打断的图元位置，单击鼠标左键，则在该单击位置分割图元。

## 2.3.4 旋转调整大小

对图形进行旋转调整大小的操作步骤如下。

（1）在草绘窗口中选择要编辑的图形。可以根据需要框选所需的图形。

（2）在功能区“草绘”选项卡的“编辑”面板中单击“旋转调整大小”按钮。

（3）此时在图形中出现如图 2-41 所示的图形操作符号，以及在功能区出现“旋转调整大小”选项卡。可以在图形中选取（旋转句柄）符号拖动来旋转图形，选取⊗（平移句柄）符号拖动来平移图形，或者选取（缩放句柄）符号拖动来缩放图形。通常，在“旋转调整大小”选项卡中设置比例和旋转角度。

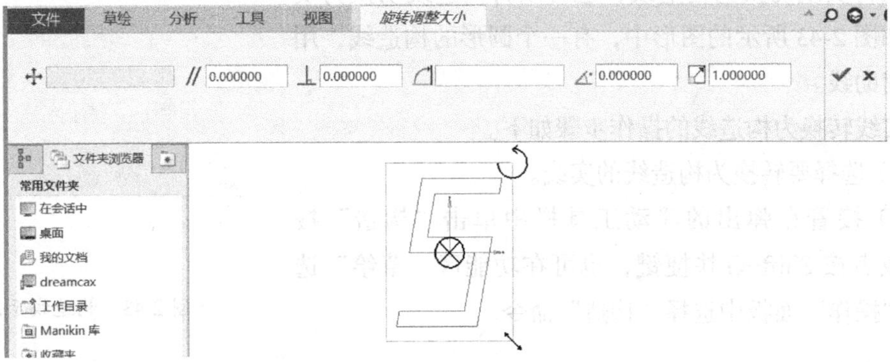


图 2-41　执行缩放和旋转操作

（4）在“旋转调整大小”选项卡上单击“完成”按钮。

## 2.3.5　复制与粘贴

复制与粘贴图形的操作步骤如下。

（1）选择要编辑的图形。

（2）在功能区“草绘”选项卡的“操作”面板中单击“复制”按钮，或者按 Ctrl+C 快捷键。

（3）在功能区“草绘”选项卡的“操作”面板中单击“粘贴”按钮，或者按 Ctrl+V 快捷键。

（4）在草绘窗口中的预定位置处单击，出现一个复制的图形（其上显示有、⊗和操作符号）和“粘贴”选项卡，如图 2-42 所示，左图为原图形。

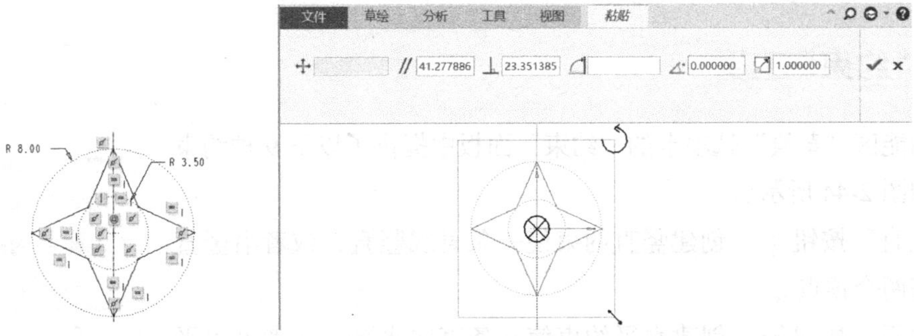


图 2-42　复制与粘贴

（5）使用句柄或通过功能区“粘贴”选项卡设置图形比例和旋转角度等。

（6）单击“完成”按钮，结束复制与粘贴操作。

### 2.3.6 切换构造

可以将实线切换为构造线，也可以将构造线切换为实线。在如图 2-43 所示的图形中，有一个圆形的构造线，用来作为辅助线。

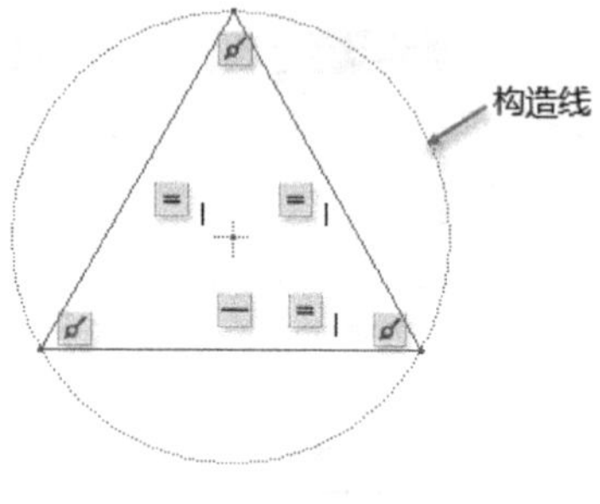


图 2-43　构造线示例

将实线转换为构造线的操作步骤如下。

（1）选择要转换为构造线的实线。

（2）接着在弹出的浮动工具栏中单击“构造”按钮，或者按 Shift+G 快捷键，也可在功能区“草绘”选项卡的“操作”面板中选择“构造”命令。

> **知识点拨**
>
> 将构造线转换为实线的操作步骤类似，即选择要转换为实线的构造线，接着在弹出的浮动工具栏中单击“构造”按钮，或者按 Shift+G 快捷键。

另外，若在功能区“草绘”选项卡的“草绘”面板中单击“构造”按钮（此按钮对应的快捷键为 Ctrl+M），则可以将创建新图元的模式由基准模式更改为构造模式，或由构造模式更改为基准模式。

## 2.4 几何约束

在绘制图形的过程中，有时需要为图形设置几何约束，如添加平行、垂直、相等、共线等约束，以帮助图元定位。

### 2.4.1 “约束”工具

在功能区“草绘”选项卡的“约束”面板中提供了以下 9 种约束工具，如图 2-44 所示。

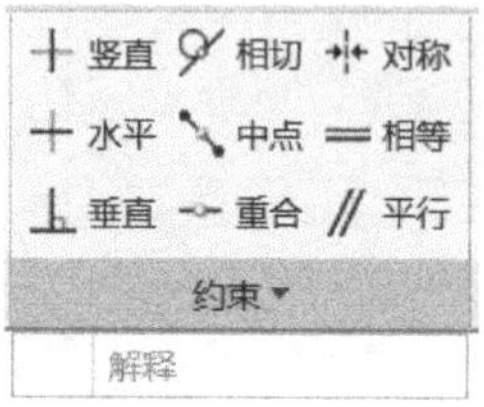


图 2-44　“约束”面板

“竖直”按钮：创建竖直约束使一条直线竖直，或者沿竖直方向对齐两个顶点。

“水平”按钮：创建水平约束使一条直线水平，或者沿水平方向对齐两个顶点。

“垂直”按钮⊥：使两个图元垂直（正交）并创建垂直约束。

“相切”按钮：使两个图元相切并创建相切约束。

“中点”按钮：在线或圆弧中点处放置一个点并创建中点约束。

“重合”按钮：在同一个位置上放置点、在图元上放置点或创建共线约束。

“对称”按钮：使两个点或顶点关于中心线对称并创建对称约束。

“相等”按钮＝：创建等长、等半径、等尺寸或相同曲率约束。

“平行”按钮//：使两线平行并创建平行约束。

在图形中选择了某约束符号或尺寸，接着在功能区“草绘”选项卡中选择“约束”→“解释”命令，则可显示选定约束或尺寸的简要说明并突出显示选定约束或尺寸的参考。

## 2.4.2 创建几何约束

创建几何约束的操作步骤如下。

（1）在功能区“草绘”选项卡的“约束”面板中单击所需的一个几何约束工具按钮。

（2）根据系统提示，在草绘窗口选择要建立约束关系的图元。

（3）可以继续根据需要重复前两个步骤创建所需约束。

（4）单击鼠标中键结束几何约束命令。

约束创建好后，可以在“图形”工具栏中单击“草绘显示过滤器”按钮及勾选“约束显示”复选框控制草绘窗口中约束符号的显示或关闭。

## 2.4.3 删除约束

在实际设计中，有时需要对约束进行修改，如将不需要的约束删除。

将不需要的约束删除的操作步骤是：先选择该约束符号，再按 Delete 键；也可以在选择该约束符号后右键单击，在弹出的快捷菜单中选择“删除”命令。

## 2.4.4 小实例：几何约束

**小实例 几何约束**

**操作步骤**

在添加新约束条件前的原图形如图 2-45 所示，练习文件 BC_ZY1.SEC 位于配套资源第 2 章文件夹中。

（1）在功能区“草绘”选项卡的“约束”面板中单击“相切”按钮。

（2）选择两图元使它们相切。本例先选择如图 2-46 所示的直线段，再选择如图 2-47 所示的圆弧。

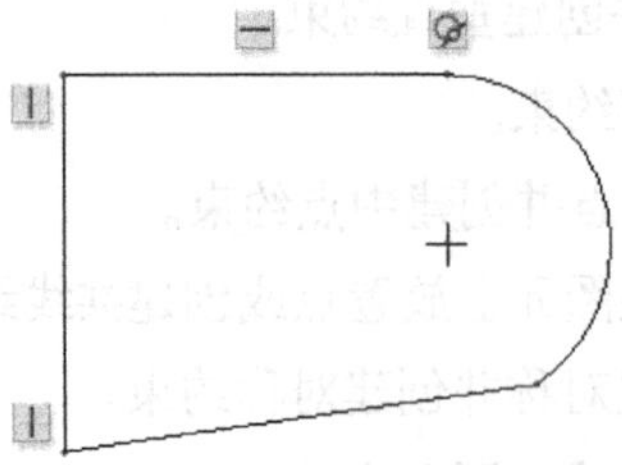

图 2-45　原图形

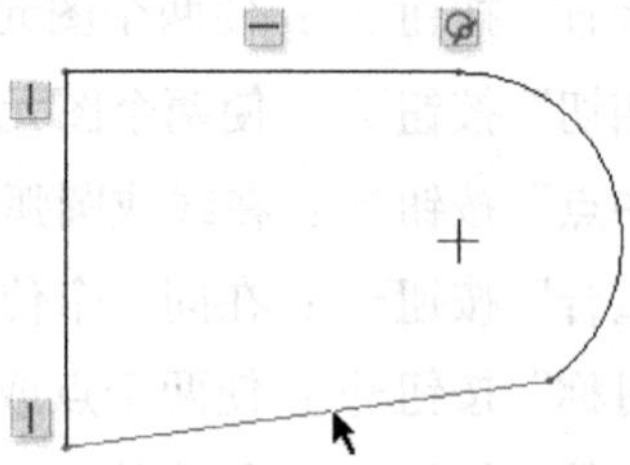

图 2-46　选择要相切的图元 1

（3）单击鼠标中键结束“相切”约束命令。在所选两个图元之间添加相切约束的效果如图 2-48 所示。

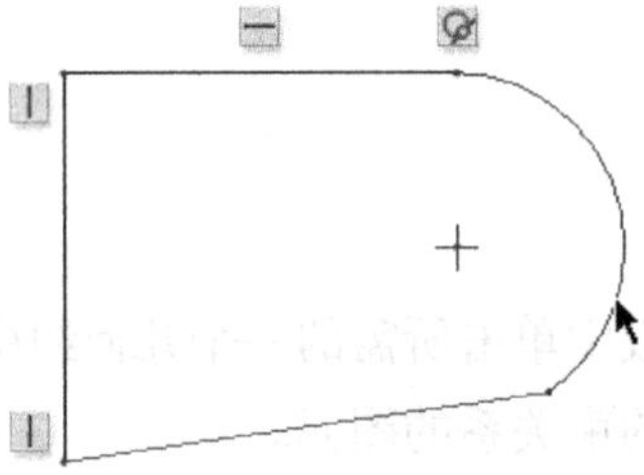

图 2-47　选择要相切的图元 2

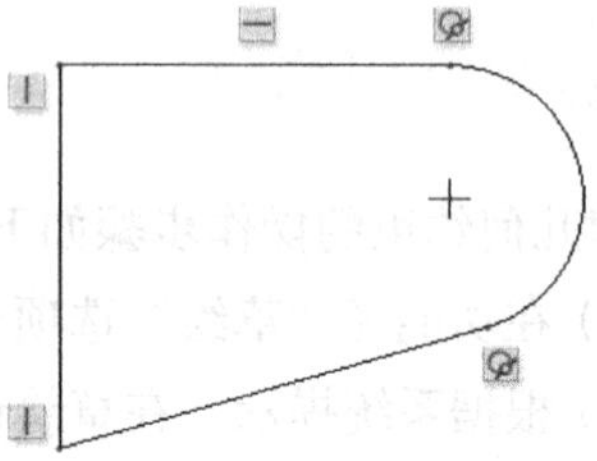

图 2-48　添加相切约束的效果

## 2.5 尺寸标注

在 Creo Parametric 5.0 中绘制图形时，系统会自动为图形添加尺寸，这些尺寸是弱尺寸。弱尺寸在没有用户确认的情况下可以由系统自动删除。在实际设计中，用户经常需要根据设计要求布局所需的尺寸，即由用户自己标注所需的尺寸（用户标注所得的尺寸为强尺寸），或者将选定的弱尺寸转化为强尺寸。添加强尺寸时，系统会自动删除一个多余的弱尺寸或弱约束。

### 2.5.1 标注线性尺寸

#### 1. 标注两点之间的距离尺寸

（1）在“尺寸”面板中单击“尺寸”按钮|↔|。

（2）分别选择两点。

（3）移动鼠标指针到要放置尺寸的位置单击鼠标中键。

**注意**

在单击鼠标中键时，鼠标指针所处位置不同，会得到如下 3 种标注结果，也可以修改这些距离尺寸值。

标注两点之间倾斜距离尺寸，如图 2–49（a）所示。

标注两点之间水平距离尺寸，如图 2–49（b）所示。

标注两点之间垂直距离尺寸，如图 2–49（c）所示。

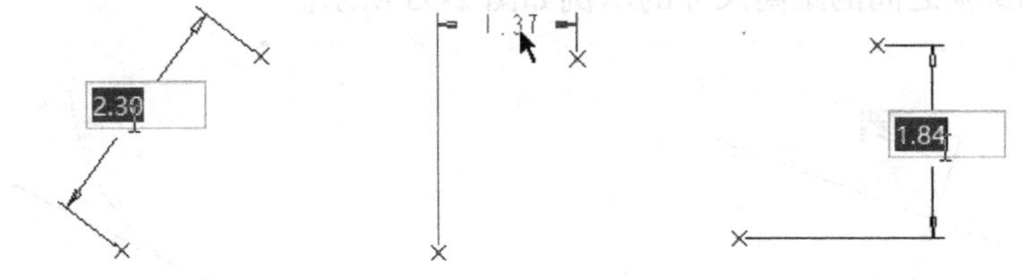


(a)　（b）　(c)

图 2-49　3 种标注结果

### 2. 标注线段距离尺寸

（1）单击“尺寸”按钮⟷。

（2）单击要标注尺寸的线段。

（3）在要放置尺寸文本的大概位置单击鼠标中键，接着可以在出现的尺寸文本框中输入新尺寸值并按 Enter 键确认。

标注线段距离尺寸的示例如图 2-50 所示。

### 3. 标注点与直线之间的距离尺寸

（1）单击“尺寸”按钮⟷。

（2）分别单击点和直线。

（3）在要放置尺寸文本的大概位置单击鼠标中键，并修改尺寸，按 Enter 键确认。

标注点与直线之间的距离尺寸的示例如图 2-51 所示。

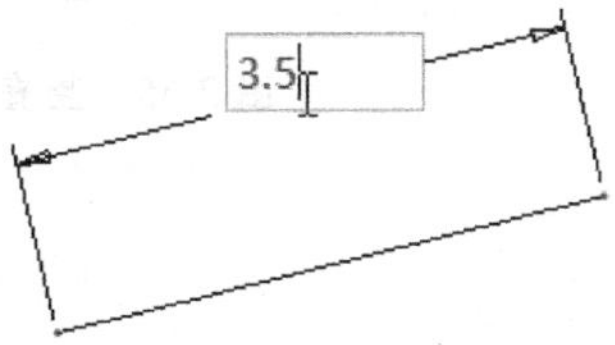


图 2-50　标注线段距离尺寸

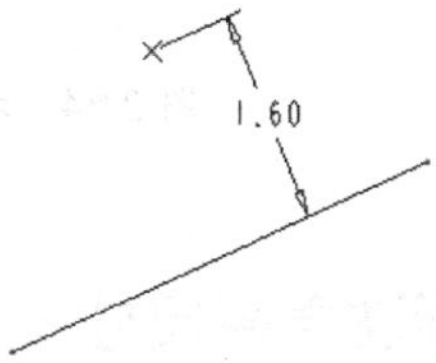


图 2-51　标注点与直线之间的距离尺寸

### 4. 标注平行直线之间的距离尺寸

（1）单击“尺寸”按钮⟷。

（2）分别单击平行的两条直线。

（3）在要放置尺寸文本的位置处单击鼠标中键。

标注平行直线之间的距离尺寸的示例如图 2-52 所示。

**5. 标注直线与圆弧之间的距离尺寸**

（1）单击“尺寸”按钮⟷。

（2）分别单击圆弧和直线。

（3）移动鼠标指针到合适位置单击鼠标中键，指定尺寸文本的放置位置。

标注直线与圆弧之间的距离尺寸的示例如图 2-53 所示。

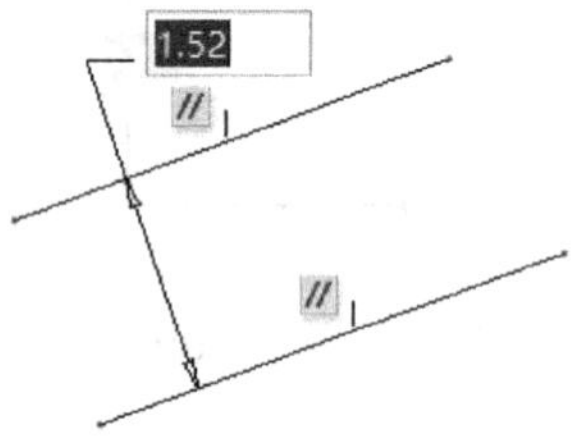


图 2-52　标注平行直线之间的距离尺寸

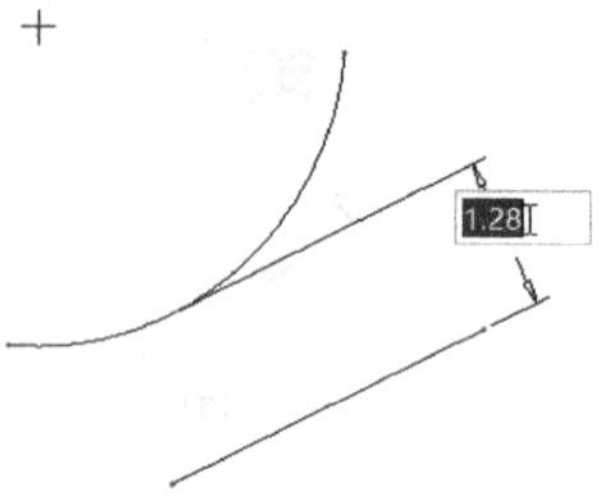


图 2-53　标注直线与圆弧之间的距离尺寸

**6. 标注两圆弧（或圆）之间的距离尺寸**

（1）单击“尺寸”按钮⟷。

（2）分别单击两个圆弧（或圆）。

（3）在预定位置单击鼠标中键，系统会根据单击鼠标中键的位置及先前选择圆弧（或圆）的位置，自动判断生成最适合的水平尺寸和竖直尺寸，分别如图 2-54 和图 2-55 所示。

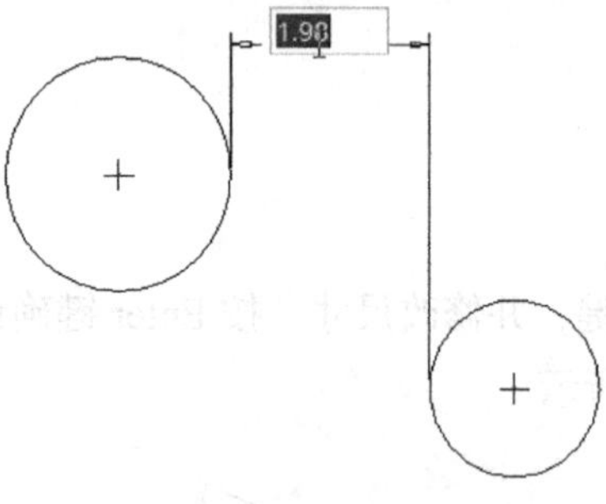


图 2-54　水平尺寸

图 2-55　竖直尺寸

## 2.5.2　标注直径尺寸

（1）单击“尺寸”按钮⟷。

（2）双击要标注直径尺寸的圆或圆弧。

（3）在要放置尺寸文本的位置单击鼠标中键，并修改尺寸，确认后得到的直径尺寸的示例如图 2-56 所示。

## 2.5.3 标注半径尺寸

（1）单击“尺寸”按钮。

（2）单击要标注半径尺寸的圆或圆弧。

（3）在要放置尺寸文本的位置单击鼠标中键，并在出现的尺寸编辑框中输入精确的半径值，按 Enter 键确认，得到的标注半径尺寸的示例如图 2-57 所示。

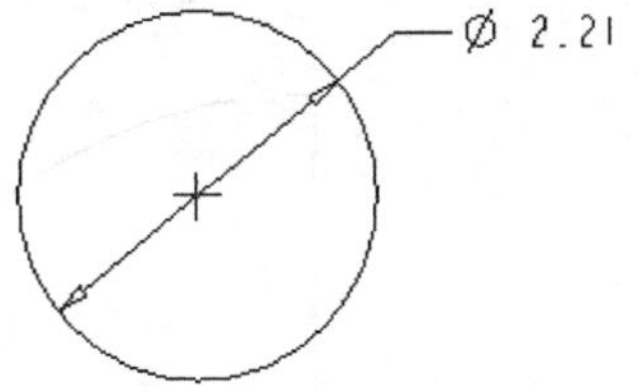


图 2-56　标注直径尺寸

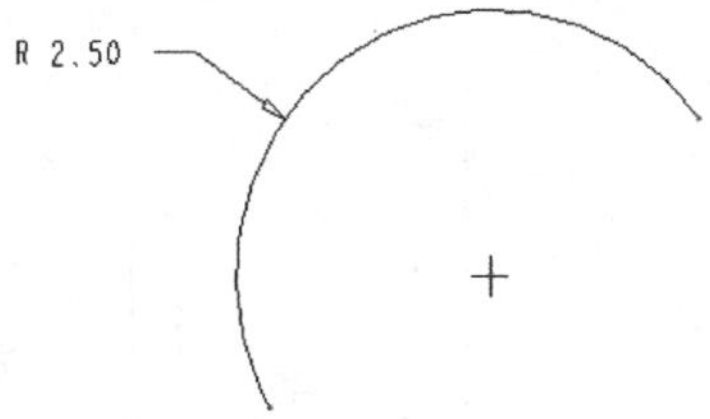


图 2-57　标注半径尺寸

## 2.5.4 标注角度尺寸

### 1. 标注相交直线的夹角尺寸

（1）单击“尺寸”按钮。

（2）单击第一条直线，接着单击第二条直线。

（3）在要放置尺寸文本的大概位置单击鼠标中键，输入新角度值并按 Enter 键确认。标注相交直线的夹角尺寸的示例如图 2-58 所示。

### 2. 标注圆弧中心角尺寸

（1）单击“尺寸”按钮。

（2）先单击圆弧的一个端点，接着选择圆弧的圆心点，再单击圆弧的另一个端点。

（3）在要放置尺寸文本的大概位置处单击鼠标中键，接着输入新尺寸值并按 Enter 键确认。标注圆弧中心角尺寸的示例如图 2-59 所示。

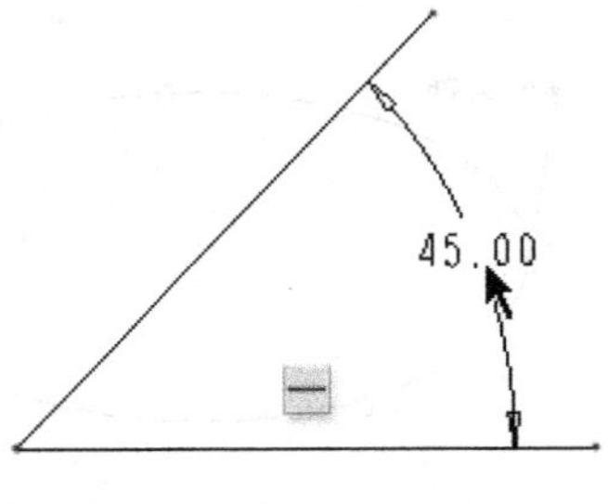


图 2-58　标注相交直线的夹角尺寸

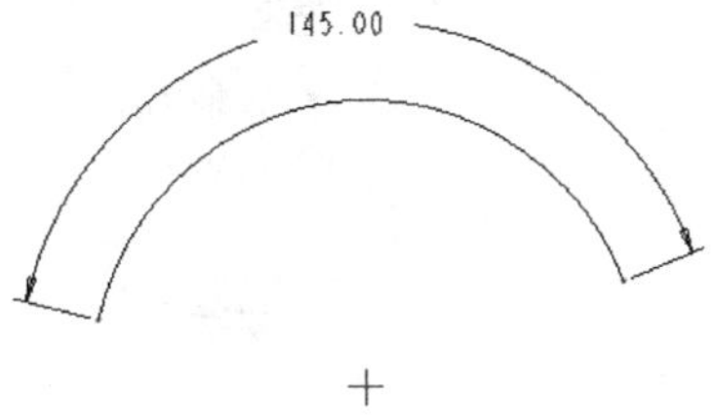


图 2-59　标注圆弧中心角尺寸

### 2.5.5　标注对称尺寸

（1）单击“尺寸”按钮。

（2）单击要标注尺寸的图元（或端点），接着单击对称标注所需的中心线，再次单击要标注尺寸的图元（或端点）。

（3）在预定区域单击鼠标中键以放置尺寸文本，接着修改此对称尺寸并按 Enter 键确认。标注对称尺寸的示例如图 2-60 所示。

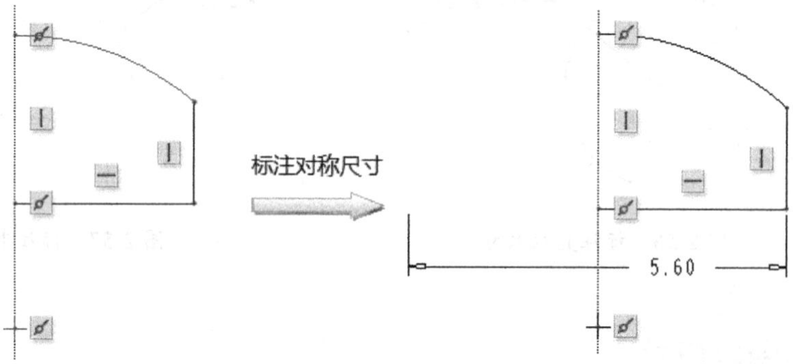


图 2-60　标注对称尺寸

### 2.5.6　标注椭圆或椭圆弧的半轴尺寸

（1）单击“尺寸”按钮。

（2）选择椭圆或椭圆弧。

（3）单击鼠标中键以指定尺寸文本的放置位置，打开如图 2-61 所示的“椭圆半径”对话框。

（4）在“椭圆半径”对话框中选择“长轴”单选按钮或“短轴”单选按钮，然后单击“接受”按钮，可即时修改长轴或短轴半径尺寸。在如图 2-62 所示的示例中，标注了椭圆的长轴半径尺寸。

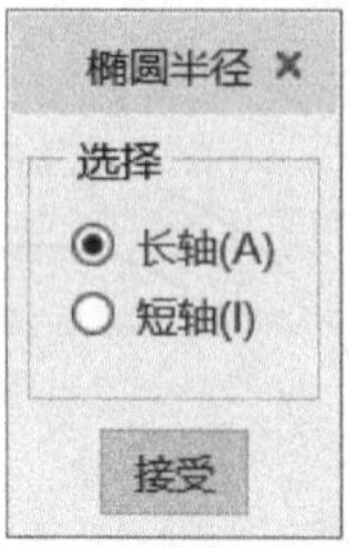


图 2-61　“椭圆半径”对话框

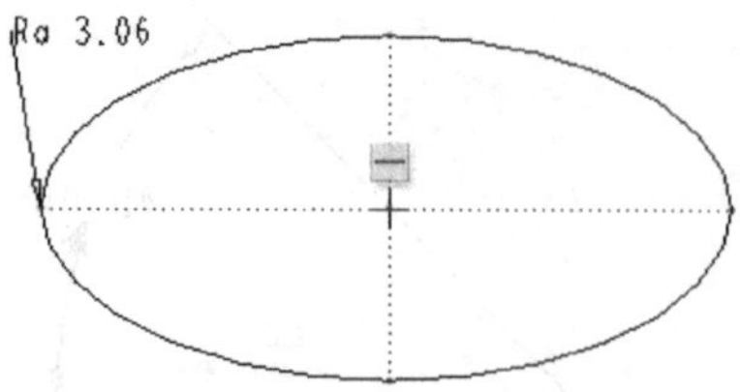


图 2-62　标注椭圆的长轴半径尺寸

### 2.5.7 标注圆锥曲线的曲率尺寸

（1）单击“尺寸”按钮⟷。

（2）选择圆锥曲线。

（3）单击鼠标中键，此时可以修改圆锥曲线的曲率尺寸，如图 2-63 所示，

### 2.5.8 标注样条曲线

通常，样条曲线只需标注其端点或中间插值点的线形尺寸。如果具有参照线，还可以为样条曲线的相关点标注角度尺寸，如图 2-64 所示。在样条曲线的某关键点处标注角度尺寸的操作步骤如下。

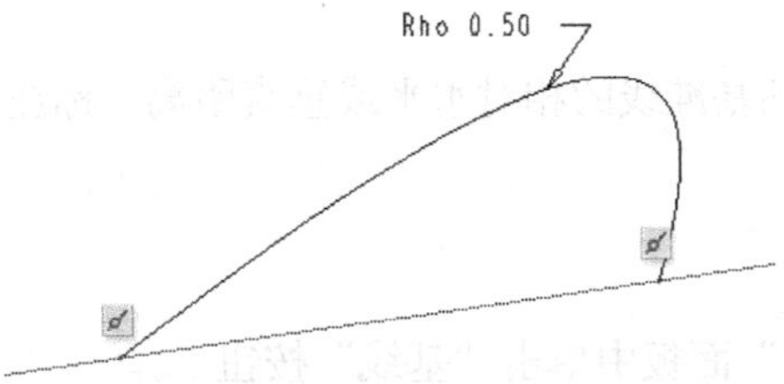


图 2-63 标注圆锥曲线的曲率尺寸

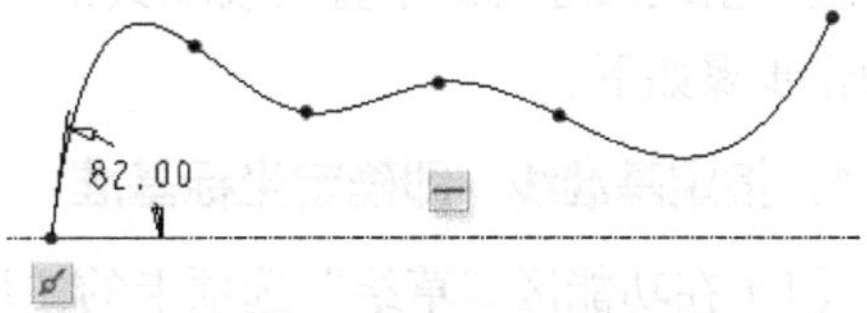


图 2-64 标注样条曲线端点处的角度尺寸

（1）单击“尺寸”按钮⟷。

（2）分别单击样条曲线、参照线和所需曲线点（端点或中间插值点）。

（3）在要放置尺寸文本的位置单击鼠标中键，可即时修改尺寸。

**知识点拨**

在标注样条曲线某点处的相切角度尺寸时，单击样条曲线、曲线点和参照线可以不分顺序。

### 2.5.9 标注周长尺寸

在某些设计场合，可应用周长尺寸，即标注图元链或图元环的总长度。要标注周长尺寸，需要指定一个尺寸作为变化尺寸（驱动尺寸）。当变更周长尺寸时，系统将相应地修改该变化尺寸，以适应调整。

周长尺寸标注的操作步骤如下。

（1）选择要标注周长尺寸的图形。通常采用框选的方式选择整个图形，如图 2-65 所示。

（2）在功能区“草绘”选项卡的“尺寸”面板中单击“周长”按钮。

（3）单击所选图形上的一个尺寸作为变化尺寸（即选择由周长尺寸驱动的尺寸），如图 2-66 所示，再修改周长尺寸值便可完成标注此周长尺寸。

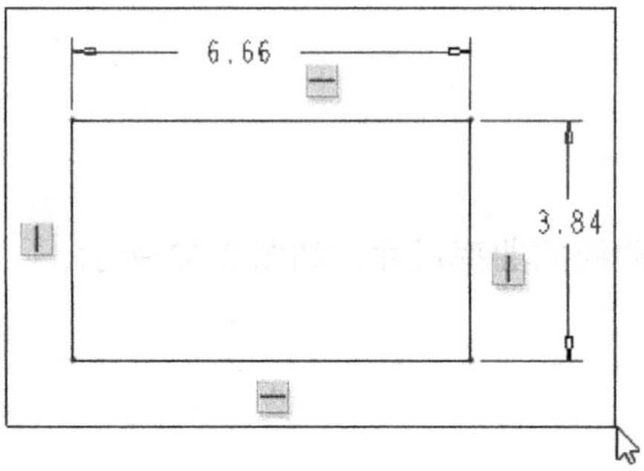


图 2-65　框选图形

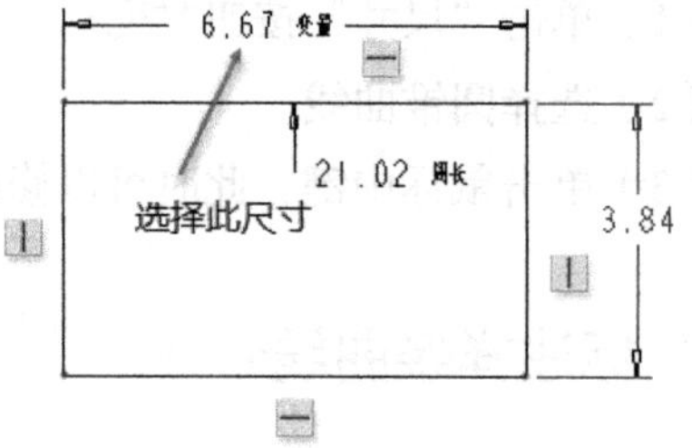


图 2-66　标注周长尺寸

## 2.5.10　标注基线尺寸

应用基线尺寸有助于直观读取其他图元到基准线的相对水平或垂直距离。标注基线尺寸的操作步骤如下。

**1．指定基准线，即确定坐标基准**

（1）在功能区“草绘”选项卡的“尺寸”面板中单击“基线”按钮。

（2）在需要定义基准的参照线上单击。

（3）在预放置基线尺寸文本的位置区域单击鼠标中键，如图 2-67 所示。

**2．创建相对水平或垂直坐标尺寸**

（1）单击“尺寸”按钮。

（2）选取基准文本 0.00。

（3）选择另一图元或关键点位置。

（4）在预放置尺寸文本的位置区域单击鼠标中键，完成标注一处相对基线尺寸，如图 2-68 所示。也可以修改此相对基线尺寸。

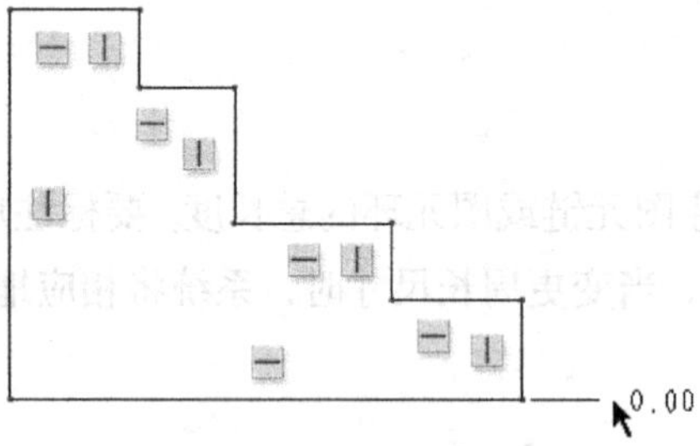


图 2-67　指定基准线

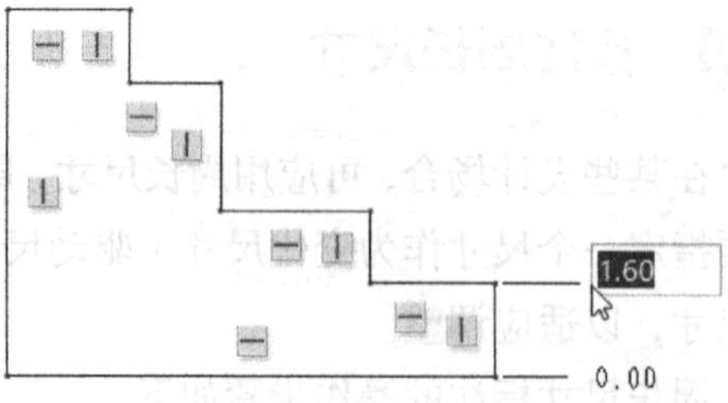


图 2-68　完成标注一处相对基线尺寸

（5）用同样的方法，继续添加所需的相对基线尺寸。标注基线尺寸的示例如图 2-69 所示。

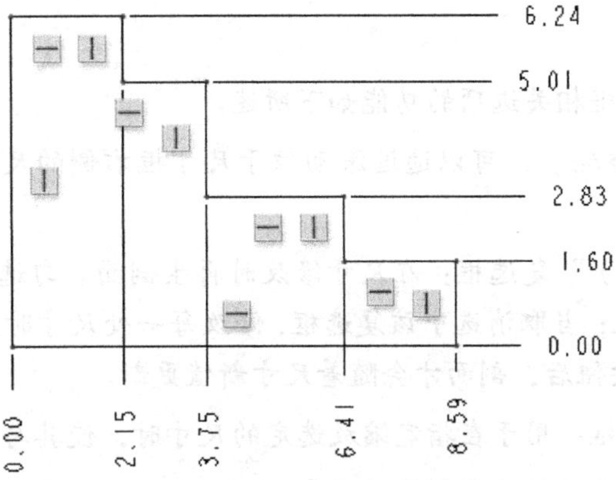


图 2-69　标注基线尺寸

## 2.6 尺寸修改

修改尺寸主要有以下两种常用方法。

方法一：快捷修改单个尺寸。

（1）在选择状态下，即“依次选择”按钮处于选中状态时，直接双击要修改的尺寸值。

（2）在出现的尺寸文本框中输入新值，如图 2-70 所示，按 Enter 键。

方法二：使用“修改尺寸”对话框。

（1）在功能区“草绘”选项卡的“编辑”面板中单击“修改”按钮。

（2）选择要修改的尺寸，可以选择多个要修改的尺寸。

（3）打开“修改尺寸”对话框，如图 2-71 所示，输入尺寸新值。

（4）单击“确定”按钮。

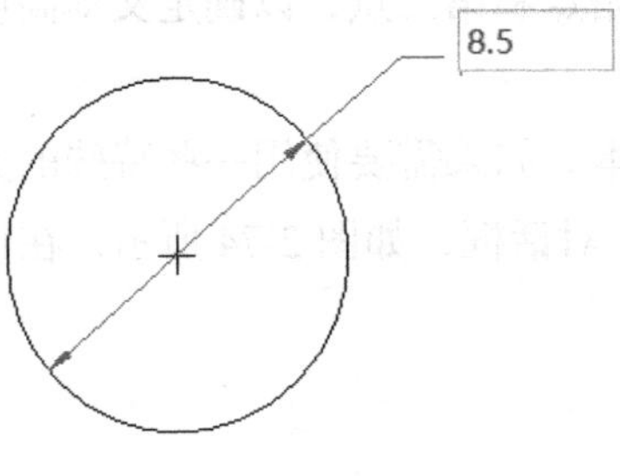


图 2-70　快捷修改单个尺寸

图 2-71　“修改尺寸”对话框

知识点拨

“修改尺寸”对话框相关选项的功能如下所述。

尺寸指轮（尺寸滚轮）：可以通过滚动位于尺寸框右侧的尺寸指轮来获得所需要的尺寸。

“重新生成（再生）”复选框：在尺寸修改时再生剖面。勾选该复选框，则修改每一处尺寸时剖面即时再生；当取消选中该复选框，修改每一处尺寸时，剖面都不会立即反应，只有在单击“确定”按钮后，剖面才会随着尺寸新值更新。

“锁定比例”复选框：用于在指定缩放选定的尺寸时，使其与某一尺寸修改成正比。

“敏感度”：更改当前尺寸的指轮敏感度。

## 2.7 创建和修改文本

在 Creo Parametric 5.0 中可以创建如图 2-72 所示的剖面文本。

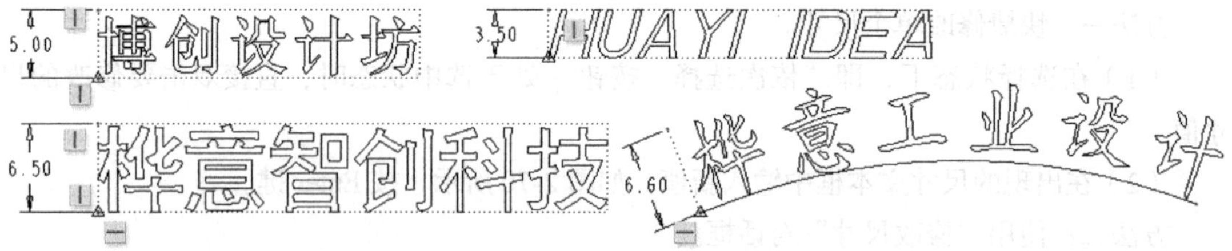


图 2-72 创建剖面文本

### 2.7.1 创建文本

创建文本的操作步骤如下。

（1）在功能区“草绘”选项卡的“草绘”面板中单击“文本”按钮 A。

（2）在绘图区域指定两点，即指定行的起始点和第二点，以确定文本高度和方向，打开如图 2-73 所示的“文本”对话框。

（3）在“文本”文本框中输入要建立的文本。如果需要使用一些特殊的文本符号，可以单击“文本符号”按钮，打开“文本符号”对话框，如图 2-74 所示，在该对话框上选择需要的符号，单击“关闭”按钮。

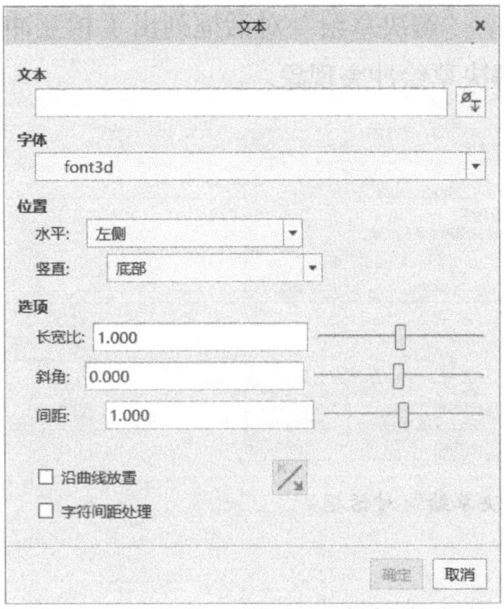


图 2-73 “文本”对话框

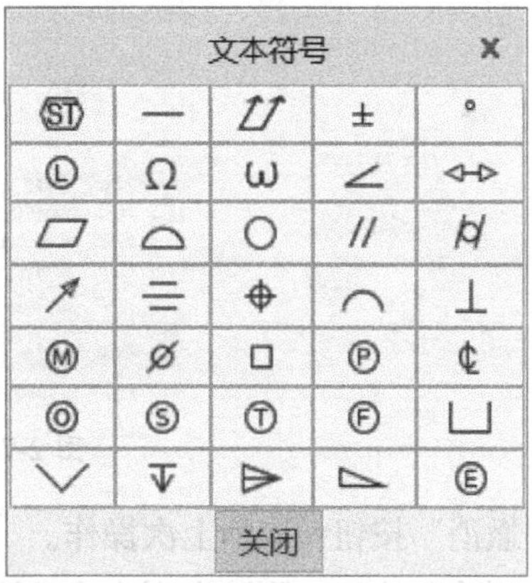


图 2-74 “文本符号”对话框

（4）在“字体”下拉列表中选择所需的字体，在“位置”选项组中设置文本的水平和竖直位置，在“选项”选项组中指定文本的长宽比、斜角和间距参数。

（5）如果根据某曲线放置文本，就在“文本”对话框中勾选“沿曲线放置”复选框，接着选择曲线。单击“可将文本反向到曲线的另一侧”按钮，可将文本反向到曲线的另一侧。

（6）在“文本”对话框中单击“确定”按钮，完成文本的创建。

### 2.7.2 修改文本

修改文本主要有以下两种常用方法。

方法一：

（1）在“编辑”面板中单击“修改”按钮。

（2）选择要修改的文本，打开“文本”对话框。

（3）利用“文本”对话框对文本进行相关修改即可。

方法二：

在选择状态下，即“依次选择”按钮处于选中状态时，直接在草绘窗口中双击要编辑的文本，打开“文本”对话框，进行相关修改。

## 2.8 解决尺寸和约束冲突

在绘制图形的过程中，当新添加的尺寸或约束与现有的强尺寸或强约束有冲突时，系统将打开“解决草绘”对话框，如图 2-75 所示。“解决草绘”对话框列出了相互冲突的约束和尺寸。使用该对话框，可以根据需要及时解决草绘冲突现象。

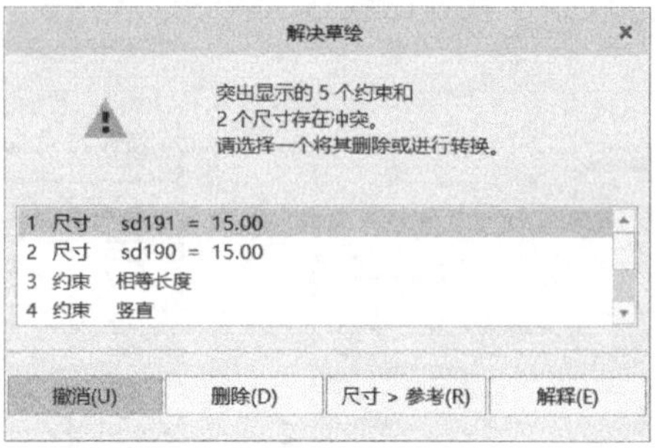


图 2-75 “解决草绘”对话框

“撤消”按钮：取消上次操作。

“删除”按钮：删除在列表中选取的加亮约束或尺寸。

“尺寸 > 参考”按钮：选取加亮的尺寸，将其转换为参照尺寸。

“解释”按钮：选取要显示的参照项目，获取简要的说明信息。

## 2.9 典型范例——绘制二维图形

绘制较为复杂的二维图形时，通常是先绘制大概的图形，或者分几部分绘制，必要时设置所需的几何约束，标注所需的强尺寸及修改尺寸等。

本范例要完成的二维图形如图 2-76 所示。

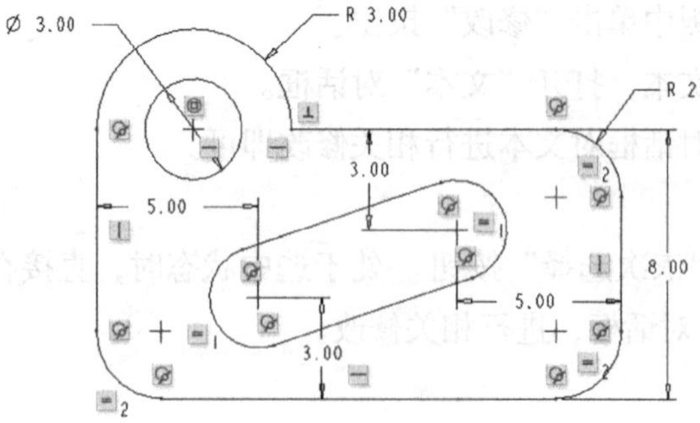


图 2-76 完成的二维图形

**操作步骤**

（1）新建草绘文件。在“快速访问”工具栏上单击“新建”按钮，打开“新建”对话框。在“新建”对话框的“类型”选项组中选择“草绘”单选按钮，在“文件名”文本框中输入文件名为 HY_ZY2_1。单击“确定”按钮，进入草绘器。

（2）绘制两个圆。在功能区“草绘”选项卡的“草绘”面板中单击“圆心和点方式”按钮，在草绘区域绘制两个同心的圆并修改其尺寸，修改尺寸后的两个圆如图 2-77 所示。

（3）绘制直线。在“草绘”面板中单击“线链”按钮，绘制多条直线，如图 2-78 所示，图中的尺寸和约束是系统自动添加的。

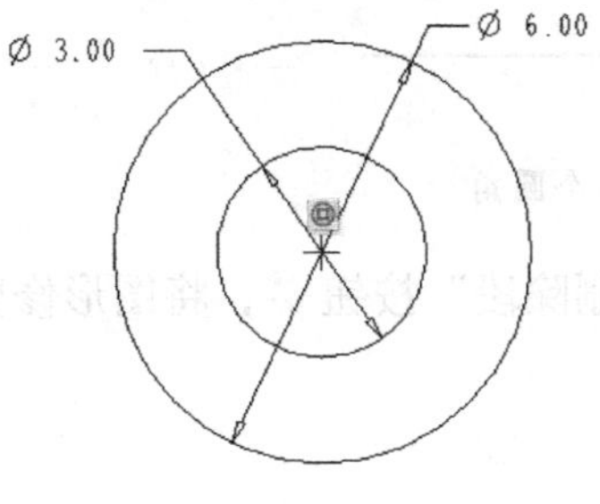


图 2-77　绘制两个圆

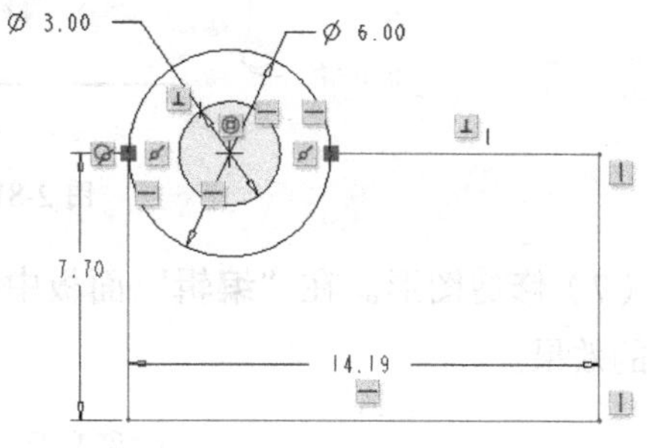


图 2-78　绘制直线

**知识点拨**

为了便于草图检查，可以在“检查”面板中单击选中“突出显示开放端”按钮，以突出显示仅属于一个图元的草绘图元顶点。还可以在“检查”面板中单击选中“着色封闭环”按钮，从而将封闭链限制且不与其他图元重叠的草绘图元区域着色。

（4）绘制两个圆。在“草绘”面板中单击“圆心和点方式”按钮，绘制两个直径相等的小圆，如图 2-79 所示。

（5）绘制相切直线。在“草绘”面板中单击“直线相切”按钮，绘制两条相切的直线，如图 2-80 所示，单击鼠标中键结束。

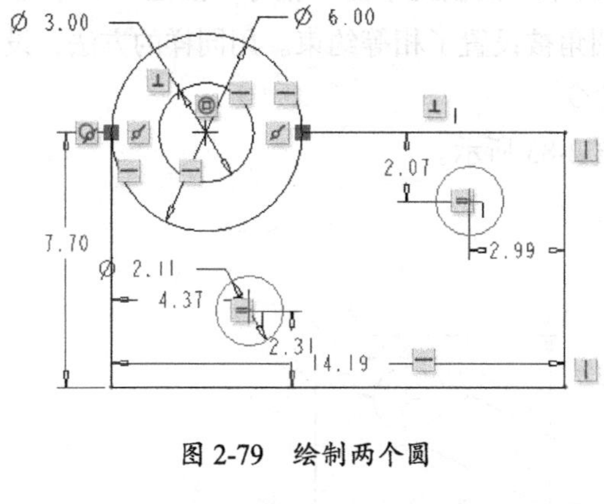


图 2-79　绘制两个圆

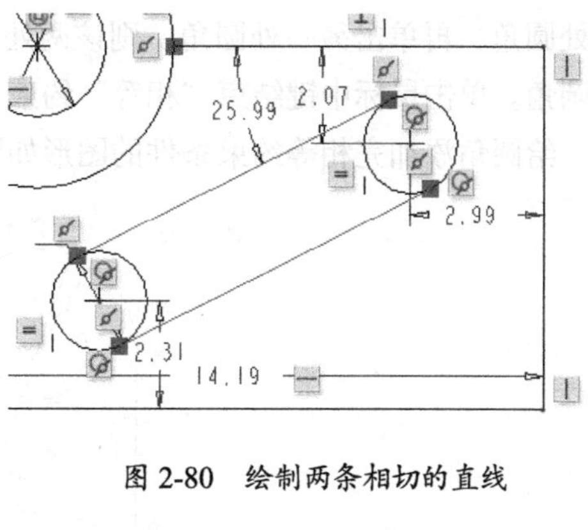


图 2-80　绘制两条相切的直线

（6）倒圆角。在“草绘”面板中单击“圆角：圆形修剪”按钮，在图形中创建如图 2-81 所示的 3 个圆角。

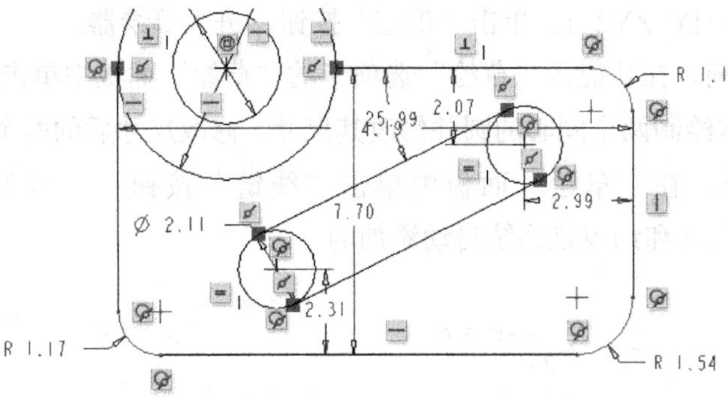


图 2-81　创建 3 个圆角

（7）修剪图形。在“编辑”面板中单击“删除段”按钮，将图形修剪成如图 2-82 所示的效果。

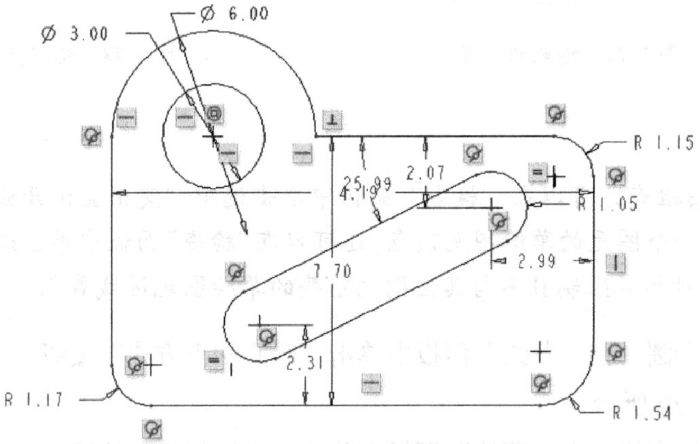


图 2-82　修剪图形

（8）给圆角添加相等约束条件。在“约束”面板上单击“相等”按钮═，单击其中的一处圆角，再单击另一处圆角，则该两处圆角被设置了相等约束。用同样的方法，设置第 3 处圆角。单击鼠标中键结束“相等”约束命令。

给圆角添加完相等约束条件的图形如图 2-83 所示。

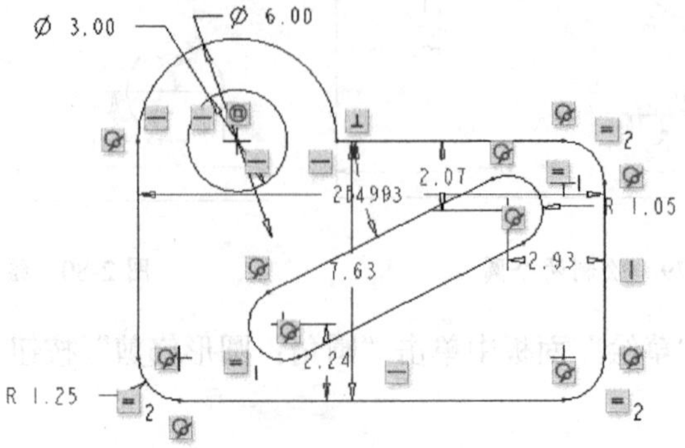


图 2-83　给圆角添加相等约束条件

（9）灵活设置其他约束条件等。单击“约束”面板上的相应约束工具按钮，灵活设置其他约束条件，并可以调整相关尺寸的放置位置。

（10）标注所需的尺寸。单击“尺寸”按钮⟷，标注所需的尺寸。标注尺寸的参考效果如图 2-84 所示。

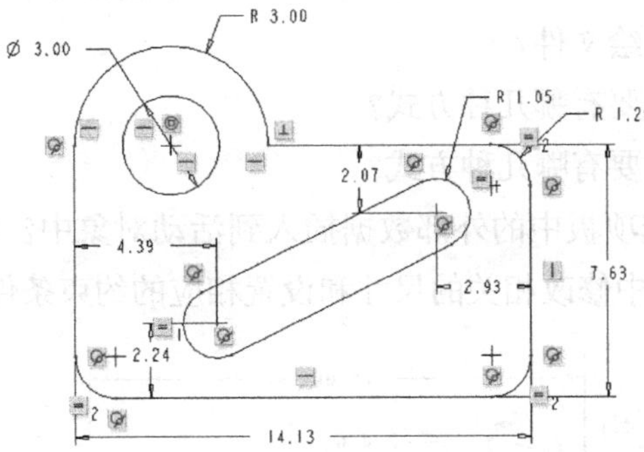


图 2-84　标注尺寸

（11）修改相关尺寸。使“依次选择”按钮处于选中状态，使用鼠标框选所有尺寸，在“编辑”面板上单击“修改”按钮，打开“修改尺寸”对话框，进行尺寸修改，如图 2-85 所示，单击“确定”按钮。

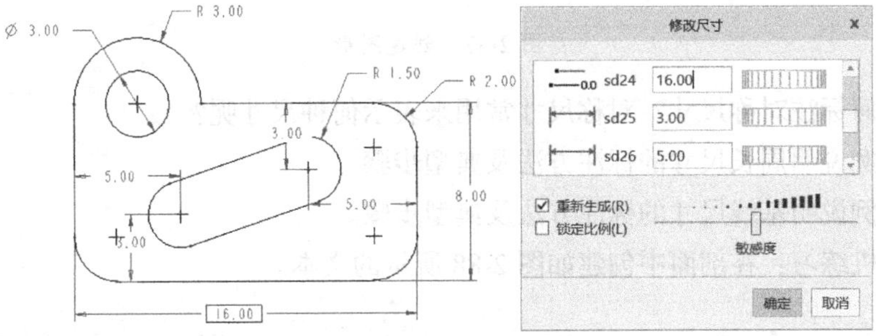


图 2-85　修改尺寸

至此，完成的二维图形如图 2-86 所示。

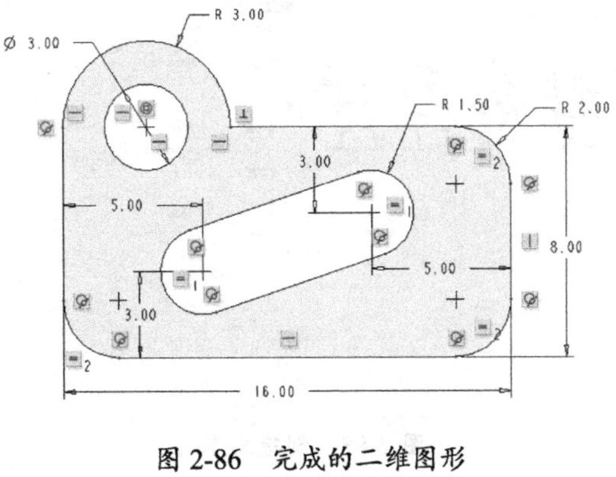


图 2-86　完成的二维图形

## 2.10 思考与上机练习

（1）了解草绘器中的下述术语。

图元、参照图元、尺寸、约束、参数、关系、弱尺寸或弱约束、强尺寸或强约束、冲突。

（2）如何创建一个草绘文件？

（3）绘制圆和椭圆主要有哪几种方式？

（4）绘制弧类图元主要有哪几种方式？

（5）如何将草绘器选项板中的外部数据插入到活动对象中？例如，在草绘窗口创建如图 2-87 所示的图形，在图中修改相关的尺寸和设置相应的约束条件。

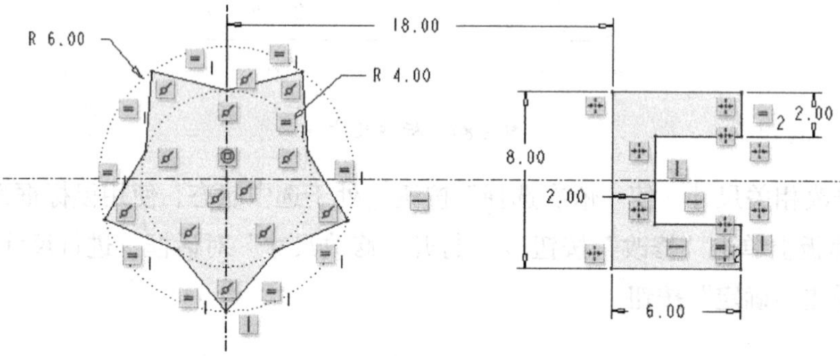


图 2-87　创建图形

（6）如何标注对称尺寸？对称尺寸常用来表示何种尺寸呢？

（7）举例说明周长尺寸的标注方法及典型步骤。

（8）举例说明基线尺寸的标注方法及典型步骤。

（9）上机练习：在剖面中创建如图 2-88 所示的文本。

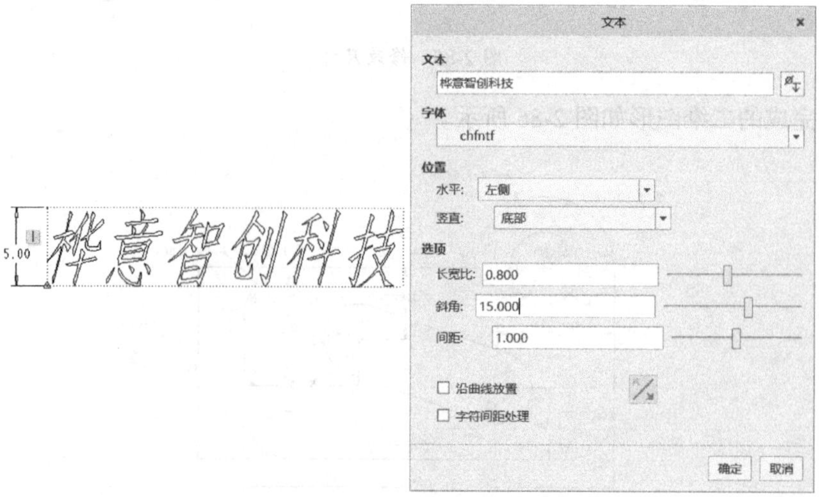


图 2-88　创建文本

（10）修改文本主要有哪两种常用的典型方法？

（11）修改尺寸主要有哪两种常用的典型方法？

（12）上机练习：绘制如图 2-89 所示的草图。

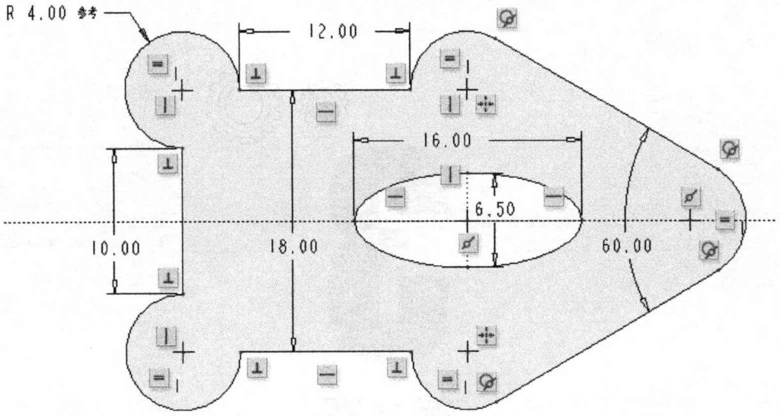


图 2-89　绘制草图

# 第3章

# 基准特征

本章主要学习内容：

- 基准特征概述
- 基准平面
- 基准轴
- 基准点
- 基准曲线
- 基准坐标系

# 3.1 基准特征概述

基准特征主要包括基准平面、基准轴、基准点、基准曲线和基准坐标系等，可以作为其他特征的定位参考、零件的装配约束参考等。

在零件或装配设计模式下，系统提供了几个基准特征的显示按钮/复选框，如图 3-1 所示。可以执行相关的显示按钮 / 复选框决定相关的基准特征是否在图形窗口中显示，以及是否显示其标记。例如，单击“平面显示”按钮，则表示在图形窗口中显示基准平面；单击“平面标记显示”按钮，则设置显示基准平面标记。

也可以在功能区“文件”应用程序菜单中选择“选项”命令，打开“Creo Parametric 选项”对话框，选择“图元显示”类别，接着在“基准显示设置”选项组中设置基准显示选项及点符号的显示类型等，如图 3-2 所示。

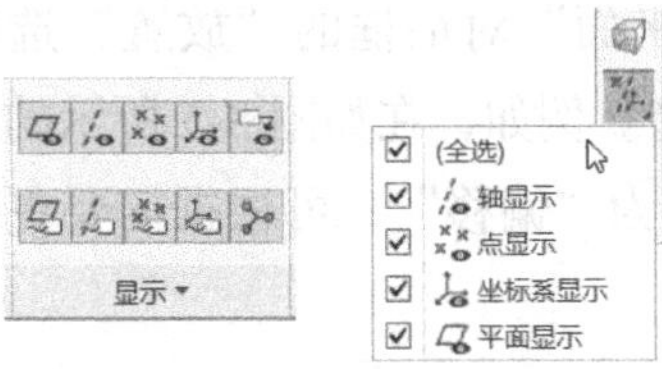


图 3-1 基准特征的显示按钮 / 复选框

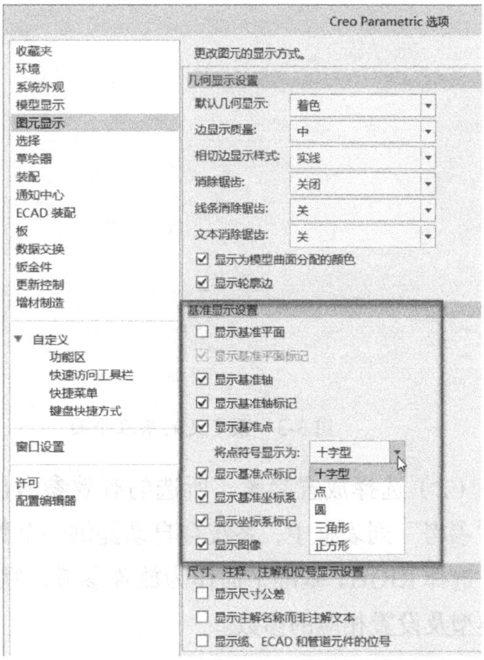


图 3-2 “Creo Parametric 选项”对话框

# 3.2 基准平面

基准平面主要用来作为草绘平面、特征放置面、零件装配约束参考面、剖视图的剖切生成面、尺寸标注的位置参考等。

选择基准平面可采用以下几种方法。

- 在图形窗口中单击基准平面的一条显示边界。
- 在图形窗口中单击基准平面的名称。
- 在模型树中单击基准平面树节点。

在新建一个使用 mmns_part_solid 模板的 Creo Parametric 零件文件时，系统提供已经预定义好的 3 个基准平面（TOP 基准平面、FRONT 基准平面和 RIGHT 基准平面）和 1 个基准坐标系，如图 3-3 所示。

在零件模式下，可以根据设计情况创建所需的新基准平面，系统为创建的新基准平面以 DTM1，DTM2，DTM3…形式来命名。

创建基准平面的操作步骤如下。

（1）在功能区“模型”选项卡的“基准”面板中单击“平面”按钮，打开如图 3-4 所示的“基准平面”对话框。

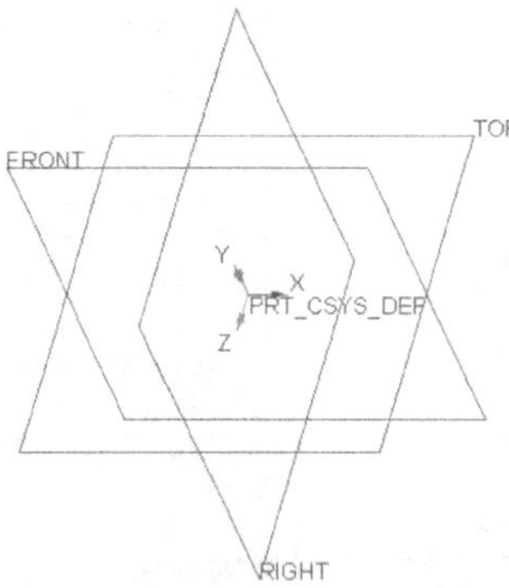


图 3-3 预定义的基准平面

图 3-4 “基准平面”对话框

（2）选择放置参考，所选的有效参考出现在“基准平面”对话框的“放置”选项卡的“参考”列表框中，系统会自动提供一个默认的约束类型。例如，在如图 3-5 所示的例子中，选择 RIGHT 基准平面作为放置参考，默认的约束类型为“偏移”，可根据需要更改约束类型及设置相应的参数。

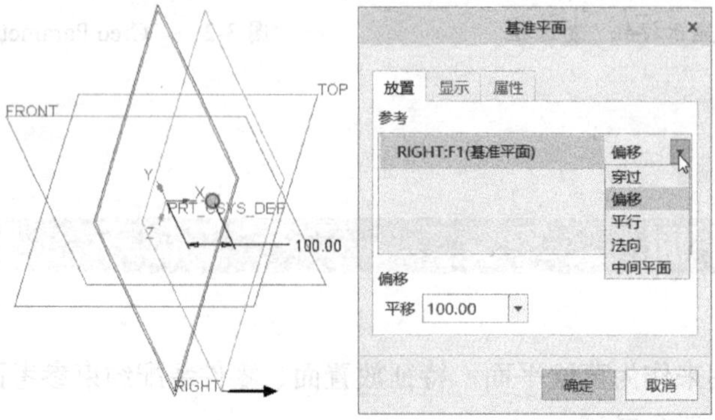


图 3-5 选择放置参考及更改约束类型

（3）按住 Ctrl 键可以选择其他对象添加放置参考，并设置其约束类型，以使新基准平面完全被约束。

（4）切换到“显示”选项卡，可以调整基准平面的显示大小和方向，如图 3-6 所示。

- 若单击“反向”按钮，则可以反向基准平面的法向。
- 若勾选“调整轮廓”复选项，则可以从如图 3-7 所示的下拉列表中选择“大小”或“参考”选项来定义基准平面的显示大小。当选择“大小”选项时，可设置宽度和高度；当选择“参考”时，需要指定轮廓参考。

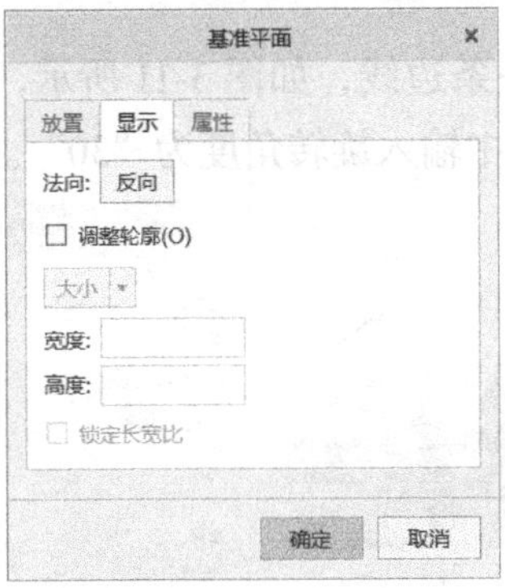


图 3-6 “显示”选项卡

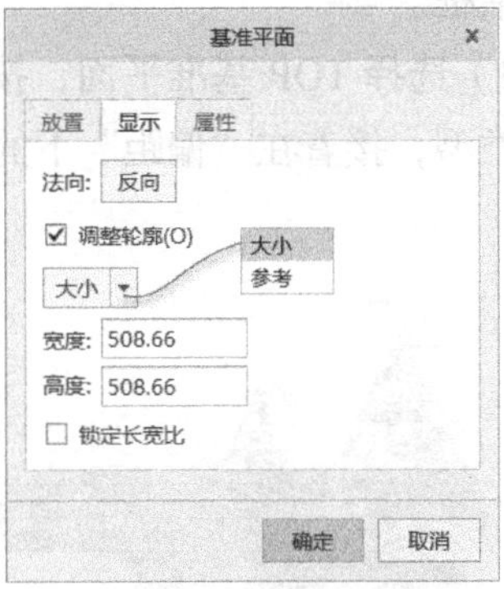


图 3-7 调整基准平面的显示轮廓

（5）切换到“属性”选项卡，如图 3-8 所示。在“名称”文本框中可以修改该基准平面的名称；若单击“显示此特征的信息”按钮 i，则可以打开浏览器查看该基准平面的详细信息，如图 3-9 所示。

图 3-8 “基准平面”对话框

图 3-9 查看基准平面详细信息

（6）在“基准平面”对话框上单击“确定”按钮，完成新基准平面的创建。

**小实例 创建一个基准平面**

**操作步骤**

（1）在“快速访问”工具栏中单击“打开”按钮，打开“文件打开”对话框。选择配套资源第 3 章文件夹中的 BC_ZY3_1.PRT 文件，单击“打开”按钮。该文件中已有的模型如图 3-10 所示。

（2）在功能区“模型”选项卡的“基准”面板中单击“平面”按钮，打开“基准平面”对话框。

（3）选择 TOP 基准平面，按住 Ctrl 键选择一条边线，如图 3-11 所示，并指定其相应的约束类型，接着在“偏距”下的“旋转”文本框中输入旋转角度为“30”。

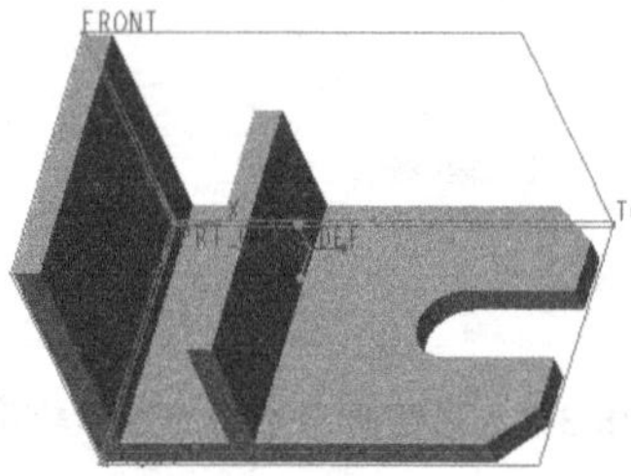


图 3-10　已有的模型

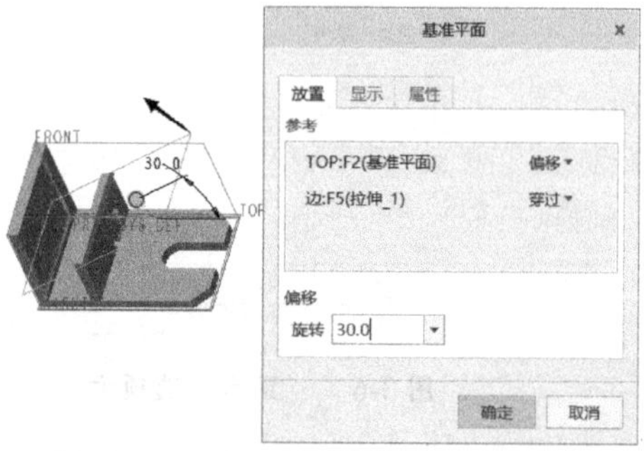


图 3-11　新基准平面的放置参考

（4）在“基准平面”对话框中单击“确定”按钮，创建如图 3-12 所示的基准平面 DTM1。

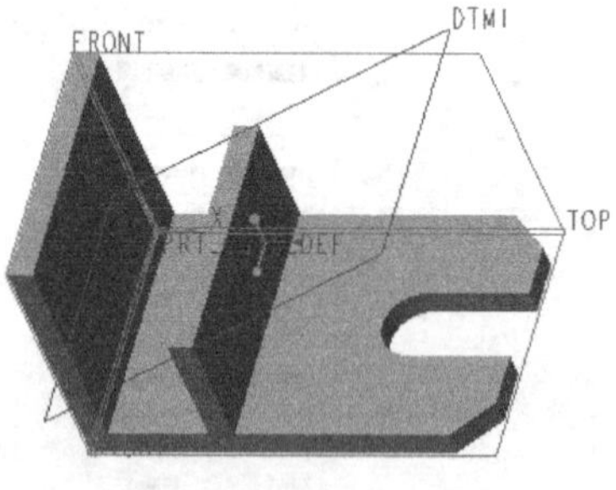


图 3-12　创建基准平面 DTM1

## 3.3 基准轴

基准轴主要用来作为同轴放置项目、创建环形阵列（轴阵列）、创建基准平面等的参考。基准轴作为单独的特征，可显示在模型树上。需要注意的是，在创建一些旋转特征、孔特征、拉伸圆柱特征时，其特征本身会自动生成一个轴，这个轴被形象地称为“特征轴”。特征轴依附于父特征，当删除父特征时，该特征轴也随之被删除。如图 3-13 所示，A_2 为特征轴，A_3 为基准轴，A_3 显示在模型树上，可以通过右键单击并利用快捷菜单或浮动工具栏对其进行删除、复制、重命名、属性定义、编辑尺寸、编辑参考、隐藏、隐含、阵列、镜像等操作，如图 3-14 所示。

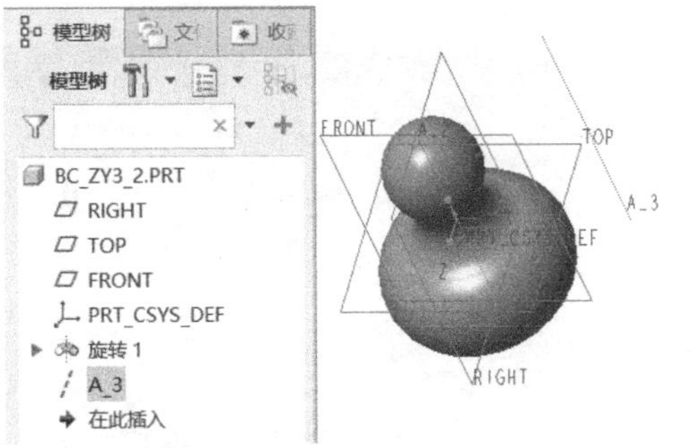


图 3-13　基准轴与特征轴

图 3-14　右键快捷菜单和浮动工具栏

在零件模式下创建新基准轴，系统会默认将其命名为“A_#”的形式。

选择基准轴主要采用以下两种方法。

- 在图形窗口中单击基准轴。
- 在模型树上单击基准轴树节点。

在功能区“模型”选项卡的“基准”面板中单击“轴”按钮 /，打开如图 3-15 所示的“基准轴”对话框。下面简单介绍该对话框中的“放置”选项卡、“显示”选项卡和“属性”选项卡。

### 1. “放置”选项卡

“放置”选项卡具有“参考”收集器和“偏移参考”收集器，通过指定相关的参考及其约束条件放置和定位基准轴，如图 3-16 所示。

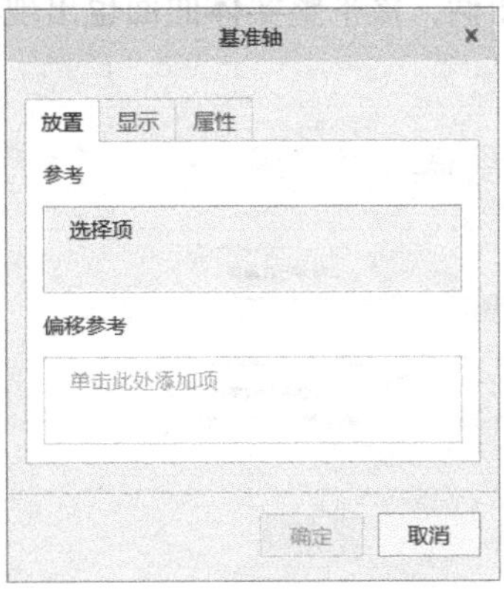


图 3-15　“基准轴”对话框

图 3-16　放置参考和偏移参考

### 2. “显示”选项卡

“显示”选项卡主要用来设置基准轴的显示长度。勾选“调整轮廓”复选框，在下拉列表中选择“大小”选项，在“长度”文本框中输入尺寸值，如图 3-17 所示。

也可以在下拉列表中选择“参考”选项，然后在模型中选择所需的参考。

### 3. “属性”选项卡

使用“属性”选项卡，可以修改该基准轴的名称，以及查询该基准轴的详细信息。如图 3-18 所示，单击“显示此特征的信息”按钮，可以打开浏览器查看该基准轴的详细信息。

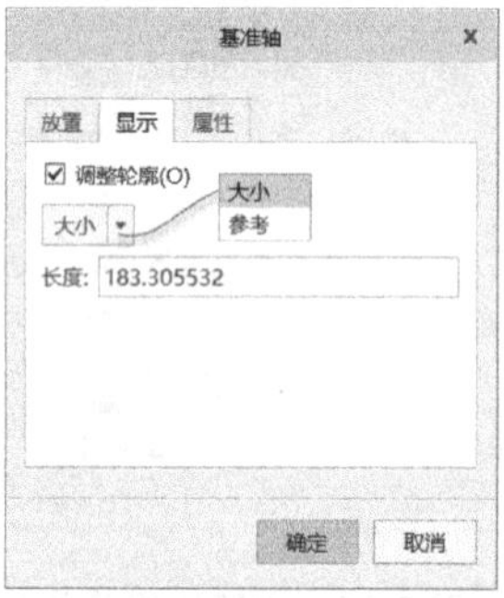


图 3-17 调整轮廓

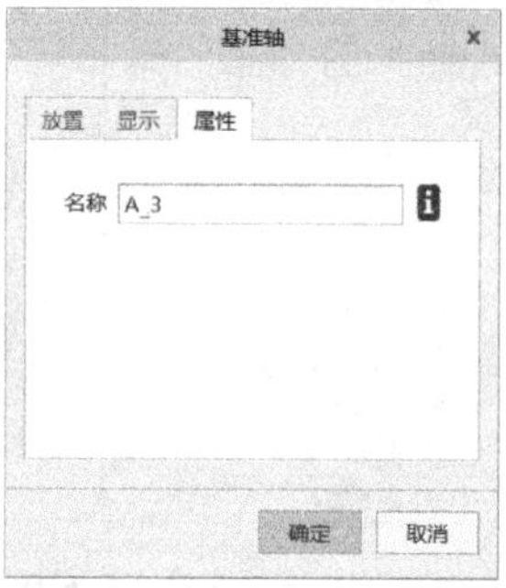


图 3-18 “属性”选项卡

## 小实例 创建一个基准轴

**操作步骤**

（1）在“快速访问”工具栏中单击“打开”按钮，打开“文件打开”对话框。选择配套资源第 3 章文件夹中的 BC_ZY3_2.PRT 文件，单击“打开”按钮。

（2）在功能区“模型”选项卡的“基准”面板中单击“轴”按钮，打开“基准轴”对话框。

（3）在图 3-19 所示的位置单击实体模型的上表面，选择该平整实体曲面作为参考，此时出现一个主参考控制图柄和两个偏移参考控制图柄，该平整实体曲面也出现在“参考”收集器中。

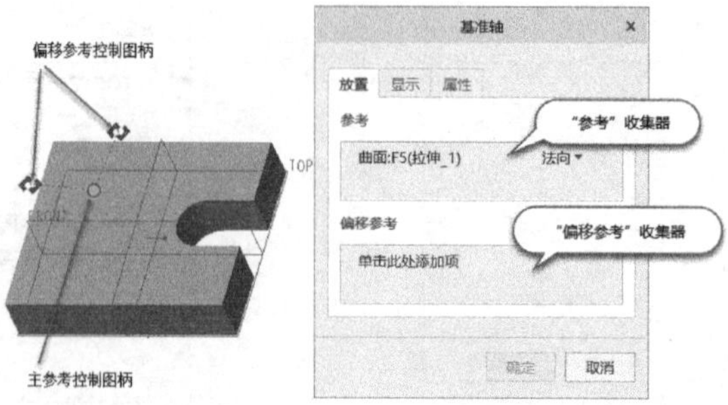


图 3-19 指定主放置参考

（4）在图形窗口中使用鼠标左键拖动其中一个偏移参考控制图柄捕捉到 RIGHT 基准平面，接着拖动另一个偏移参考控制图柄捕捉到 FRONT 基准平面，然后在“偏移参考”收集器中设置相应的偏移距离，如图 3-20 所示。

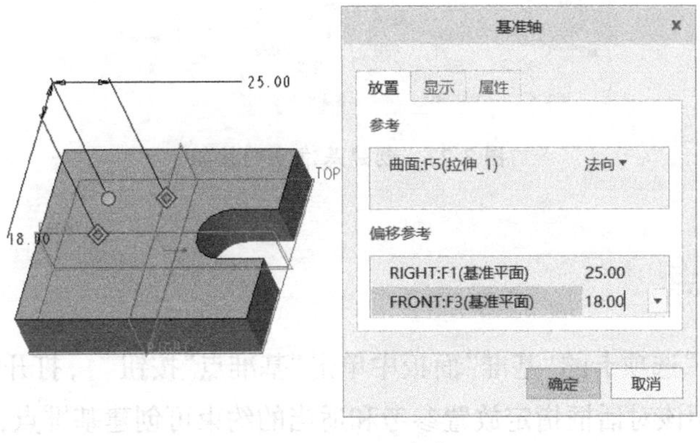


图 3-20　偏移参考

**技巧点拨**

也可以采用不拖动偏移参考控制图柄的方式选择偏移参考，方法是在“基准轴”对话框的“放置”选项卡上，单击“偏移参考”收集器的框，将其激活，然后在图形窗口中选择对象来作为偏移参考，需要多个偏移参考时使用 Ctrl 键来帮助选择。

（5）单击“基准轴”对话框的“确定”按钮，创建的基准轴 A_1 如图 3-21 所示。

（6）单击“轴”按钮 ，选择一处圆柱曲面创建基准轴 A_2，如图 3-22 所示。

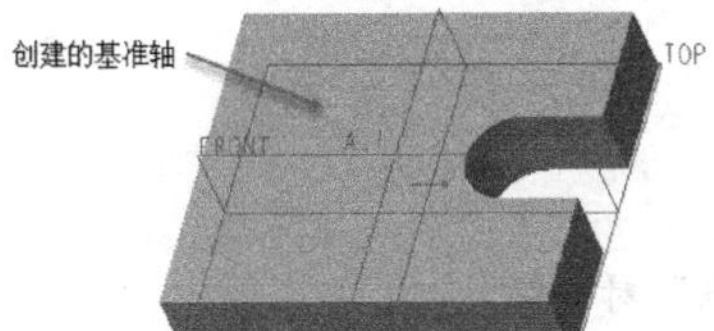


图 3-21　创建基准轴 A_1

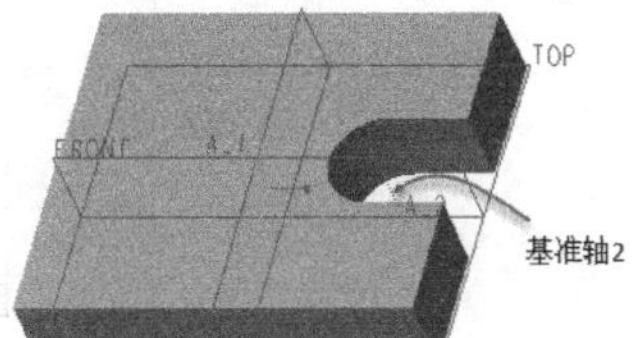


图 3-22　创建基准轴 A_2

## 3.4 基准点

基准点的主要用途是定位，可以作为特征创建的参考，也可以用来定义有限元分析网格上的测量点等。

基准点的类型包括：一般基准点、偏移坐标系基准点和域基准点。创建各类基准点的按钮如图 3-23 所示。

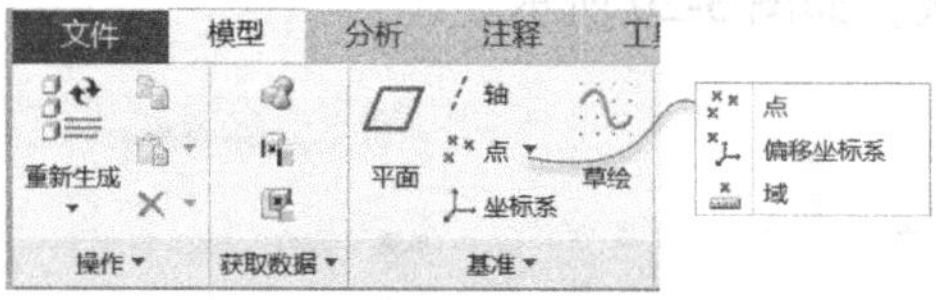


图 3-23　创建基准点的按钮

### 3.4.1　一般基准点

在功能区“模型”选项卡的“基准”面板中单击“基准点”按钮，打开如图 3-24 所示的“基准点”对话框。利用该对话框指定放置参考和适当的约束可创建基准点，也可连续创建多个基准点。

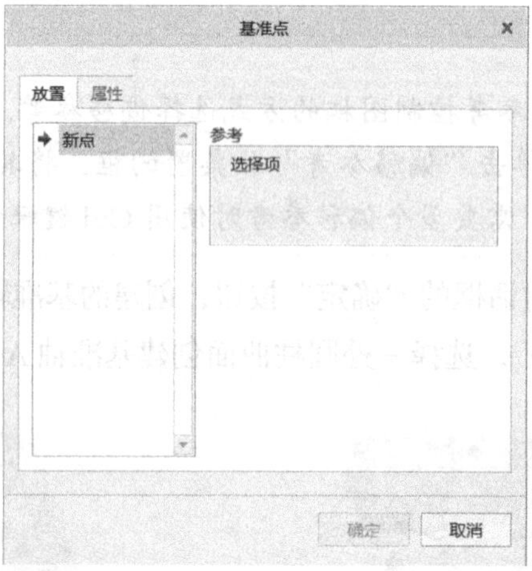


图 3-24　“基准点”对话框

**小实例　创建一般基准点**

**操作步骤**

（1）在“快速访问”工具栏中单击“打开”按钮，打开“文件打开”对话框。选择配套资源第 3 章文件夹中的 BC_ZY3_3.PRT 文件，单击“打开”按钮。该文件中已有的模型如图 3-25 所示。

（2）在功能区“模型”选项卡的“基准”面板中单击“基准点”按钮，打开“基准点”对话框。

（3）创建基准点 PNT0。先单击如图 3-26 所示的顶曲面，拖动其中一个偏移参考控制图柄捕捉到 FRONT 基准平面，再拖动另一个偏移参考控制图柄捕捉到 RIGHT 基准平面，并分别设置其相应的偏移距离，如图 3-27 所示。

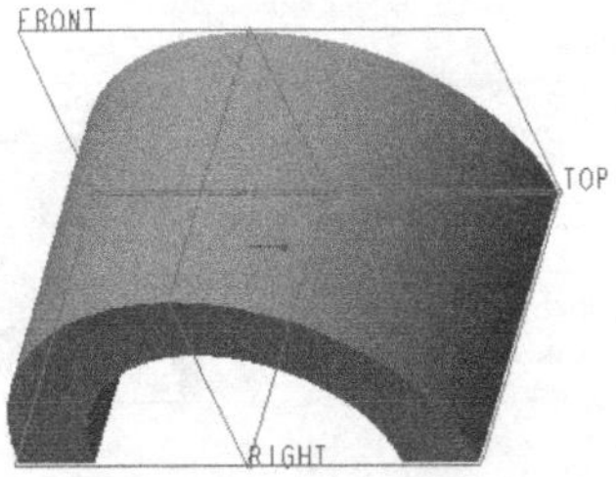


图 3-25 已有的模型

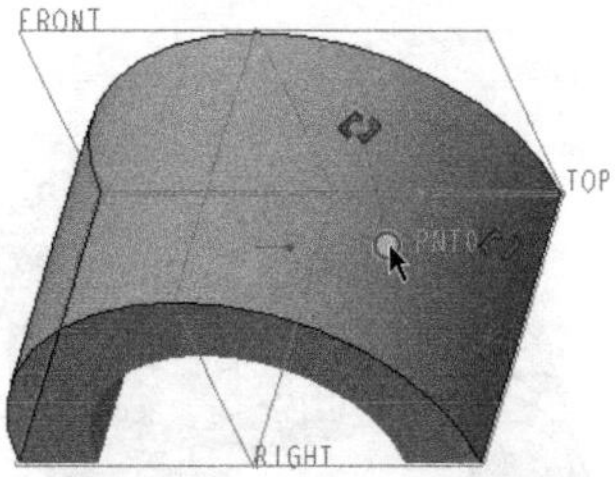


图 3-26 指定主放置参考

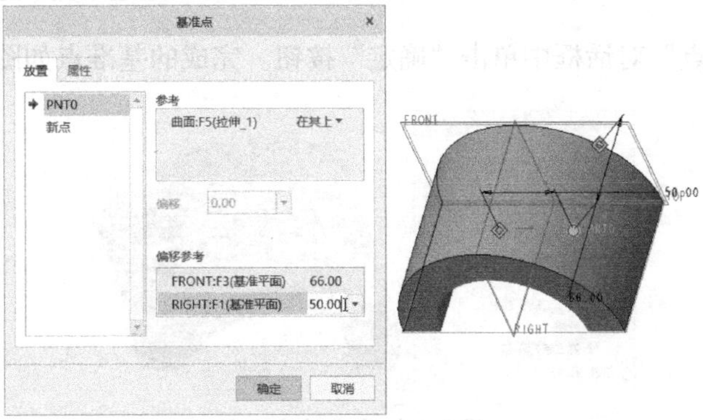


图 3-27 在曲面上创建基准点

（4）创建基准点 PNT1。切换到 新点 创建状态，单击顶曲面，在“放置”选项卡的“参考”收集器中，将约束类型设置为“偏移”，在“偏移”文本框中输入 50；拖动其中一个偏移参考控制图柄捕捉到 FRONT 基准平面，设置其偏移距离为 32；拖动另一个偏移参考控制图柄捕捉到 RIGHT 基准平面，并设置其偏移距离为 0，如图 3-28 所示。

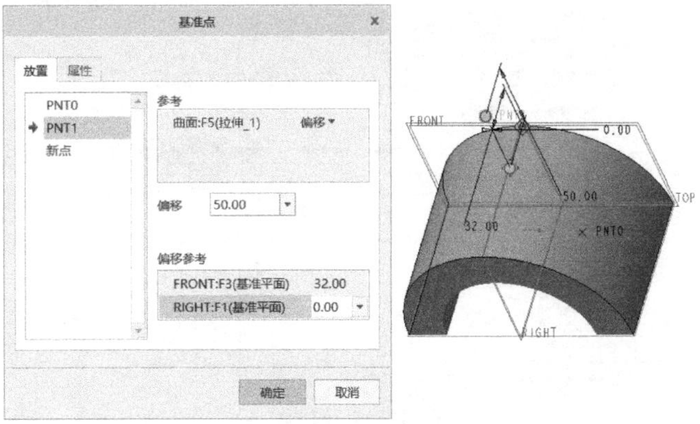


图 3-28 创建自曲面偏移的基准点

（5）创建基准点 PNT2。切换到 新点 创建状态，单击如图 3-29 所示的边线，接着在“基准点”对话框中，选择“比率”选项，输入偏移比率为 0.6，如图 3-30 所示。

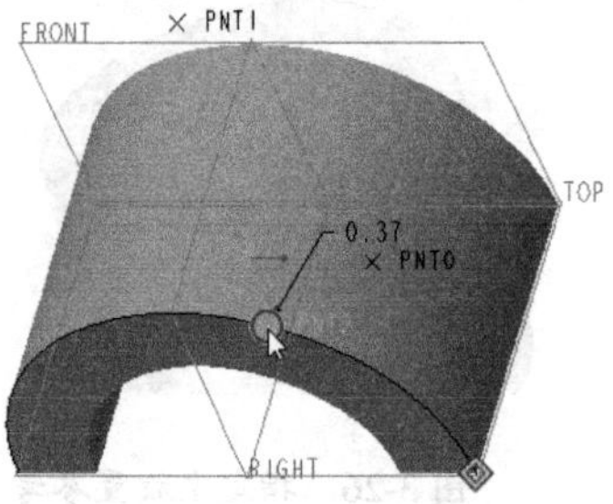


图 3-29　单击边线

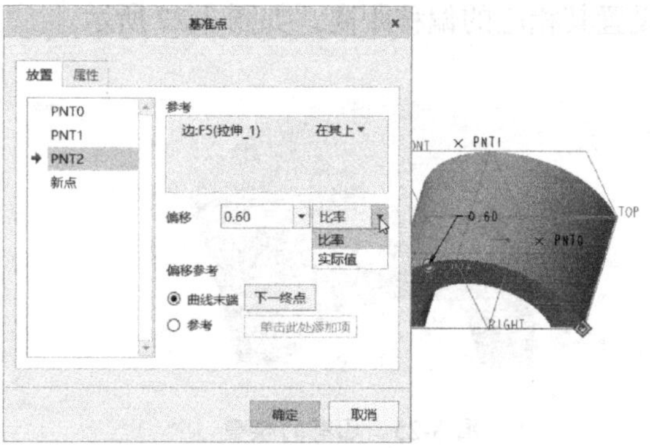


图 3-30　设置基准点参数

（6）在“基准点”对话框中单击“确定”按钮。完成的基准点如图 3-31 所示。

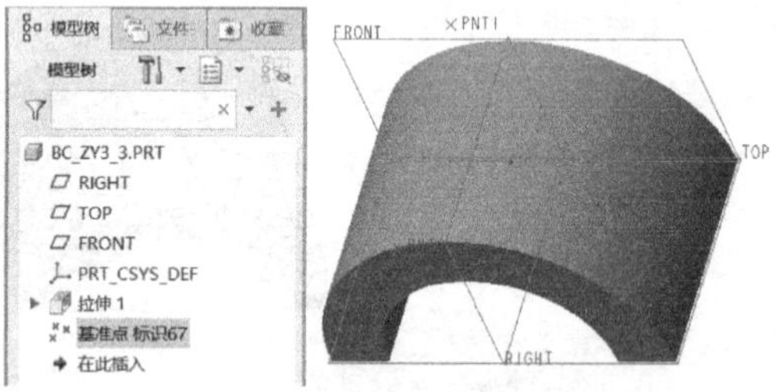


图 3-31　完成的基准点

## 3.4.2　偏移坐标系基准点

在功能区“模型”选项卡的“基准”面板中单击“偏移坐标系基准点”按钮，打开如图 3-32 所示的“基准点”对话框（用于创建偏移坐标系基准点）。

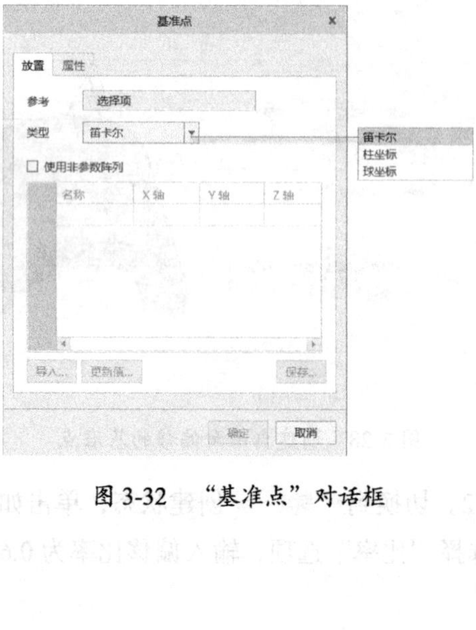


图 3-32　“基准点”对话框

在“放置”选项卡的“类型”下拉列表中可以选择“笛卡尔[注]”“柱坐标”或“球坐标”选项。例如，选择“球坐标”选项，则使用球坐标偏移方法，系统要求选取要放置点的坐标系，选取所需坐标系后，在对话框的表中单击如图 3-33 所示的行，接着分别在参数框中输入相应的坐标偏移值即可，如图 3-34 所示。

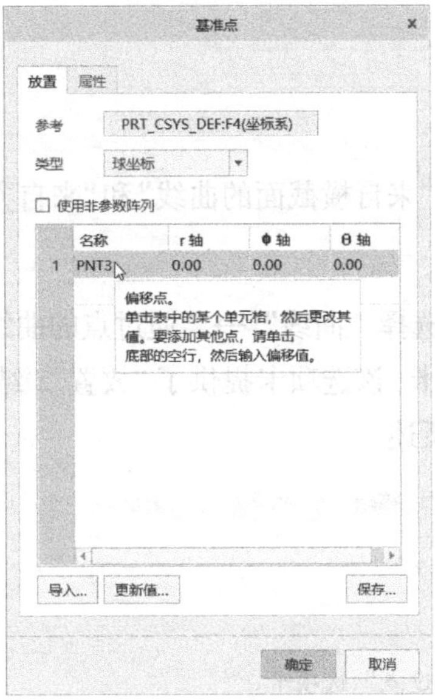


图 3-33　单击行

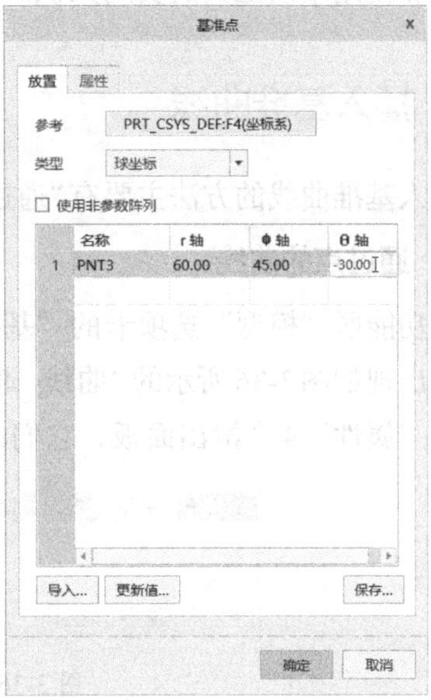


图 3-34　输入坐标偏移值

**操作点拨**

指定偏移点的方法是单击“基准点”对话框（用于创建偏移坐标系基准点）表中的某个参数值，然后更改其值。要添加其他点，则单击表中底部的空行，然后输入相应的偏移值。

在“属性”选项卡上，可以更改该基准点名称，并可以查询其详细信息。

## 3.4.3 域基准点

域基准点主要用于行为建模中的分析点，确定一个几何区域。

创建域基准点的操作步骤如下。

（1）在功能区“模型”选项卡的“基准”面板中单击“域点”按钮，打开如图 3-35 所示的“基准点”对话框（用于创建域点）。

（2）选取一个参考（如曲线、边、曲面或面组）以放置点。

（3）单击“基准点”对话框上的“确定”按钮。

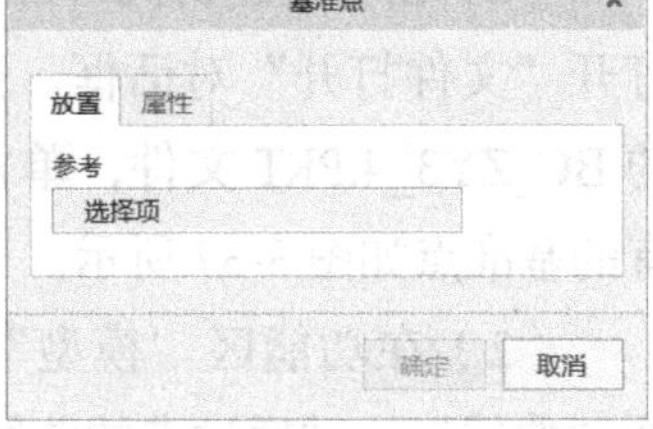


图 3-35　“基准点”对话框

注：为与软件保持一致，本书采用“笛卡尔”。实际应为“笛卡儿”。

# 3.5 基准曲线

基准曲线通常作为扫描特征的轨迹，或者用于创建曲面或其他特征等。本节介绍插入基准曲线和使用草绘工具的实用知识。

## 3.5.1 插入基准曲线

插入基准曲线的方法主要有“通过点的曲线”“来自横截面的曲线”和“来自方程的曲线”。

**1. 通过点的曲线**

在功能区“模型”选项卡的“基准”面板中选择“曲线”→“通过点的曲线”命令，在功能区出现如图 3-36 所示的“曲线：通过点”选项卡，该选项卡提供了“放置”“结束条件”“选项”和“属性”4 个滑出面板，它们的功能如下所述。

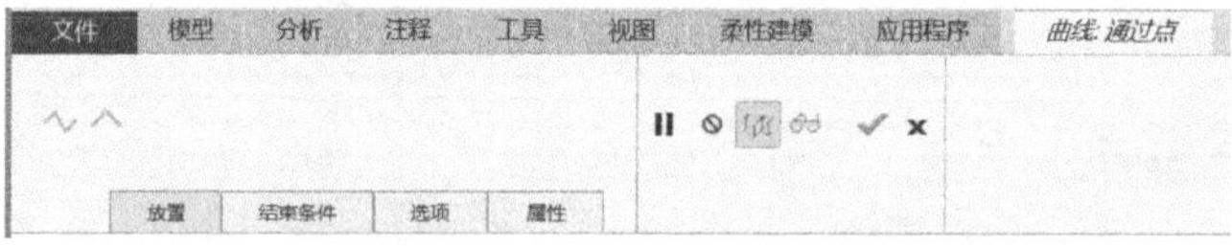


图 3-36 “曲线：通过点”选项卡

- “放置”滑出面板：用于指定要通过的点（可调整这些点的连接顺序），可以设置连接到前一点的方式是“样条”还是“直线”，必要时可以勾选 “在曲面上放置曲线”复选框并选择所需的曲面。
- “结束条件”滑出面板：可以为曲线起点和终点设置结束条件。
- “选项”滑出面板：对于只选中两点而形成的曲线，可以勾选“扭曲曲线”复选框并单击“扭曲曲线设置”按钮，利用弹出的对话框修改曲线。
- “属性”滑出面板：查看和修改曲线特征名称，以及查询特征的具体属性。

**小实例 使用“通过点”创建基准曲线**

**操作步骤**

（1）在“快速访问”工具栏中单击“打开”按钮，打开“文件打开”对话框。选择配套资源第 3 章文件夹中的 BC_ZY3_4.PRT 文件，单击“打开”按钮。该文件中已有的基准点如图 3-37 所示。

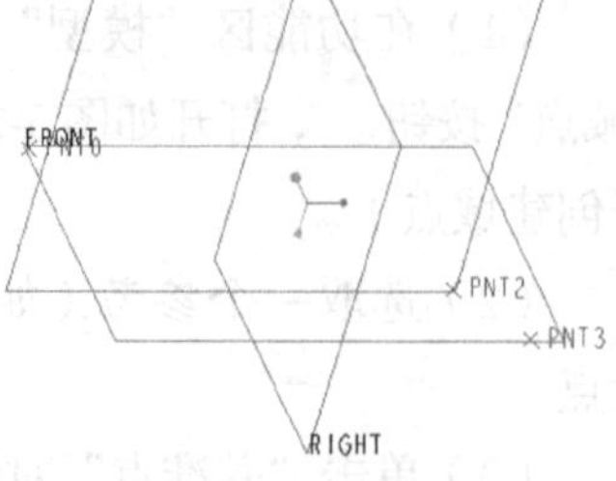


图 3-37 已有的基准点

（2）在功能区“模型”选项卡的“基准”面板中选择“曲线”→“通过点的曲线”命令，功能区出现“曲线：通过点”选项卡。

（3）在图形窗口中依次单击 PNT0，PNT1，PNT2 和 PNT3 基准点，如图 3-38 所示。在功能区“曲线：通过点”选项卡上打开“放置”滑出面板，在点列表中分别选择“点 2”“点 3”和“点 4”，确保这些点连接到前一点的方式为“样条”。

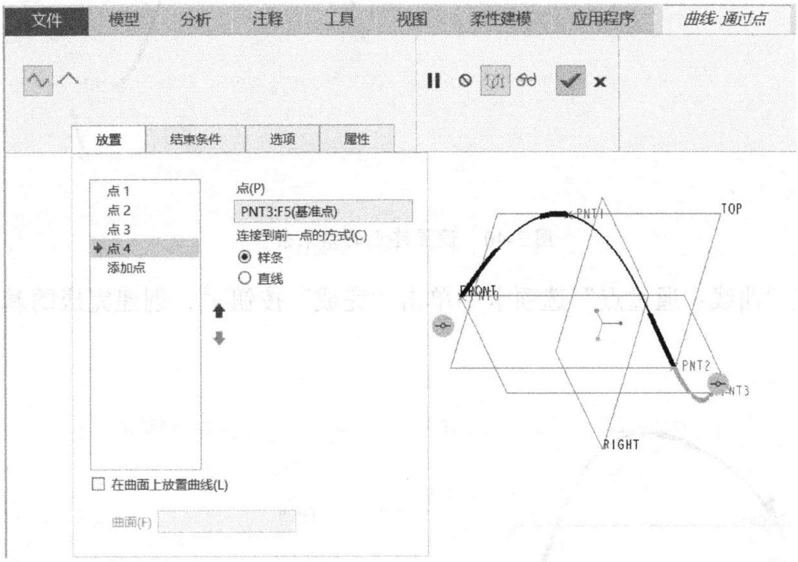


图 3-38　选择要通过的点

（4）在功能区“曲线：通过点”面板中打开“结束条件”滑出面板，在“曲线侧”列表框中选择“起点”选项，接着在“结束条件”下拉列表中选择“垂直”选项，在图形窗口中选择 FRONT 基准平面作为“垂直于”参考，单击“反向”按钮，此时如图 3-39 所示。

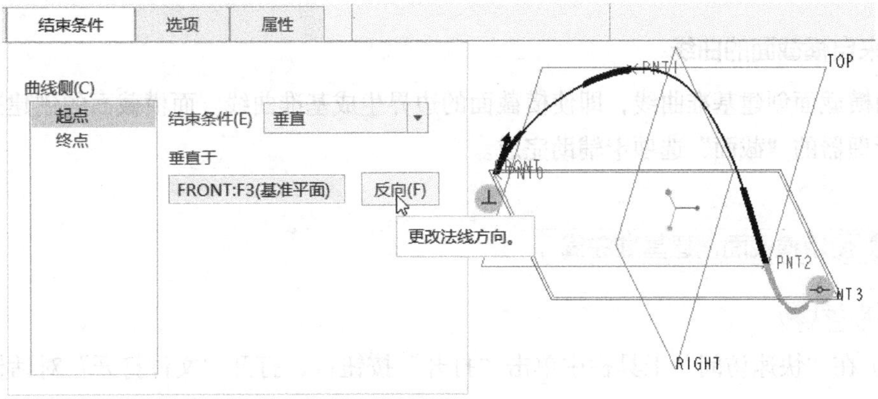


图 3-39　设置起点的结束条件

（5）在“结束条件”滑出面板的“曲线侧”列表框中选择“终点”选项，在“结束条件”下拉列表中选择“垂直”选项，在图形窗口中选择 FRONT 基准平面作为“垂直于”参考，如图 3-40 所示。单击“反向”按钮，曲线预览如图 3-41 所示。

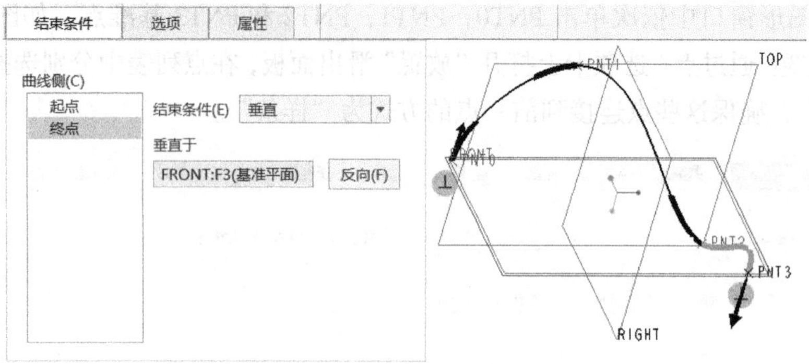


图 3-40　设置终点的结束条件

（6）在“曲线：通过点”选项卡中单击“完成”按钮，创建完成的基准曲线如图 3-42 所示。

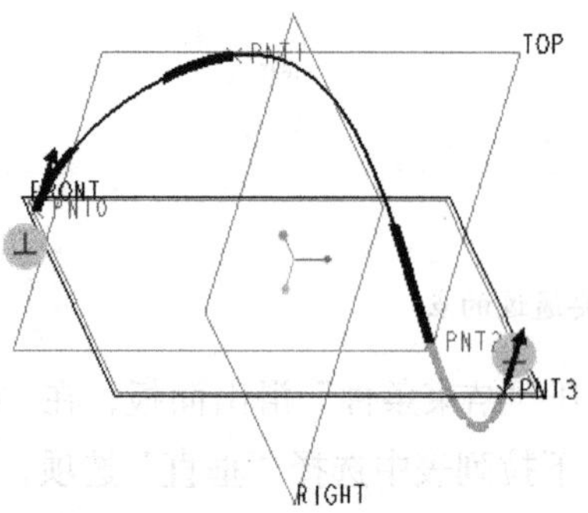


图 3-41　曲线预览

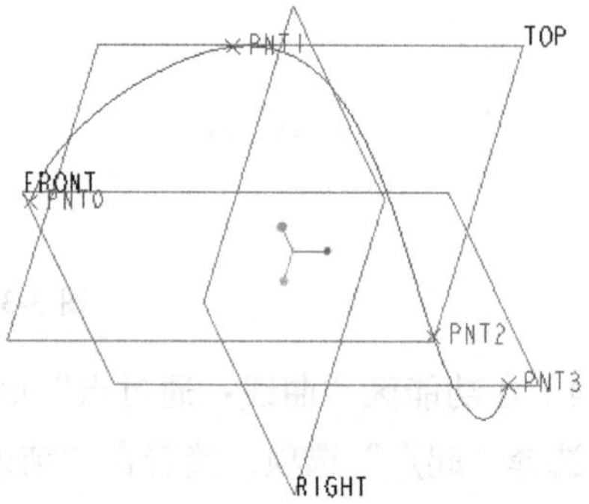


图 3-42　完成的基准曲线

### 2. 来自横截面的曲线

使用横截面创建基准曲线，即使横截面的边界生成基准曲线。而横截面的创建则可以利用视图管理器的“截面”选项卡辅助完成。

**小实例　使用横截面创建基准曲线**

**操作步骤**

（1）在“快速访问”工具栏中单击“打开”按钮，打开“文件打开”对话框。选择配套资源第 3 章文件夹中的 BC_ZY3_4B.PRT 文件，单击“打开”按钮。该文件中已有的模型如图 3-43 所示。

（2）在“图形”工具栏中单击“视图管理器”按钮，打开“视图管理器”对话框，切换至“截面”选项卡，单击“新建”按钮，如图 3-44 所示，选择“平面”选项。

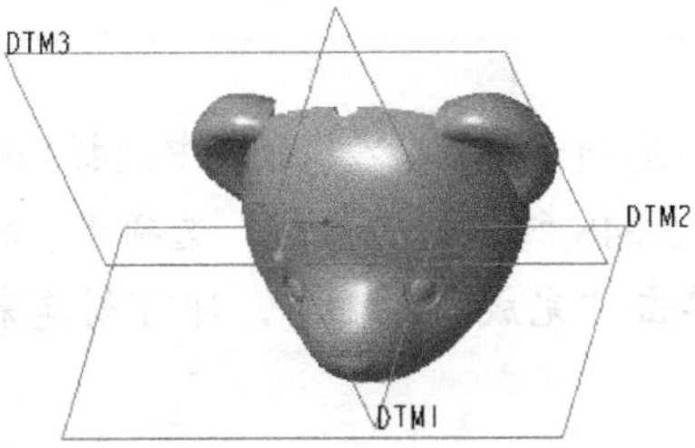


图 3-43　已有的模型

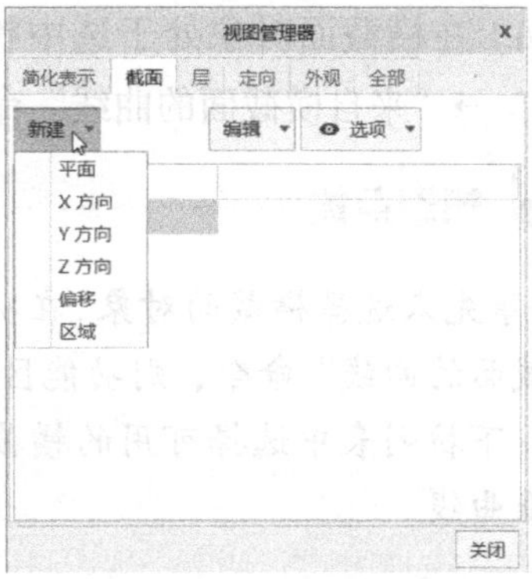


图 3-44　“视图管理器”对话框

（3）默认的截面名称为“XSEC0001”，修改截面名称为“HY_XSEC01”，按 Enter 键确认。此时，功能区出现“截面”选项卡。

（4）选择 DTM1 基准平面，偏移距离为 0，如图 3-45 所示，单击“完成”按钮✓，完成创建一个平面横截面 HY_XSEC01。单击“关闭”按钮关闭“视图管理器”对话框。

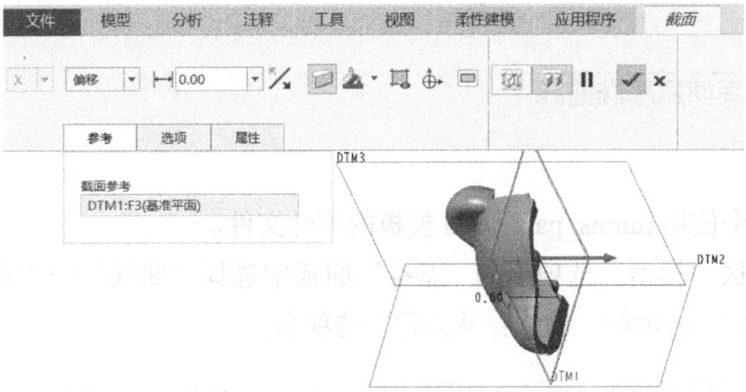


图 3-45　选择基准平面

（5）在模型树上单击“HY_XSEC01”，如图 3-46 所示，在弹出的浮动工具栏中单击“取消激活”按钮，此时效果如图 3-47 所示。

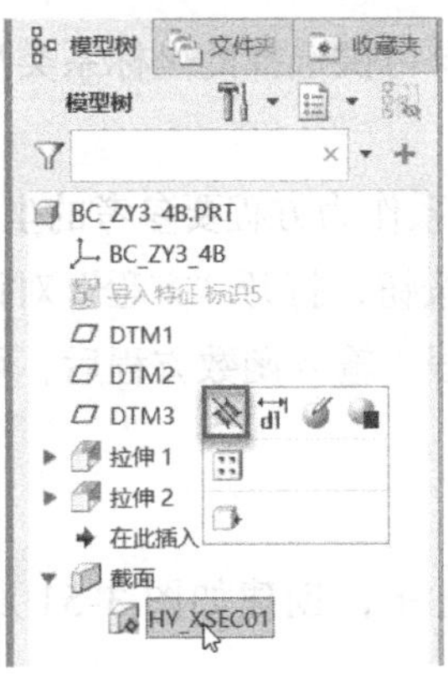


图 3-46　取消激活截面

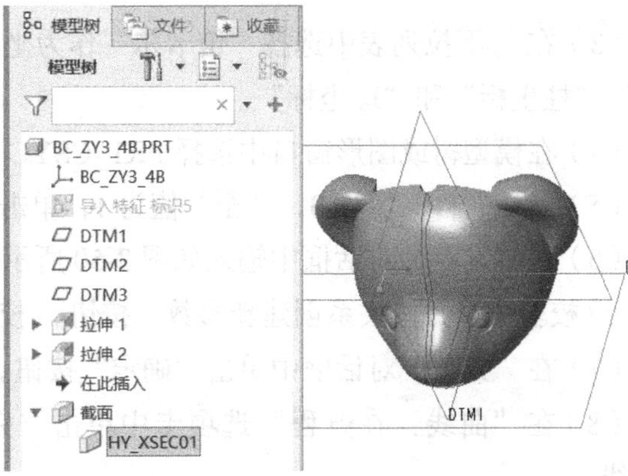


图 3-47　横截面处于非激活状态

（6）在横截面对象处于选中状态，在功能区“模型”选项卡的“基准”面板中选择“曲线”→“来自横截面的曲线”命令，则根据所选横截面生成相应的基准曲线。

**知识点拨**

若事先未选择横截面对象，在功能区“模型”选项卡的“基准”面板中选择“曲线”→“来自横截面的曲线”命令，则功能区将出现如图 3-48 所示的“曲线”选项卡，接着在“横截面”下拉列表中选择可用的横截面名称，单击“完成”按钮✓，即可创建来自横截面的基准曲线。

图 3-48 “曲线”选项卡

### 3. 来自方程的曲线

**小实例 使用方程创建基准曲线**

**操作步骤**

（1）新建一个使用 mmns_part_solid 模板的零件文件。

（2）在功能区“模型”选项卡的“基准”面板中选择“曲线”→“来自方程的曲线”命令，打开如图 3-49 所示的“曲线：从方程”选项卡。

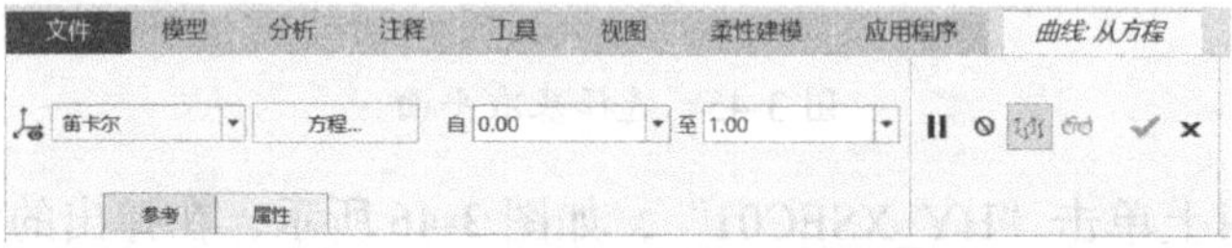


图 3-49 “曲线：从方程”选项卡

（3）在下拉列表中选择“笛卡尔”作为坐标系类型。可供选择的坐标系类型有“笛卡尔”“柱坐标”和“球坐标”。

（4）在模型树或图形窗口中选择 PRT_CSYC_DEF 坐标系作为方程要参考的坐标系。

（5）默认“自”值为 0，“至”值为 1，单击“方程”按钮，打开“方程”对话框。

（6）在“方程”对话框中输入如图 3-50 所示的函数方程。输入函数方程后，可以单击“执行 / 校验关系并按关系创建新参数”按钮校验关系。

（7）在“方程”对话框中单击“确定”按钮。

（8）在“曲线：在方程”选项卡中单击“完成”按钮✓，创建如图 3-51 所示的基准曲线。

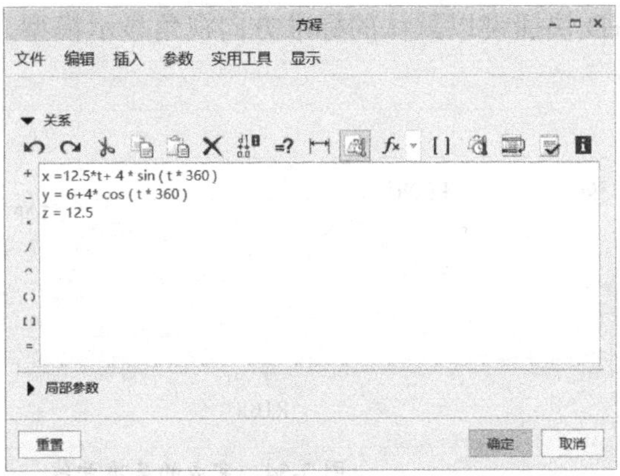


图 3-50 输入函数方程

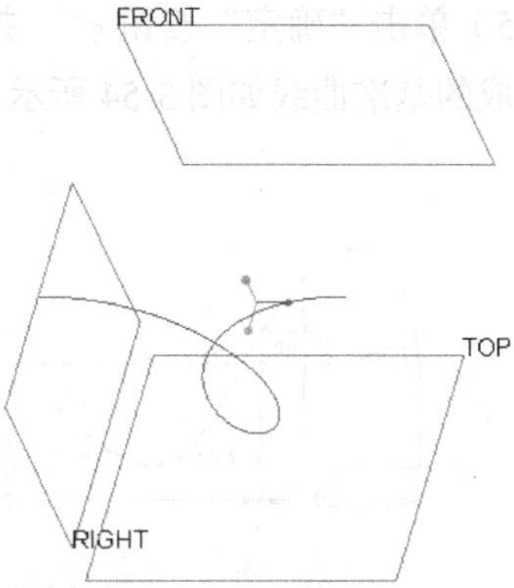


图 3-51 使用方程创建基准曲线

## 3.5.2 使用草绘工具

使用草绘工具，可以在指定的草绘平面上绘制基准曲线，绘制的曲线可以由一个或多个草绘段组成，也可以由一个或多个开放或封闭的环组成。

### 小实例 使用草绘工具绘制基准曲线

**操作步骤**

（1）新建一个使用 mmns_part_solid 模板的零件文件。

（2）在功能区“模型”选项卡的“基准”面板中单击“草绘”按钮，打开“草绘”对话框。

（3）选择 TOP 基准平面作为草绘平面，以 RIGHT 基准平面为“右”方向参考，如图 3-52 所示，单击“草绘”按钮，进入草绘模式。

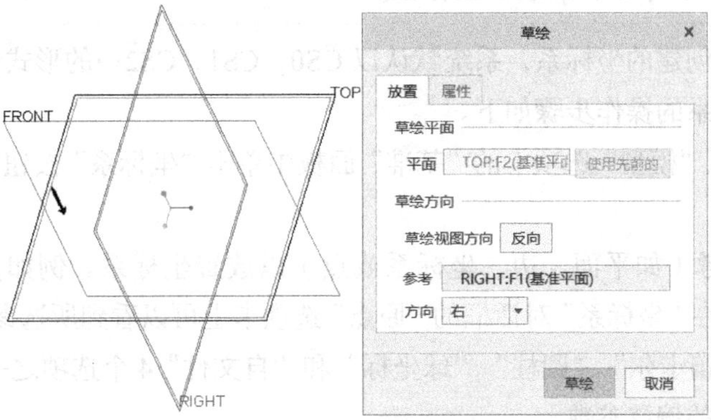


图 3-52 指定草绘平面

（4）单击“样条曲线”按钮，绘制如图 3-53 所示的样条曲线。

（5）单击“确定”按钮✔，按 Ctrl+D 快捷键以默认的标准方向视角显示模型，可以看到完成的基准曲线如图 3-54 所示。

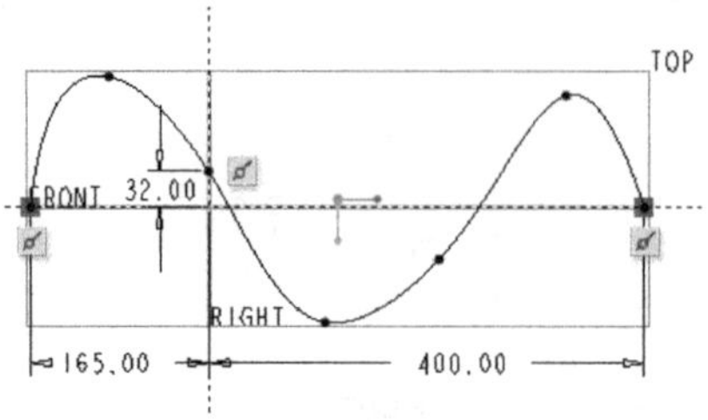


图 3-53　绘制样条曲线

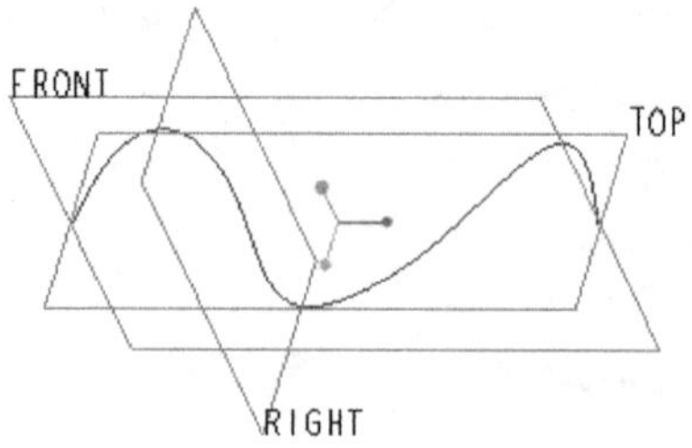


图 3-54　完成的基准曲线

## 3.6 基准坐标系

基准坐标系的用途很多，它可以作为定位特征的参考，可以用于装配元件、计算模型质量属性、为有限元分析（FEA）放置约束等。

常用的基准坐标系类型有笛卡尔坐标系、柱坐标系和球坐标系。其中，笛卡尔坐标系应用最广，一般使用系统默认的笛卡尔坐标系就可以满足设计要求。

**知识点拨**

熟悉笛卡尔坐标系、柱坐标系和球坐标系的参数。

笛卡尔坐标系：使用 $X$，$Y$ 和 $Z$ 表示坐标值。

柱坐标系：使用 $r$，$\theta$ 和 $Z$ 表示坐标值。

球坐标系：使用 $r$，$\theta$ 和 $\varphi$ 表示坐标值。

在零件模式下创建的坐标系，系统默认以 CS0，CS1，CS2…的形式命名。

创建基准坐标系的操作步骤如下。

（1）在功能区“模型”选项卡的“基准”面板中单击“坐标系”按钮，打开“坐标系”对话框。

（2）选取参考（如平面、边、坐标系或点）以放置坐标系。例如，选择 PRT_CSYS_DEF 坐标系，此时在“坐标系”对话框的“原点”选项卡上可以看到所选参考，在“偏移类型”下拉列表中选择“笛卡尔”“圆柱”“球坐标”和“自文件”4 个选项之一，如图 3-55 所示，然后分别设置相应的偏移参数。

（3）如果坐标系的方向不是所需的，可以切换到“方向”选项卡，设置基准坐标轴的方向等，如图 3-56 所示。

若单击“设置 Z 垂直于屏幕”按钮，则将坐标系定向到与屏幕正交的方向上。

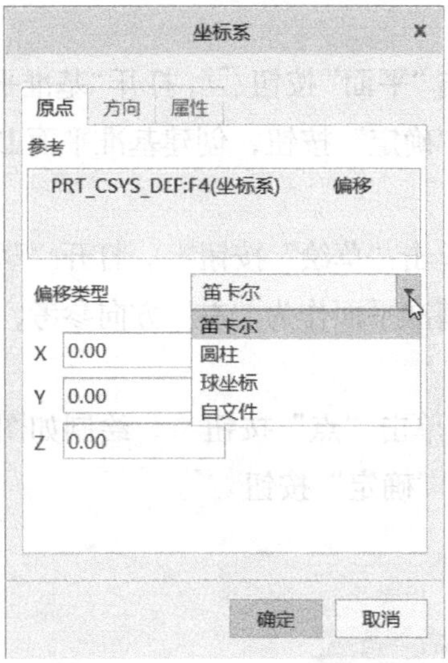


图 3-55 “坐标系”对话框

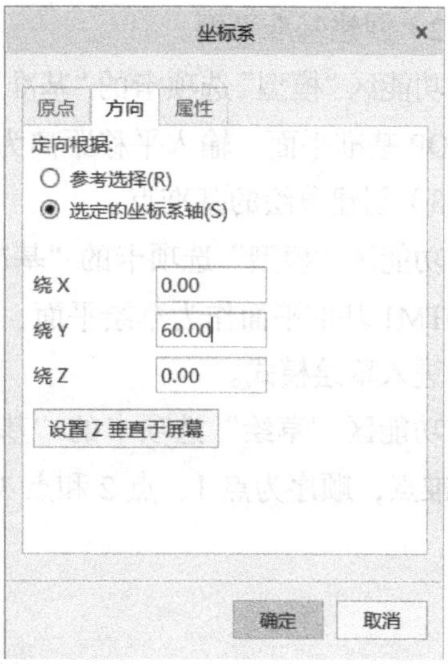


图 3-56 “方向”选项卡

（4）单击“坐标系”对话框的“确定”按钮，完成新坐标系的创建。

## 3.7 典型范例——基准特征应用

在基准特征应用综合范例中，将创建基准平面、基准点、基准曲线和基准轴等。创建的基准特征效果如图 3-57 所示。

**操作步骤**

（1）打开练习文件。

单击“打开”按钮，打开“文件打开”对话框。选择配套资源第 3 章文件夹中的 BC_ZY3_5.PRT 文件，单击“打开”按钮。该文件中已有的原始模型如图 3-58 所示。

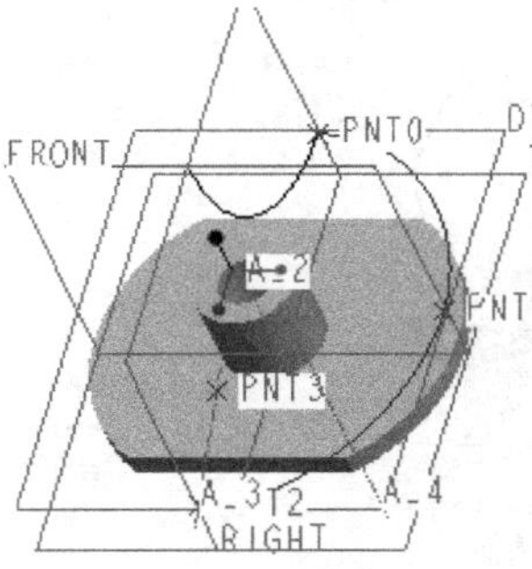


图 3-57 基准特征效果

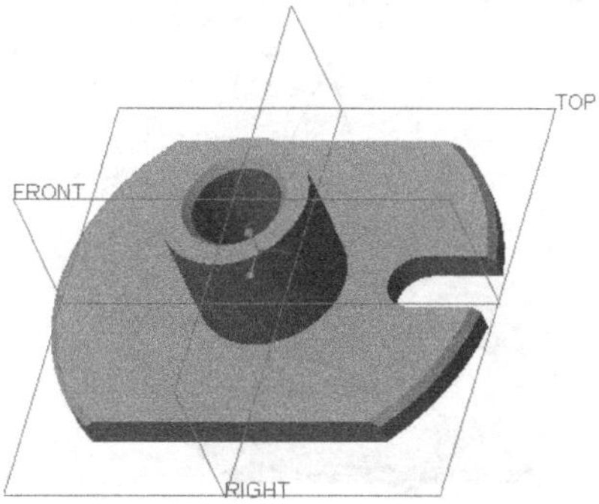


图 3-58 已有的原始模型

（2）创建基准平面。

在功能区“模型”选项卡的“基准”面板中单击“平面”按钮，打开“基准平面”对话框，选择 TOP 基准平面，输入平移距离为 35。单击“确定”按钮，创建基准平面 DTM1。

（3）创建草绘的基准点。

在功能区“模型”选项卡的“基准”面板中单击“草绘”按钮，打开“草绘”对话框，指定 DTM1 基准平面作为草绘平面，以 RIGHT 基准平面作为“右”方向参考，单击“草绘”按钮，进入草绘模式。

在功能区“草绘”选项卡的“基准”面板中单击“点”按钮，绘制如图 3-59 所示的 3 个基准点，顺序为点 1、点 2 和点 3，然后单击“确定”按钮。

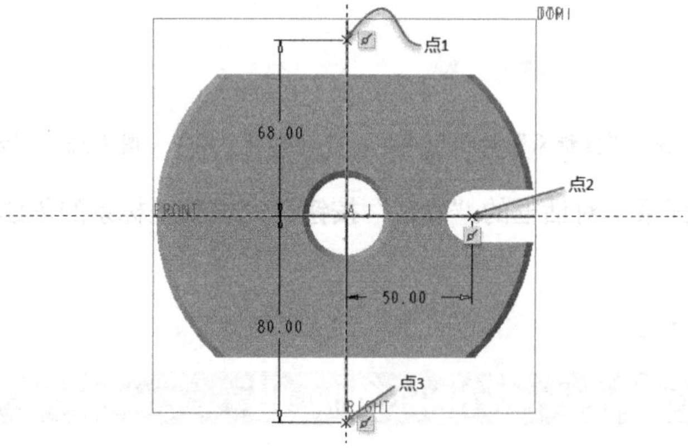


图 3-59　草绘基准点

（4）创建基准点。

在功能区“模型”选项卡的“基准”面板中单击“基准点”按钮，打开“基准点”对话框。在 RIGHT 基准平面的显示轮廓边上单击，如图 3-60 所示；接着分别拖动其中的偏移控制图柄捕捉到 DTM1 基准平面和 FRONT 基准平面，并设置其相应的偏移距离分别为 30 和 58，如图 3-61 所示。单击“确定”按钮，完成基准点 PNT3 的创建。

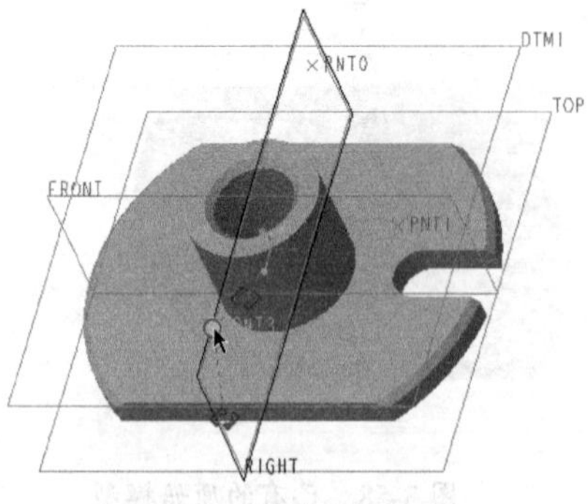


图 3-60　指定放置参考

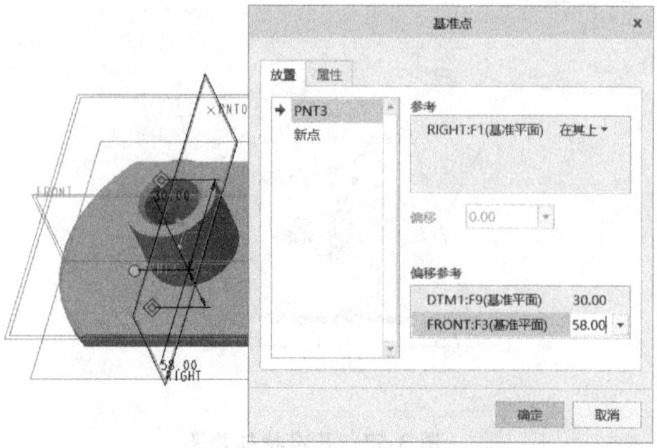


图 3-61　创建基准点 PNT3

（5）创建基准曲线。

在功能区“模型”选项卡的“基准”面板中选择“曲线”→“通过点的曲线”命令，打开“曲线：通过点”选项卡。

在模型窗口中依次单击 PNT0 和 PNT1 基准点，打开“放置”面板，为点 2（PNT1 基准点）设置其连接到前一点的方式为“样条”，再在图形窗口中选择 PNT2 基准点，将其指定为点 3，点 3 连接到前一点的方式为“样条”，如图 3-62 所示。

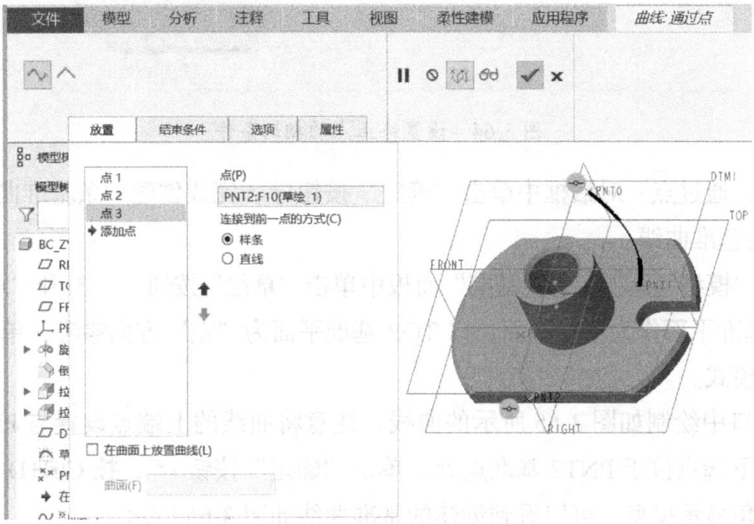


图 3-62　指定通过点及其连接方式

在“曲线：通过点”选项卡上打开“结束条件”滑出面板，在“曲线侧”列表框中选择“起点”选项，在“结束条件”下拉列表中选择“垂直”选项，再选择 RIGHT 基准平面，如图 3-63 所示。

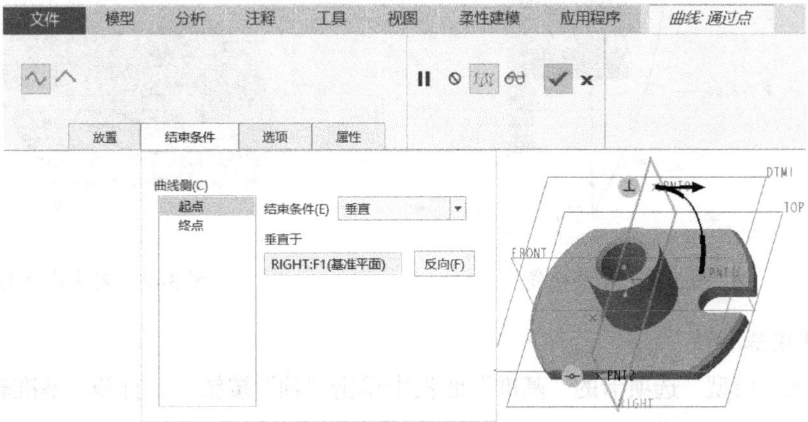


图 3-63　为起点设置垂直约束关系

在“曲线侧”列表框中选择“终点”选项，在“结束条件”下拉列表中选择“垂直”选项，在模型中选择 RIGHT 基准平面，单击“反向”按钮，此时预览如图 3-64 所示。

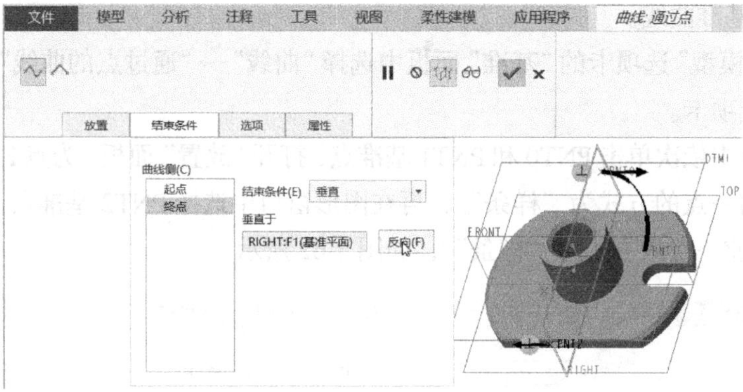


图 3-64　设置终止点的相切条件

在“曲线：通过点”对话框中单击“确定”按钮✓，完成创建一条基准曲线。

（6）草绘基准曲线。

在功能区“模型”选项卡的“基准”面板中单击“草绘”按钮，打开“草绘”对话框。选择 RIGHT 基准平面作为草绘平面，以 TOP 基准平面为“左”方向参考，单击“草绘”按钮，进入草绘模式。

在草绘窗口中绘制如图 3-65 所示的曲线，注意将曲线的上端点设置与 PNT0 基准点重合约束，曲线下端点位于 PNT2 基准点处。单击“确定”按钮✓，按 Ctrl+D 快捷键以默认的标准方向视角显示模型，可以看到创建的基准曲线如图 3-66 所示。

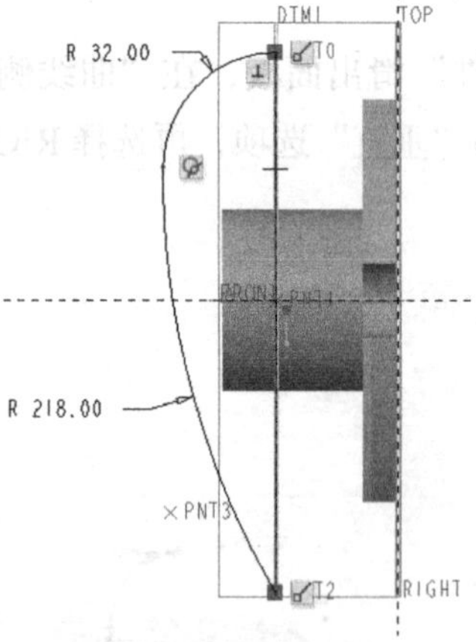


图 3-65　草绘曲线

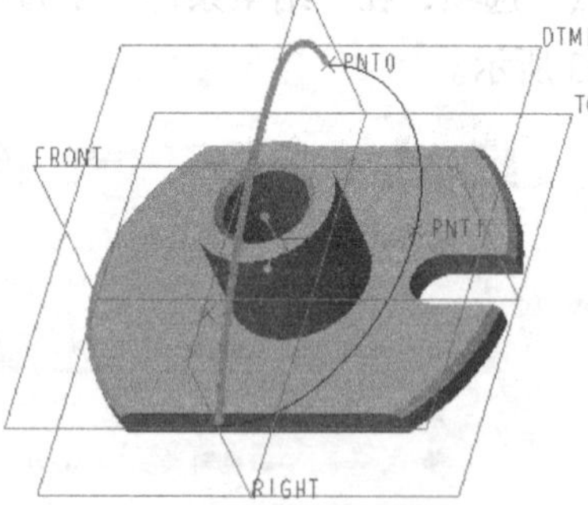


图 3-66　创建基准曲线

（7）创建基准轴。

在功能区“模型”选项卡的“基准”面板中单击“轴”按钮，打开“基准轴”对话框。选择 PNT2 基准点，按住 Ctrl 键选择 PNT3 基准点，如图 3-67 所示。在“基准轴”对话框中单击“确定”按钮。

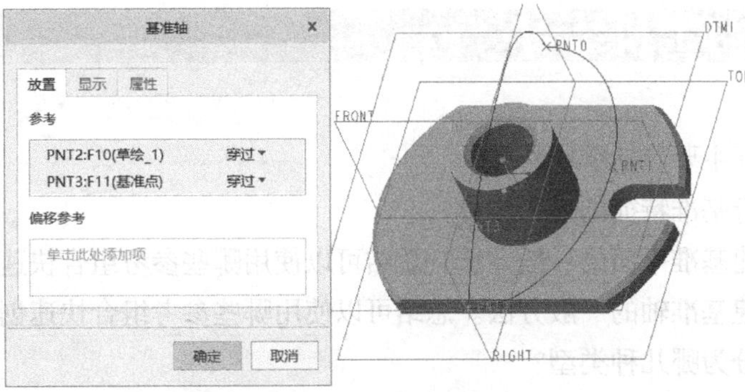


图 3-67　由两点创建基准轴

（8）继续创建基准轴。

确认刚创建的基准轴 A_2 处于未选中的状态，在功能区“模型”选项卡的“基准”面板中单击“轴”按钮 ，打开“基准轴”对话框。在 TOP 基准平面的如图 3-68 所示的显示轮廓边上单击以指定放置参考。

接着，在“基准轴”对话框的“放置”选项卡上，单击“偏移参考”收集器的框，将其激活，然后分别选择 FRONT 基准平面和 RIGHT 基准平面作为偏移参考，并分别设置其相应的偏移距离，如图 3-69 所示。在“基准轴”对话框中单击“确定”按钮。

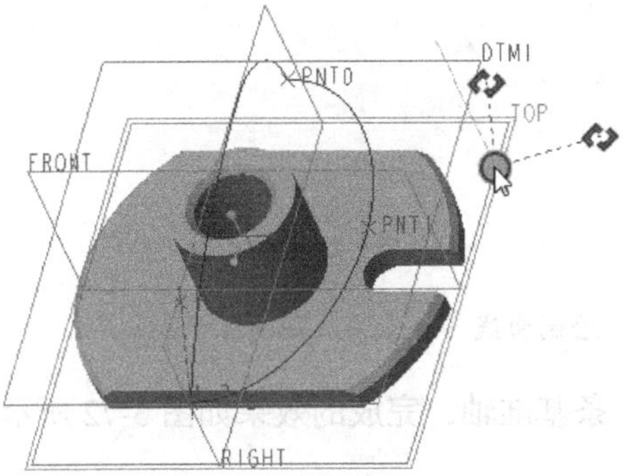


图 3-68　指定放置参考

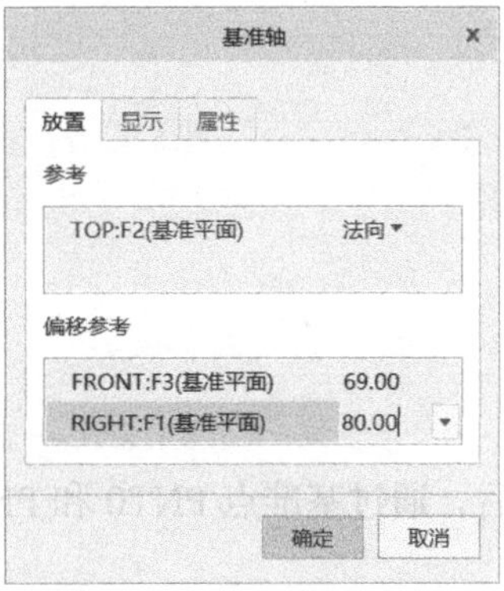


图 3-69　设置偏移参考与距离

（9）创建的基准轴 A_3 如图 3-70 所示。

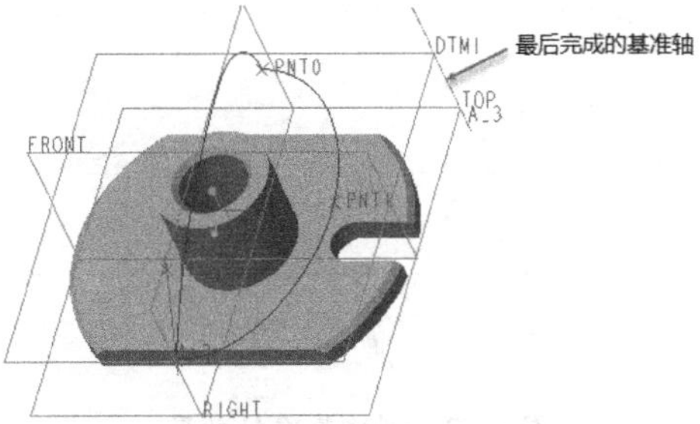


图 3-70　基准轴 A_3

# 3.8 思考与上机练习

（1）基准特征主要包括哪些特征？

（2）如何进行基准特征的显示设置？

（3）简述创建基准平面的一般方法。总结可以使用哪些参考组合快速创建基准平面。

（4）简述创建基准轴的一般方法。总结可以使用哪些参考组合快速创建基准轴。

（5）基准点分为哪几种类型？

（6）可以采用哪些工具或命令创建基准曲线？

（7）常见基准坐标系有哪几种？分别采用什么参数？

（8）上机练习：首先，在 TOP 基准平面上绘制如图 3-71 所示的曲线；然后，在整条曲线链的两端各创建一个基准点，以及在中间曲线的中点（比率为 0.5）创建一个基准点 PNT2。

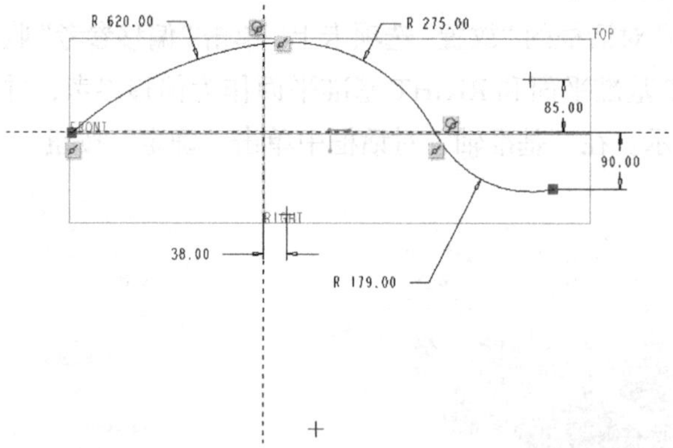


图 3-71 绘制曲线

最后，通过基准点 PNT0 和 PNT1 创建一条基准轴，完成的效果如图 3-72 所示。

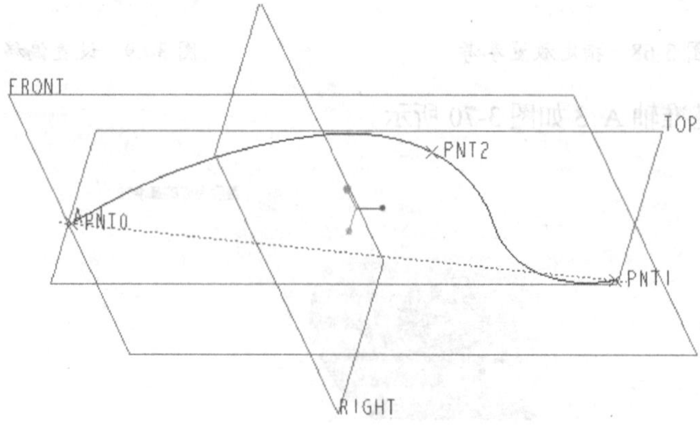


图 3-72 创建基准轴效果

# 4

## 第4章

# 基础特征

**本章主要学习内容：**

- 拉伸特征
- 旋转特征
- 扫描特征（恒定截面扫描特征和可变截面扫描特征）
- 体积块螺旋扫描特征
- 混合特征

# 4.1 拉伸特征

将二维剖面沿着剖面的法向方向拉伸，可以产生一类特征，即拉伸特征。拉伸特征的示例如图 4-1 所示。

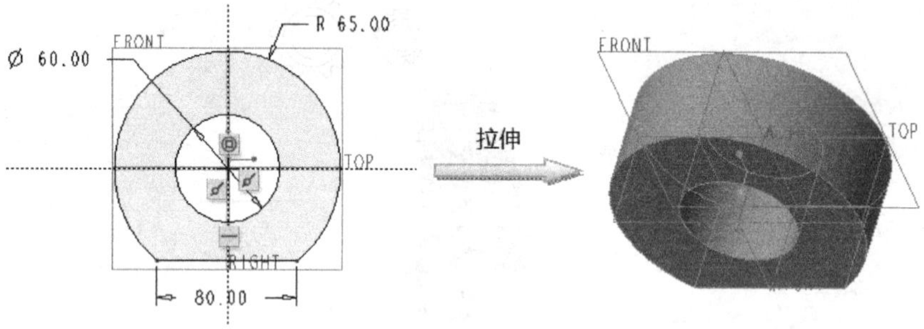


图 4-1　拉伸特征的示例

在功能区“模型”选项卡的“形状”面板中单击“拉伸”按钮，打开如图 4-2 所示的“拉伸”选项卡。

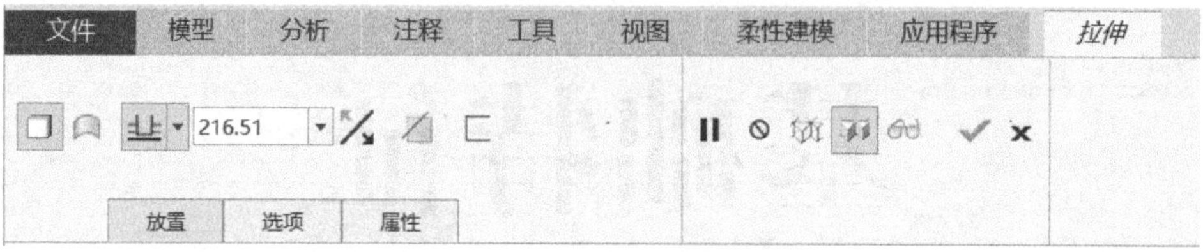


图 4-2　“拉伸”选项卡

：拉伸为实体。

：拉伸为曲面。

：去除材料。

：加厚草绘。

：在草绘平面以指定的深度值拉伸。

：在草绘平面的两侧将剖面拉伸设定距离的一半。

：将截面拉伸至下一曲面。

：穿透所有。

：拉伸至与选定的曲面相交。

：拉伸至选定的点、曲线、平面或曲面。

“放置”滑出面板：用来定义或编辑草绘截面。

“选项”滑出面板：如图 4-3 所示，主要用来确定第一方向和第二方向的深度选项及其相应的拉伸深度。

“属性”滑出面板：如图 4-4 所示，主要用来更改拉伸特征的名称，以及查询该拉伸特征的详细信息。其中，单击“显示此特征的信息”按钮，可以打开浏览器查看拉伸特征的详细信息。

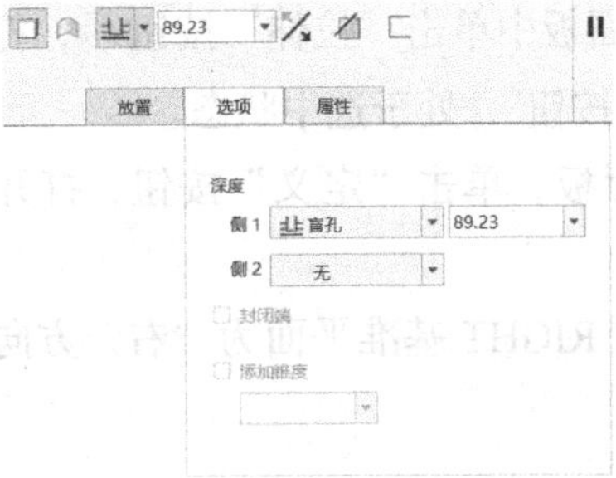


图 4-3 “选项”滑出面板

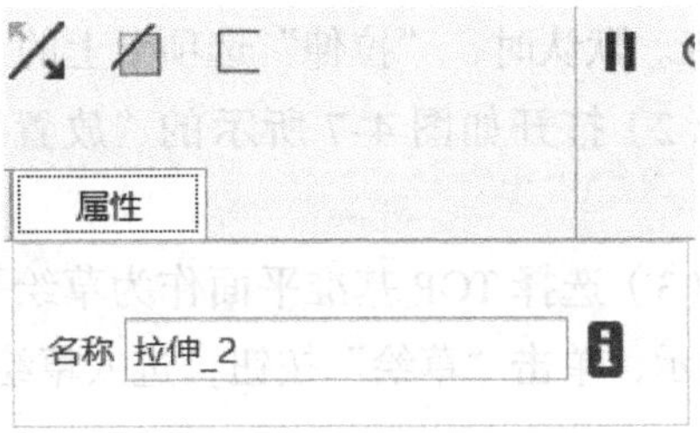


图 4-4 “属性”滑出面板

## 小实例 创建拉伸特征

**操作步骤**

### 1. 新建零件文件

（1）单击“新建”按钮，打开“新建”对话框。

（2）在“新建”对话框的“类型”选项组中，选择“零件”单选按钮；在“子类型”选项组中，选择“实体”单选按钮；在“文件名”文本框中输入文件名为 HY_4_1，取消选中“使用默认模板”复选框，如图 4-5 所示。

（3）单击“确定”按钮，打开“新文件选项”对话框，在“模板”选项组中选择 mmns_part_solid 选项，如图 4-6 所示，单击“确定”按钮，进入零件设计模式。

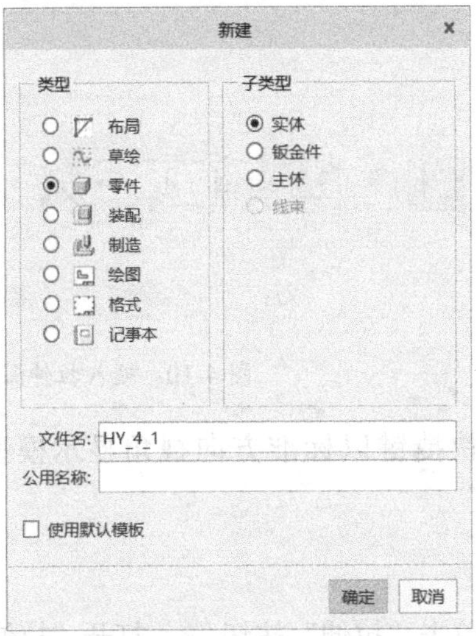


图 4-5 “新建”对话框

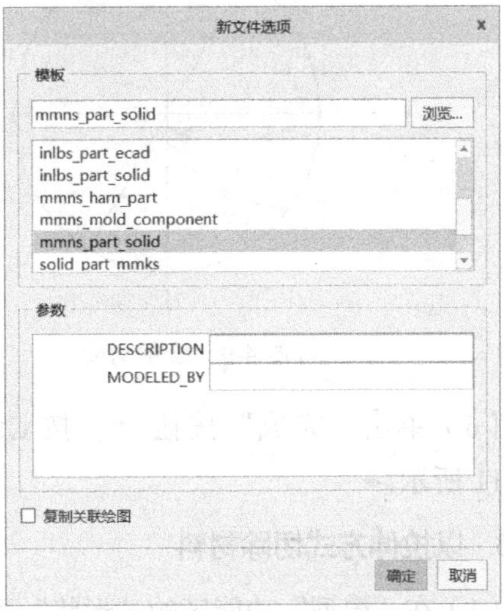


图 4-6 “新文件选项”对话框

新零件文件中存在着预定义好的三个基准平面 RIGHT，TOP，FRONT 和一个基准坐标系 PRT_CSYS_DEF。

**2. 创建拉伸实体特征**

（1）在功能区“模型”选项卡的“形状”面板中单击“拉伸”按钮，打开“拉伸”选项卡。默认时，“拉伸”选项卡上的“实体”按钮处于选中状态。

（2）打开如图 4-7 所示的“放置”滑出面板，单击“定义”按钮，打开“草绘”对话框。

（3）选择 TOP 基准平面作为草绘平面，以 RIGHT 基准平面为“右”方向参照，如图 4-8 所示，单击“草绘”按钮，进入草绘模式。

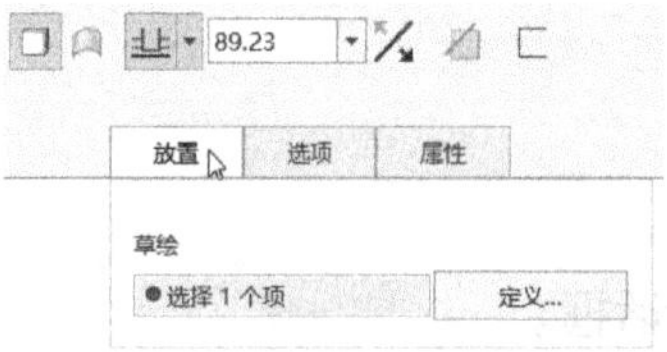


图 4-7 “放置”滑出面板

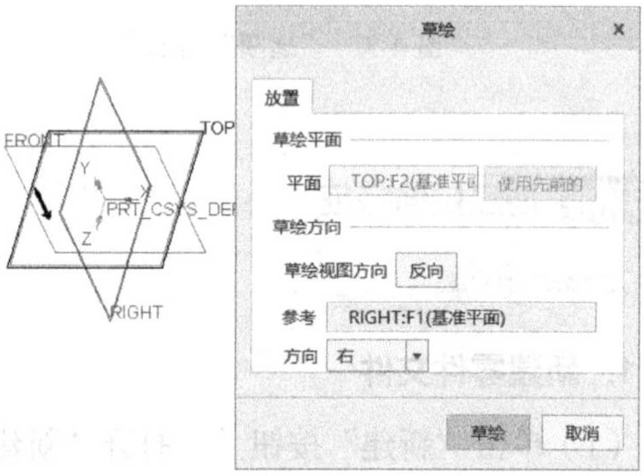


图 4-8 指定草绘平面

（4）绘制如图 4-9 所示的剖面，单击“完成”按钮。

（5）在“拉伸”选项卡上输入拉伸的深度为 10，如图 4-10 所示。

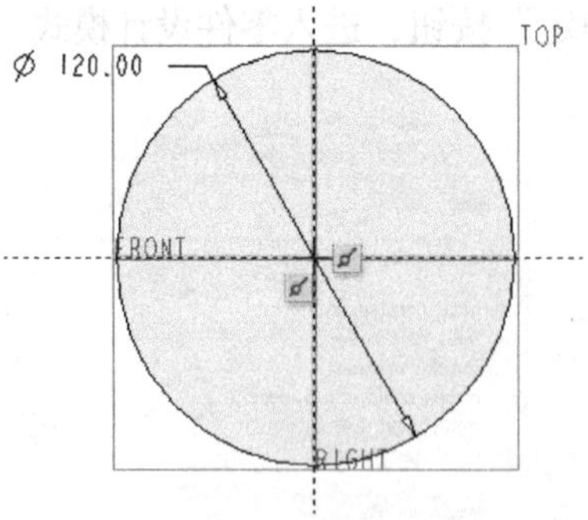


图 4-9 绘制剖面

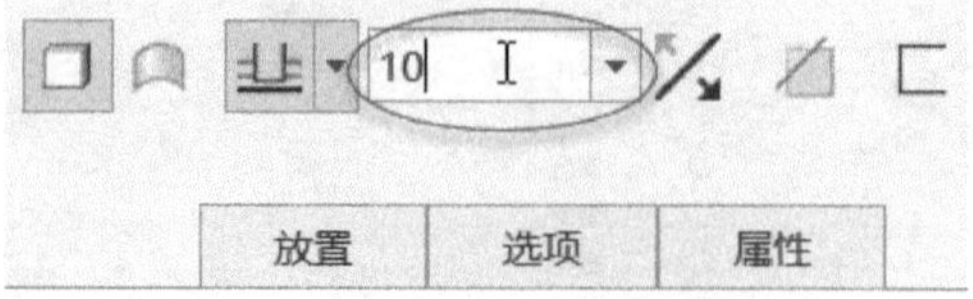


图 4-10 输入拉伸深度

（6）单击“完成”按钮，按 Ctrl+D 快捷键以标准方向视角显示模型，效果如图 4-11 所示。

**3. 以拉伸方式切除材料**

（1）在“模型”功能区的“形状”面板中单击“拉伸”按钮，打开“拉伸”选项卡。

（2）默认时，“拉伸”选项卡上的“实体”按钮处于选中状态，单击“去除材料”按钮。

（3）打开“放置”滑出面板，单击“定义”按钮，打开“草绘”对话框。

（4）在“草绘”对话框中单击“使用先前的”按钮，进入草绘模式。

（5）绘制如图 4-12 所示的 3 个圆，单击“完成”按钮。

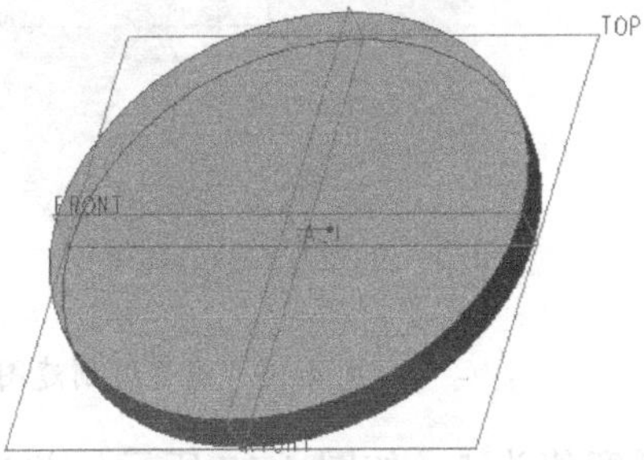


图 4-11　创建的拉伸实体特征效果

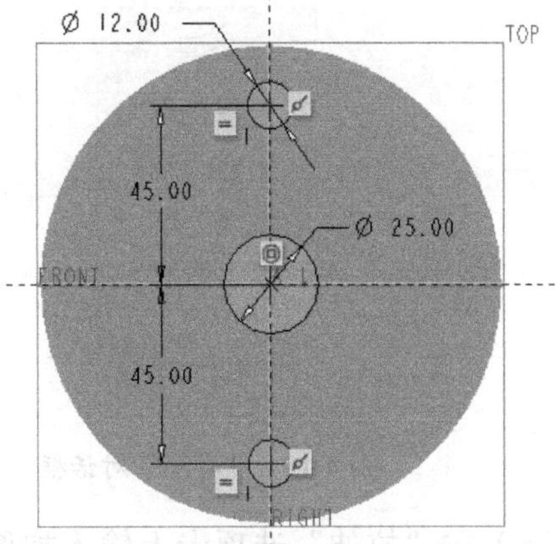


图 4-12　绘制 3 个圆

（6）单击“将拉伸的深度方向更改为草绘的另一侧（深度方向）”按钮，并在深度下拉列表中选择（穿透），此时按 Ctrl+D 快捷键，模型显示如图 4-13 所示。

（7）单击“完成”按钮，切除效果如图 4-14 所示。

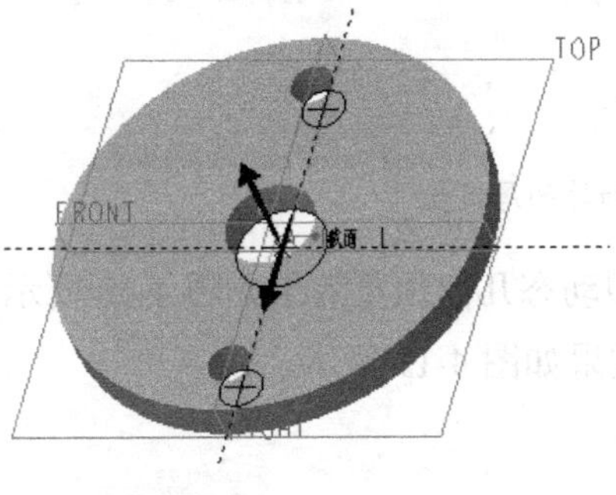


图 4-13　模型显示

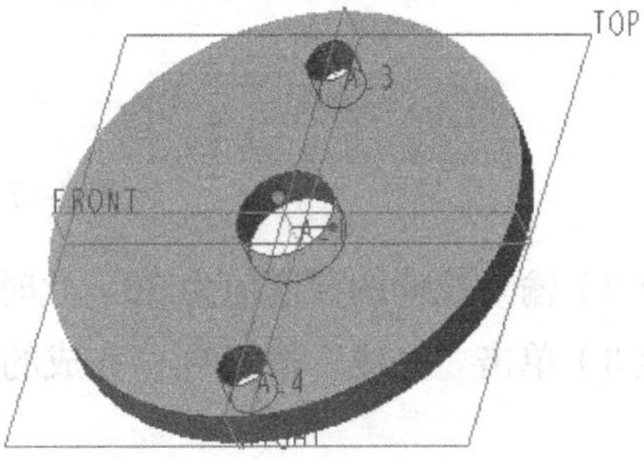


图 4-14　切除效果

### 4．创建拉伸加厚特征

（1）在功能区“模型”选项卡的“形状”面板中单击“拉伸”按钮，打开“拉伸”选项卡。

（2）默认时，“拉伸”选项卡上的“实体”按钮处于选中状态，单击“加厚草绘”按钮。

（3）打开“放置”滑出面板，单击“定义”按钮，打开“草绘”对话框。

（4）在“草绘”对话框中单击“使用先前的”按钮，进入草绘模式。

（5）在“草绘”面板中单击“投影”按钮，打开如图 4-15 所示的“类型”对话框，选择“单一”单选按钮，然后在图形窗口中分别单击中心圆孔的两段截面圆，得到的图元如图 4-16 所示。单击“关闭”按钮关闭“类型”对话框，然后单击“完成”按钮。

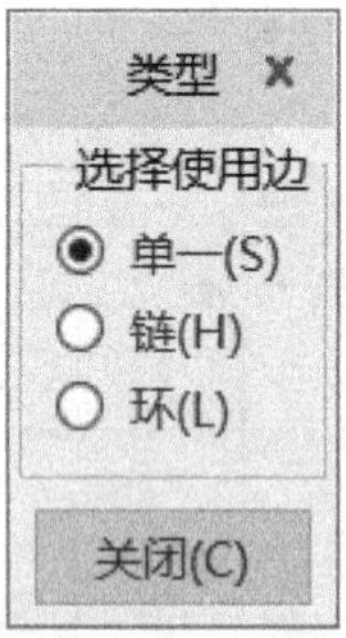


图 4-15 “类型”对话框

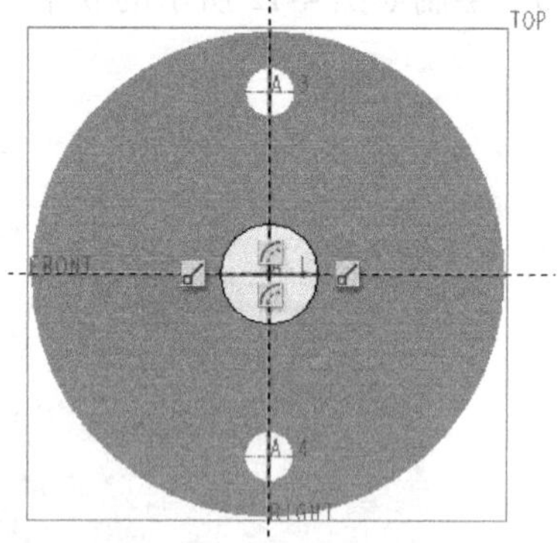


图 4-16 通过边创建图元

（6）在“拉伸”选项卡上输入加厚的厚度值为 5，如图 4-17 所示，并单击“在草绘的一侧、另一侧或两侧间更改拉伸方向，简称材料侧”按钮，直到使加厚材料侧方向朝外侧为止。

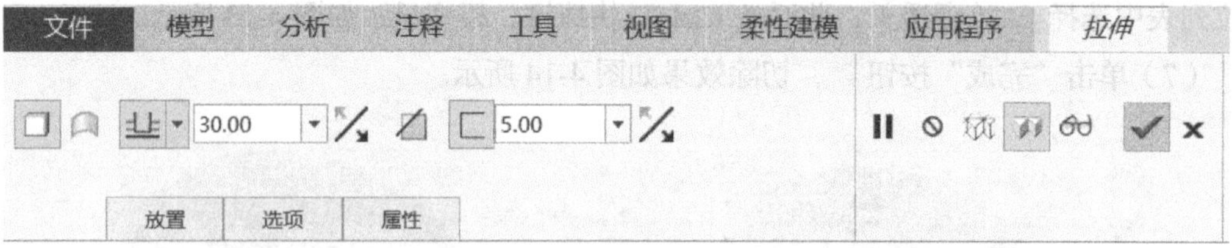


图 4-17 输入加厚的厚度值

（7）输入拉伸的深度值为 30。此时，模型动态几何预览效果如图 4-18 所示。

（8）单击“完成”按钮，完成的模型效果如图 4-19 所示。

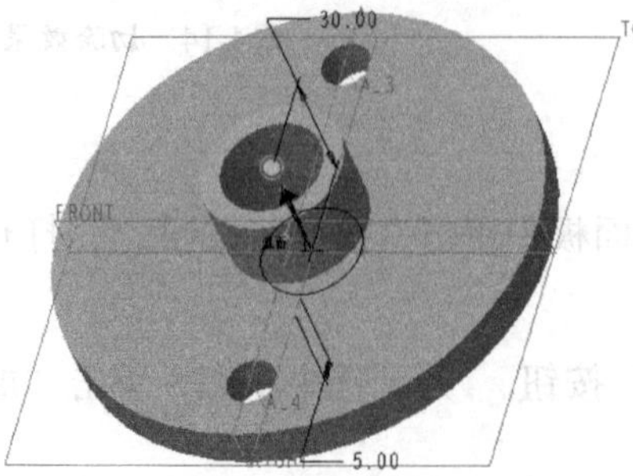


图 4-18 模型动态几何预览效果

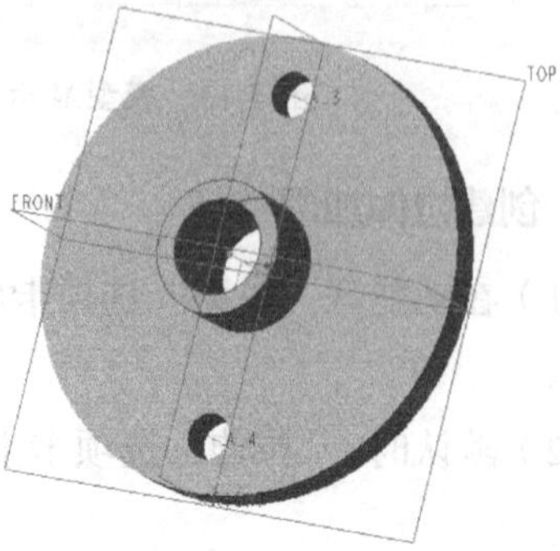


图 4-19 完成的模型效果

# 4.2 旋转特征

对于一些具有回转体形状的模型，可以采用旋转的方式构建。在创建旋转特征时，需要绘制有效的旋转剖面和一条作为旋转轴的中心线。在绘制旋转剖面时，如果绘制了多条中心线，那么绘制的第 1 条几何中心线将默认为旋转轴，也可以自行指定某一条中心线作为旋转轴。有效的旋转剖面位于旋转中心轴线的同一侧。

旋转特征的示例如图 4-20 所示。

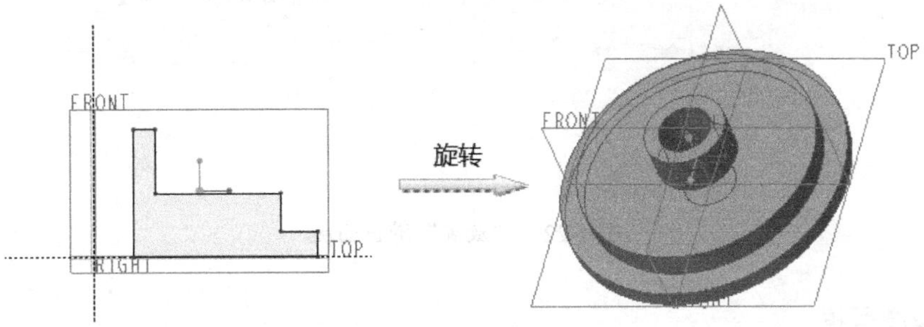


图 4-20 旋转特征的示例

在功能区“模型”选项卡的“形状”面板中单击“旋转”按钮，打开如图 4-21 所示的“旋转”选项卡。“旋转”选项卡与“拉伸”选项卡类似。

图 4-21 “旋转”选项卡

## 小实例 创建旋转特征

**操作步骤**

### 1. 新建零件文件

（1）单击“新建”按钮，打开“新建”对话框。

（2）在“新建”对话框的“类型”选项组中，选择“零件”单选按钮；在“子类型”选项组中，选择“实体”单选按钮；在“文件名”文本框中输入文件名为 HY_4_2，取消选中“使用默认模板”复选框，单击“确定”按钮。

（3）打开“新文件选项”对话框，在“模板”选项组中选择 mmns_part_solid，单击“确定”按钮，进入零件设计模式。新零件文件中存在着预定义好的三个基准平面 RIGHT，TOP，FRONT 和一个基准坐标系 PRT_CSYS_DEF。

### 2. 创建旋转特征

（1）在功能区“模型”选项卡的“形状”面板中单击“旋转”按钮，打开“旋转”选项卡。

（2）打开如图 4-22 所示的“放置”滑出面板，单击“定义”按钮，打开“草绘”对话框。选择 FRONT 基准平面为草绘平面，以 RIGHT 基准平面为“右”方向参照，单击“草绘”按钮。

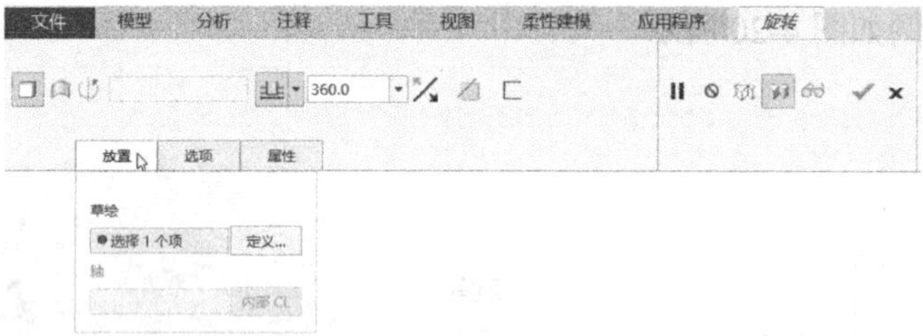


图 4-22 “放置”滑出面板

**操作点拨**

也可以直接在图形窗口或模型树中选择 FRONT 基准平面作为草绘平面，此时系统会快速进入草绘模式。

（3）绘制如图 4-23 所示的封闭图形，添加一条几何中心线，单击“完成”按钮。

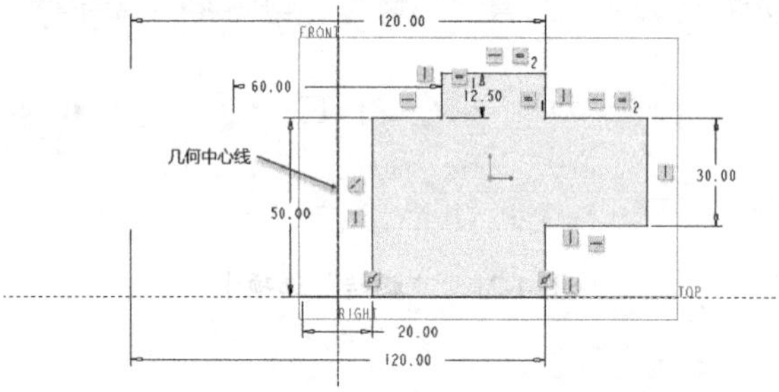


图 4-23 绘制封闭图形

（4）接受默认的旋转角度为 360°，如图 4-24 所示。

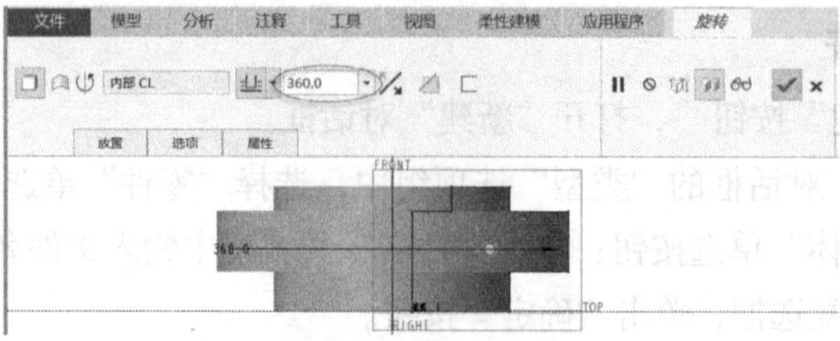


图 4-24 接受默认的旋转角度

（5）在“旋转”选项卡上，单击“完成”按钮，完成的旋转特征如图 4-25 所示。

## 4.3 扫描特征

扫描特征是将剖面沿着指定的轨迹线扫描而生成的一类实体特征。要创建扫描特征，需要定义一个扫描剖面和扫描轨迹。在定义扫描轨迹时，需要注意扫描轨迹自身不相交，扫描轨迹中的圆弧或曲线半径不宜太小。扫描特征的示例如图 4-26 所示。

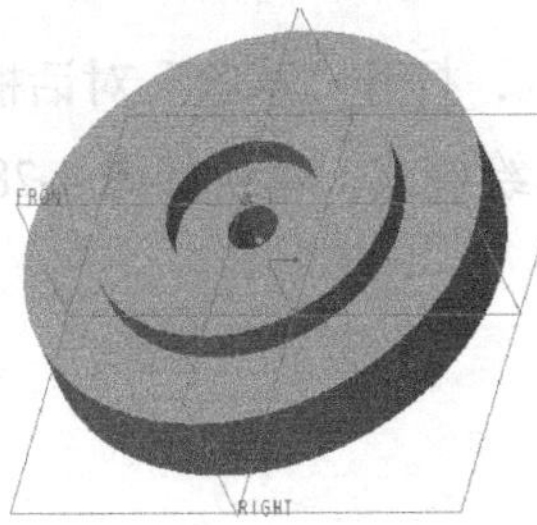


图 4-25 完成的旋转特征

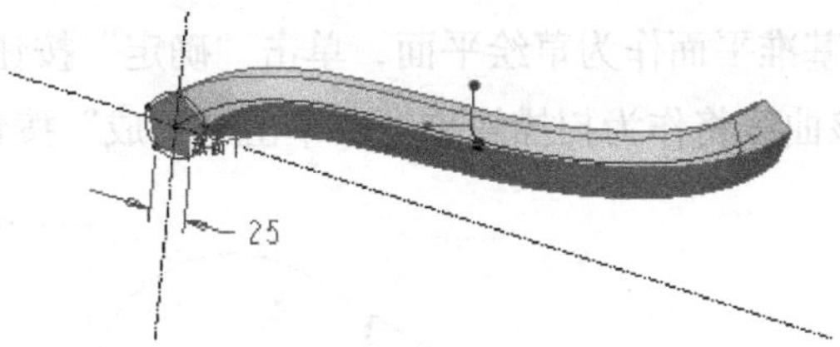


图 4-26 扫描特征的示例

要创建扫描特征，则可以在功能区“模型”选项卡的“形状”面板中单击“扫描”按钮，打开如图 4-27 所示的“扫描”选项卡。扫描特征的截面类型分为“恒定截面”和“变截面”两种，前者用于沿扫描进行草绘时截面保持不变；后者则允许截面根据参数化参考或沿扫描的关系进行变化。

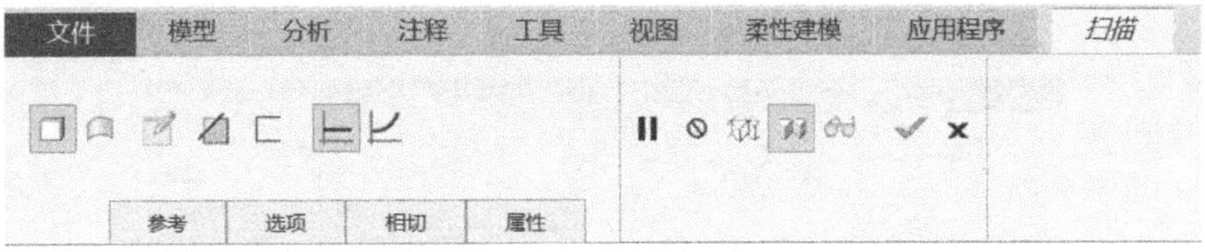


图 4-27 “扫描”选项卡

### 4.3.1 恒定截面扫描特征

**小实例 创建恒定截面扫描特征**

**操作步骤**

**1. 新建零件文件**

（1）单击“新建”按钮，打开“新建”对话框。

（2）在“新建”对话框中，在“类型”选项组中，选择“零件”单选按钮；在“子类型”选项组中，选择“实体”单选按钮；在“文件名”文本框中输入文件名为 HY_4_3，取消选中“使用默认模板”复选框，单击“确定”按钮。

（3）打开“新文件选项”对话框，在“模板”选项组中选择 mmns_part_solid，单击“确定”按钮，进入零件设计模式。新零件文件中存在着预定义好的三个基准平面 RIGHT，TOP，FRONT 和一个基准坐标系 PRT_CSYS_DEF。

**2. 创建扫描实体特征**

（1）在功能区“模型”选项卡的“形状”面板中单击“扫描”按钮，打开“扫描”选项卡，单击选中“实体”按钮和“恒定截面”按钮。

（2）在功能区右侧部位单击“基准”→“曲线”按钮，打开“草绘”对话框，选择 FRONT 基准平面作为草绘平面，单击“确定”按钮，进入草绘模式。草绘如图 4-28 所示的曲线（该曲线将作为扫描轨迹），单击“完成”按钮。

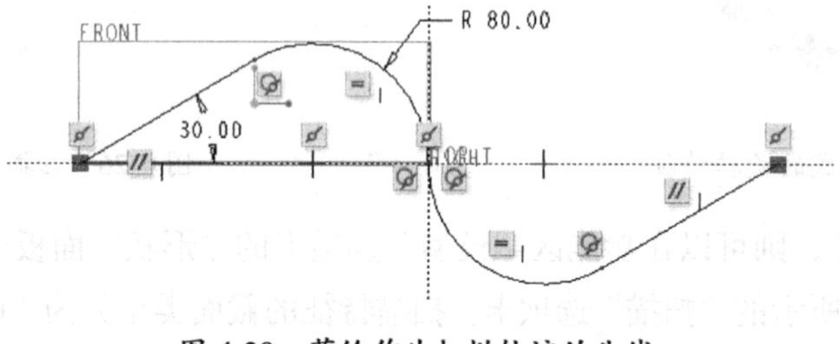


图 4-28　草绘作为扫描轨迹的曲线

（3）在“扫描”选项卡上单击出现的“退出暂停模式，继续使用此工具”按钮，如图 4-29 所示。

图 4-29　单击出现的一个按钮

（4）刚绘制的曲线默认为扫描的原点轨迹，此时打开“参考”滑出面板可以看到默认的截平面控制选项为“垂直于轨迹”，注意设置原点轨迹的起点箭头方向如图 4-30 所示。

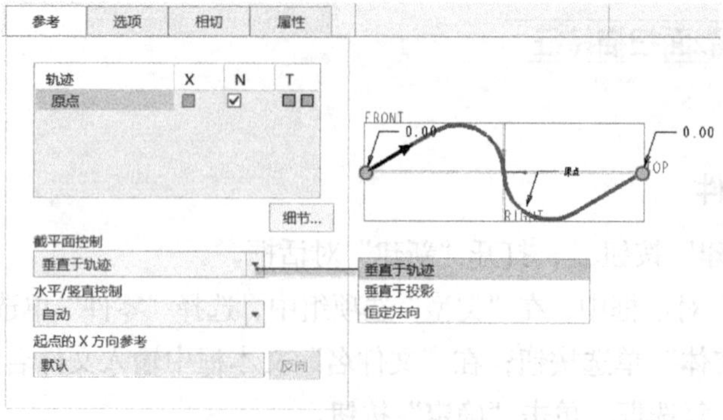


图 4-30　原点轨迹及其相应的设置

**技巧点拨**

如果发现原点轨迹的默认起点箭头不是所需要的，那么可以在原点轨迹上单击显示的此箭头，即可将起点箭头切换到原点轨迹的另一端。

（5）在“扫描”选项卡上单击“创建或编辑扫描截面”按钮，绘制如图 4-31 所示的扫描剖面，单击“完成”按钮。

（6）在“扫描”选项卡中单击“完成”按钮，创建的扫描特征如图 4-32 所示。

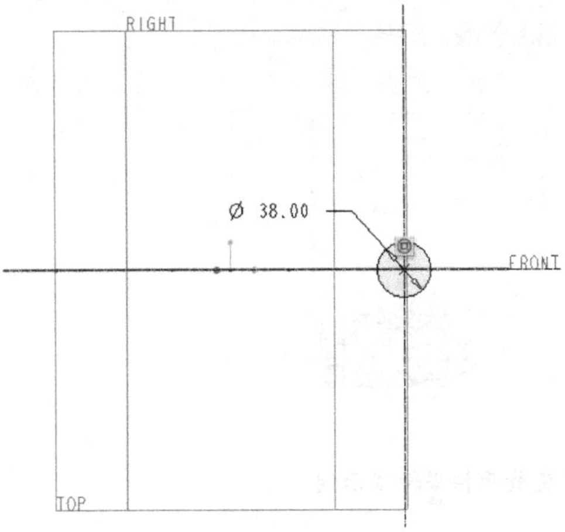


图 4-31 绘制扫描剖面

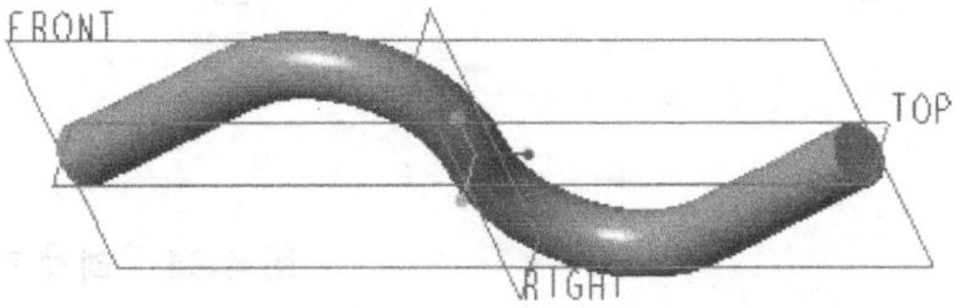


图 4-32 创建的扫描特征

**知识点拨**

在一些设计案例创建扫描特征的过程中，可以使用“选项”滑出面板中的“合并端”复选框封闭轨迹端点接触到邻近几何时产生的间隙，如图 4-33 所示。可以打开配套资源第 4 章文件夹中的 HY_BZSBSM.PRT 文件自行练习，扫描截面可以选定直径为 20mm 的圆。

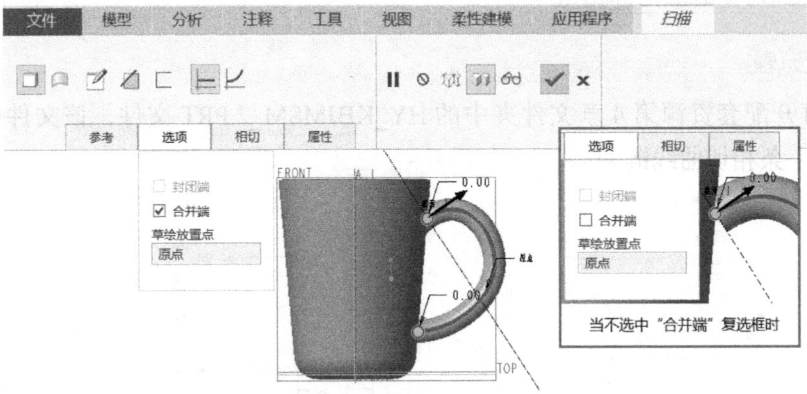


图 4-33 使用“合并端”复选框

## 4.3.2 可变截面扫描特征

利用“扫描”工具中的“变截面”按钮可以创建一些复杂的可变截面扫描特征。可变截面扫描特征可以通过将剖面沿着多条轨迹线扫描而形成，剖面的形状可由多条轨迹线决定，如图 4-34 所示。可以使用配套资源第 4 章文件夹中的 HY_KBJMSM_1.PRT 文件进行上机练习。在沿轨迹线扫描的过程中，需要指定剖面控制的方式，如“垂直于轨迹”“垂直于投影”和“恒定法向”，其中系统默认的剖面控制方式为“垂直于轨迹”。

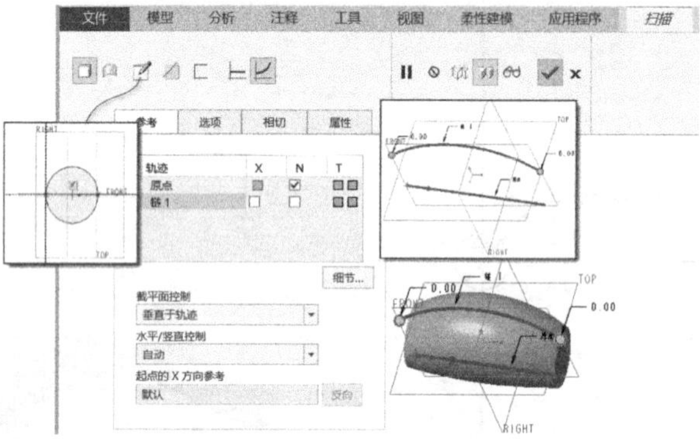

图 4-34 创建可变截面扫描特征示例

另外，对截面使用 trajpar 参数，也可以控制截面在沿着原点轨迹扫描的过程中随方程关系发生变化。

**知识点拨**

在 Cero Parametic 5.0 中，trajpar 参数可表示轨迹路径，其取值范围为 0~1。其中，0 表示轨迹起点，1 表示轨迹终点。trajpar 在关系中作为自变量使用。

**小实例 创建可变截面扫描特征**

**操作步骤**

（1）打开配套资源第 4 章文件夹中的 HY_KBJMSM_2.PRT 文件，该文件中已有如图 4-35 所示的一条相切曲线链。

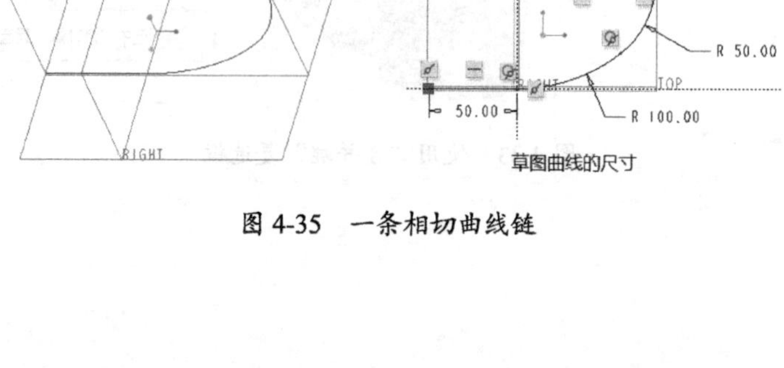


图 4-35 一条相切曲线链

（2）在功能区“模型”选项卡的“形状”面板中单击“扫描”按钮，打开“扫描”选项卡，单击选中“实体”按钮和“变截面”按钮。

（3）在“扫描”选项卡上单击“薄板”按钮，设置薄板厚度为 5。

（4）选择现有曲线链作为扫描特征的原点轨迹，如图 4-36 所示。

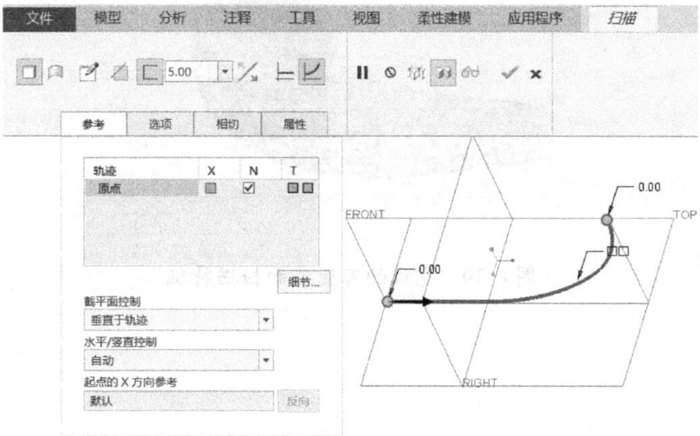


图 4-36　指定原点轨迹等

（5）在“扫描”选项卡上单击“创建或编辑扫描截面”按钮，绘制如图 4-37 所示的一个圆作为扫描剖面，在功能区切换至“工具”选项卡，在“模型意图”滑出面板中单击“关系”按钮 d=，在打开的“关系”对话框的文本框内输入关系式“sd3=20+35*trajpar”，如图 4-38 所示，单击“确定”按钮。

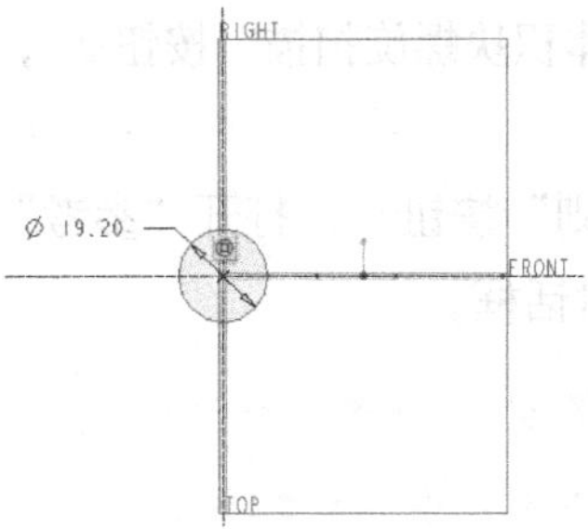


图 4-37　绘制扫描剖面

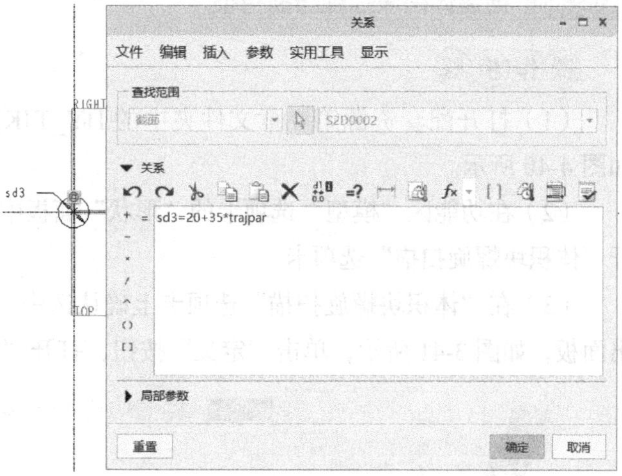


图 4-38　添加关系

**知识点拨**

trajpar 是一个从 0 到 1 变化的参数，对于“sd3=20+35*trajpar”，当 trajpar 值为 0 时，sd3=20；当 trajpar 值为 1 时，sd3=55。

（6）在功能区切换至“草绘”选项卡，单击“完成”按钮。

（7）在功能区“扫面”选项卡上单击“完成”按钮，完成的可变截面扫描特征如图 4-39 所示。

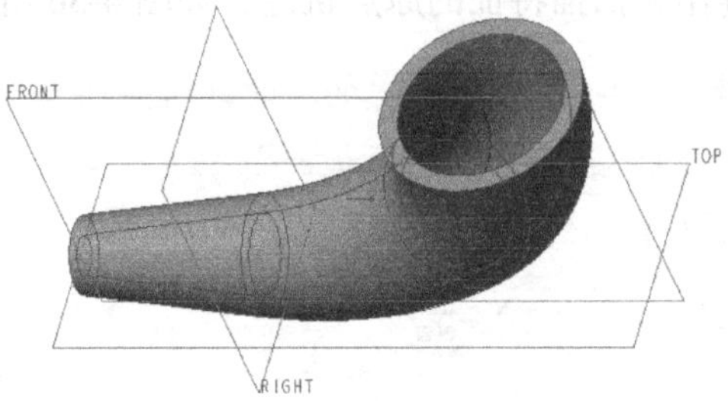


图 4-39　完成的可变截面扫描特征

## 4.4 体积块螺旋扫描特征

在 Creo Parametic 5.0 中，可以通过沿螺旋（螺旋轨迹）扫描 3D 对象创建体积块螺旋扫描特征，3D 对象在跟随螺旋轨迹路径时移除材料，这类似于车削或磨削中的切削刀具。

### 小实例 创建体积块螺旋扫描特征

**操作步骤**

（1）打开配套资源第 4 章文件夹中的 HY_TJKL.PRT 文件，文件中已有的实体模型如图 4-40 所示。

（2）在功能区“模型”选项卡的“形状”面板中单击“体积块螺旋扫描”按钮，打开“体积块螺旋扫描”选项卡。

（3）在“体积块螺旋扫描”选项卡上确认选中“右手定则”按钮，打开“参考”滑出面板，如图 3-41 所示，单击“定义”按钮，打开“草绘”对话框。

图 4-40　已有的实体模型

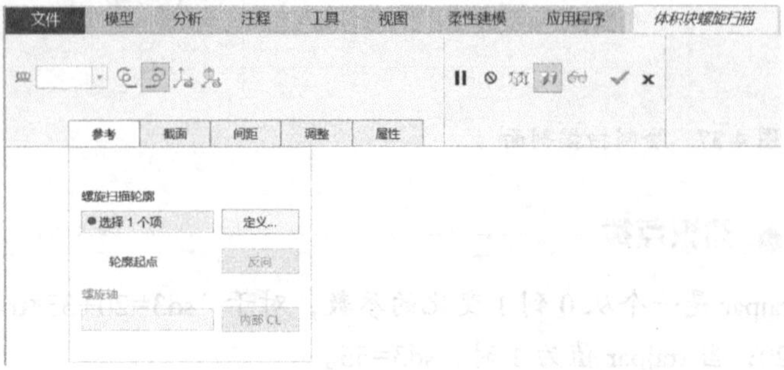


图 4-41　“体积块螺旋扫描”选项卡

（4）选择 FRONT 基准平面作为草绘平面，默认以 RIGHT 基准平面为“右”方向参考，单击“草绘”按钮，进入草绘模式，草绘如图 4-42 所示的一条直线作为螺旋轮廓（用于设置 3D 对象起点与螺旋轴的距离），以及单击“基准”面板中的“中心线”按钮草绘一条几何中心线作为中心轴，单击“完成”按钮✔。

（5）草绘或选择一个截面以通过旋转创建 3D 对象。本例要草绘一个截面以通过旋转创建 3D 对象，方法是在“体积块螺旋扫描”选项卡上打开“截面”滑出面板，选择“草绘截面”单选按钮，单击“创建 / 编辑截面”按钮，进入草绘模式，此时在图形窗口中显示红色的 *X* 轴和绿色的 *Y* 轴，两者在原点处相交，草绘螺旋原点处的截面，如图 4-43 所示，单击“完成”按钮✔。

**知识点拨**

对该截面（3D 对象的截面）是有要求的，要求位于 *Y* 轴的一侧，仅包含直线和圆弧，截面必须是封闭的凸形图形（截面绕 *Y* 轴旋转而生成的 3D 对象必须呈凸形）。

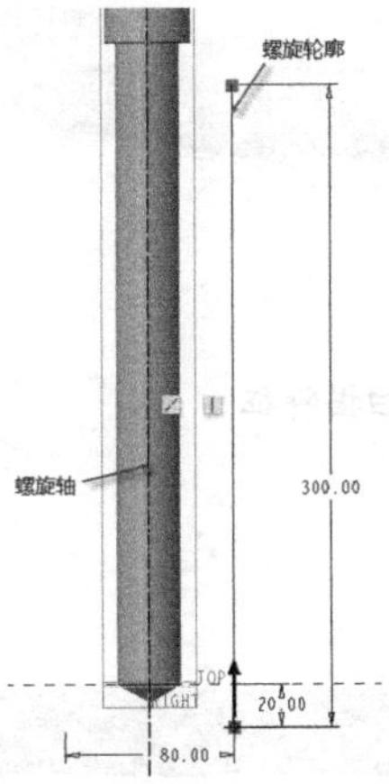


图 4-42 草绘螺旋轮廓与螺旋轴

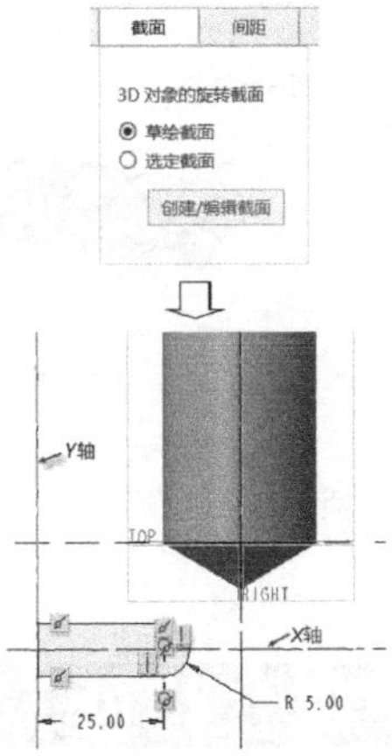


图 4-43 草绘螺旋原点处的截面

（6）要显示 3D 对象的螺旋和方向，则单击选中“显示 3D 对象的螺旋和方向”按钮，如图 4-44 所示。要显示 3D 对象，则再单击“显示 3D 对象”按钮，如图 4-45 所示。

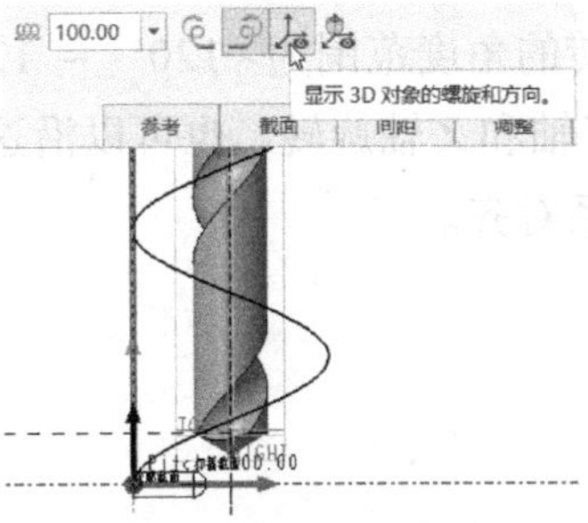


图 4-44 显示 3D 对象的螺旋和方向

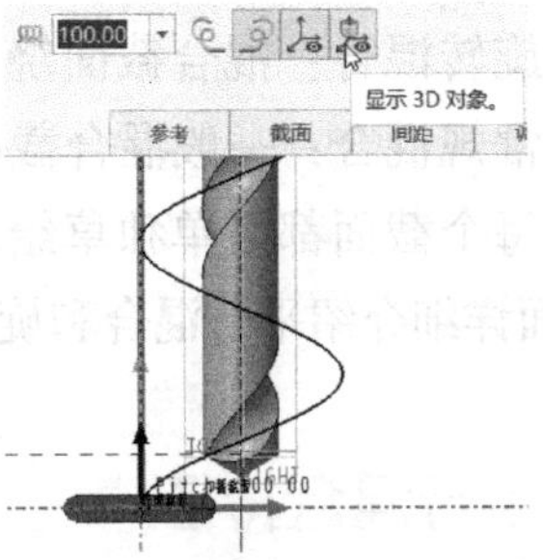


图 4-45 显示 3D 对象

（7）在文本框内输入螺距值为 20，这个螺距值约定恒定螺距。如果要使用变螺距，那么打开“间距”滑出面板，在螺距表中选择“添加间距”选项，设置终点处的螺距值为 80。

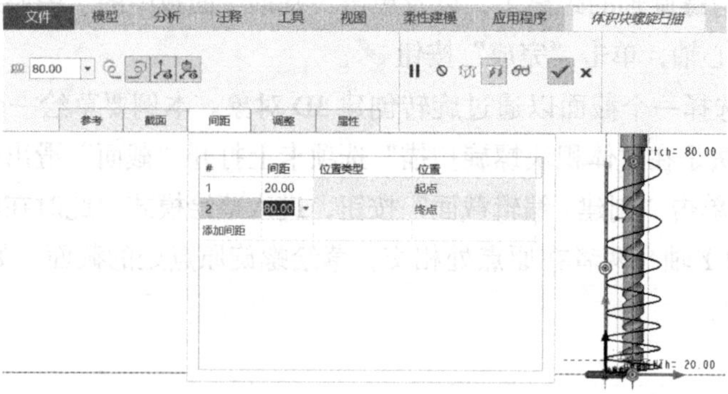


图 4-46　设置终点处的螺距值

（8）单击“完成”按钮✓，完成的体积块螺旋扫描特征如图 4-47 所示。

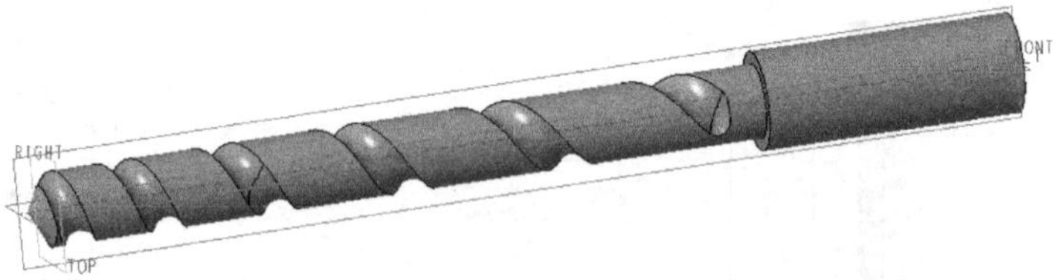


图 4-47　完成的体积块螺旋扫描特征

## 4.5 混合特征

混合特征是将若干个（两个或两个以上）截面通过混合的方式连接而形成的，这些平面截面在其顶点处用过渡曲面连接以形成一个连续特征。在 Creo 中，一共有以下 3 种混合类型。

- 平行混合：所有混合截面均位于平行平面上。
- 旋转混合：混合截面绕旋转轴旋转。旋转的角度范围为 –120° ～ 120° 。
- 常规混合：一般混合截面可以绕 *X* 轴、*Y* 轴和 *Z* 轴旋转，也可以沿这 3 个轴平移，每个截面都需单独草绘，并用截面坐标系对齐。

下面详细介绍平行混合和旋转混合。

### 4.5.1 平行混合特征

创建的平行混合特征分为两种类型：一种是具有常规截面的平行混合特征，另一种是具有投影截面的平行混合特征。前者可以用至少两个相互平行的平面截面创建，这两个平面截面在其边缘用过渡曲面连接形成一个连续特征；而后者包含两个位于相同的平面曲面或基准平面上的截面，这两个截面以垂直于草绘平面的方向，投影到两个不同的实体曲面上，每个截面均投影到相应的选定曲面上，且每个投影截面都必须完全落在其所选曲面的边界之内。

本书主要介绍具有常规截面的平行混合特征，通常其各个平行混合截面的图元数应该保持相等，但允许第一个截面或者最后一个截面简化为一个草绘点。对于没有足够几何图元的截面，可以采用添加混合顶点的方式完成。混合顶点可以充当相应混合曲面的终止端，但被计算在截面图元的总数中，即每个混合顶点相当于给截面添加一个图元。

**操作技能**

要在截面草图中添加一个混合顶点，可以先在草图中选择一个顶点，接着在功能区“草绘”选项卡的“设置”面板中选择“特征工具”→“混合顶点”命令。

在绘制各个平行混合截面时，特别是截面由多段图元组成时，需要注意各个混合截面的起始点位置。若起始点位置不同，则所生成的混合特征也会有所不同。在绘制截面时，通过在功能区“草绘”选项卡的“设置”面板中选择“特征工具”→“起点”命令，来指定混合截面的新起始点。

### 小实例 创建平行混合特征

**操作步骤**

（1）新建一个名为 HY_4_5_A 的零件文件，采用 mmns_part_solid 模板。

（2）在功能区“模型”选项卡的“形状”面板中单击“混合”按钮，打开“混合”选项卡，默认时选中“混合”选项卡上的“实体”按钮。

（3）在“混合”选项卡上打开“截面”滑出面板，选择“草绘截面”单选按钮，如图 4-48 所示。

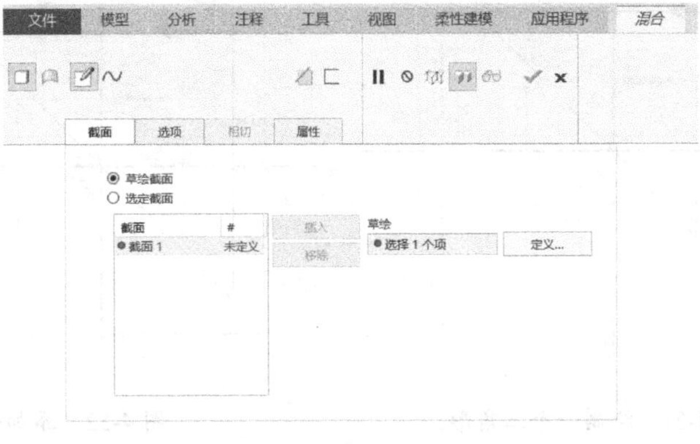


图 4-48 “混合”选项卡

（4）绘制截面 1。在“截面”滑出面板中单击“定义”按钮，打开“草绘”对话框，选择TOP基准平面作为草绘平面，单击“草绘”按钮，绘制如图4-49所示的截面1，单击“完成”按钮✔。

（5）绘制截面2。在“截面”滑出面板中为截面2选择草绘平面位置定义方式为“偏移尺寸”单选按钮，设置偏移自截面1的距离为105，单击“草绘”按钮，进入草绘模式，绘制如图4-50所示的截面2，单击“完成”按钮✔。

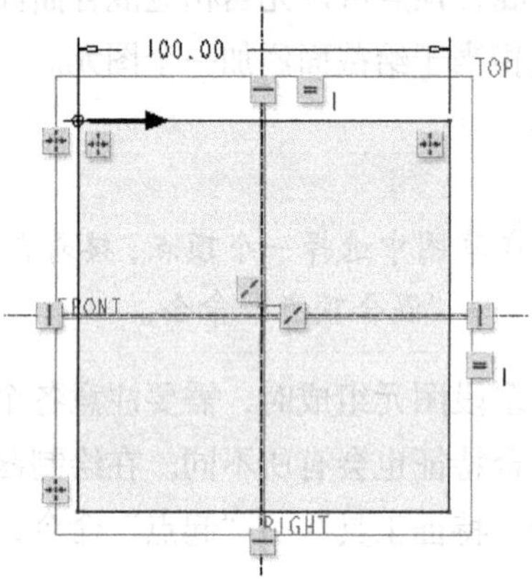

图4-49　绘制截面1

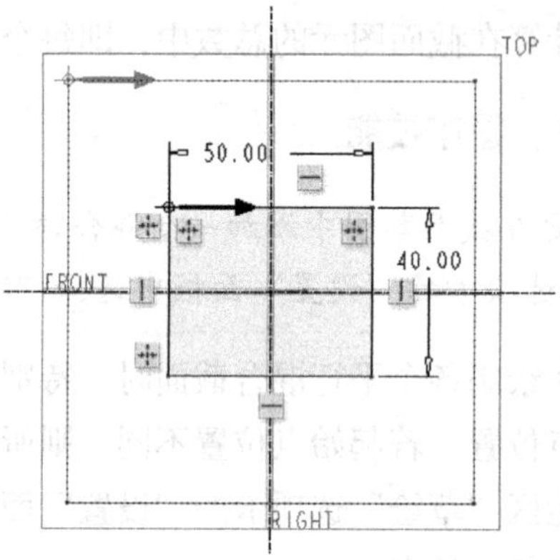

图4-50　绘制截面2

（6）绘制截面3。在“混合”选项卡上打开“截面”滑出面板，单击“插入”按钮，为截面3设置草绘平面位置定义方式为“偏移尺寸”，偏移自截面2的距离为120，单击“草绘”按钮，进入草绘模式。先单击“线链”按钮✓绘制如图4-51所示的一个三角形，接着选择该三角形右边的顶点，在功能区“草绘”选项卡的“设置”面板中选择“特征工具”→“混合顶点”命令，以在该点添加一个混合顶点，使各截面的图元数相等，单击“完成”按钮✔。

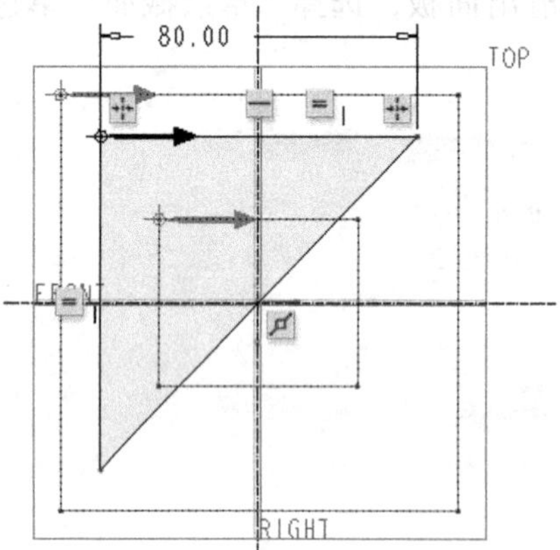

图4-51　绘制一个三角形

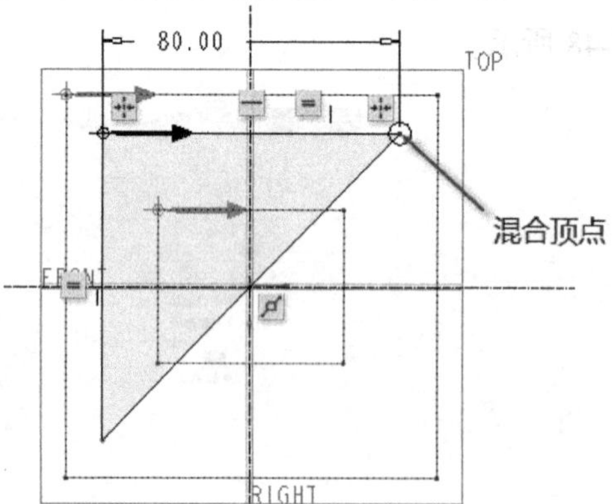

图4-52　添加一个混合顶点

（7）在“选项”滑出面板中选择“平滑”单选按钮，如图4-53所示。

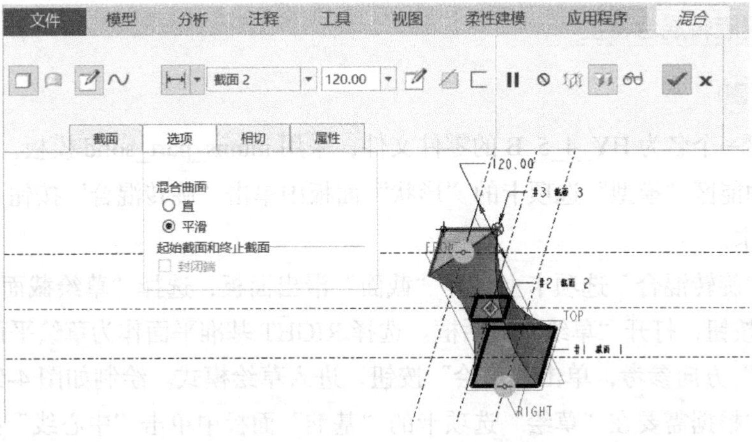


图 4-53 选择“平滑”单选按钮

（8）在“混合”选项卡上单击“完成”按钮，完成的平行混合特征如图 4-54 所示。

**知识点拨**

对于平行混合特征，混合曲面过渡的方式除“平滑”外，还可以是“直”。本例如果在“混合”选项卡的“选项”滑出面板中选择“直”单选按钮，那么最后得到的平行混合特征如图 4-55 所示。

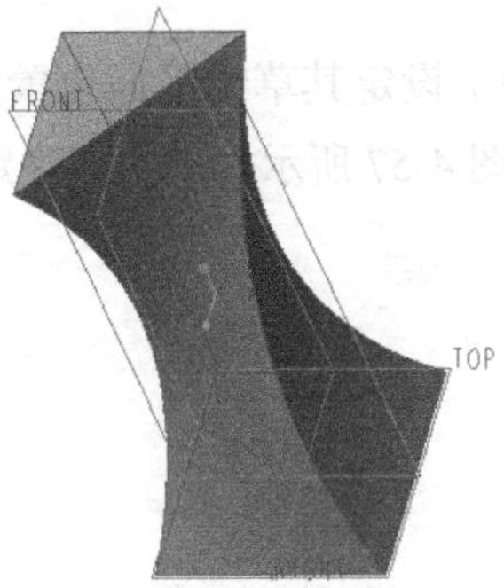


图 4-54 完成的平行混合特征

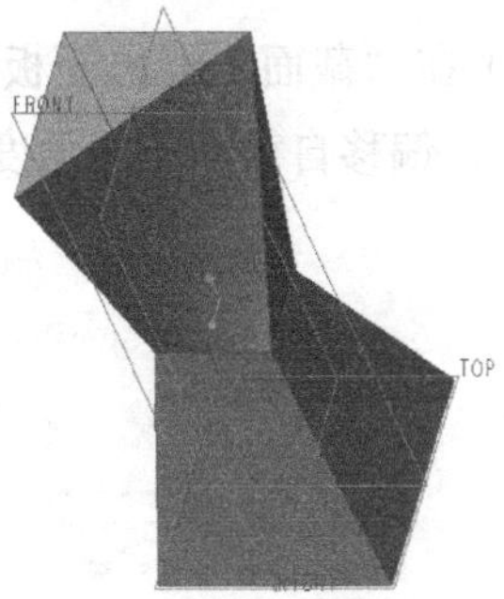


图 4-55 “直”的平行混合特征

## 4.5.2 旋转混合特征

Creo 中的旋转混合特征通过使用绕指定旋转轴旋转相应截面创建。在创建旋转混合特征的过程中，如果绘制的第一个草绘截面或选择的截面中包含有一个旋转轴或中心线，那么系统会将其自动选定为旋转轴；如果第一个草绘截面不包含旋转轴或中心线，那么可以选择所需几何作为旋转轴。旋转混合特征的所有截面必须位于相交于同一旋转轴的平面中。对草绘截面而言，可以通过使用相对于混合中另一截面的偏移值或选择一个参考定义截面的草绘平面。需要注意的是，若要创建的旋转混合特征为闭合，则系统会使用第一个截面作为最后一个截面以形成一个闭合的特征，即在这种情况下不必草绘最后一个截面。

## 小实例 创建旋转混合特征

**操作步骤**

（1）新建一个名为 HY_4_5_B 的零件文件，采用 mmns_part_solid 模板。

（2）在功能区“模型”选项卡的“形状”面板中单击“旋转混合”按钮，打开“旋转混合”选项卡。

（3）在“旋转混合”选项卡上打开“截面”滑出面板，选择“草绘截面”单选按钮，单击“定义”按钮，打开“草绘”对话框。选择 RIGHT 基准平面作为草绘平面，以 TOP 基准平面为“左”方向参考，单击“草绘”按钮，进入草绘模式。绘制如图 4-56 所示的截面 1，在该截面中根据需要在“草绘”选项卡的“基准”面板中单击“中心线”按钮，绘制一条所需的几何中心线，单击“完成”按钮。

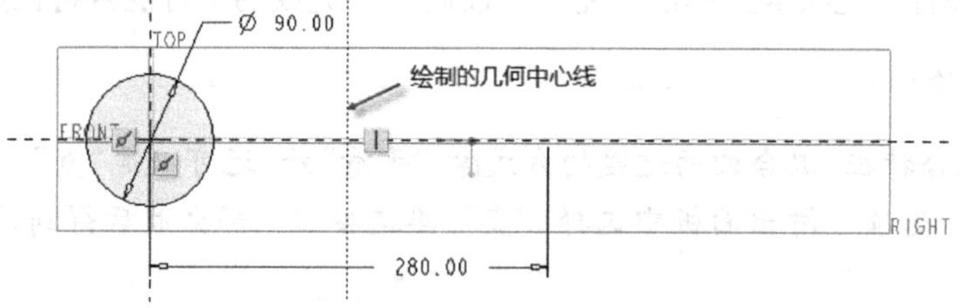


图 4-56 绘制截面 1

（4）在“截面”滑出面板中为新截面（截面 2）设定其草绘平面位置定义方式为“偏移尺寸”，偏移自截面 1 的角度偏移值为 90°，如图 4-57 所示，单击“确定”按钮。

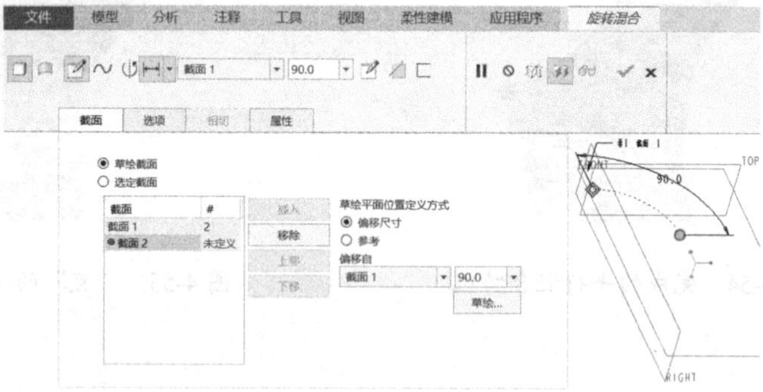


图 4-57 截面 2 的相关设置

**知识点拨**

在“偏移自”下拉列表中选择的是新截面偏移时参考的截面，在选定的截面旁边输入介于 −120° ~ 120° 的角度偏移值。

绘制如图 4-58 所示的截面 2，单击“完成”按钮。

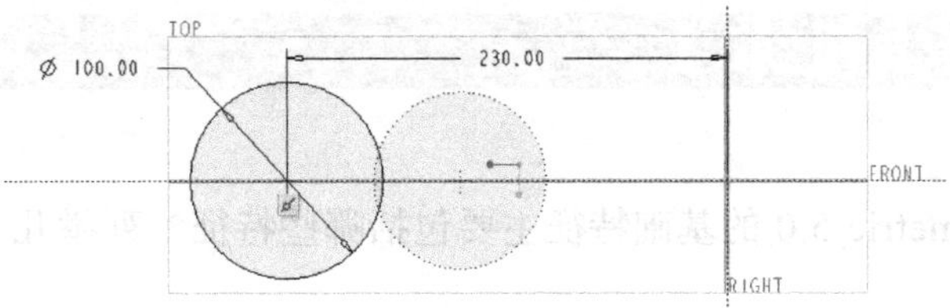


图 4-58　绘制截面 2

（5）在“截面”滑出面板中单击“插入”按钮插入截面 3，为截面 3 设置草绘平面位置定义方式为“偏移尺寸”，在“偏移自”下拉列表中选择“截面 2”选项，输入偏移角度值为 120°，单击“草绘”按钮，绘制如图 4-59 所示的截面 3，单击“完成”按钮✔。

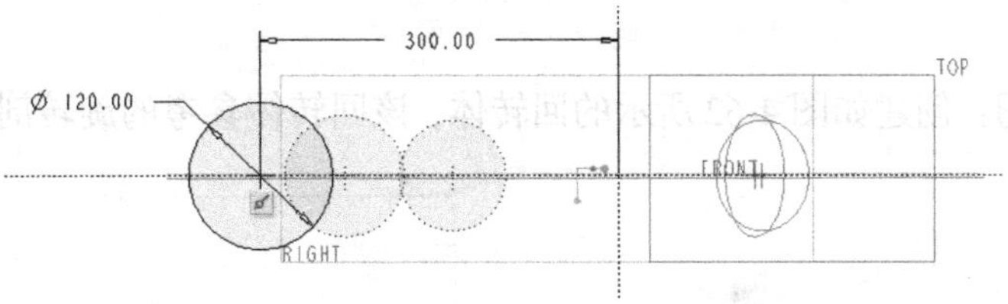


图 4-59　绘制截面 3

（6）在“旋转混合”选项卡上打开“相切”滑出面板，在“开始截面”对应的“条件”下拉列表中选择“垂直”选项，如图 4-60 所示。

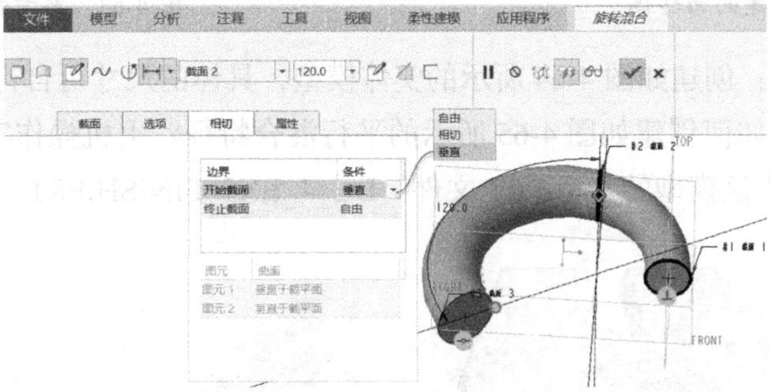


图 4-60　设置开始截面的约束条件为“垂直”

（7）单击“完成”按钮✔，完成如图 4-61 所示的旋转混合特征。

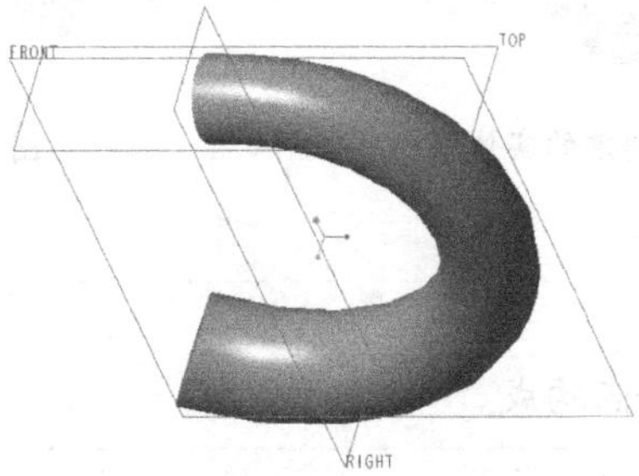


图 4-61　完成的旋转混合特征

# 4.6 思考与上机练习

（1）Creo Parametric 5.0 的基础特征主要包括哪些特征？列举几个常见的基础特征，并简要说明其特点。

（2）举例说明创建拉伸实体特征的一般步骤。

（3）举例说明创建旋转实体特征的一般步骤。

（4）举例说明创建恒定截面扫描实体特征和可变截面扫描实体特征的操作步骤。

（5）什么是体积块螺旋扫描特征？如何创建？

（6）根据截面的相互关系来区分，混合特征可以分为哪几类？它们分别具有什么特点？

（7）上机练习：创建如图 4-62 所示的回转体，该回转体参考的旋转剖面如图 4-63 所示。

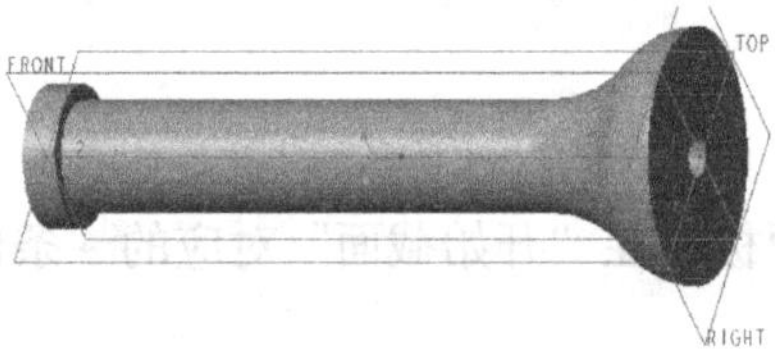


图 4-62　创建的回转体

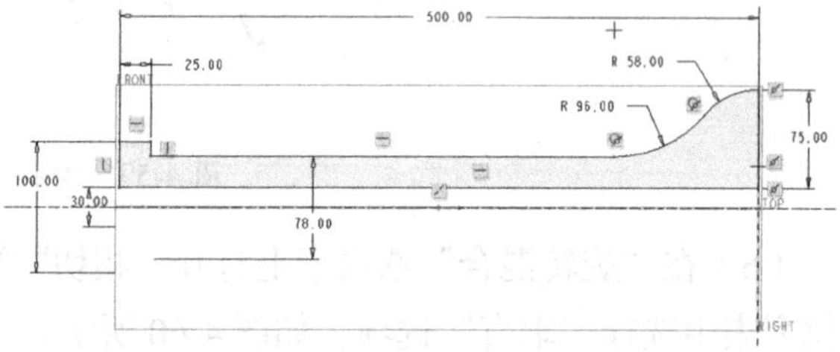


图 4-63　参考的旋转剖面

（8）上机练习：创建如图 4-64 所示的实体模型，具体的尺寸可自行选定。

（9）想一想，如何创建如图 4-65 所示的平行混合特征？上机操作实现。配套资源第 4 章文件夹提供了完成该模型的参考 PRT 文件：BC_4_EX9_FINISH.PRT。

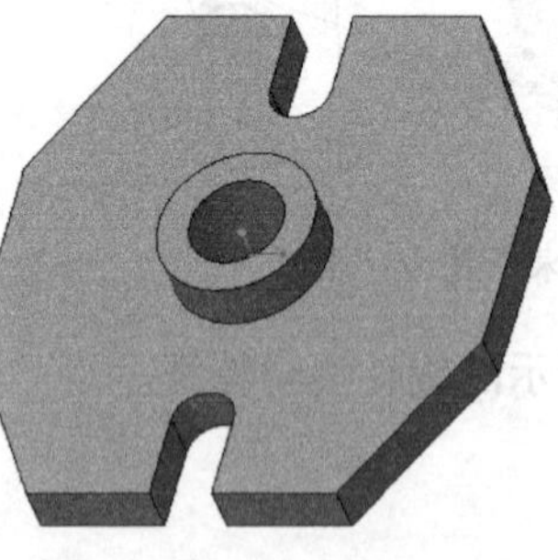

图 4-64　上机练习创建的实体模型

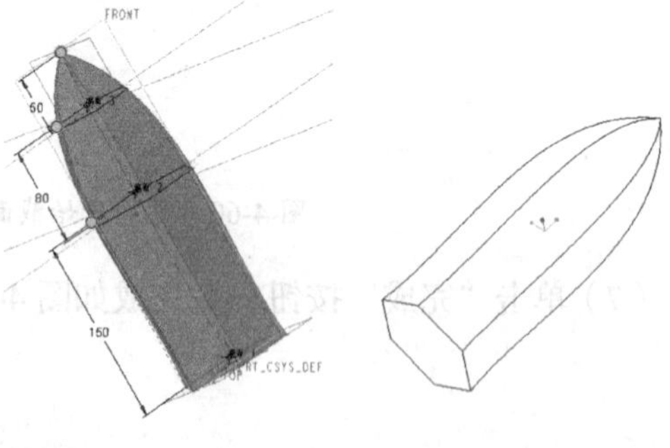


图 4-65　创建平行混合特征

**提示**

最后一个剖面由单个草绘点构成。

（10）上机练习：绘制如图 4-66 所示的轴零件（参考文件为 BC_4_EX10_FINISH.PRT）。参考步骤如下。

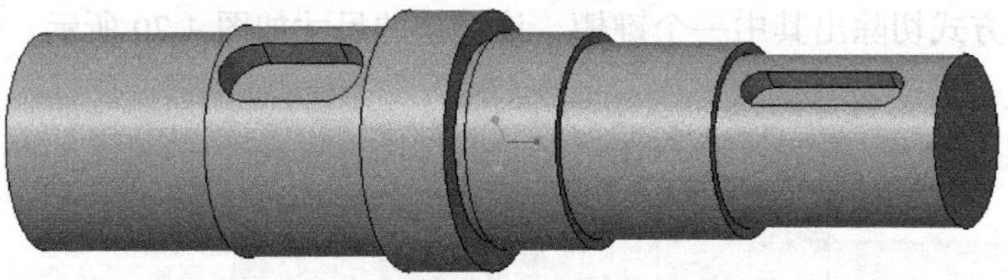

图 4-66　轴零件

① 由如图 4-67 所示的旋转剖面创建旋转特征。

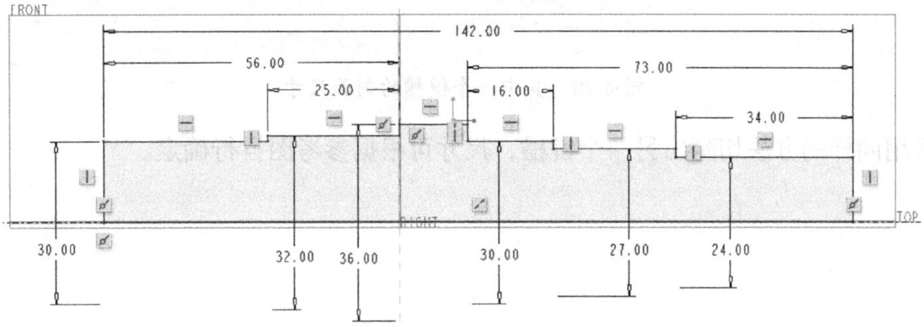


图 4-67　旋转剖面

② 以旋转的方式切除出一个退刀槽，示意图如图 4-68 所示。

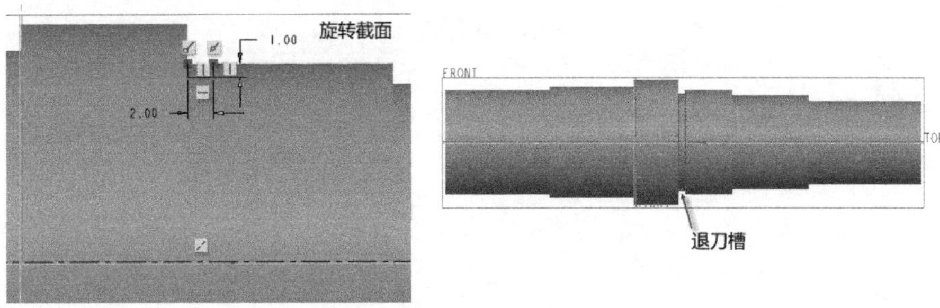


图 4-68　旋转切除示意图

③ 创建如图 4-69 所示的基准平面 DTM1。

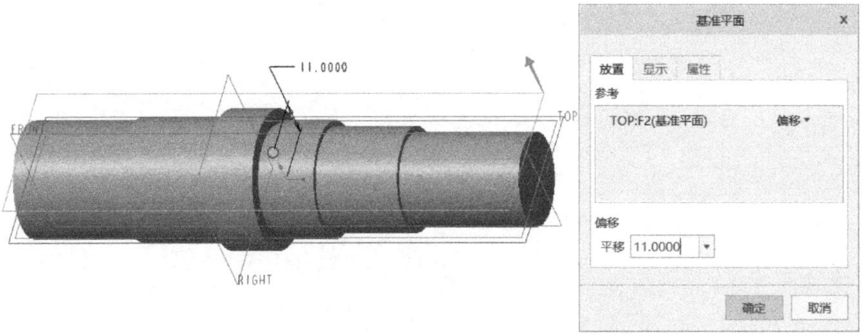


图 4-69　创建基准平面 DTMI

④以拉伸的方式切除出其中一个键槽，该键槽的尺寸如图 4-70 所示，键槽剖面位于基准平面 DTM1 上。

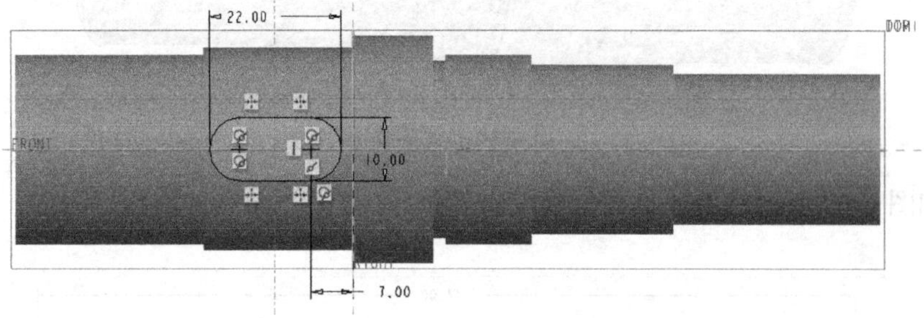


图 4-70　其中一个键槽的剖面尺寸

⑤采用同样的方法切除出另一个键槽，尺寸可根据参考图自行确定。

5

第 5 章

# 工程特征

本章主要学习内容：

- 倒圆角特征
- 倒角特征（边倒角、拐角倒角）
- 孔特征
- 壳特征
- 筋特征（轨迹筋、轮廓筋）
- 拔模特征
- 晶格特征

# 5.1 倒圆角特征

在一些零件设计中，尤其是在塑料制品零件设计中，经常会用到倒圆角。倒圆角特征在相邻的面之间形成光滑曲面。

在功能区“模型”选项卡的“工程”面板中单击“倒圆角”按钮，打开如图 5-1 所示的“倒圆角”选项卡。

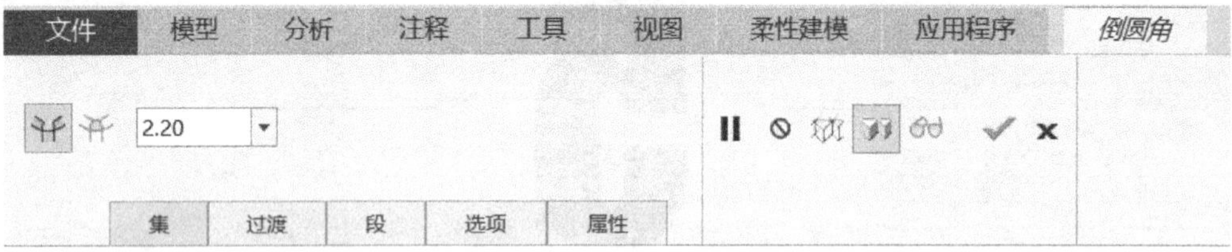


图 5-1 “倒圆角”选项卡

下面介绍“倒圆角”选项卡上的部分工具按钮和滑出面板。

- （切换至集模式）：用于激活“集（设置）”模式，以处理倒圆角集，这里需要知道倒圆角段由唯一属性、几何参考及一个或多个半径或弦组成。系统默认选择此选项。
- （切换至过渡模式）：用于激活“过渡”模式，允许定义倒圆角特征的指定过渡。
- “集”滑出面板：主要用来选择和设置圆角生成方式及圆角的其他相关参数等。
- “过渡”滑出面板：要使用此面板，必须激活“过渡”模式。此面板用来修改过渡类型和指定相关参考等。
- “段”滑出面板：主要用来执行倒圆角段管理。可查看倒圆角特征的全部倒圆角集，查看当前倒圆角集中的全部倒圆角段，修剪、延伸或排除这些倒圆角段，以及处理放置模糊问题。
- “选项”滑出面板：主要用于设置圆角的连接类型为实体或曲面。
- “属性”滑出面板：在“名称”文本框中显示当前倒圆角特征的名称，也可更改该特征名称。单击 i 按钮，可以在 Creo Parametric 浏览器中查阅详细的倒圆角特征信息。

下面介绍“集”滑出面板上各组成部分的功能含义。“倒圆角”选项卡的“集”滑出面板，如图 5-2 所示。

- 集列表：用来显示当前的所有倒圆角集，并可以添加新的倒圆角集或者删除当前的倒圆角集。
- “参考”收集器：用来显示倒圆角集所选取的有效参考，可以添加或者移除参考。
- 半径表：用来定义活动倒圆角集的半径的距离和控制点位置，右键单击该表并在弹出的快捷菜单中选择“添加半径”命令，可以创建可变倒圆角特征。对于“完全”倒圆角或由曲线驱动的倒圆角（“通过曲线”），该半径表不可用。

- 截面形状下拉列表：用来控制活动倒圆角集的截面形状，如圆形、圆锥和 D1 × D2 圆锥，其中圆形为默认的截面形状。
- 圆锥参数框：用来定义圆锥截面的锐度，默认值为 0.50。仅当选取了“圆锥”或“D1 × D2 圆锥”截面形状时，此框才可用。
- 创建方法下拉列表：用来定义活动倒圆角集的创建方法，可供选择的方法选项有“滚球”和“垂直于骨架”两种。选择前者时，以滚球方法创建倒圆角特征，即通过沿曲面滚动球体进行创建，滚动时球体与曲面保持自然相切；选择后者时，使用垂直于骨架的方法创建倒圆角特征，即通过扫描垂直于指定骨架的弧或圆锥剖面进行创建。
- “延伸曲面”按钮：延伸接触曲面时展开倒圆角，注意只用于边倒圆角。
- “完全倒圆角”按钮：将活动倒圆角集转换为完全倒圆角，或允许使用第三个曲面来驱动曲面到曲面完全倒圆角。例如，在同一倒圆角集中选择两个平行的有效参考，单击“完全倒圆角”按钮，可以创建完全倒圆角特征。
- “通过曲线”按钮：可以使用选定的曲线来定义倒圆角半径，创建由曲线驱动的特殊倒圆角特征。
- “弦”按钮：以恒定的弦长创建倒圆角。

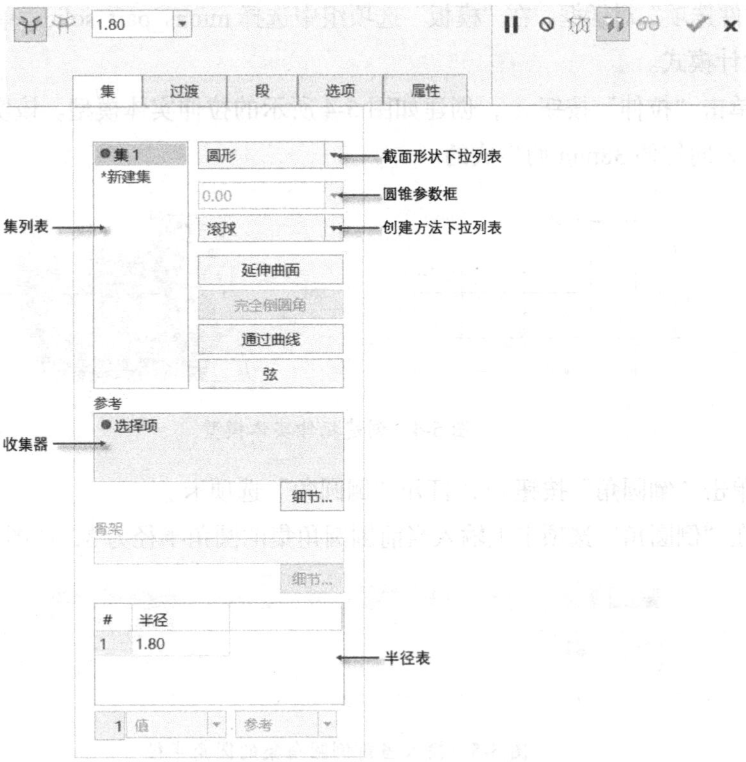


图 5-2 “集”滑出面板

倒圆角可以分为：恒定半径倒圆角、可变半径倒圆角、曲线驱动的倒圆角和完全倒圆角等几类，如图 5-3 所示。

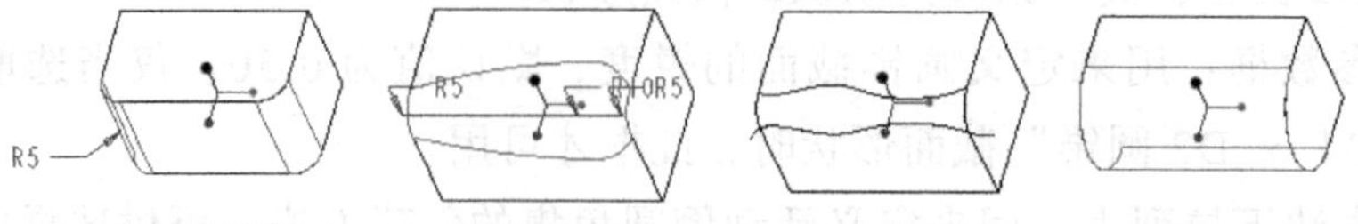


图 5-3　几类常见倒圆角

## 5.1.1　恒定倒圆角特征

**小实例　创建恒定倒圆角特征**

**操作步骤**

（1）单击“新建”按钮，打开“新建”对话框。在“新建”对话框的“类型”选项组中，选择“零件”单选按钮；在“子类型”选项组中，选择“实体”单选按钮；在“文件名”文本框中输入文件名为 BC_5_1_1，取消选中“使用默认模板”复选框，单击“确定”按钮。打开“新文件选项”对话框，在“模板”选项组中选择 mmns_part_solid，单击“确定”按钮，进入零件设计模式。

（2）单击“拉伸”按钮，创建如图 5-4 所示的拉伸实体模型。该实体模型是由拉伸剖面沿指定方向拉伸 38mm 而生成的。

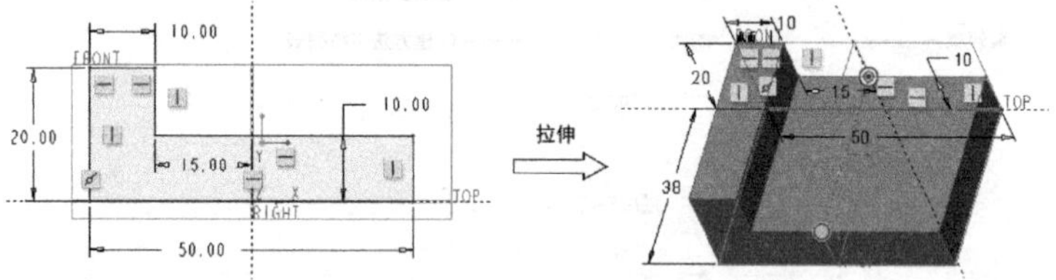


图 5-4　创建拉伸实体模型

（3）单击“倒圆角”按钮，打开“倒圆角”选项卡。

（4）在“倒圆角”选项卡上输入当前倒圆角集的圆角半径为 3，如图 5-5 所示。

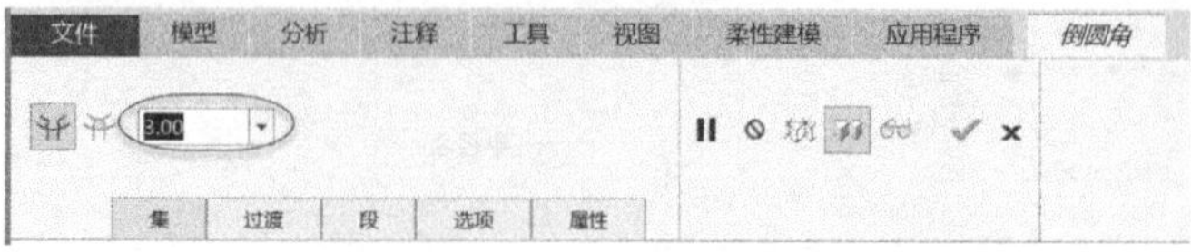


图 5-5　输入当前倒圆角集的圆角半径

（5）在实体模型中选择要倒圆角的一条边参考，如图 5-6 所示。

**操作技巧**

也可以选择相邻表面的方式指定圆角的放置位置。例如，在本例中，可以先选择其中一个表面，然后按住 Ctrl 键选择相邻的第二个表面，如图 5-7 所示。

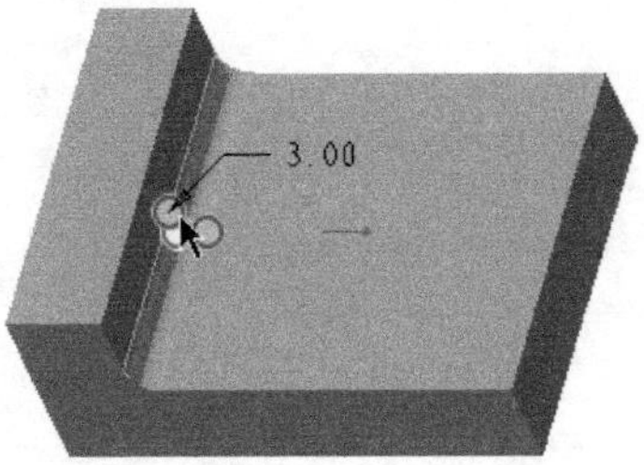


图 5-6 选择一条边参考

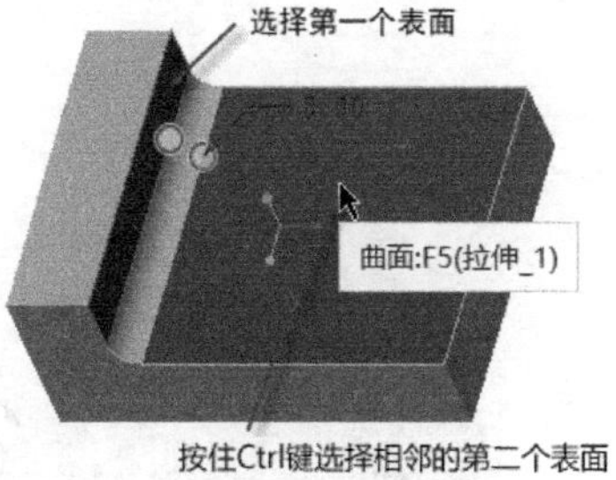


图 5-7 选择相邻表面

（6）单击“完成”按钮✓，创建一个恒定半径值的倒圆角特征，效果如图 5-8 所示。

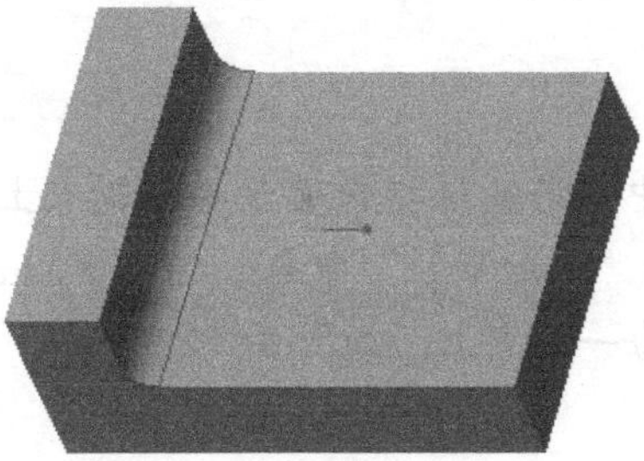

图 5-8 创建恒定半径值的倒圆角特征效果

## 5.1.2 可变倒圆角特征

**小实例 创建可变倒圆角特征**

**操作步骤**

（1）单击“倒圆角”按钮，打开“倒圆角”选项卡。

（2）在模型中选择如图 5-9 所示的边参考，选定的参考会出现在“集”滑出面板的“参考”收集器中。

（3）在“集”滑出面板上，将鼠标指针置于半径表中，单击鼠标右键，弹出一个快捷菜单，如图 5-10 所示，选择“添加半径”命令，添加一个半径控制点。

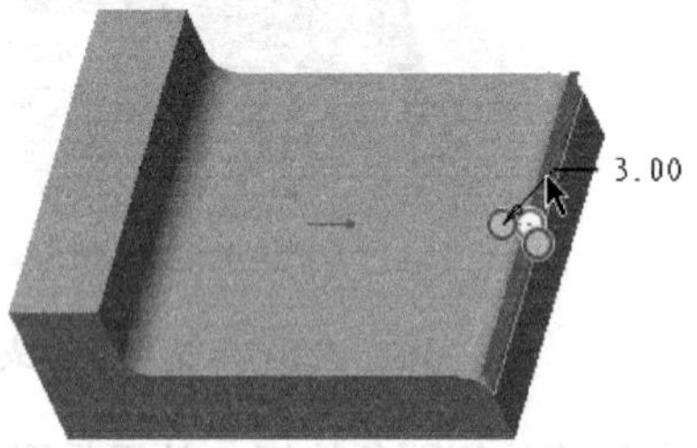


图 5-9　选择边参考

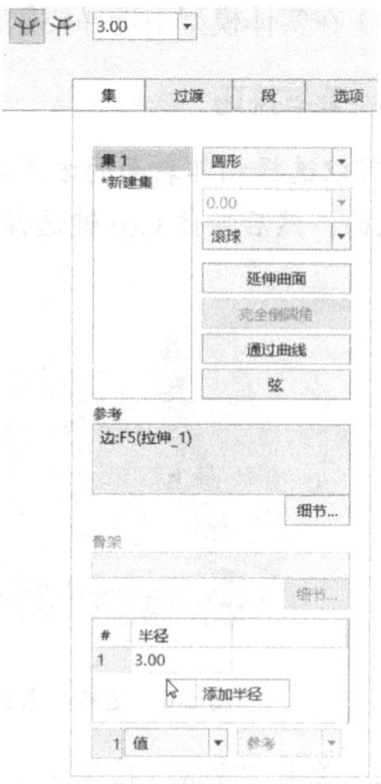


图 5-10　右键单击半径表

## 技巧点拨

也可以直接在图形窗口中，将鼠标指针置于半径锚点上，单击鼠标右键，弹出如图 5−11 所示的快捷菜单，选择“添加半径”命令。Creo Parametric 复制此半径及其值，并将各半径放置到倒圆角段的每一端点上，如图 5−12 所示。

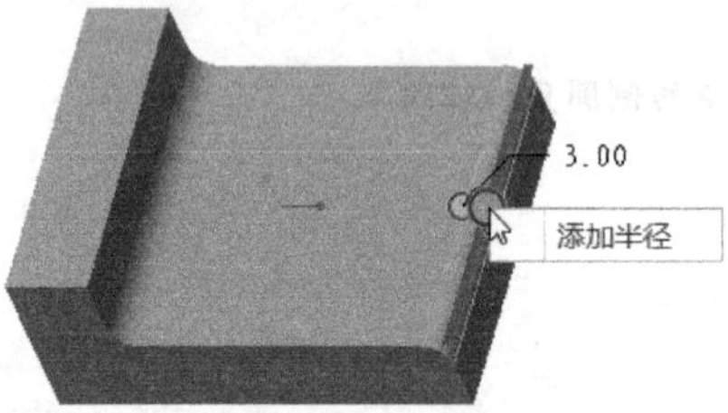


图 5-11　右键单击半径锚点

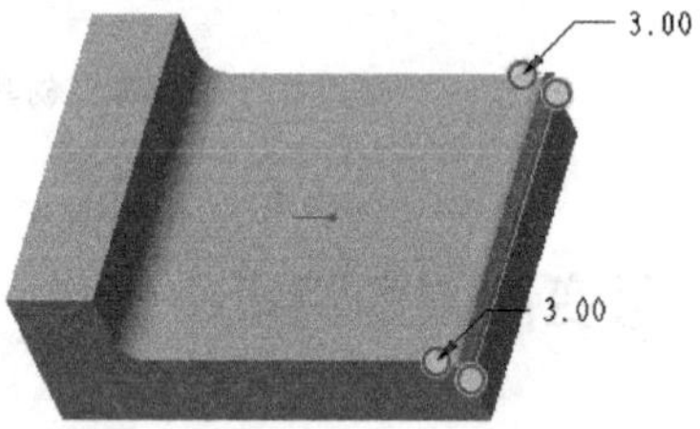


图 5-12　添加一个半径

（4）使用同样步骤在上述相同边上再添加一个半径值，然后在半径表中修改半径控制点的半径值，也可以设置其位置，如图 5-13 所示。其中一个点位置处于选定边比例为 0.5 的地方，该位置点对应的半径为 5。

## 操作点拨

若要删除这些默认半径从而获得恒定半径，则必须使用快捷菜单中的“成为常数”命令。可以右键单击半径表，弹出快捷菜单，如图 5−14 所示，选择“成为常数”命令，将活动的倒圆角集由“可变”圆角转为“恒定”圆角。

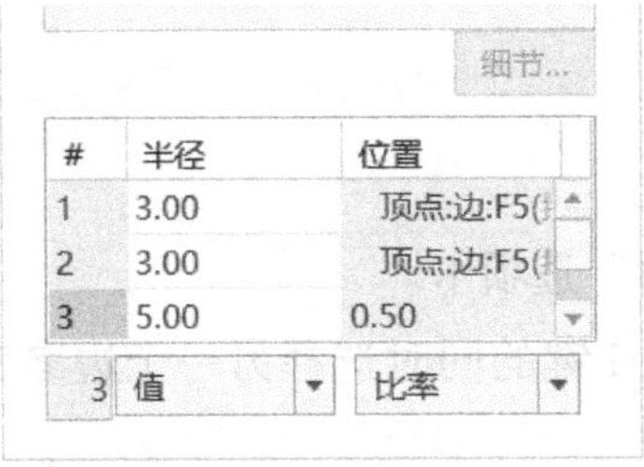


图 5-13　修改半径

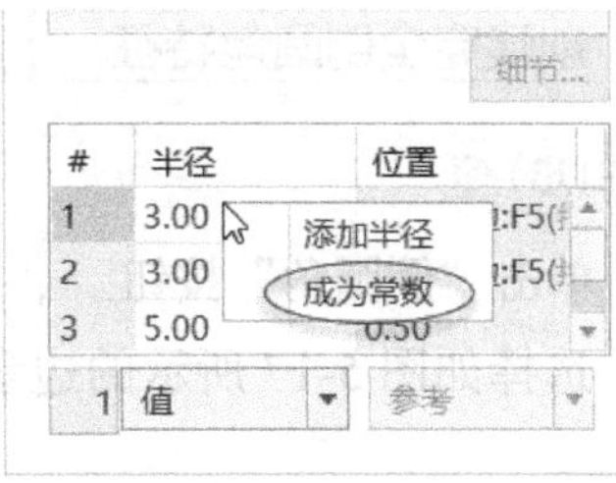


图 5-14　选择“成为常数”命令

（5）Creo Parametric 显示的预览几何如图 5-15 所示。单击“完成”按钮✓，创建可变半径倒圆角特征的效果如图 5-16 所示。

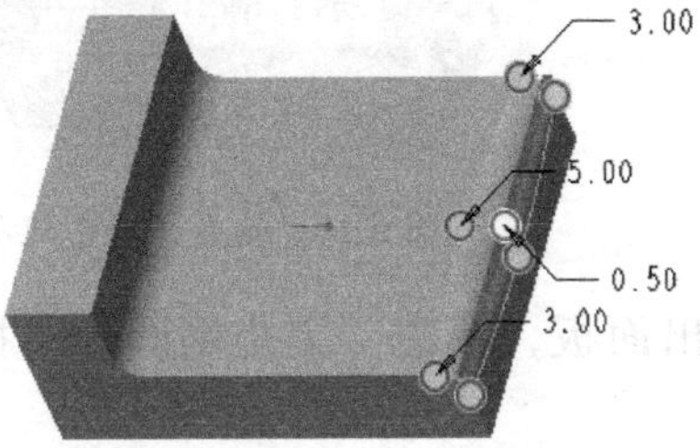


图 5-15 显示的预览几何

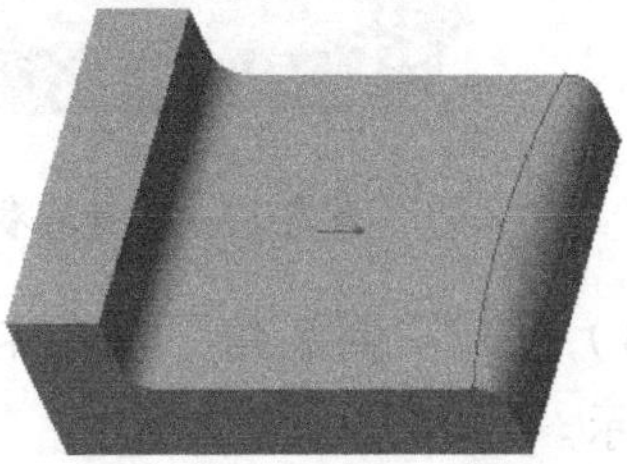

图 5-16　可变半径倒圆角特征的效果

## 5.1.3　完全倒圆角特征

可以按照如下的操作步骤创建完全倒圆角特征。

（1）单击“倒圆角”按钮，打开“倒圆角”选项卡。

（2）在图形窗口中选择要通过其创建倒圆角的参考，按住 Ctrl 键进行多选。如果只使用边参考，那么这些边必须具有公共曲面。选定的参考出现在“集”滑出面板的“参考”收集器中。

**技巧点拨**

在定义参考时，按住 Ctrl 键单击所指对象，可以为活动倒圆角集选取其他参考或移除参考。

（3）右键单击图形窗口，在弹出的快捷菜单中选择“完全倒圆角”命令。或者打开“集”滑出面板，单击“完全倒圆角”按钮。

（4）如果需要，可以进一步定义倒圆角。

（5）单击“完成”按钮✓保存更改，完成完全倒圆角特征的创建，并关闭倒圆角工具操控板。

## 小实例 创建完全倒圆角特征

**操作步骤**

（1）单击“倒圆角”按钮，打开“倒圆角”选项卡。

（2）选择如图 5-17 所示的边参考，按住 Ctrl 键的同时选择另一个边参考，如图 5-18 所示。

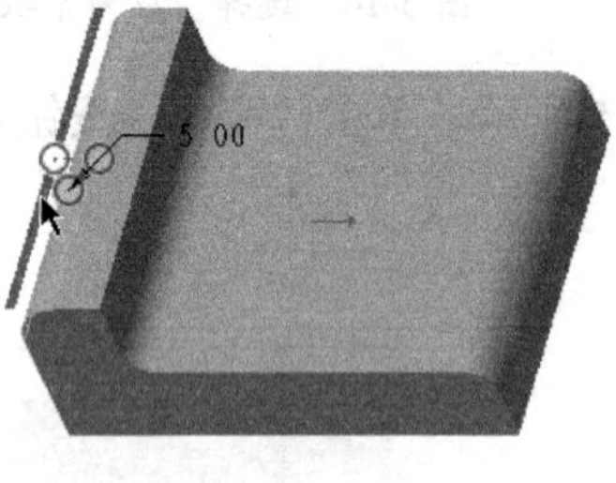


图 5-17 选择边参考

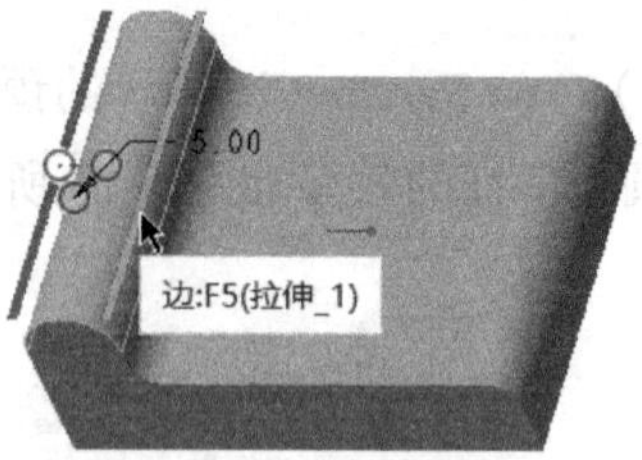


图 5-18 选择另一个边参考

（3）打开“倒圆角”选项卡的“集”滑出面板，单击“完全倒圆角”按钮，如图 5-19 所示。

（4）单击“完成”按钮。创建完全倒圆角特征的效果如图 5-20 所示。

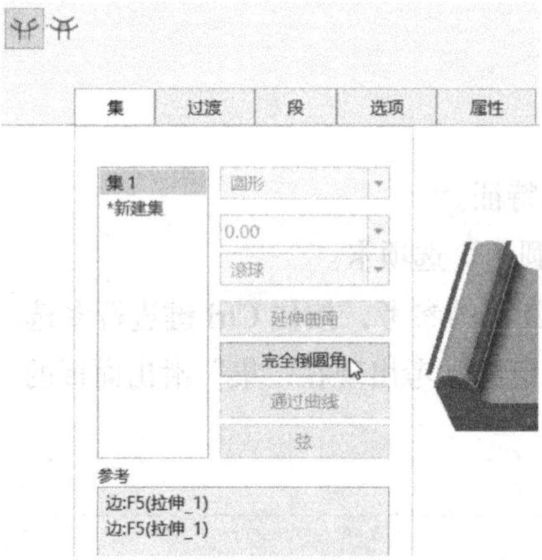


图 5-19 单击“完全倒圆角”按钮

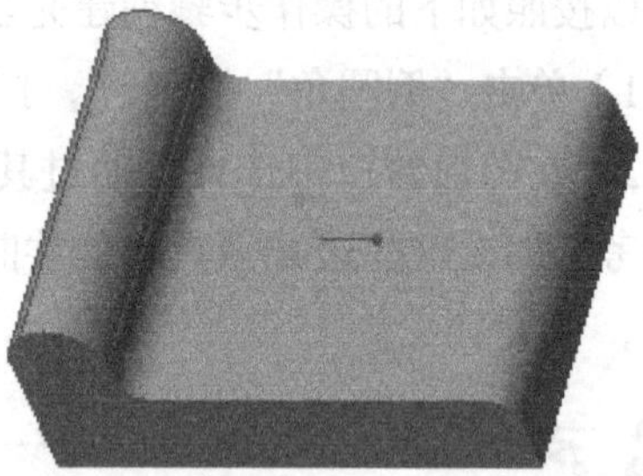

图 5-20 创建完全倒圆角特征的效果

## 5.1.4 曲线驱动的倒圆角特征

创建曲线驱动的倒圆角特征的操作步骤如下。

（1）单击“倒圆角”按钮，打开“倒圆角”选项卡。

（2）在图形窗口中，选择要由其创建恒定或可变倒圆角的参考。

（3）打开“倒圆角”选项卡的“集”滑出面板，单击“通过曲线”按钮，选择相切曲线链创建通过曲线的倒圆角。

（4）单击“完成”按钮✓保存更改，完成创建曲线驱动的倒圆角特征。

## 5.2 倒角特征

倒角特征在机械零件中较为常见，倒角包括边倒角特征和拐角倒角特征两种。

### 5.2.1 边倒角特征

在功能区“模型”选项卡的“工程”面板中单击“边倒角”按钮，打开如图 5-21 所示的“边倒角”选项卡。

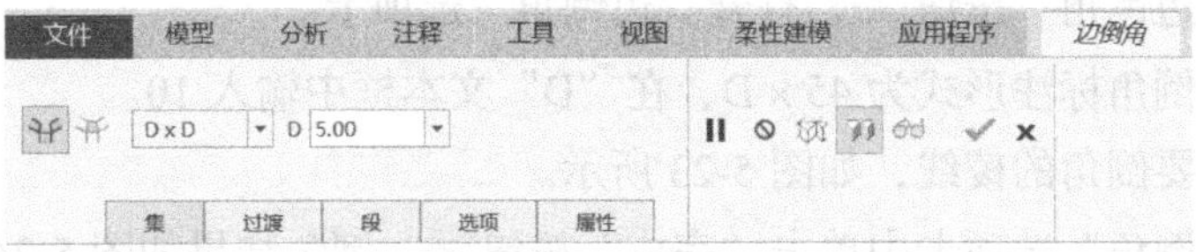


图 5-21 “边倒角”选项卡

如图 5-22 所示，在“边倒角”选项卡的“标注形式”下拉列表框中，提供了倒角集的多种边倒角的当前标注形式选项，其说明如下。

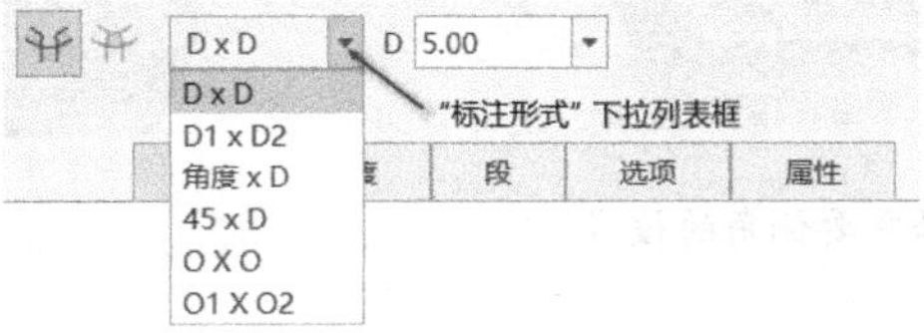


图 5-22 提供多种边倒角标注形式选项

D×D：在各曲面上与边相距“D”处创建倒角。通常此选项为默认选项。需要在“D”文本框中指定 D 值。

D1×D2：在一个曲面距选定边“D1”处、在另一个曲面距选定边“D2”处创建倒角，需要分别指定 D1 和 D2 的值。

角度 ×D：创建的倒角距相邻曲面的选定边距离为“D”，与该曲面的夹角为指定角度。

45×D：创建一个倒角，它与两个曲面都成 45° 角，且与各曲面上的边的距离为“D”。注意：此选项仅适用于使用 90° 曲面和“相切距离”方法创建的倒角。

O×O：在沿各曲面上的边偏移“O”处创建倒角。仅当“D×D”不适用时，系统才会默认选择此选项。

O1×O2：在一个曲面距选定边的偏移距离“O1”处、在另一个曲面距选定边的偏移距离“O2”处创建倒角。

创建边倒角特征的操作步骤如下。

（1）在功能区“模型”选项卡的“工程”面板中单击“边倒角”按钮，打开“边倒角”选项卡。

（2）选取要进行边倒角的边线。

（3）在“标注形式”列表框中指定其中一个标注形式选项，并设置相应的参数。

（4）单击“完成”按钮。

**小实例　创建边倒角特征**

**操作步骤**

（1）打开配套资源第 5 章文件夹中的 BC_5_2_1.PRT 文件，该文件中已有一个长方体模型。

（2）单击“边倒角”按钮，打开“边倒角”选项卡。

（3）选择边倒角标注形式为 45 × D，在“D”文本框中输入 10。

（4）选择需要倒角的棱线，如图 5-23 所示。

（5）在“边倒角”选项卡中单击“完成”按钮，倒角结果如图 5-24 所示。

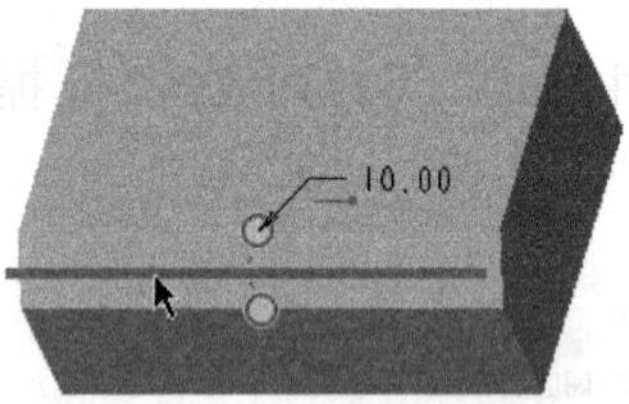


图 5-23　选择需要倒角的棱线

图 5-24　倒角结果

## 5.2.2 拐角倒角特征

拐角倒角的特点是从零件的拐角处移除材料，以在共有该拐角的三个原曲面之间创建斜角曲面。创建拐角倒角时，可以选择由三条边定义的顶点，接着沿每个倒角方向的边设置长度值。

**小实例　创建拐角倒角特征**

**操作步骤**

（1）以 5.2.1 节完成的模型为例。在功能区“模型”选项卡的“工程”面板中单击“拐角倒角”按钮，打开“拐角倒角”选项卡，如图 5-25 所示。

图 5-25 “拐角倒角”选项卡

（2）选择要进行倒角的顶点。在本例中选择如图 5-26 所示的顶点。

（3）分别沿各个倒角方向的边设置相应的倒角长度值，如图 5-27 所示。

图 5-26 选择要进行倒角的顶点

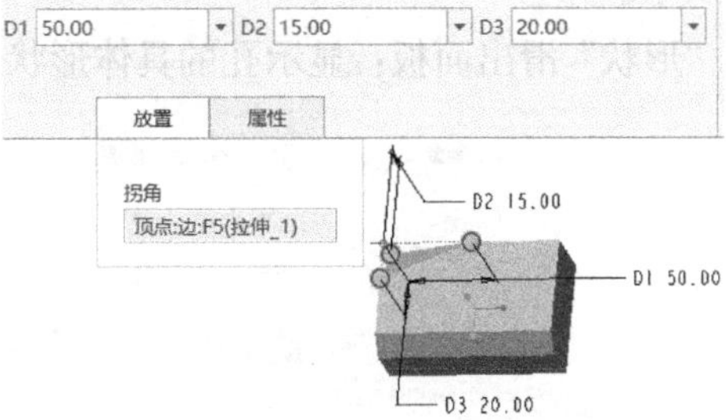


图 5-27 设置沿各边的倒角长度

（4）在“拐角倒角”选项卡中单击“完成”按钮✓。

## 5.3 孔特征

在很多零件中，常见有圆孔形状的结构。这些圆孔形状的结构可以采用多种方法来创建，如采用拉伸切除、旋转切除等方法创建，也可以采用 Creo Parametric 5.0 提供的“孔”按钮创建。

在功能区“模型”选项卡的“工程”面板中单击“孔”按钮，打开如图 5-28 所示的“孔”选项卡。下面简单介绍“孔”选项卡上部分工具按钮和滑出面板。

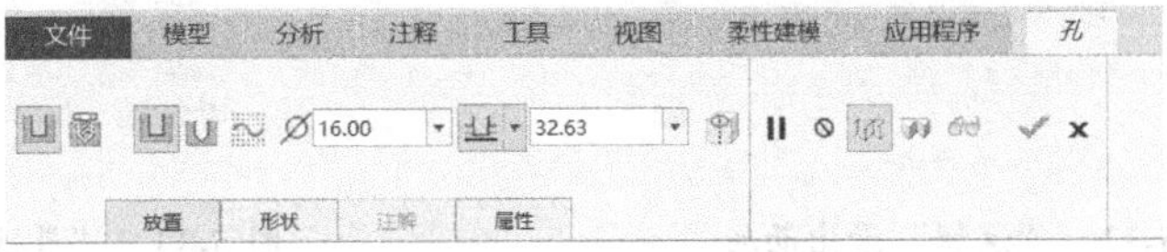


图 5-28 “孔”选项卡

：创建简单孔。当单击此按钮时，可以根据设计需要在“孔”选项卡上选择“使用预定义矩形作为钻孔轮廓”按钮、“使用标准孔轮廓作为钻孔轮廓”按钮或“使用草绘定义钻孔轮廓”按钮创建相应类型的简单孔。

：创建标准孔（标准螺纹孔）。当单击此按钮时，“孔”选项卡如图 5-29 所示。

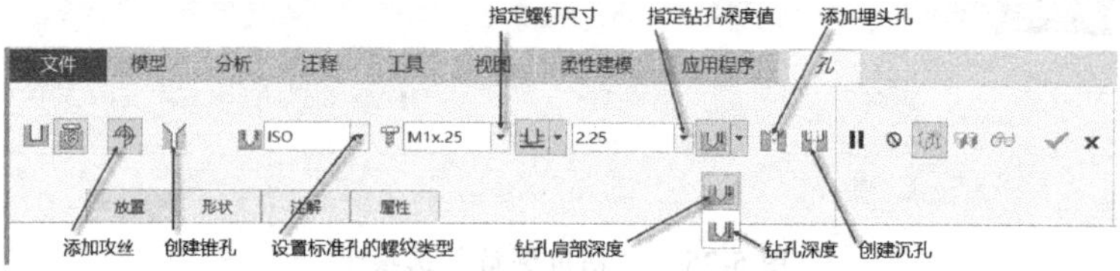


图 5-29　创建标准孔时的“孔”选项卡

“放置”滑出面板：指定孔的主放置参考、放置类型及相关的次放置参考等，如图 5-30 所示。

“形状”滑出面板：显示孔的具体形状，并可以修改相关形状尺寸等，如图 5-31 所示。

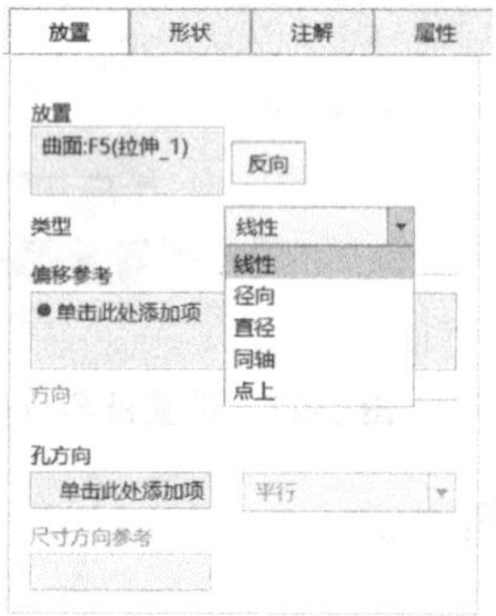


图 5-30　“放置”滑出面板

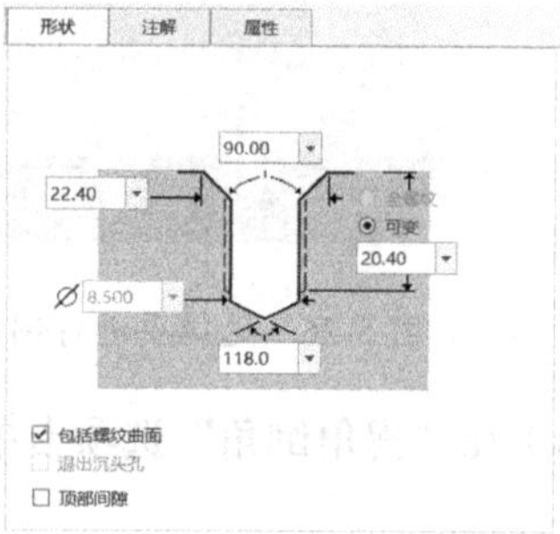


图 5-31　“形状”滑出面板

“注解”滑出面板：显示标准孔的注释信息，如图 5-32 所示，在此滑出面板中可以设置是否在模型中添加注解信息。

“属性”滑出面板：包括“名称”文本框、“参数”列表框和“显示此特征的信息”按钮，如图 5-33 所示。在“名称”文本框中可更改孔特征的名称。

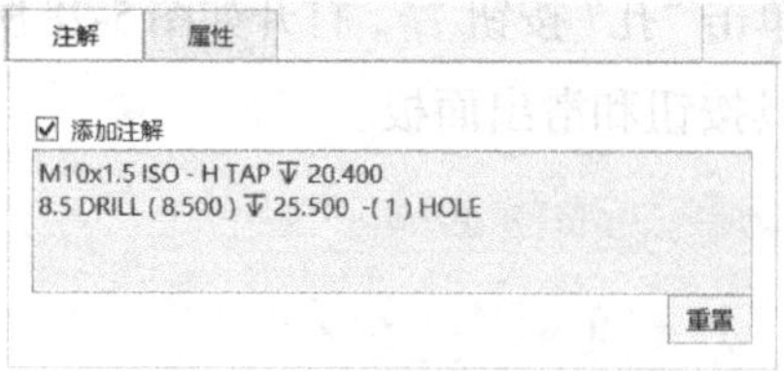


图 5-32　“注解”滑出面板

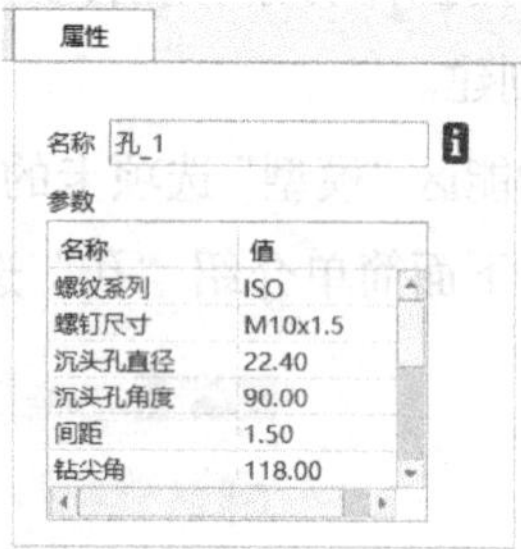


图 5-33　“属性”滑出面板

创建孔特征的操作步骤如下。

（1）在功能区“模型”选项卡的“工程”面板中单击“孔”按钮。

（2）指定孔特征的类型，如“创建简单孔”或“创建标准孔”。

（3）根据所指定的孔特征类型，进一步定义孔特征的形状尺寸及相关参数等。

（4）指定孔的主放置参考，并根据实际情况在“放置”滑出面板的放置约束类型选项列表框中选择所需的选项，如“线性”“径向”“直径”“同轴”或“点上”等。

- 线性：使用两个不同方向的线性尺寸放置孔。若选取平面、圆柱体或圆锥实体曲面，或是基准平面作为主放置参考，则可以使用此类型选项。
- 径向：使用一个线性尺寸（半径尺寸）和一个角度尺寸放置孔。若选取平面、圆柱体或圆锥实体曲面，或是基准平面作为主放置参考，则可以使用此类型选项。
- 直径：通过绕直径参考旋转孔放置孔。此放置类型除使用线性和角度尺寸外，还将使用轴。若选取平面实体曲面或基准平面作为主放置参考，则可以使用此类型选项。
- 同轴：在轴和曲面的交点处放置孔。使用此类型选项时，需要使用线性和轴参考。
- 点上：将孔与位于曲面上的或偏移曲面的基准点对齐。此类型不需要次放置参考。只有当在选取基准点作为主放置参考时，此类型选项才可用。

（5）必要时，激活“偏移参考（次参考）”收集器，指定所需的次参考。

（6）单击“完成”按钮。

下面通过3个操作小实例介绍创建简单直孔、草绘孔和标准螺纹孔的典型方法及操作步骤。

## 5.3.1 小实例：创建简单直孔

**操作步骤**

（1）打开配套资源第 5 章文件夹中的 BC_5_3.PRT 文件，该零件文件中已有的三维实体模型如图 5-34 所示。

（2）在功能区“模型”选项卡的“工程”面板中单击“孔”按钮，打开“孔”选项卡。

（3）默认时，“孔”选项卡上的“创建简单孔”按钮处于选中状态，接着确认选中“使用预定义矩形作为钻孔轮廓”按钮，输入钻孔的直径值为 20，并指定钻孔的深度类型为（穿透），如图 5-35 所示。

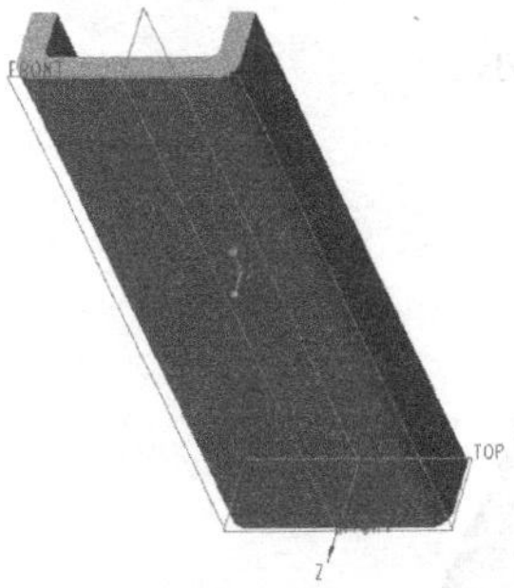

图 5-34　三维实体模型

图 5-35　定义简单直孔

（4）单击如图 5-36 所示的实体表面以指定主放置参考。此时，打开“孔”选项卡的“放置”滑出面板，可以看到所选参考出现在“放置”收集器中，默认放置约束类型选项为“线性”，如图 5-37 所示。

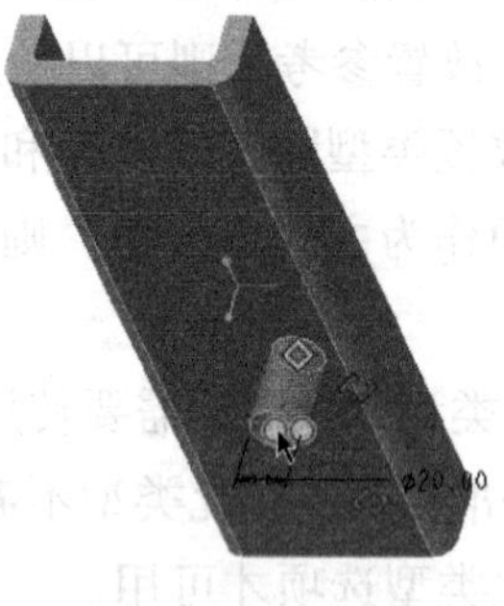


图 5-36　指定主放置参考

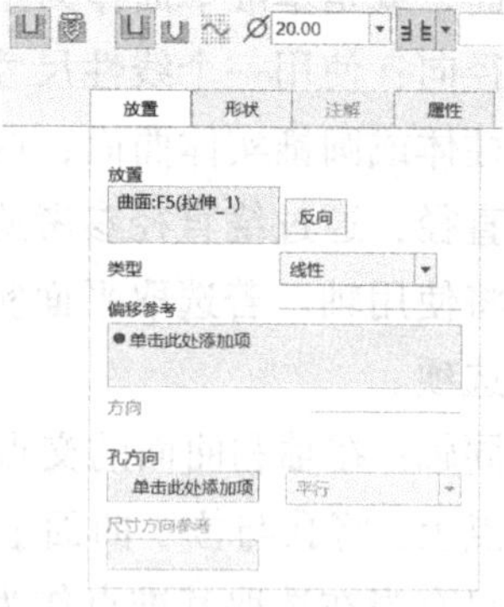


图 5-37　打开“放置”滑出面板

（5）单击“放置”滑出面板的“偏移参考”收集器的框，将其激活。接着按住 Ctrl 键分别单击如图 5-38 所示的下方边线和一个侧面作为偏移参考，然后在“偏移参考”收集器中修改距离参考边的尺寸值，如图 5-39 所示。

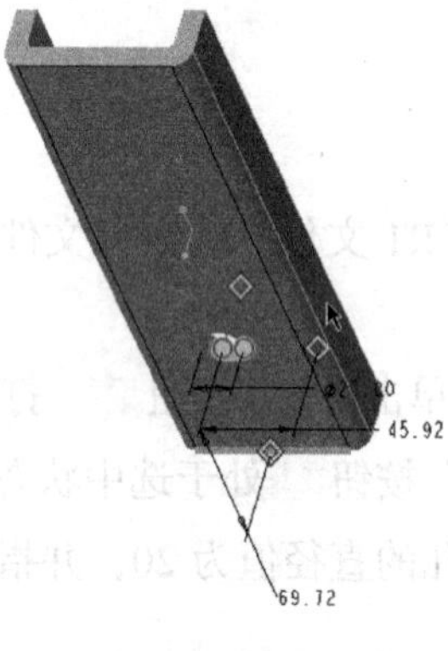


图 5-38　指定偏移参考

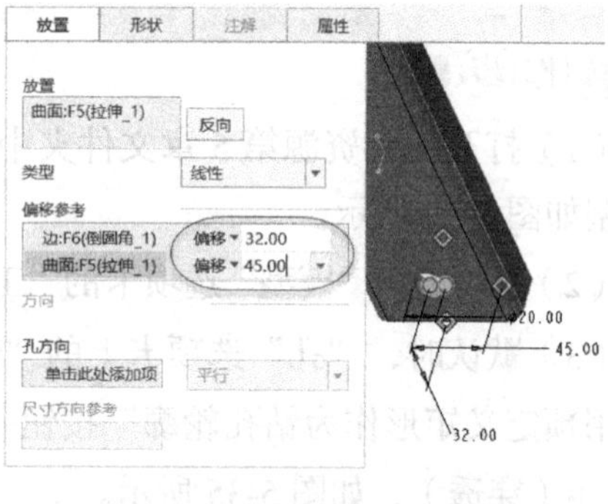


图 5-39　修改偏移距离

（6）单击“完成”按钮✔，创建的简单直孔如图 5-40 所示。

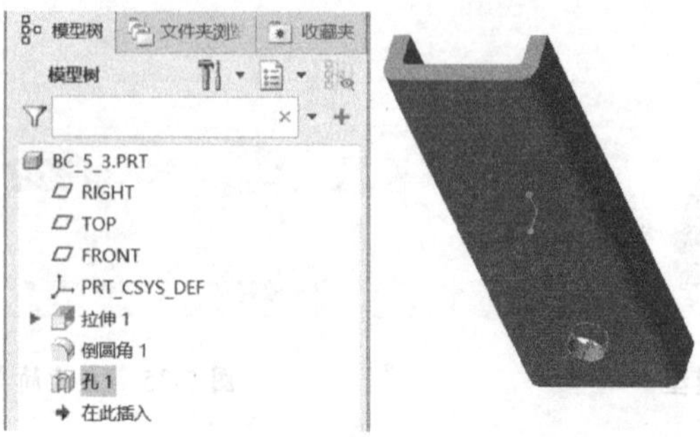


图 5-40　完成简单直孔

## 5.3.2 小实例：创建草绘孔

**操作步骤**

（1）在功能区“模型”选项卡的“工程”面板中单击“孔”按钮，打开“孔”选项卡。

（2）默认时，“孔”选项卡上的“创建简单孔”按钮处于选中状态，单击“使用草绘定义钻孔轮廓”按钮，此时“孔”选项卡上出现的按钮如图 5-41 所示。

（3）在“孔”选项卡上单击“激活草绘器以创建剖面”按钮。

（4）绘制如图 5-42 所示的剖面，包括一条定义孔轴线的中心线。

图 5-41 单击“使用草绘定义钻孔轮廓”按钮

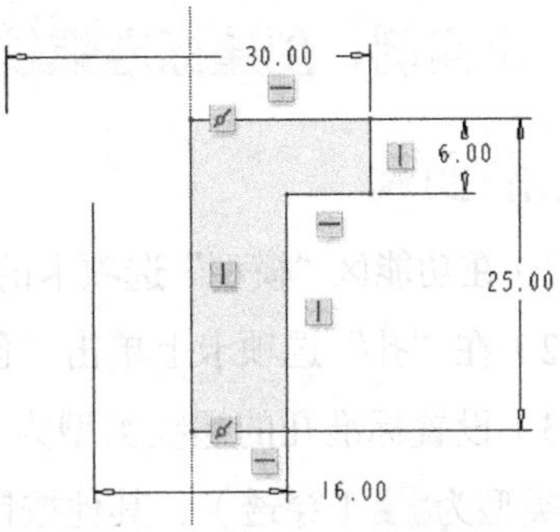


图 5-42 绘制剖面

（5）单击“完成”按钮，完成草绘并退出草绘模式。

（6）指定孔特征的主放置参考，如图 5-43 所示。默认的放置约束类型选项为“线性”。

（7）单击“放置”滑出面板的“偏移参考”收集器的框，将其激活。接着按住 Ctrl 键分别单击下方边线和右侧面作为偏移参考，然后在“偏移参考”收集器中修改距离参考对象的相应尺寸值，如图 5-44 所示。

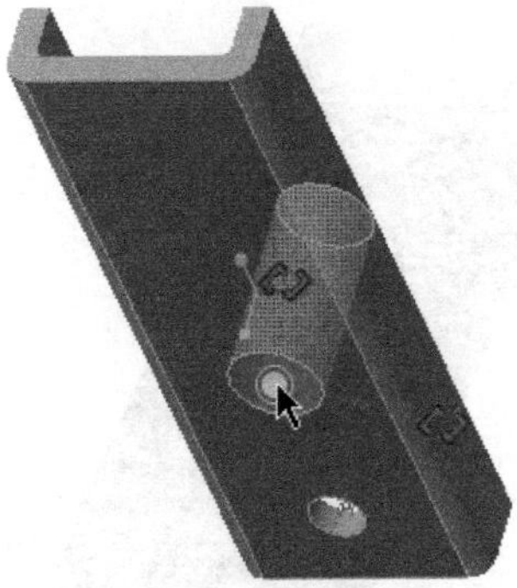

图 5-43 指定主放置参考

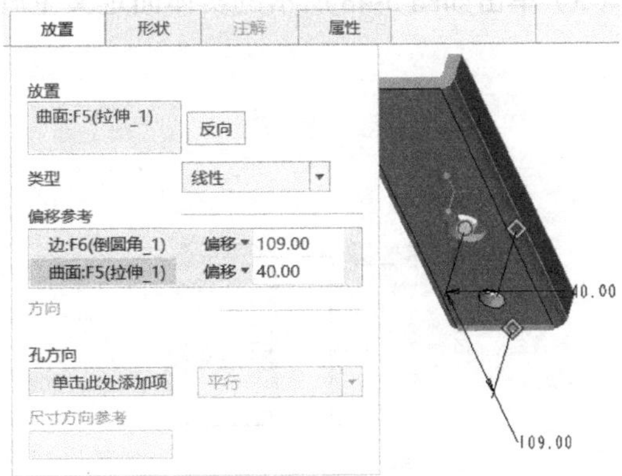


图 5-44 修改偏移距离

（8）单击“完成”按钮，创建的草绘孔如图 5-45 所示。

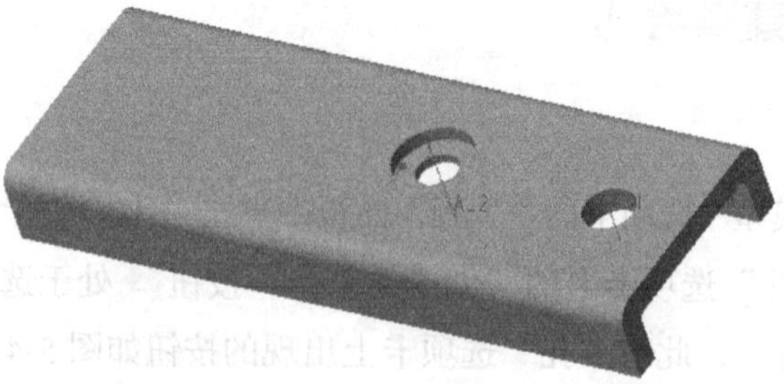

图 5-45　创建草绘孔

## 5.3.3　小实例：创建标准螺纹孔

**操作步骤**

（1）在功能区“模型”选项卡的“工程”面板中单击“孔”按钮，打开“孔”选项卡。

（2）在“孔”选项卡上单击“创建标准孔”按钮。

（3）设置标准孔的螺纹类型为 ISO，在下拉列表中选择“M25 × 1.5”选项，设置螺纹深度类型为（穿透），其他按钮选中状态如图 5-46 所示。

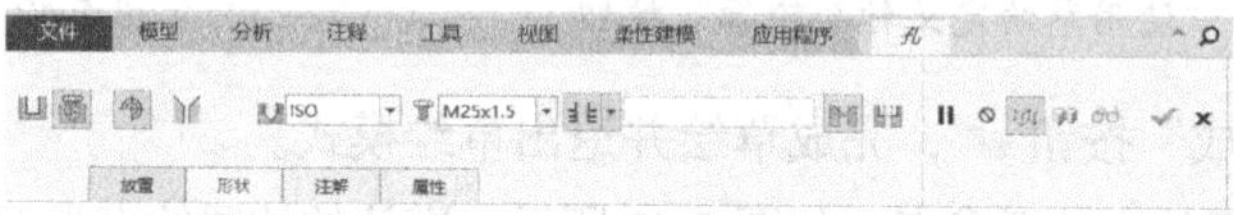


图 5-46　“孔”选项卡上的相关设置

（4）在“孔”选项卡上，单击“形状”选项标签，打开“形状”滑出面板，可以查看和定义该标准孔的具体形状，选择“全螺纹”单选按钮，如图 5-47 所示。

（5）单击如图 5-48 所示的实体面定义主放置参考。

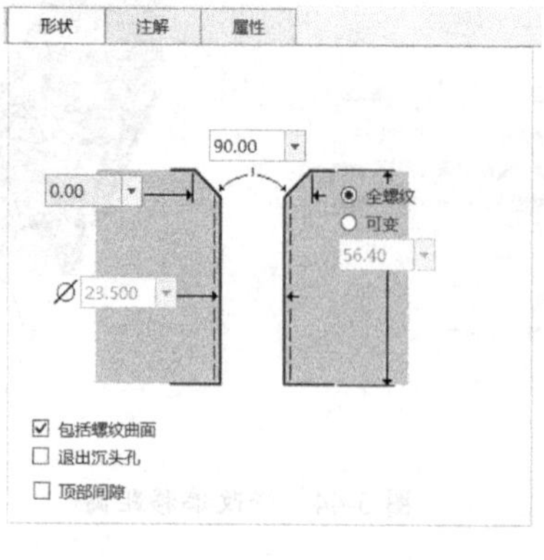


图 5-47　查看和定义具体形状

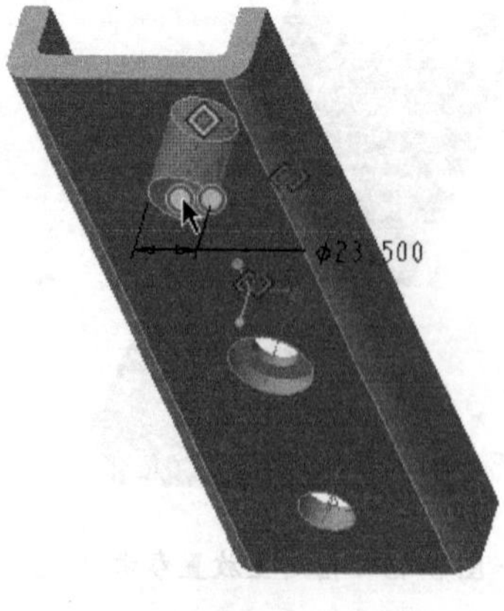


图 5-48　指定主放置参考

（6）打开“放置”滑出面板，在放置约束类型列表框中选择“径向”选项，然后激活“偏移参考”收集器，选择草绘孔的轴线，按住 Ctrl 键选择 RIGHT 基准平面，然后在“偏移参考”收集器中设置相应的尺寸值，如图 5-49 所示。

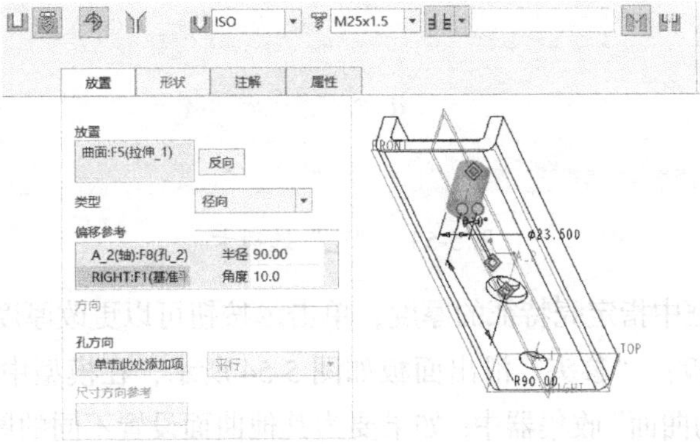


图 5-49 “放置”滑出面板设置等

（7）此时，发现“孔”选项卡的 ✓ 按钮不可用，如图 5-50 所示。取消“添加埋头孔”按钮的选中状态，此时“孔”选项卡中的“完成”按钮 ✓ 可用，如图 5-51 所示。

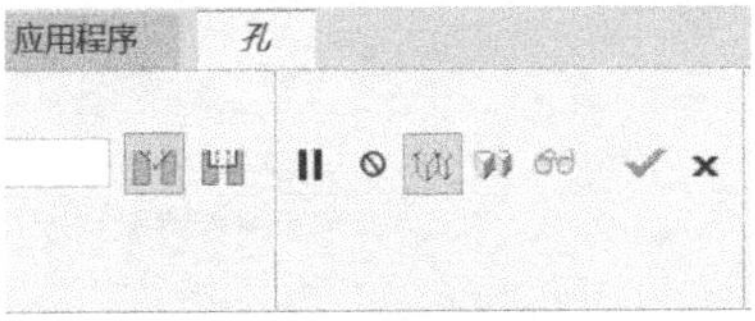


图 5-50 不能完成创建

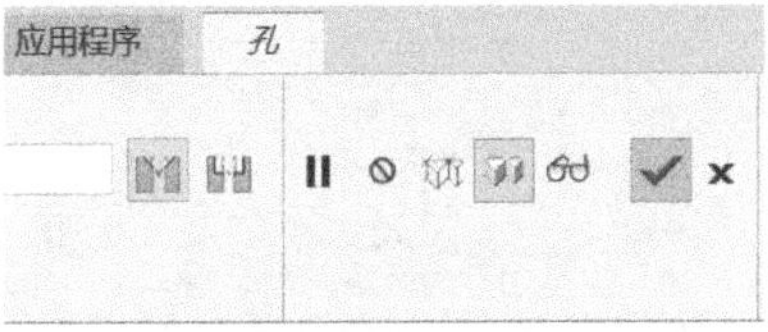


图 5-51 可以完成创建

在“孔”选项卡上单击“完成”按钮 ✓，完成的标准螺纹孔如图 5-52 所示。

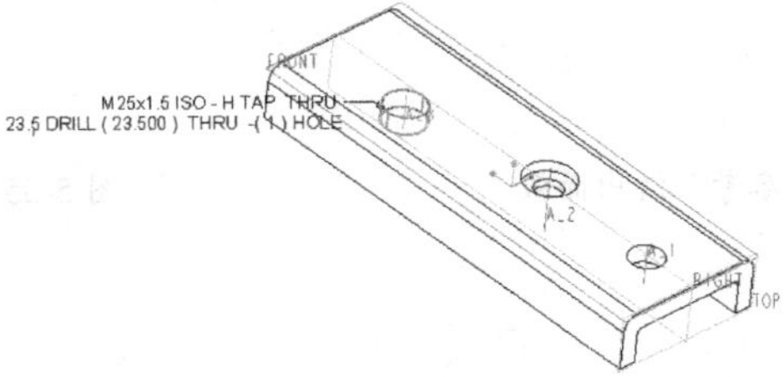


图 5-52 完成的标准螺纹孔

## 5.4 壳特征

壳特征相当于将实体的内部挖掉，形成一定壁厚的壳形状，可以指定哪些表面可以移除

（即指定开口面），也可以为不同的曲面指定不同的厚度。

在功能区“模型”选项卡的“工程”面板中单击“壳”按钮，打开如图 5-53 所示的“壳”选项卡。

图 5-53　“壳”选项卡

在“厚度”文本框中指定壳特征的厚度，单击按钮可以更改厚度方向。

“参考”滑出面板：“参头”滑出面板如图 5-54 所示，在模型中指定作为开口面的曲面参考显示在“移除的曲面”收集器中；如果要为其他曲面设置不同的厚度，则需要单击“非默认厚度”收集器的框，将其激活，然后选择所需的曲面，并设置其相应的厚度值即可。

“选项”滑出面板：“选项”滑出面板如图 5-55 所示，可以指定要排除的曲面，并设置“曲面延伸”为“延伸内部曲面”或“延伸排除的曲面”，“防止壳穿透实体”为“凹拐角”或“凸拐角”。

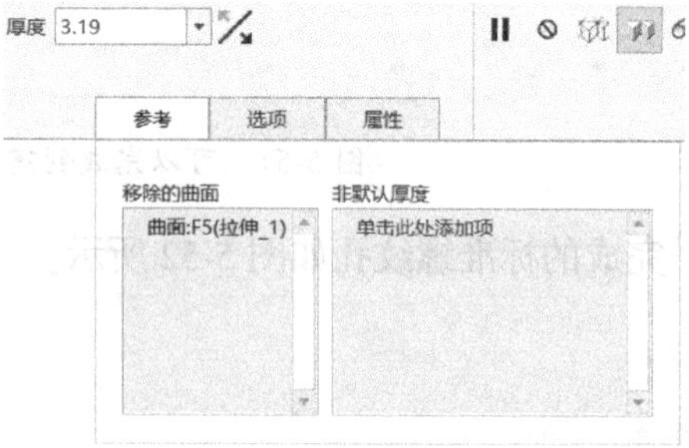


图 5-54　“参考”滑出面板

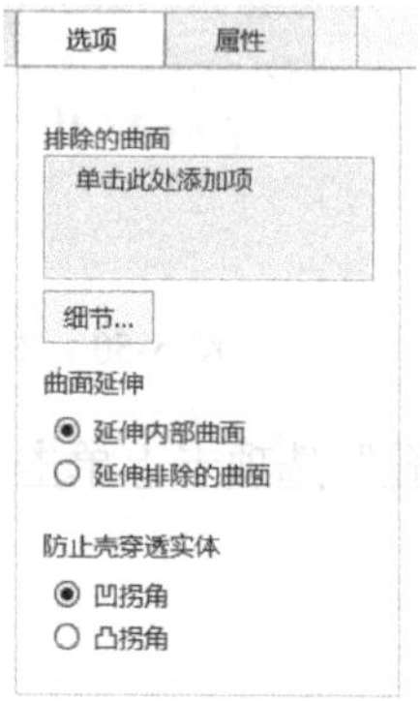


图 5-55　“选项”滑出面板

## 小实例　创建壳特征

**操作步骤**

（1）打开配套资源第 5 章文件夹中的 BC_5_4.PRT 文件，该零件文件中已有的三维实体模型如图 5-56 所示。

（2）在功能区“模型”选项卡的“工程”面板中单击“壳”按钮，打开“壳”选项卡。

（3）在“壳”选项卡的“厚度”文本框中输入厚度为 1。

（4）打开“壳”选项卡的“参考”滑出面板，指定如图 5-57 所示的实体表面作为要移除的面。

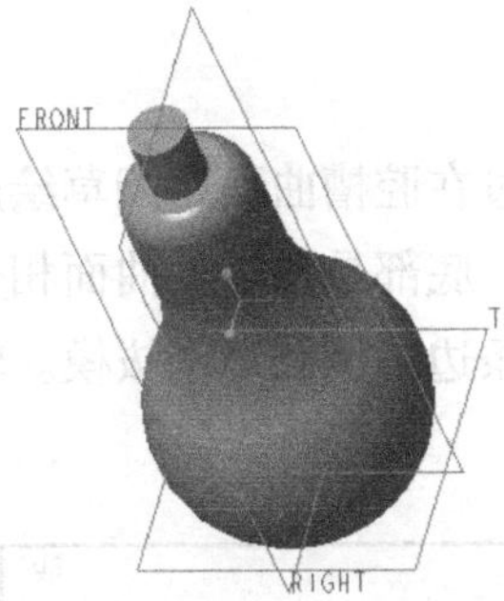


图 5-56　已有的三维实体模型

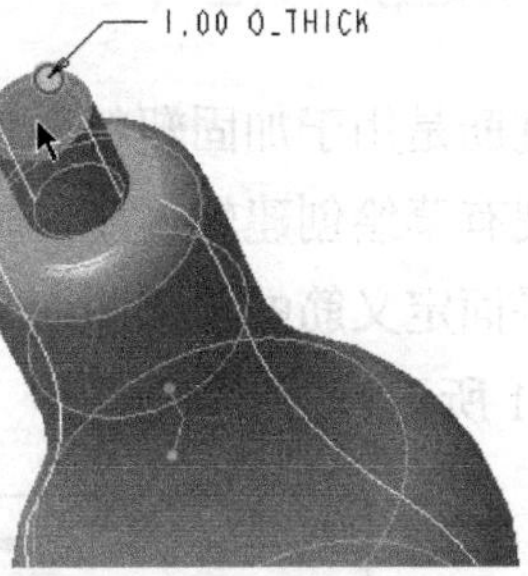


图 5-57　指定要移除的面

（5）单击“非默认厚度”收集器的框，将其激活，如图 5-58 所示。选择如图 5-59 所示的实体表面，在“非默认厚度”收集器中将所选两曲面的厚度更改为 1.5。

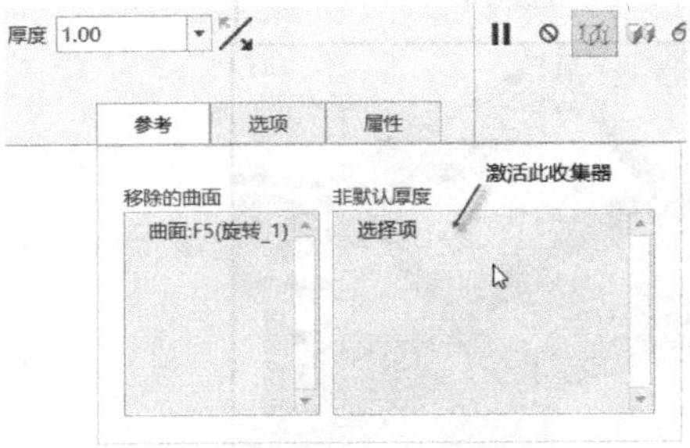


图 5-58　激活“非默认厚度”收集器

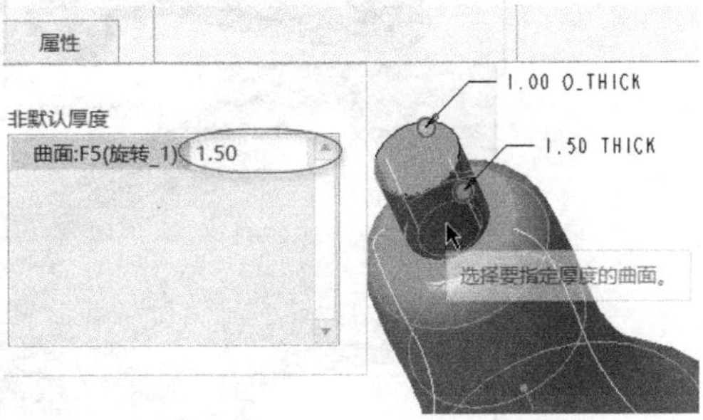


图 5-59　指定非默认厚度的曲面等

（6）在“壳”选项卡上单击“完成”按钮✓，创建的壳特征如图 5-60 所示。

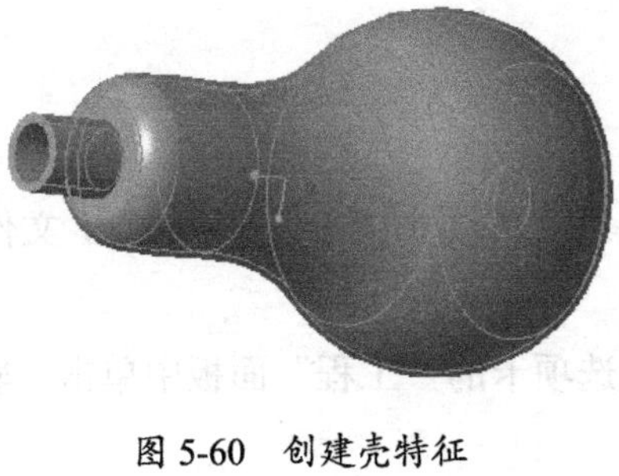

图 5-60　创建壳特征

## 5.5 筋特征

筋特征主要起加强作用，使零件更牢固坚实。在 Creo Parametric 中，可以创建两种类型的筋特征：一种是轨迹筋特征，另一种则是轮廓筋特征。

## 5.5.1 轨迹筋特征

轨迹筋是用于加固塑料零件的一个常见特征，通过在腔槽曲面之间草绘筋路径，或者通过选择现有草绘创建轨迹筋。轨迹筋具有底部和顶部，底部是与零件曲面相交的一端，而所选草绘平面定义筋的顶部曲面，轨迹筋还可以包括每条边的倒圆角和拔模。轨迹筋创建示例如图 5-61 所示。

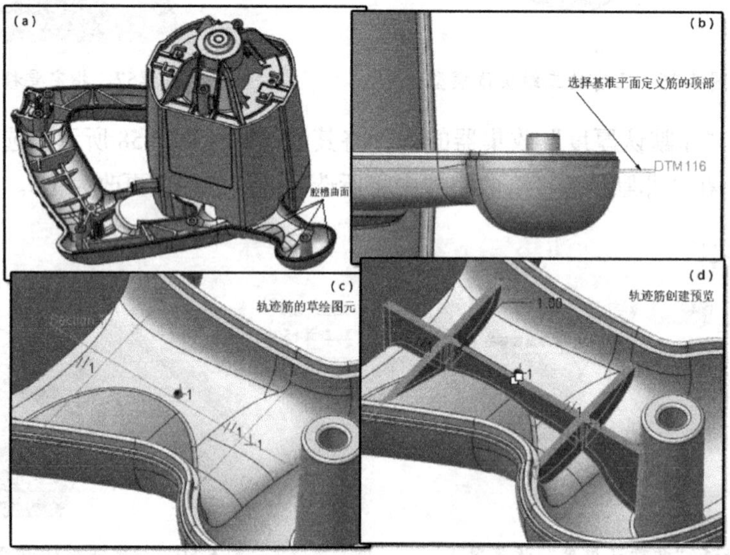


图 5-61 轨迹筋创建示例

### 小实例 创建轨迹筋特征

操作步骤

（1）打开配套资源第 5 章文件夹中的 BC_5_5A.PRT 文件，该零件文件中已有的三维实体模型如图 5-62 所示。

（2）在功能区“模型”选项卡的“工程”面板中单击“轨迹筋”按钮，打开“轨迹筋”选项卡，如图 5-63 所示。

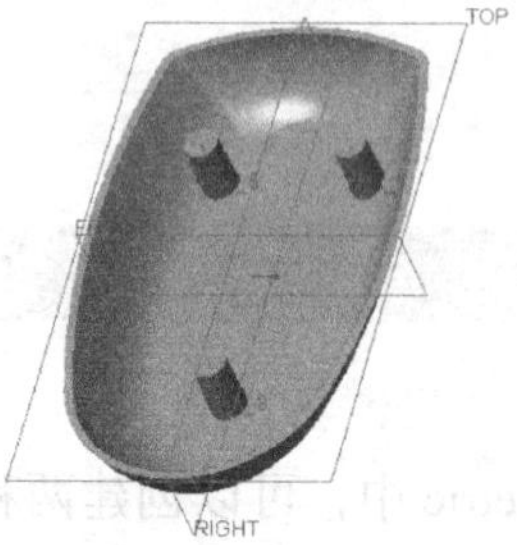


图 5-62 已有的三维实体模型

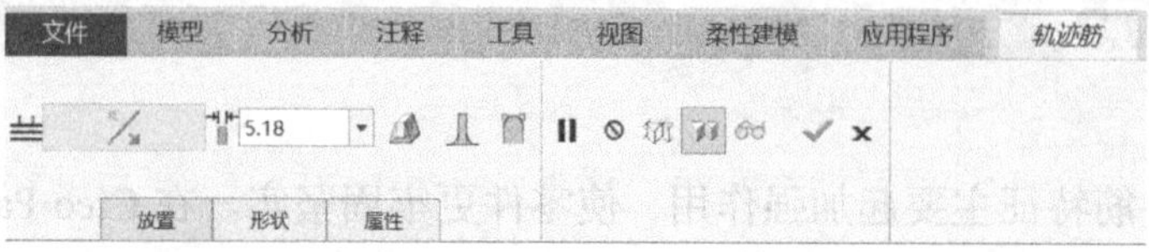


图 5-63 “轨迹筋”选项卡

（3）在“轨迹筋”选项卡上打开“放置”滑出面板，单击“定义”按钮，打开“草绘”对话框。在“轨迹筋”选项卡右侧单击“基准”→“平面”按钮，打开“基准平面”对话框，选择 TOP 基准平面作为参考平面，在 TOP 基准平面的下方（朝实体一侧）且平移绝对距离为 16mm 处创建一个基准平面作为草绘平面。在“基准平面”对话框中单击“确定”按钮，返回 “草绘”选项卡，此时可以看到刚创建的新基准平面 DTM3 默认为草绘平面，如图 5-64 所示，单击“草绘”按钮。

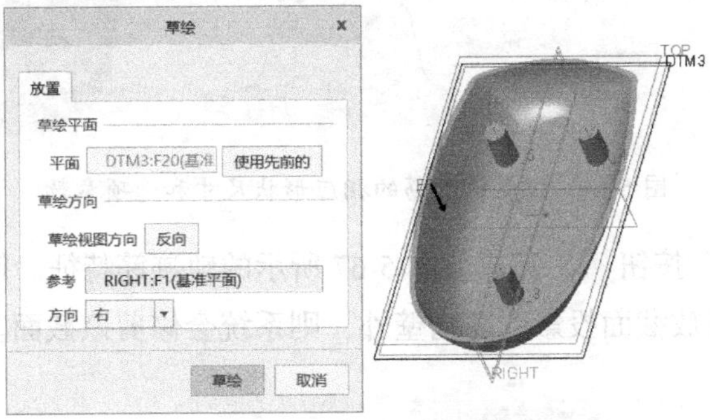


图 5-64　指定草绘平面

（4）草绘一条或多条线、样条或弧以定义轨迹筋特征。本例绘制如图 5-65 所示的图元，然后单击“完成”按钮，完成草绘会延伸或修剪图元以符合腔槽曲面。

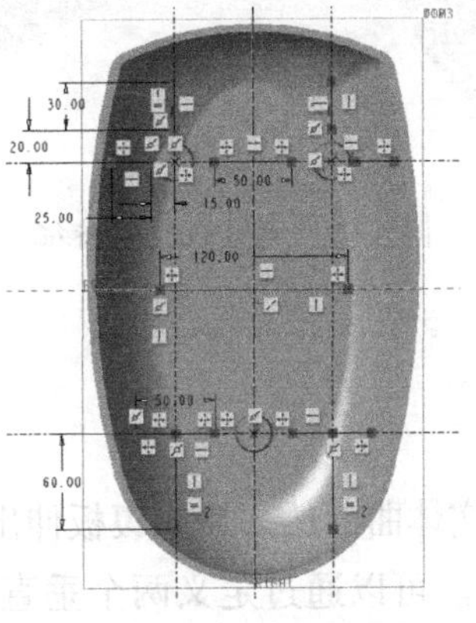


图 5-65　绘制轨迹筋轨迹线图元

**知识点拨**

轨迹筋内部草绘由直线、样条、弧和曲线组成。对于开放环，图元端点不必位于腔槽曲面上，系统会自动对它们进行延伸或修剪。当然，好的习惯是尽量将草绘端点限制在实体几何内部。对于封闭环，封闭环必须位于腔槽中。

（5）在“轨迹筋”选项卡上单击选中“添加拔模”按钮、“在内部边上添加倒圆角”按钮和“在暴露边上添加倒圆角”按钮，接着打开“形状”滑出面板，分别设置此轨迹筋的相应形状尺寸和选项参数，如图 5-66 所示。

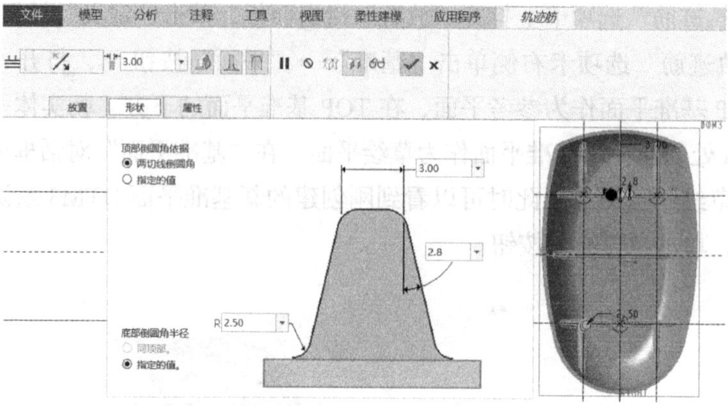

图 5-66　设置轨迹筋的相应形状尺寸和选项参数

（6）单击“完成”按钮✓，完成如图 5-67 所示的轨迹筋特征。筋侧曲面会延伸到下一个可用实体曲面，当开放截面投影到腔槽壁外，则系统会修剪该截面。

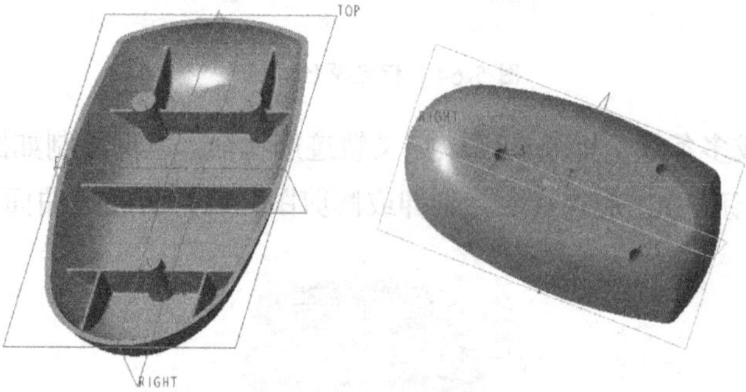


图 5-67　完成轨迹筋特征

## 5.5.2　轮廓筋特征

轮廓筋特征是设计中连接到实体曲面的薄翼或腹板伸出项，常用来加固设计中的零件，或者用来防止出现不需要的折弯。可以通过定义两个垂直曲面之间的特征横截面创建轮廓筋。可以创建如图 5-68 所示的两种类型的轮廓筋特征，图 5-68（a）中的模型创建直的轮廓筋，图 5-68（b）中的模型创建旋转的轮廓筋特征。

**小实例　创建轮廓筋特征**

**操作步骤**

（1）打开配套资源第 5 章文件夹中的 BC_5_5B.PRT 文件，该零件文件中已有的三维实体模型如图 5-69 所示。

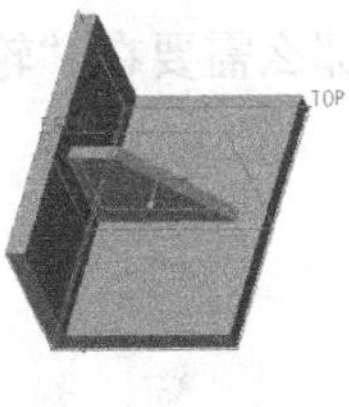


（a）

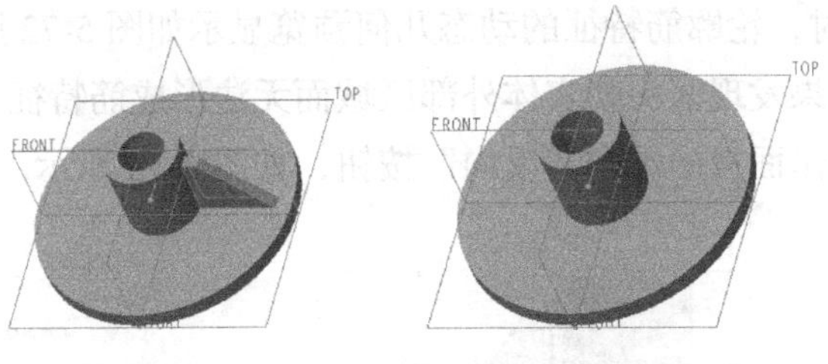


（b）（c）

图 5-68 两种类型的轮廓筋特征

图 5-69 已有的三组实体模型

（2）在功能区“模型”选项卡的“工程”面板中单击“轮廓筋”按钮，打开“轮廓筋”选项卡。

（3）在“轮廓筋”选项卡上单击“参考”选项标签，打开“参考”滑出面板，如图 5-70 所示，单击“定义”按钮，打开“草绘”对话框。

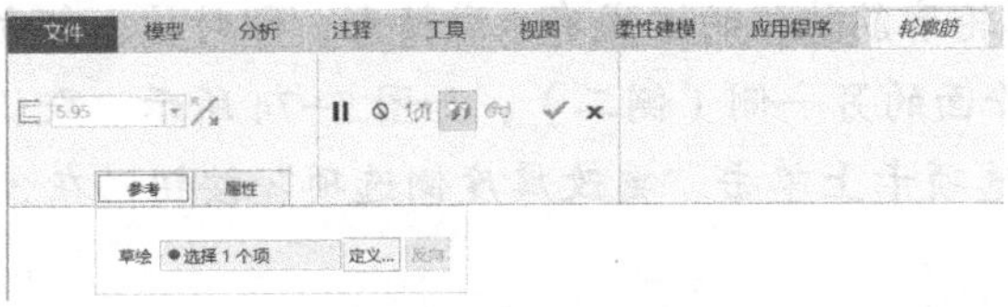


图 5-70 打开“轮廓筋”选项卡的“参考”滑出面板

（4）选择 FRONT 基准平面，默认以 RIGHT 基准平面为“右”方向参考，单击“草绘”按钮，进入草绘模式。

（5）在“草绘器”选项卡的“草绘”面板中单击“线链”按钮，绘制如图 5-71 所示的一段相连直线段，单击“完成”按钮。

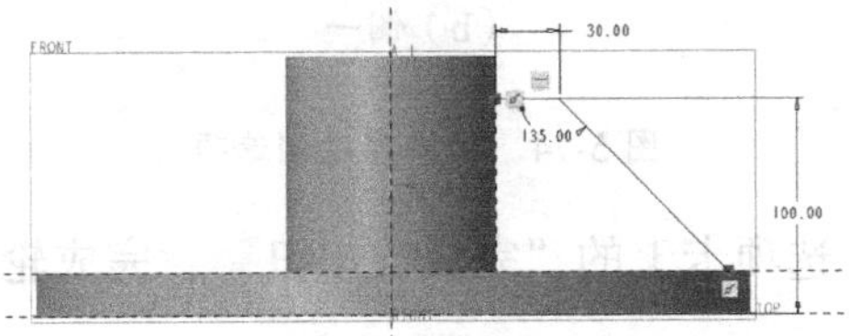


图 5-71 绘制直线段链

**知识点拨**

创建轮廓筋特征时，可以相对于父项特征的轮廓草绘筋的截面，然后向草绘平面的一侧或两侧加厚草绘。有效的轮廓筋特征草绘必须满足这些标准：单一的开放环；连续的非相交草绘图元；草绘端点必须与形成封闭区域的连接曲面对齐。对于直的轮廓筋特征而言，其特殊的草绘要求是可以在任意点上创建草绘，只要其线端点连接到曲面以形成一个要填充的区域即可。对于旋转的轮廓筋特征而言，其特殊的草绘要求是必须在通过旋转曲面的旋转轴的平面上创建草绘，其线端点必须连接到曲面以形成一个要填充的区域。

（6）此时，轮廓筋特征的动态几何预览显示如图 5-72 所示，显然可以形成一个要填充的区域了。如果发现箭头朝实体外部区域而无法形成筋特征，那么需要在“轮廓筋”选项卡的“参考”滑出面板中单击“反向”按钮，如图 5-73 所示。

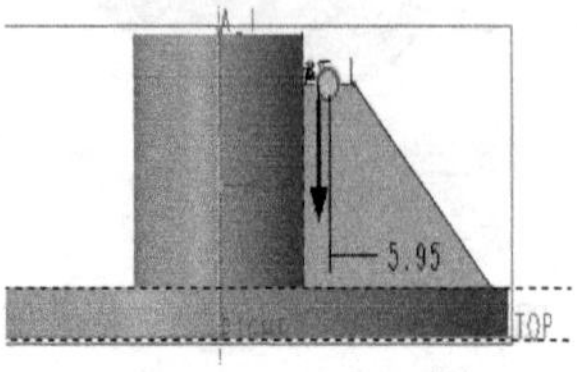


图 5-72　动态几何预览显示

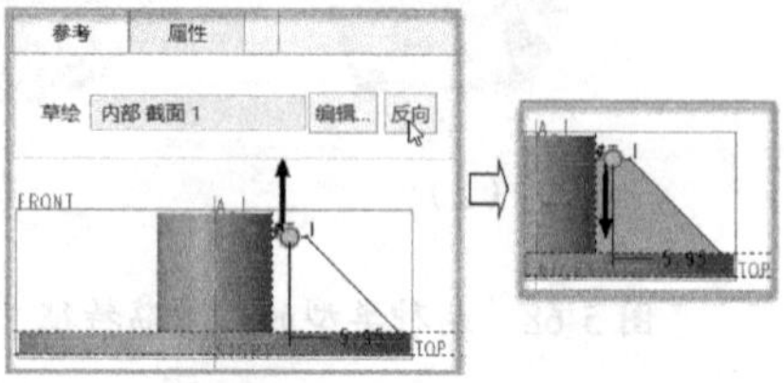


图 5-73　调整方向箭头指向要填充的草绘线侧

（7）在“轮廓筋”选项卡上的文本框中输入厚度为 15，并接受默认的材料侧为两侧。

**操作技巧**

围绕草绘平面加厚轮廓筋特征的方式有 3 种情形，即对称、朝向草绘平面的其中一侧（侧一），朝向草绘平面的另一侧（侧二），如图 5–74 所示。默认的材料侧为两侧，可以通过在“轮廓筋”选项卡上单击“更改厚度侧选项”按钮在 3 个材料侧选项之间进行切换。

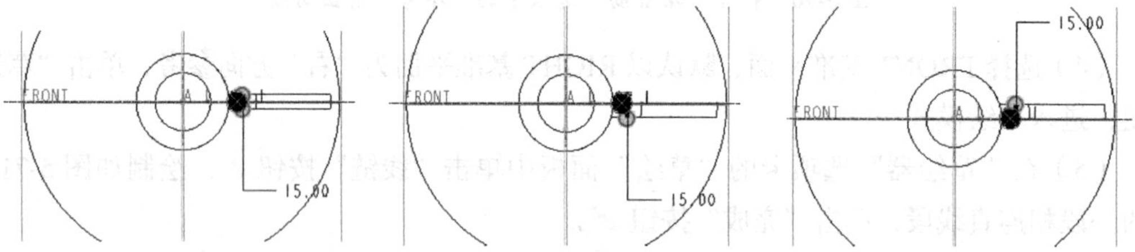


（a）对称　（b）侧一　（c）侧二

图 5-74　切换厚度侧选项

（8）单击“轮廓筋”选项卡上的“完成”按钮，完成轮廓筋特征的创建，效果如图 5-75 所示。

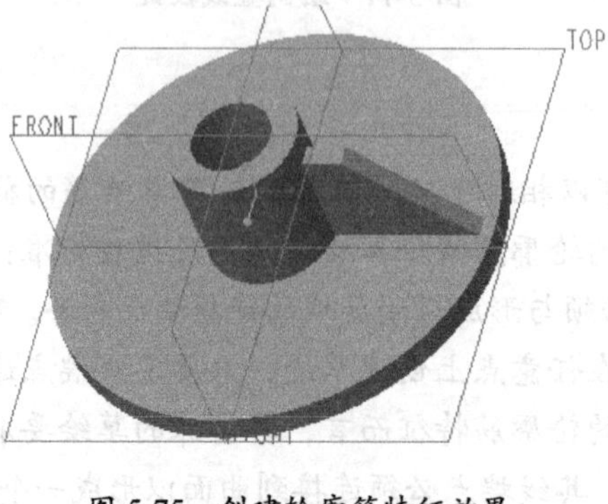


图 5-75　创建轮廓筋特征效果

# 5.6 拔模特征

拔模特征在注塑件、铸造件等类型的零件中应用广泛，属于一种常见的改善零件脱模的工艺结构。在单独曲面或一系列曲面中添加一个介于 -89.9° ~ +89.9° 的拔模角度，就构成了拔模特征。需要注意的是，只有当曲面由列表圆柱面或平面形成时，才可以进行拔模处理；否则需要巧妙处理。可以拔模实体曲面或面组曲面，但不可拔模两者组合。

在介绍创建简单的拔模特征之前，需要先了解拔模特征的一些基本概念（注：这些摘自 Creo Parametric 官方帮助文件）。

- 拔模曲面：指要拔模的模型曲面。
- 拔模枢轴：曲面围绕其旋转的拔模曲面上的线或曲线（也称为中立曲线）。可以通过选择平面（在此情况下拔模曲面围绕它们与此平面的交线旋转）或选取拔模曲面上的单个曲线链定义拔模枢轴。
- 拖动方向（拔模方向）：用于测量拔模角度的方向，通常为模具开模的方向。可以通过选平面（在此情况下拖动方向垂直于此平面）、直边、基准轴或坐标系的轴来定义拔模方向。
- 拔模角度：拔模方向与生成的拔模曲面之间的角度，该角度必须在 –89.9° ~ +89.9° 范围内。若拔模曲面被分割，则可为拔模曲面的每侧定义两个独立的角度。

在功能区“模型”选项卡的“工程”面板中单击“拔模”按钮，打开如图 5-76 所示的“拔模”选项卡。

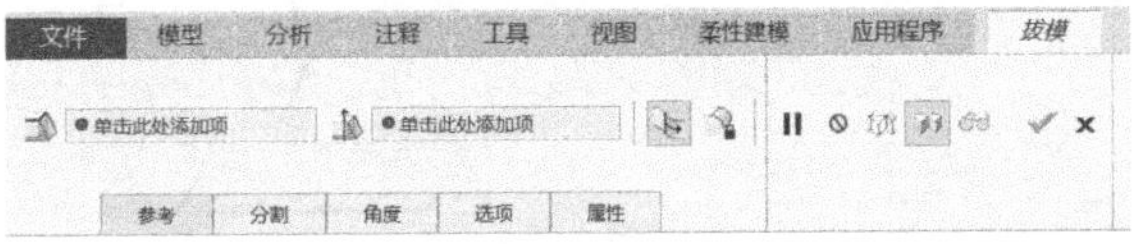


图 5-76 “拔模”选项卡

## 小实例 创建拔模特征

**操作步骤**

（1）打开配套资源第 5 章文件夹中的 BC_5_6.PRT 文件，该文件中已有的三维实体模型如图 5-77 所示。

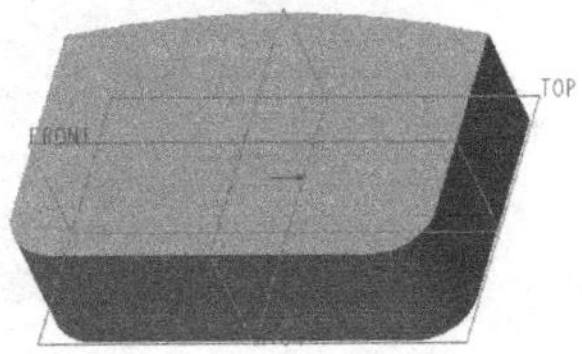


图 5-77 已有的三维实体模型

（2）在功能区“模型”选项卡的“工程”面板中单击“拔模”按钮，打开“拔模”选项卡。

（3）选择如图 5-78 所示的实体表面，接着翻转模型，按住 Ctrl 键选择如图 5-79 所示的实体表面。将选择的这两个实体表面作为拔模曲面。

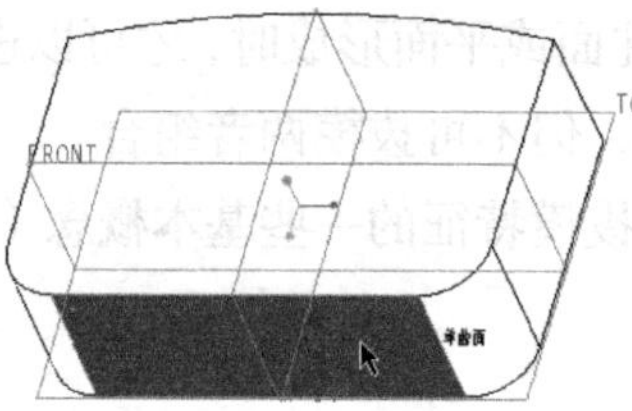


图 5-78　选择拔模曲面

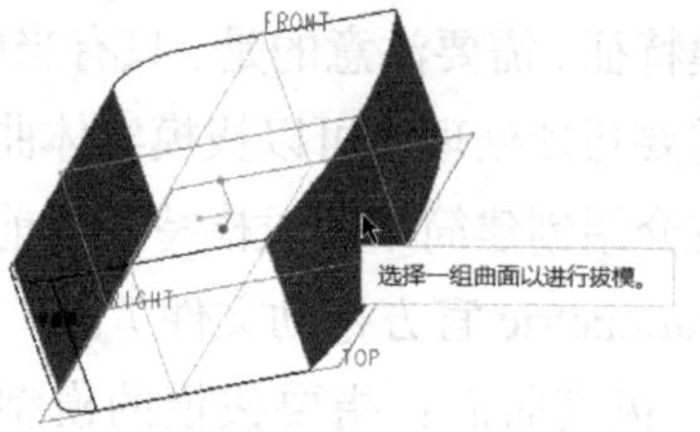


图 5-79　选择第二个拔模曲面

（4）在 ●单击此处添加项 中单击，将其激活，选择 TOP 基准平面定义拔模枢轴。

（5）在（角度 1）框中输入拔模角度 1 为 5，确认选中“沿相切曲面传播拔模”按钮，如图 5-80 所示。

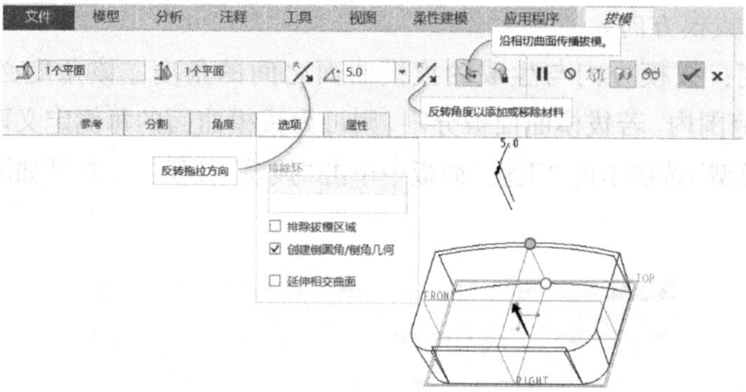


图 5-80　在“拔模”选项卡上进行相应设置和模型动态显示

**知识点拨**

有兴趣的读者可以分别尝试单击“反转拖拉方向”按钮、“反转角度以添加或移除材料”按钮观察拔模变化效果，以加深相关方向的概念。

（6）单击“拔模”选项卡上的“完成”按钮，完成的拔模特征效果如图 5-81 所示。

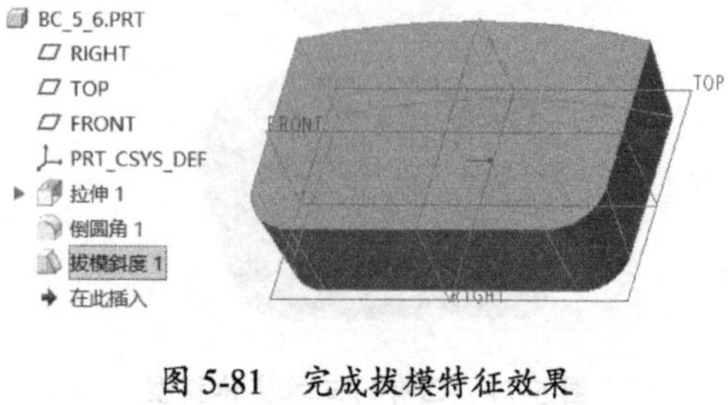


图 5-81　完成拔模特征效果

此外，可以按拔模曲面上的拔模枢轴或不同的曲线对拔模曲面进行分割。如果拔模曲面要被分割时，可以根据需要为拔模曲面的每一侧指定两个独立的拔模角；或者指定一个拔模角，而第二侧以相反方向拔模；或者仅拔模曲面的一侧（两侧均可），而另一侧仍然位于中性位置上。分割拔模需要用到“拔模”选项卡的“分割”滑出面板，分割选项主要有“根据拔模枢轴分割”和“根据分割对象分割”两种。

当要进行拔模的曲面包含倒圆角时，那么根据设计要求来巧妙应用，既可以保留倒圆角（它们将保持倒圆角状态），也可以对倒圆角进行拔模（它们将成为圆锥）。

## 5.7 晶格特征

晶格特征是一种用于优化零件内部框架属性的特征，使用它可以最大化强度重量比，创建晶格特征示例如图 5-82 所示。可以使用两个元素（单个单元、重复单元）对晶格进行定义，其中，单个单元元素是指定义单个单元的尺寸、形状和内部结构，而重复单元元素是指定义单个单元在体积块中的传播方式。

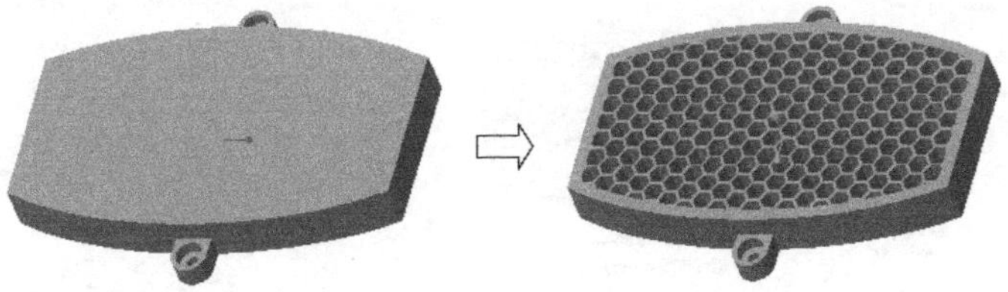

图 5-82　创建晶格特征示例

晶格特征分为两种类型，如表 5-1 所示。

表 5-1　两种类型的晶格

| 类型 | 特点 | 操作说明 |
|---|---|---|
| 3D | 将 3D 单元添加到所选阵列中，可以选择单元形状，并通过定义单元梁的数量控制其结构 | 可以控制梁的宽度和形状，选择是否在梁相交处添加球等，还可以控制晶格单元在体积块中的传播方式 |
| 2.5D | 将 2.5D 单元添加到所选阵列中，可以选择所使用的单元形状，但无法选择其结构 | 可以控制晶格单元在体积块中的传播方式，可以向结构中添加槽形排放口 |

### 小实例 创建晶格特征

操作步骤

（1）打开配套资源第 5 章文件夹中的 BC_5_7.PRT 文件。

（2）在功能区“模型”选项卡的“工程”面板中单击“晶格”按钮，打开如图 5-83 所示的“晶格”选项卡。

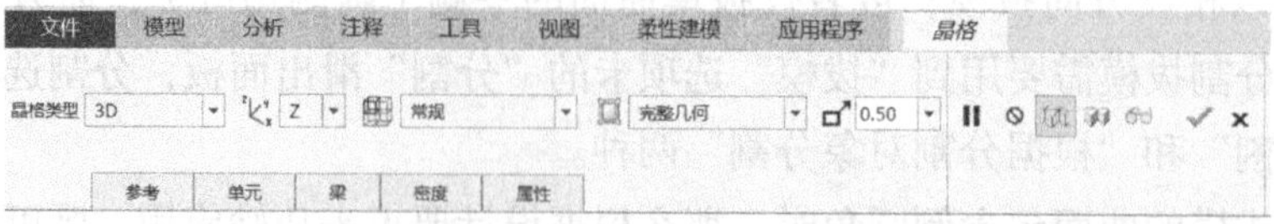


图 5-83 “晶格”选项卡

（3）在“晶格”选项卡的“晶格类型”下拉列表中选择“2.5D”选项，打开“参考”滑出面板，勾选“转换实体”复选框和“保留壳”复选框，设置壳厚度为 8，壳侧为“内侧”，单击，“排除的壳曲面”收集器的框，将其激活，在模型中选择模型的顶面，按住 Ctrl 键的同时选择模型的底面，如图 5-84 所示。

（4）在“选择单元的 Z 轴将对齐的方向”下拉列表中选择“Y”选项，打开“参考”滑出面板，设置如图 5-85 所示的单元形状及其具体参数。

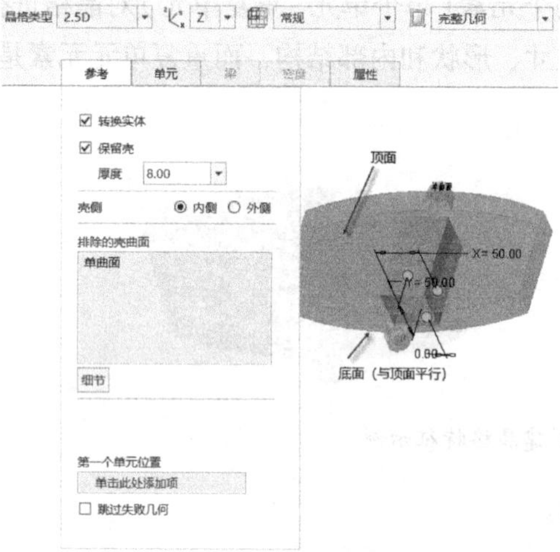


图 5-84 设置晶格类型

图 5-85 设置单元形状及其具体参数

（5）在“晶格”选项卡上单击“完成”按钮，效果如图 5-86 所示。

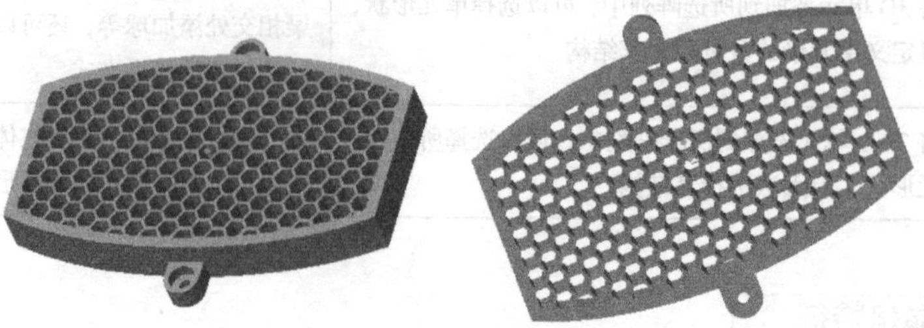

图 5-86 完成晶格特征效果

## 5.8 典型范例——工程特征应用

在现有实体特征的基础上可以添加适当的工程特征，如孔特征、壳特征、倒圆角特征、倒角特征、筋特征和拔模特征等。本节介绍一个工程特征应用综合范例，完成的模型效果如图 5-87 所示。

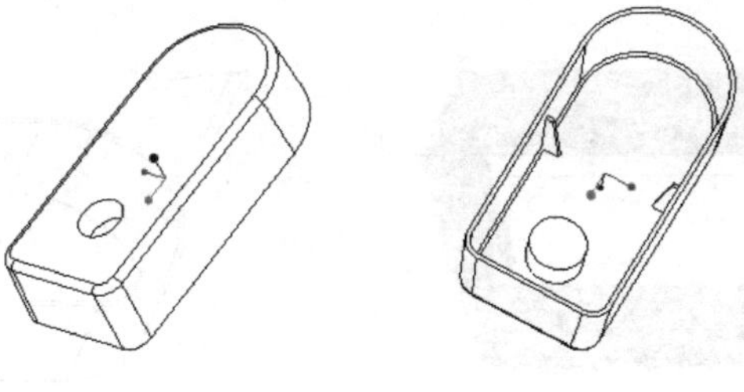

图 5-87　完成的模型效果

**操作步骤**

### 1. 新建文件

（1）在“快速访问”工具栏上单击“新建”按钮，打开“新建”对话框。

（2）在“类型”选项组中，选择“零件”单选按钮；在“子类型”选项组中，选择“实体”单选按钮；在“文件名”文本框中输入文件名为 BC_5_ZHFL，取消选中“使用默认模板”复选框，单击“确定”按钮。

（3）打开“新文件选项”对话框，在“模板”选项组中选择 mmns_part_solid，单击“确定”按钮，进入零件设计模式。

### 2. 创建拉伸实体

（1）在功能区“模型”选项卡的“形状”面板中单击“拉伸”按钮，打开“拉伸”选项卡。默认时，“拉伸”选项卡上的“实体”按钮处于选中状态。

（2）选择 TOP 基准平面作为草绘平面，快速进入草绘模式。绘制如图 5-88 所示的剖面，单击“完成”按钮。

（3）在“拉伸”选项卡上输入默认侧 1 拉伸的深度为 30。

（4）单击“完成”按钮，按 Ctrl+D 快捷键以标准方向视角显示模型，效果如图 5-89 所示。

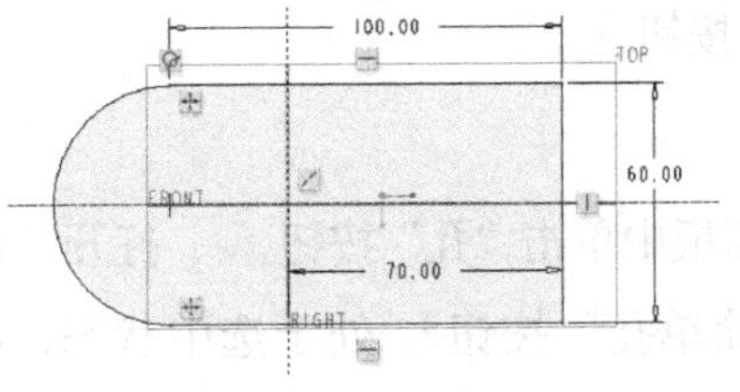


图 5-88　绘制剖面

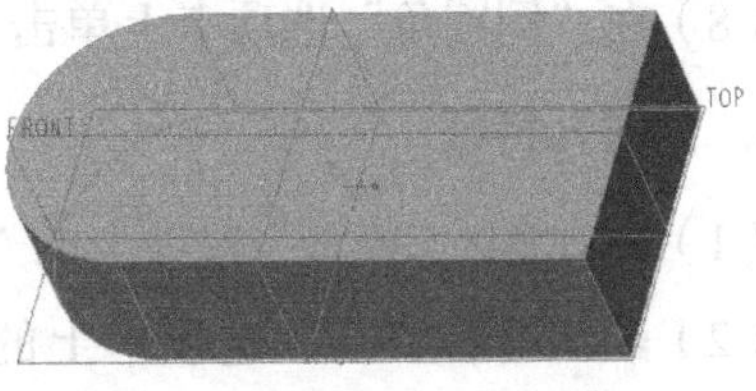


图 5-89　拉伸实体效果

### 3. 创建拔模特征

（1）单击“拔模”按钮，打开“拔模”选项卡。

（2）按住 Ctrl 键分别选择拉伸实体的所有侧面，如图 5-90 所示。

（3）在“拔模”选项卡上单击 ●单击此处添加项（拔模枢轴收集器），将其激活，然后在模型窗口中选择 TOP 基准平面定义拔模枢轴。

（4）在“拔模”选项卡中输入拔模角度为 -3，按 Enter 键，得到的效果如图 5-91 所示。

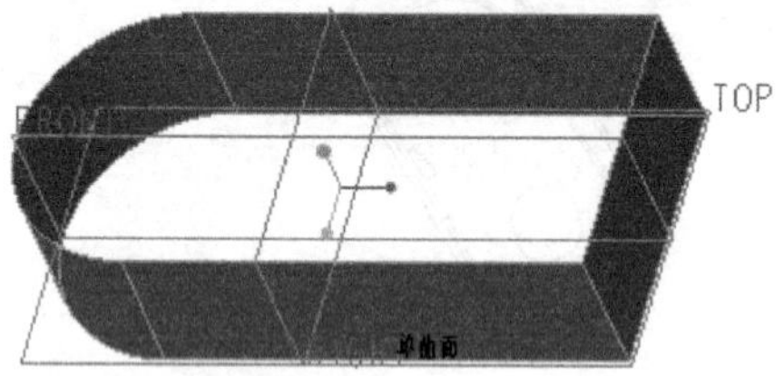


图 5-90 选择所有侧面

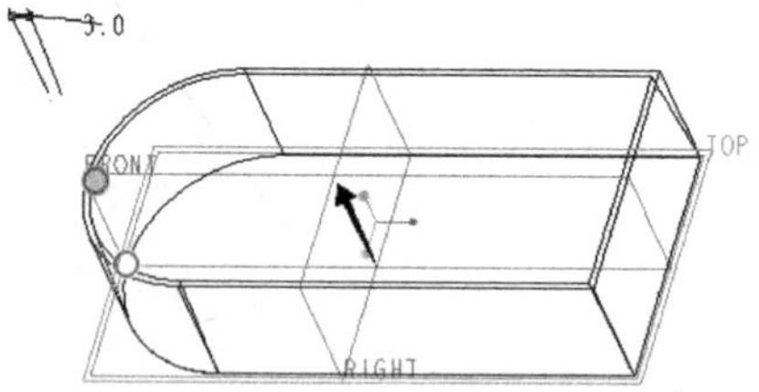


图 5-91 创建拔模特征效果

（5）单击“完成”按钮。

### 4. 创建倒圆角特征

（1）单击“倒圆角”按钮，打开“倒圆角”选项卡。

（2）在“倒圆角”选项卡上输入当前倒圆角集的圆角半径为 8。

（3）按住 Ctrl 键选择如图 5-92 所示的 2 条边线。

（4）在“倒圆角”选项卡上单击“完成”按钮，完成该倒圆角集的创建。

（5）单击“倒圆角”按钮，打开“倒圆角”选项卡。

（6）在“倒圆角”选项卡上输入当前倒圆角集的圆角半径为 3。

（7）选择如图 5-93 所示的边线。

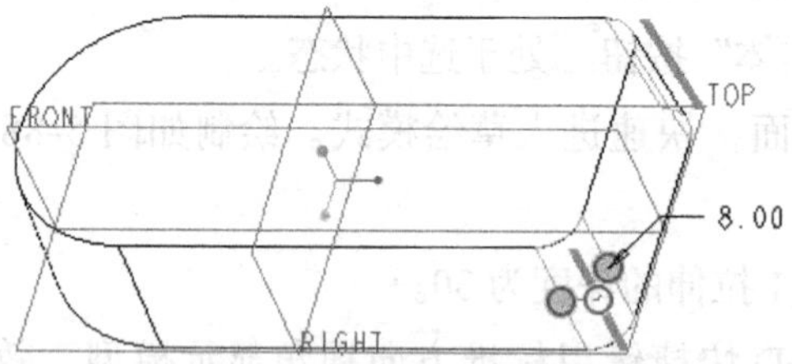


图 5-92 选择要倒圆角的 2 条边线

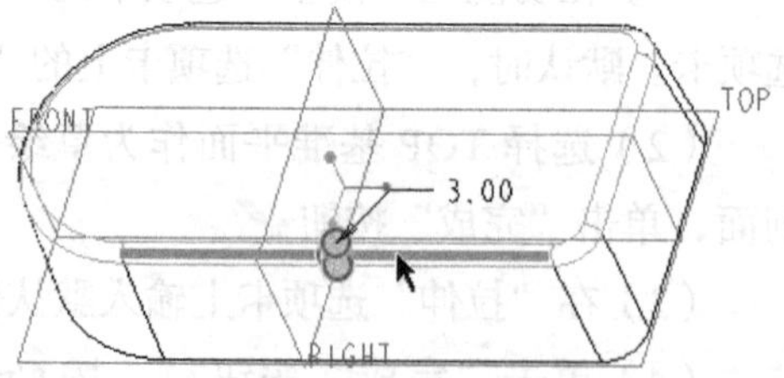


图 5-93 选择边线

（8）在“倒圆角”选项卡上单击“完成”按钮。

### 5. 创建孔特征

（1）在功能区“模型”选项卡的“工程”面板中单击“孔”按钮，打开“孔”选项卡。

（2）默认时，“孔”选项卡上的“创建简单孔”按钮处于选中状态，单击“使用预定义矩形作为钻孔轮廓”按钮 以使用预定义矩形作为钻孔轮廓，输入钻孔的直径值为18，并指定钻孔的深度类型为 ，输入钻孔深度值为 10，如图 5-94 所示。

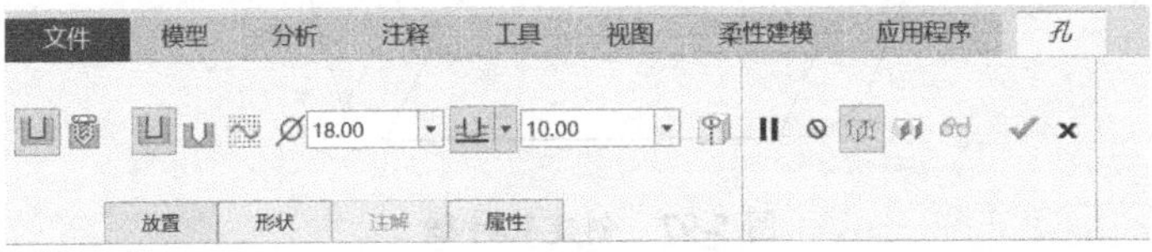


图 5-94　创建简单直孔

（3）在如图 5-95 所示的实体表面上单击以指定主放置参考。此时，打开“孔”选项卡的“放置”滑出面板，可以看到所选参考出现在“放置”收集器中，默认的放置约束类型选项为“线性”。

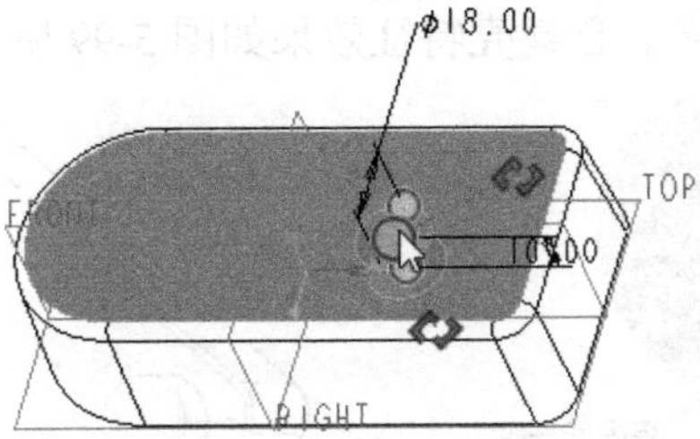


图 5-95　指定主放置参考

（4）单击“放置”滑出面板的“偏移参考”收集器的框，将其激活。先按住 Ctrl 键分别单击所需的两个侧面作为偏移参考（次参考），然后在“偏移参考”收集器中将相应的两个偏移尺寸值均设置为 30，如图 5-96 所示。

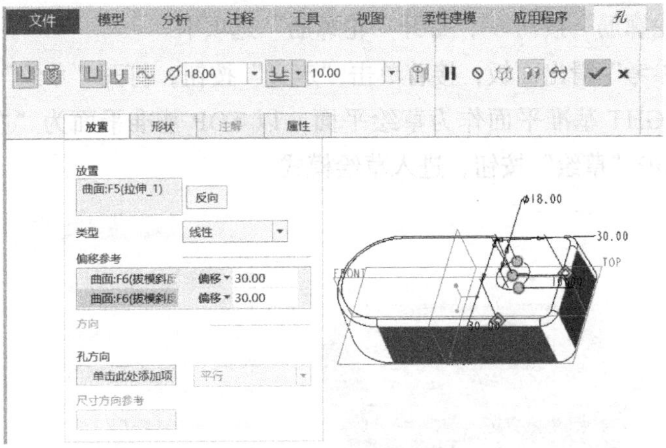


图 5-96　设置偏移参考

（5）单击“完成”按钮 ，创建孔特征效果如图 5-97 所示。

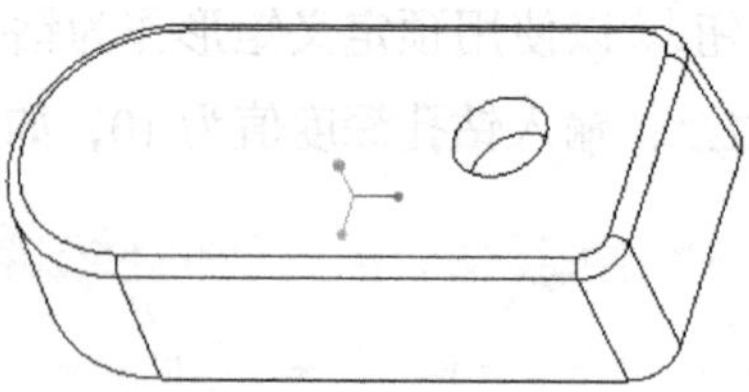

图 5-97　创建孔特征

### 6. 创建壳特征

（1）单击“壳”按钮，打开“壳”选项卡。

（2）在“壳”选项卡上输入厚度值为 1.83。

（3）使用鼠标中键翻转模型，选择如图 5-98 所示的要移除的曲面。

（4）单击“完成”按钮，创建壳特征效果如图 5-99 所示。

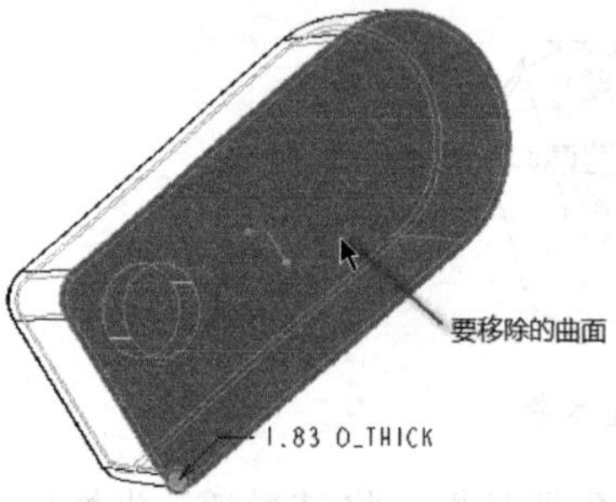


图 5-98 要移除的曲面

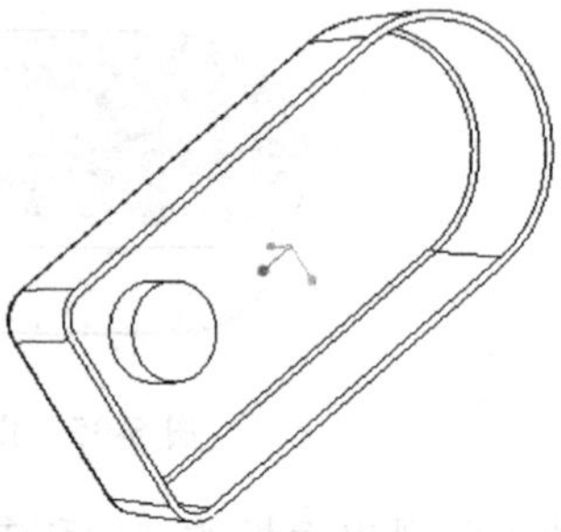

图 5-99　创建壳特征效果

### 7. 创建轮廓筋特征

（1）单击“轮廓筋”按钮，打开“轮廓筋”选项卡。

（2）打开“参考”滑出面板，接着单击“定义”按钮，打开“草绘”对话框。

（3）选择 RIGHT 基准平面作为草绘平面，以 TOP 基准平面为“左”方向参考，如图 5-100 所示，单击“草绘”按钮，进入草绘模式。

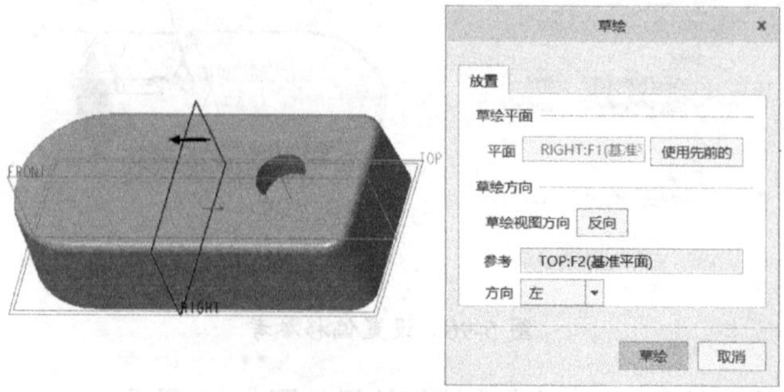


图 5-100　草绘平面

（4）在“图形”工具栏的“显示样式”下拉列表中单击“隐藏线”按钮，使隐藏线显示为灰色。绘制如图 5-101 所示的图形，注意端点的约束。单击“完成”按钮✔，完成草绘并退出草绘模式。

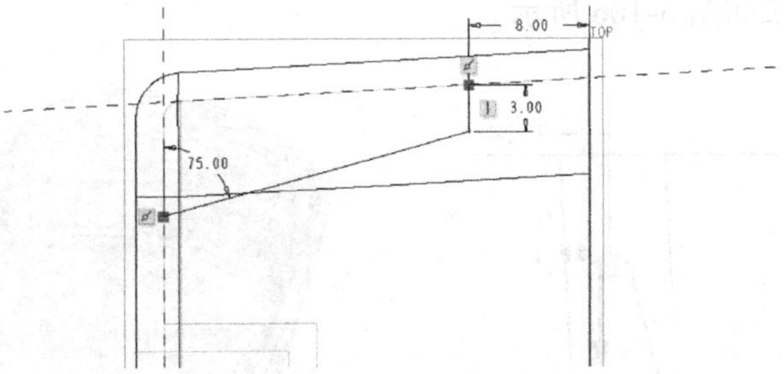


图 5-101　绘制图形

（5）在“轮廓筋”选项卡的文本框中输入厚度为 1.5，模型显示如图 5-102 所示。

（6）单击“完成”按钮✔，创建筋特征效果如图 5-103 所示（此处以“着色”模式显示）。

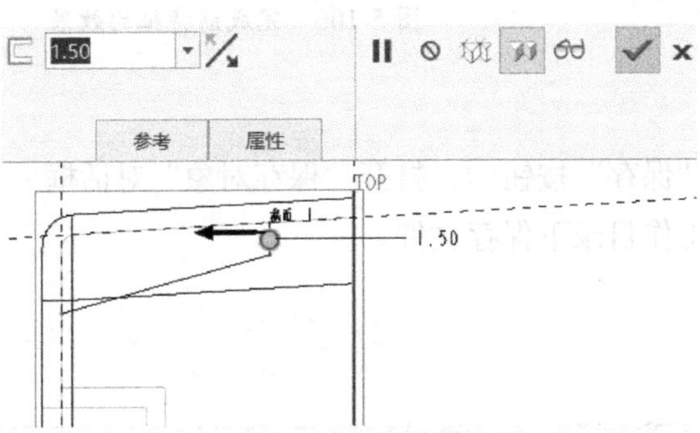


图 5-102　模型显示

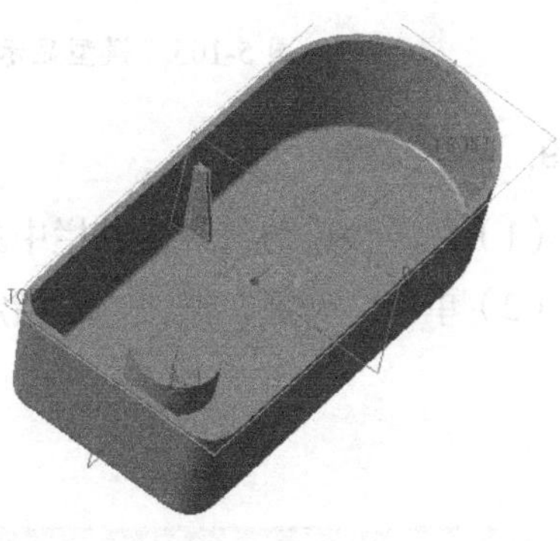

图 5-103　创建筋特征效果

## 8. 继续创建一个筋特征

（1）单击“轮廓筋”按钮，打开“轮廓筋”选项卡。

（2）选择 RIGHT 基准平面为草绘平面，快速进入草绘模式。单击“隐藏线”按钮，使隐藏线显示为灰色。绘制如图 5-104 所示的图形，注意端点的约束。单击“完成”按钮✔，完成草绘并退出草绘模式。

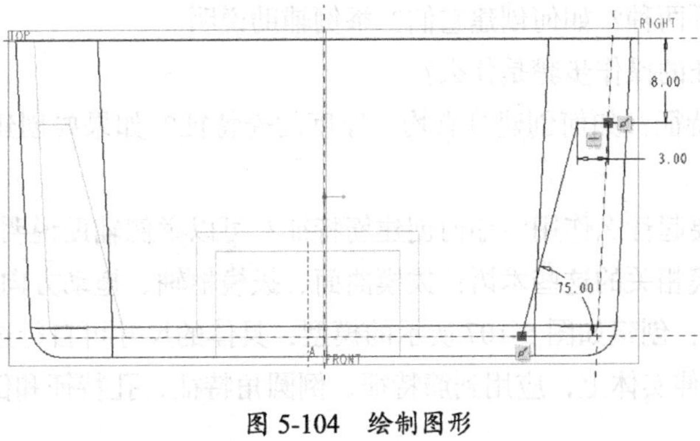


图 5-104　绘制图形

（3）在“轮廓筋”选项卡的▭文本框中输入厚度为1.5，模型显示如图5-105所示。

（4）单击“完成”按钮✓，完成该筋特征的创建。再以“带边着色”模式显示模型，可以看到筋特征的效果如图5-106所示。

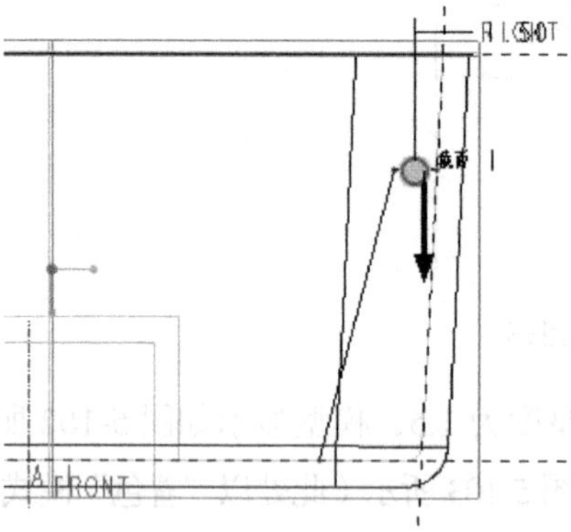


图5-105　模型显示

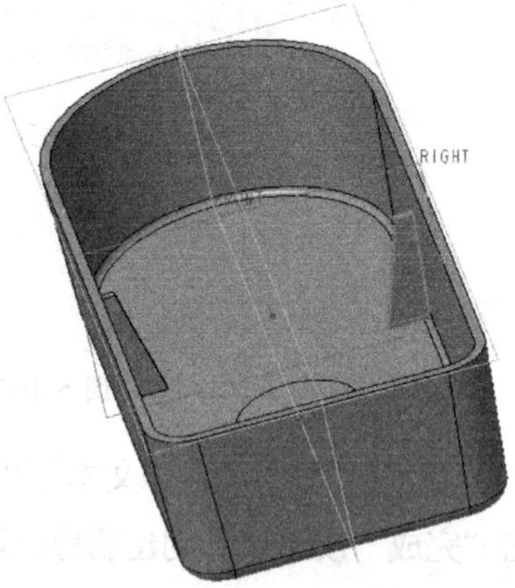


图5-106　完成筋特征的效果

### 9. 保存文件

（1）在“快速访问”工具栏中单击“保存”按钮▣，打开“保存对象”对话框。

（2）单击“确定”按钮，在指定的工作目录下保存文件。

## 5.9 思考与上机练习

（1）通过本章的学习，知道了工程特征主要包括哪些特征？能否归纳出工程特征的共性特点？

（2）倒圆角特征主要包括哪些圆角类型？

（3）如何创建可变倒圆角？如何使可变倒圆角转化为恒定倒圆角？

（4）想一想，如何创建完全倒圆角特征？

（5）倒角包括哪两种？如何创建它们？举例辅助说明。

（6）创建孔特征的操作步骤是什么？

（7）什么是壳特征？如何创建具有均一厚度的壳特征？如果要创建具有多厚度的壳特征，该如何操作？

（8）筋特征主要起什么作用？如何创建筋特征？可以举例辅助说明。

（9）说明与拔模相关的这些术语：拔模曲面、拔模枢轴、拖动方向、拔模角度。

（10）上机练习：创建如图5-107所示的模型，具体的尺寸可自行选定。在该练习中要求在先建立的一个拉伸实体上，应用到筋特征、倒圆角特征、孔特征和倒角特征。

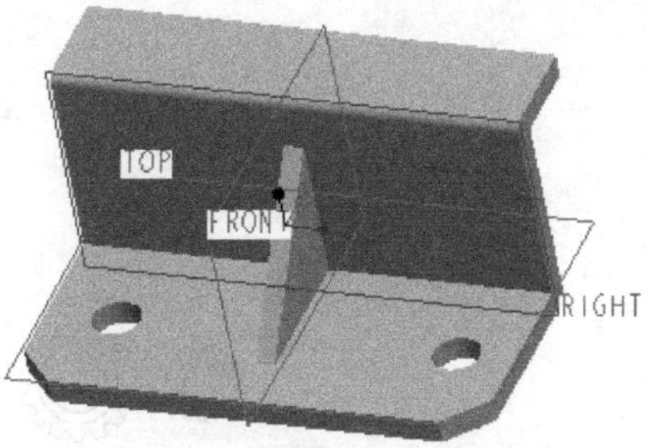


图 5-107 练习模型

（11）上机练习：创建如图 5-108 所示的模型，具体的尺寸可自行选定。在该练习中应用倒角特征。

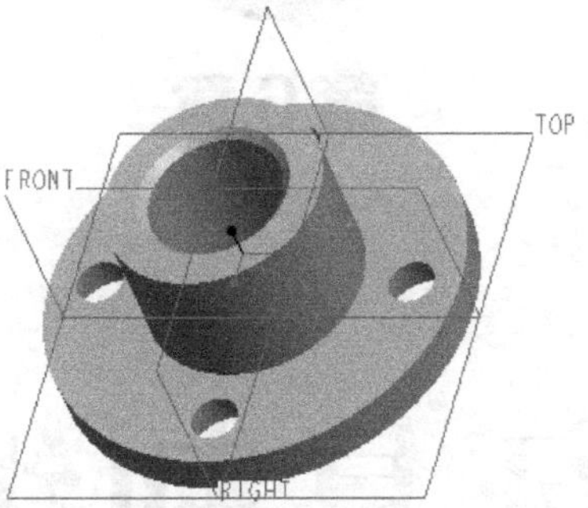


图 5-108 练习模型

# 6

# 第6章

# 特征复制编辑

本章主要学习内容：

- 复制粘贴
- 镜像
- 阵列（尺寸阵列、方向阵列、轴阵列、填充阵列、参考阵列、曲线阵列）

# 6.1 复制与粘贴

特征的复制与粘贴应用，在实际设计工作中是很实用的，巧用特征复制与粘贴操作，可以提高设计效率。

在功能区“模型”选项卡的“操作”面板中，有“复制”按钮、“粘贴”按钮和“选择性粘贴”按钮，如图 6-1 所示。

执行复制与粘贴操作，可以在同一模型内或跨模型复制并放置特征或特征集、几何、曲线和边链。在选择要复制与粘贴的对象后，系统自动激活“复制”按钮，而此时单击“复制”按钮，才能激活“粘贴”按钮功能和“选择性粘贴”按钮。注意，当执行复制特征或几何操作时，系统默认将其复制到剪贴板中，并且可以连同其参考、设置和尺寸一起进行粘贴，直到将其他特征复制到剪贴板中为止。

### 1. 单击“粘贴”按钮

系统将打开特征创建工具并且允许重定义复制的特征。通常需要选择放置参考和修改截面放置尺寸等创建相同或相似特征。

### 2. 单击“选择性粘贴”按钮

可以创建特征的完全从属副本，带有因原始特征的具体元素或属性（如尺寸、草绘、注释元素、参考和参数）而异的从属关系；可以创建仅从属于尺寸或草绘（或两者）及注释元素的特征的副本；可以保留原始特征的参考，或使用复制实例中的新参考替换原始参考；可以对粘贴实例应用移动或旋转变换处理。

单击“选择性粘贴”按钮，打开如图 6-2 所示的“选择性粘贴”对话框，根据需要指定相关的选项进行选择性粘贴操作。

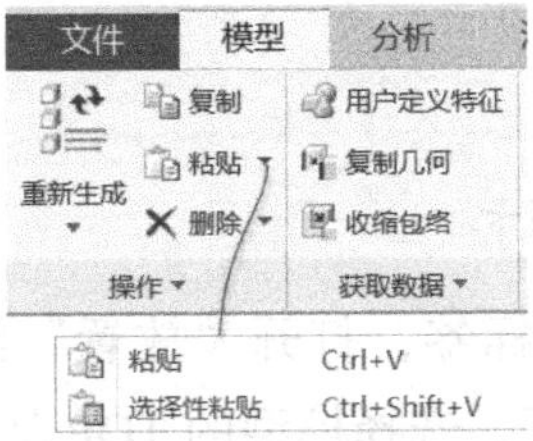


图 6-1 复制、粘贴等工具出处

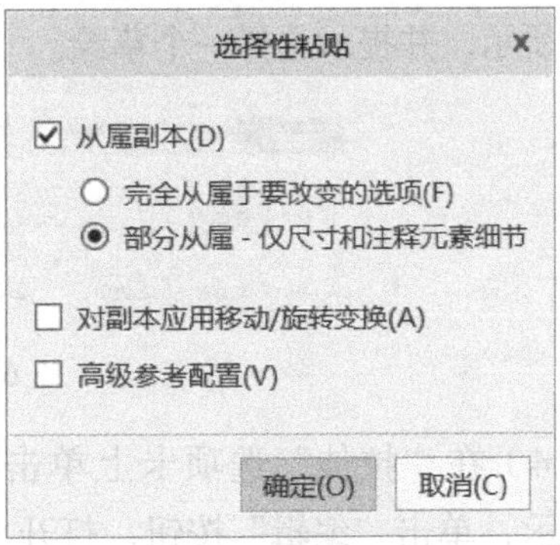


图 6-2 “选择性粘贴”对话框

# 6.2 小实例：使用复制与粘贴编辑模型

操作步骤

## 1. 打开零件文件

在“快速访问”工具栏中单击“打开”按钮，打开“文件打开”对话框。选择配套资源第 6 章文件夹中的 BC_6_1.PRT 文件，单击 “打开”按钮。该文件中已有的三维实体模型如图 6-3 所示。

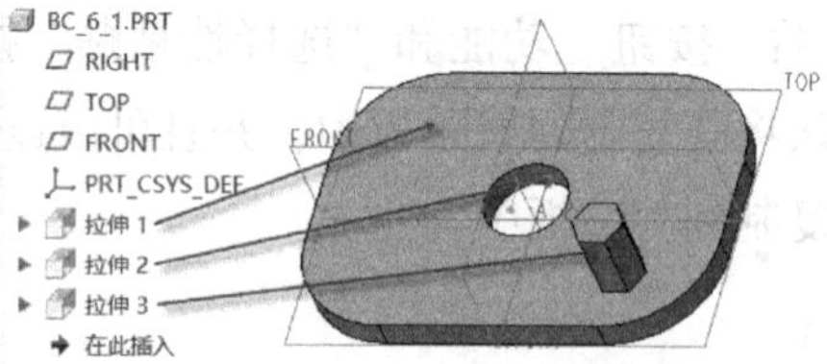


图 6-3　已有的三维实体模型

## 2. 复制与粘贴操作

（1）在模型树中选择“拉伸 2”特征。

**操作点拨**

如果要在图形窗口中选择要操作的特征，那么可以先在位于图形窗口右下角的“选择过滤器”下拉列表中选择“特征”选项，便可以很方便地在图形窗口中选择要操作的特征了。

（2）在功能区“模型”选项卡的“操作”面板中单击“复制”按钮。

（3）单击“粘贴”按钮，打开创建“拉伸 2”特征时所使用的“拉伸”选项卡，如图 6-4 所示，并提示选择一个草绘。

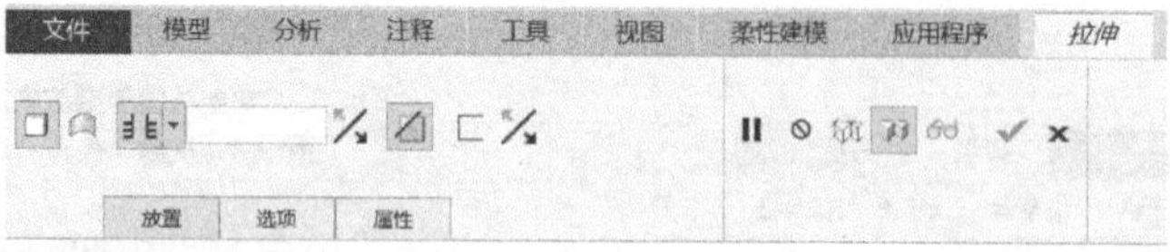


6-4　“拉伸”选项卡

（4）在“拉伸”选项卡上单击“放置”选项标签，打开“放置”滑出面板，如图 6-5 所示，单击“编辑”按钮，打开“草绘”对话框，选择模型的 TOP 基准平面作为放置草绘的平面，其他默认，如图 6-6 所示，单击“草绘”按钮。

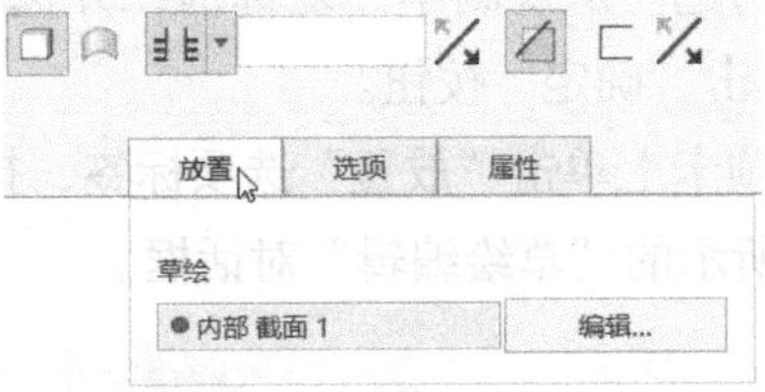


图 6-5 打开“放置”滑出面板

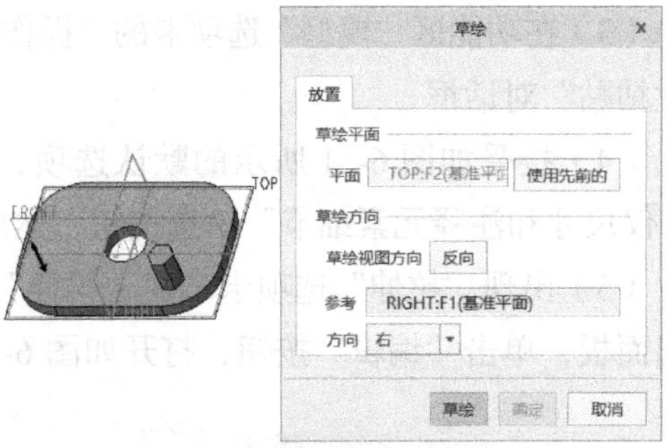


图 6-6 设置草绘平面及其草绘方向

（5）此时要粘贴的特征的截面依附于鼠标指针，移动鼠标，在如图 6-7 所示的预定位置处单击鼠标左键。

（6）修改截面的尺寸。修改尺寸后的截面形状如图 6-8 所示。

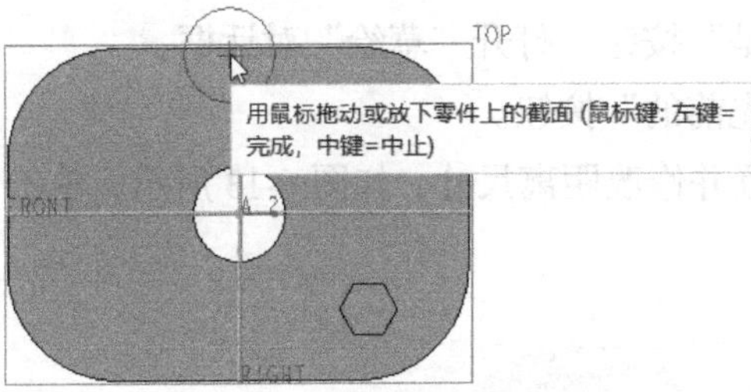


图 6-7 选择截面的放置位置

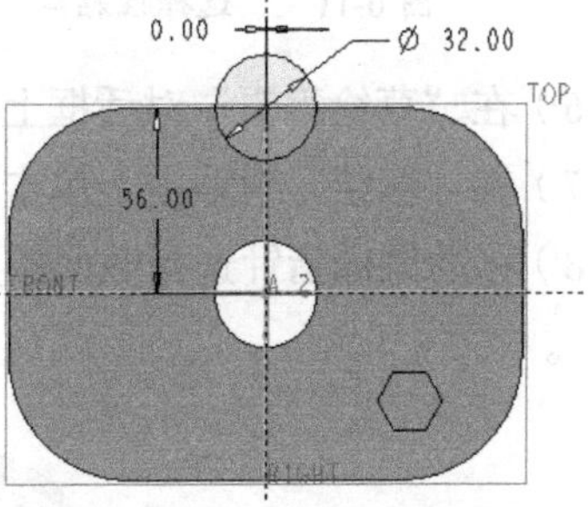


图 6-8 修改尺寸后的截面形状

（7）单击“确定”按钮✔，完成截面的重新定义。

（8）此时按 Ctrl+D 快捷键以默认的标准方向视角显示，则模型显示如图 6-9 所示。在“拉伸”选项卡上单击“完成”按钮✔，完成的零件模型效果如图 6-10 所示。

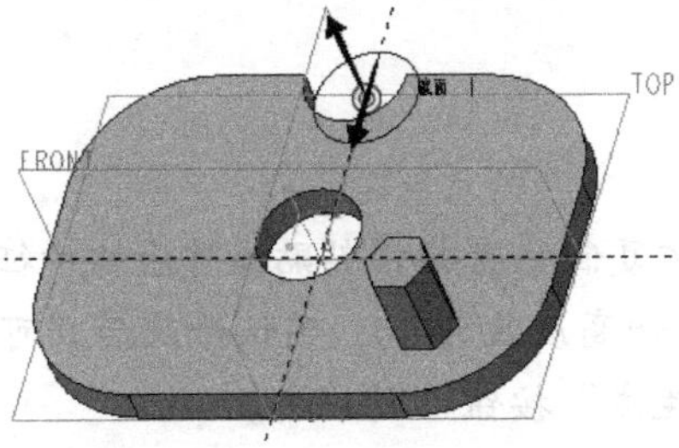


图 6-9 模型显示

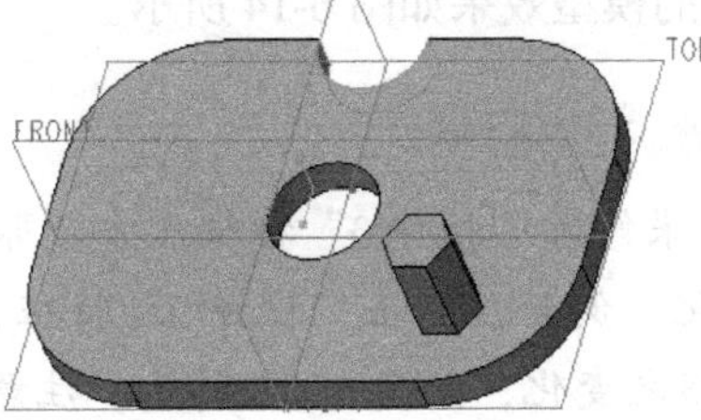


图 6-10 完成的零件模型效果

### 3. 复制与选择性粘贴（令副本从属于原始尺寸）

（1）选择“拉伸 3”特征。

（2）在功能区“模型”选项卡的“操作”面板中单击“复制”按钮，或者按 Ctrl+C 快捷键。

（3）在功能区“模型”选项卡的“操作”面板中单击“选择性粘贴”按钮，打开“选择性粘贴”对话框。

（4）接受如图 6-11 所示的默认选项，即勾选“从属副本”复选框，并选择“部分从属 - 仅尺寸和注释元素细节”单选按钮，然后单击“确定”按钮。

（5）出现“拉伸”选项卡。在“拉伸”选项卡上单击“放置”选项标签，打开“放置”滑出面板，单击“编辑”按钮，打开如图 6-12 所示的“草绘编辑”对话框。

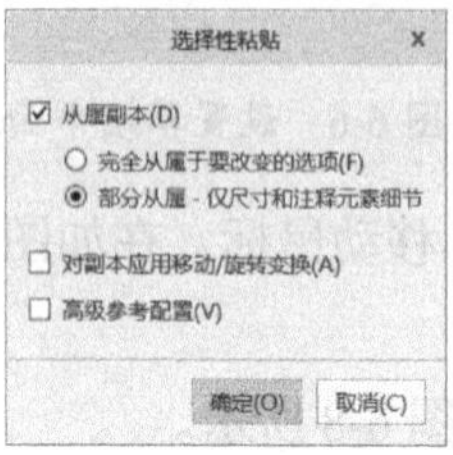


图 6-11 “选择性粘贴”对话框

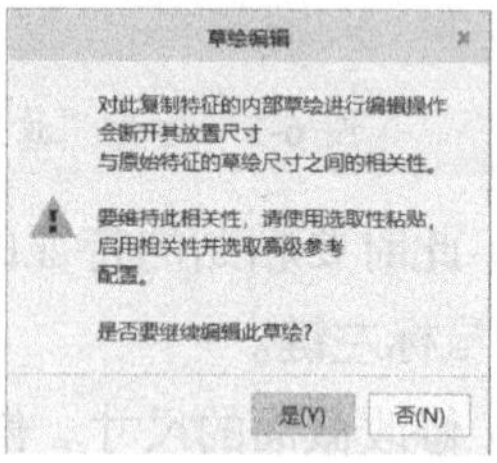


图 6-12 “草绘编辑”对话框

（6）在“草绘编辑”对话框上单击“是”按钮，打开“草绘”对话框。

（7）在“草绘”对话框上单击“使用先前的”按钮。

（8）移动鼠标指针选择截面的放置位置并修改距离尺寸，如图 6-13 所示，单击“确定”按钮✔。

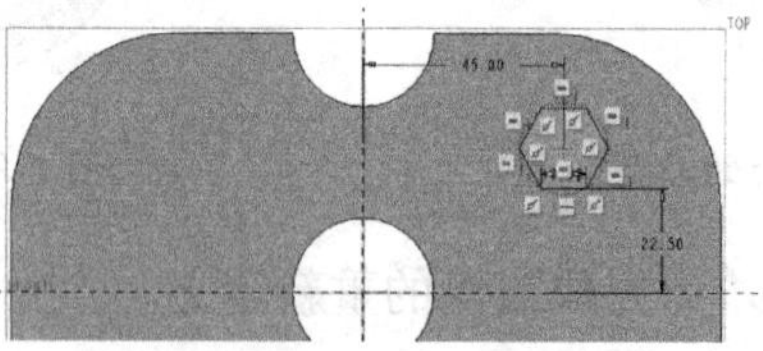


图 6-13 编辑截面

（9）接受默认的拉伸深度及拉伸方向。在“拉伸”选项卡上单击“完成”按钮✔，此时完成的模型效果如图 6-14 所示。

**知识点拨**

如果修改“拉伸 3”特征尺寸，那么执行该复制 – 选择性粘贴操作后的特征也随之发生变化。例如，双击“拉伸 3”特征，将其拉伸高度改为 20，确认修改后则可以看到副本也随之变化，如图 6–15 所示。注意“重新生成”按钮的应用。

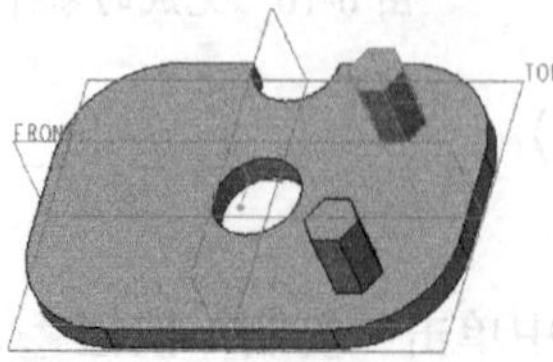


图 6-14 粘贴后的效果

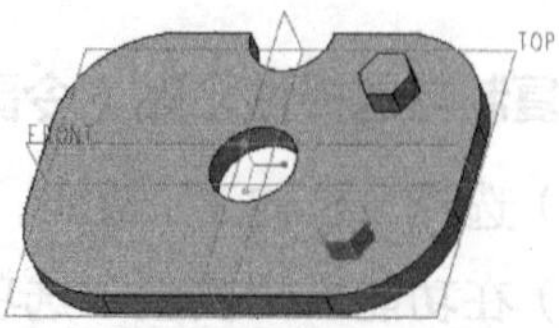


图 6-15 副本从属于原始尺寸

### 4. 复制与选择性粘贴（旋转变换）

（1）选择“拉伸 3”特征。

（2）按 Ctrl+C 快捷键执行复制操作。

（3）在功能区“模型”选项卡的“操作”面板中单击“选择性粘贴”按钮，打开“选择性粘贴”对话框。

（4）在“选择性粘贴”对话框中勾选“对副本应用移动 / 旋转变换”复选框，如图 6-16 所示，单击“确定”按钮，则功能区出现如图 6-17 所示的“移动（复制）”选项卡。

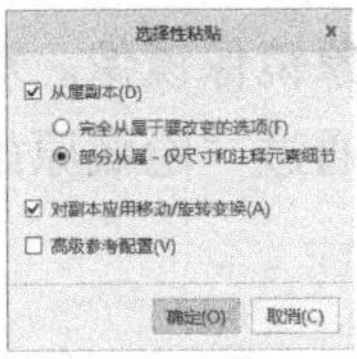


图 6-16 “选择性粘贴”对话框

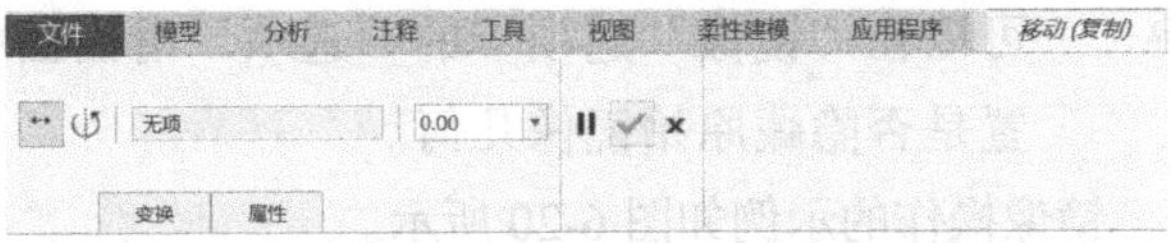


图 6-17 “移动（复制）”选项卡

（5）在“移动（复制）”选项卡上单击“相对选定参考旋转特征”按钮，在模型中选择位于模型中央的特征轴 A_2，设定旋转角度为 210°，如图 6-18 所示。

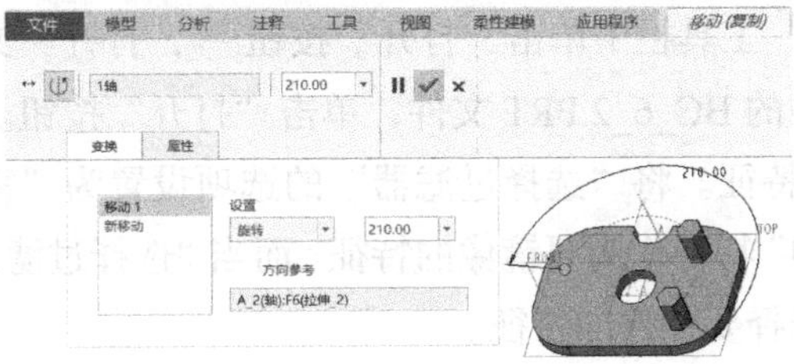


图 6-18 旋转变换

> **知识点拨**
>
> 按钮和按钮的功能说明如下。
>
> ：沿选定参考平移特征，需要指定参考和沿方向的平移距离。
>
> ：相对选定参考旋转特征，需要指定参考和旋转角度。

（6）在“移动（复制）”选项卡上单击“完成”按钮。完成的零件模型效果如图 6-19 所示。

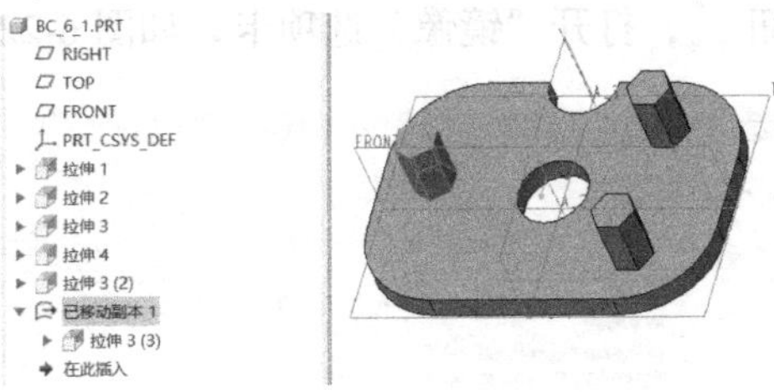


图 6-19 完成的零件模型效果

# 6.3 镜像

使用“镜像”按钮，可以复制关于平面曲面的特征和几何，镜像副本既可以是独立副本，也可以是随着原始特征或几何更新的从属副本。镜像分为特征镜像和几何镜像。

- 特征镜像：可以对选定特征进行镜像，也可以对所有特征进行镜像。当要对所有特征镜像时，可以先在模型树中选择所有特征和零件节点，其镜像结果是以镜像的方式复制特征并创建合并特征，合并特征包含模型中所有特征的几何。
- 几何镜像：对如基准、曲面和面组等的几何对象镜像镜像。对于几何镜像而言，可以在“镜像”选项卡的“选项”滑出面板中通过“隐藏原始几何”复选框来设置是否隐藏原始镜像几何。

镜像操作的示例如图 6-20 所示。

## 小实例 对选定特征进行镜像操作

**操作步骤**

（1）在“快速访问”工具栏中单击“打开”按钮，打开“文件打开”对话框。选择配套资源第 6 章文件夹中的 BC_6_2.PRT 文件，单击“打开”按钮。

（2）选择要镜像的特征。将“选择过滤器”的选项设置为“特征”，在模型窗口中选择如图 6-21 所示的“拉伸”特征作为要镜像的特征。而当“选择过滤器”选项为“几何”等时，还可以从模型树上直接选择要操作的特征。

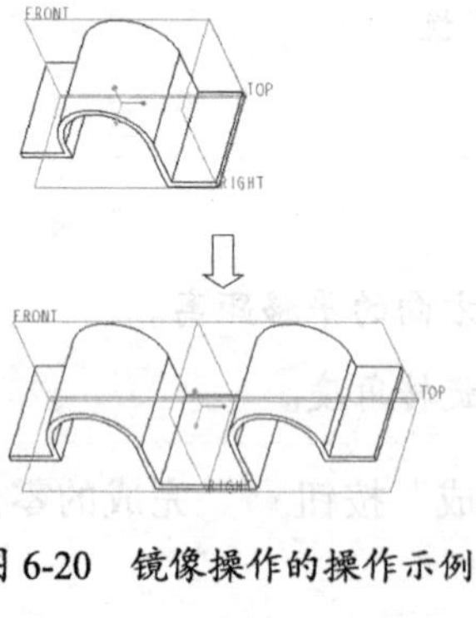


图 6-20 镜像操作的操作示例

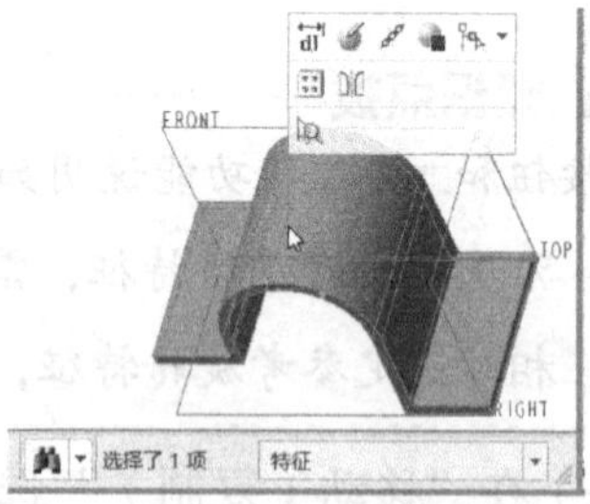


图 6-21 选择要镜像的特征

（3）单击“镜像”按钮，打开“镜像”选项卡，如图 6-22 所示。

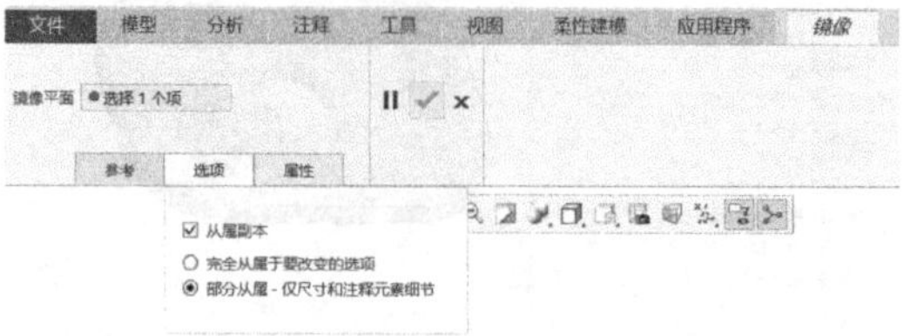


图 6-22 “镜像”选项卡

**说明**

对于选定特征的镜像操作，"镜像"选项卡的"选项"滑出面板提供的选项和几何镜像时提供的选项是不同的。

（4）定义镜像平面。本例选择 RIGHT 基准平面。

（5）单击"完成"按钮✓，完成该镜像操作，得到的镜像效果如图 6-23 所示。

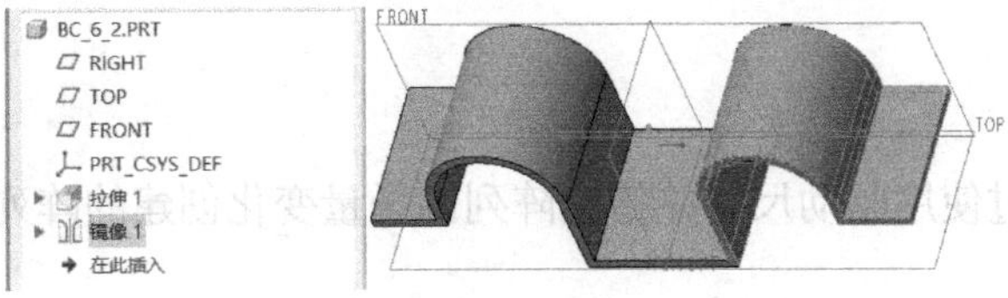


图 6-23 镜像效果

## 6.4 阵列

在功能区"模型"选项卡的"编辑"面板中单击"阵列"按钮 / ，打开如图 6-24 所示的"阵列"选项卡。

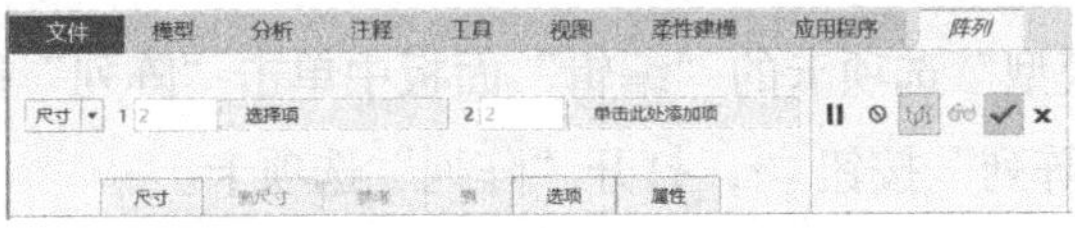


图 6-24 "阵列"选项卡

在"阵列"选项卡的阵列类型选项下拉列表框（见图 6-25）中，可以选择其中一种所需的阵列类型选项，如"尺寸""方向""轴""填充""表""参考""曲线"或"点"。

在"阵列"选项卡上单击"选项"标签，打开如图 6-26 所示的"选项"滑出面板，提供了 3 种重新生成选项（再生选项），即"相同"选项、"可变"选项和"常规"选项，它们的功能如下所述（摘自 Creo Parametric 5.0 帮助文件解释）。

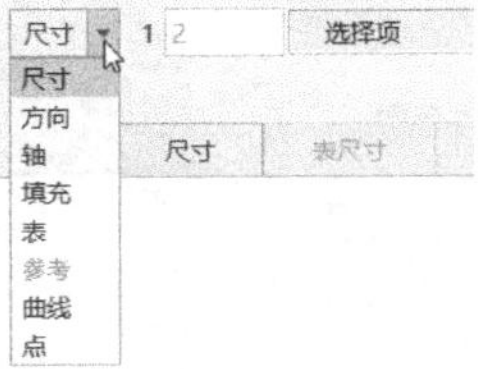


图 6-25 选择阵列类型选项

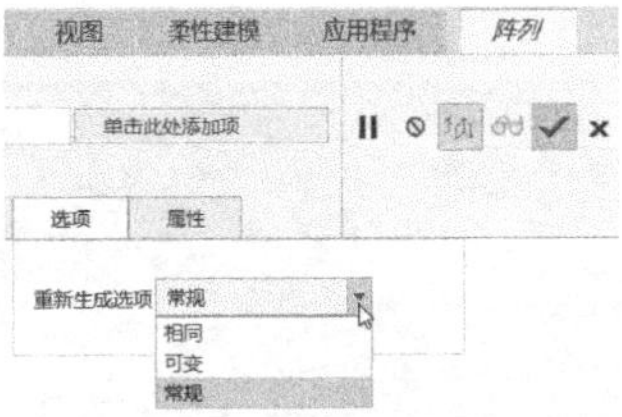


图 6-26 "选项"滑出面板

- "相同"：Creo Parametric 5.0 假定所有的阵列成员尺寸相同，放置在相同的曲面上，且彼此之间或与零件边界不相交。最简单的为相同阵列，在 3 种重新生成选项中，相同阵列重新生成最快。

- “可变”：Creo Parametric 5.0 假定阵列成员的尺寸可以不同或者可放置在不同的曲面上，但彼此之间或与零件边界不能相交。可变阵列比相同阵列要复杂得多。
- “常规”：无任何阵列成员限制。常规阵列（一般阵列）允许创建极复杂的阵列，系统对常规模式的实例不做假设。

## 6.4.1 尺寸阵列

尺寸阵列是指通过使用驱动尺寸并指定阵列的增量变化创建的阵列，该阵列可以为单向或双向。

**小实例 创建单向或双向的尺寸阵列**

**操作步骤**

### 1. 创建单向的尺寸阵列

（1）在“快速访问”工具栏中单击“打开”按钮，打开“文件打开”对话框。选择配套资源第 6 章文件夹中的 BC_6_4_1.PRT 文件，单击“打开”按钮。

（2）在“选择过滤器”下拉列表中选择“特征”选项，选择要阵列的特征，如图 6-27 所示的圆形切口。

（3）在功能区“模型”选项卡的“编辑”面板中单击“阵列”按钮，也可以在弹出的浮动工具栏中单击“阵列”按钮，打开“阵列”选项卡。

（4）在“阵列”选项卡的阵列类型选项下拉列表中选择“尺寸”选项，以改变现有尺寸的方式创建阵列。

（5）打开“阵列”选项卡的“尺寸”滑出面板。在模型窗口中单击所选特征显示数值为 85 的距离尺寸，然后将其尺寸增量设置为 -34，如图 6-28 所示。

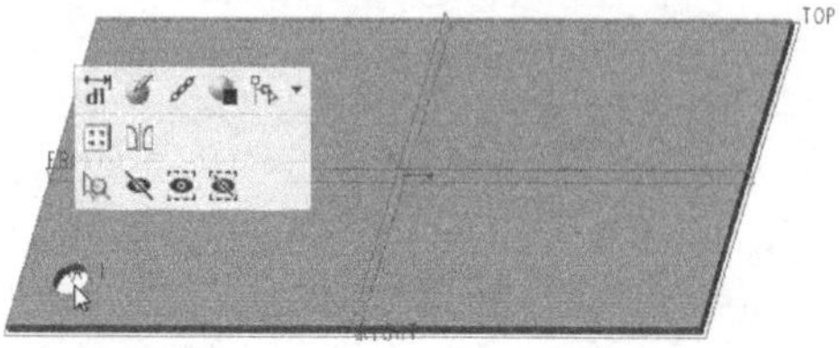


图 6-27 选择要阵列的特征

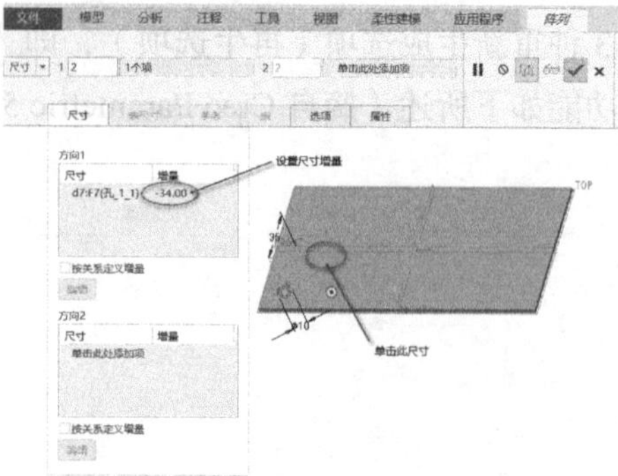


图 6-28 设置方向 1 的尺寸变量及其增量

（6）在“阵列”选项卡上输入方向 1 的阵列成员数为 6，如图 6-29 所示。

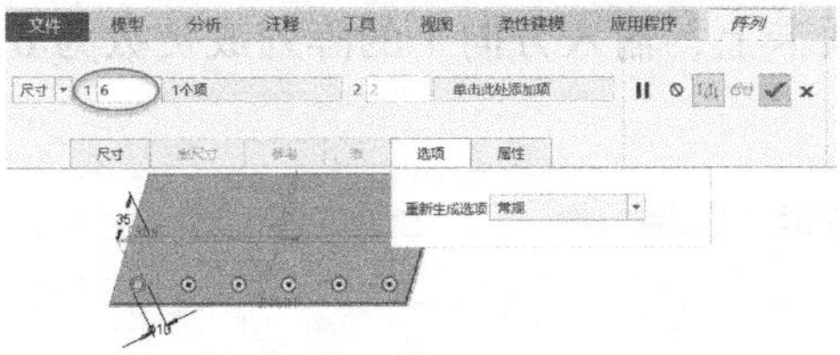

图 6-29　输入方向 1 的阵列成员数

（7）单击“完成”按钮✓，得到的阵列效果如图 6-30 所示。

### 2. 创建双向的尺寸阵列

（1）在“快速访问”工具栏中单击“打开”按钮，打开“文件打开”对话框。选择配套资源第 6 章文件夹中的 BC_6_4_1A.PRT 文件，单击“打开”按钮。该文件中已有的原始模型和 BC_6_4_1.PRT 文件的原始模型是一样的。

（2）在模型树上选择“孔 1”特征作为要阵列的特征，如图 6-27 所示。

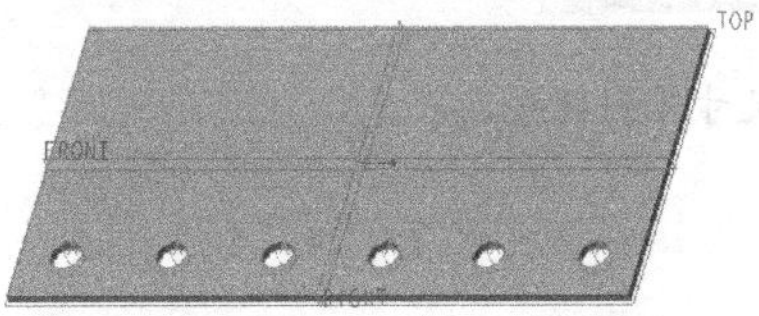

图 6-30　单向的尺寸阵列效果

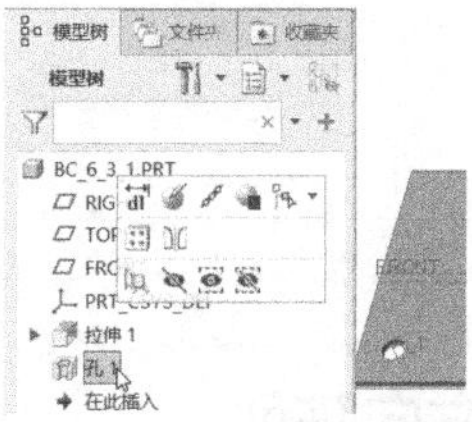

图 6-31　在模型树上选择要阵列的特征

（3）单击“阵列”按钮，打开“阵列”选项卡。

（4）在“阵列”选项卡的阵列类型选项下拉列表中选择“尺寸”选项。

（5）打开“阵列”选项卡的“尺寸”滑出面板。在模型窗口中单击所选特征显示数值为 85 的距离尺寸，将其定义为方向 1 尺寸，然后将其尺寸增量设置为 -34；在“尺寸”滑出面板上单击“方向 2”收集器的框，将其激活，然后在模型窗口单击数值为 35 的距离尺寸，将其定义为方向 2 尺寸，并设置其尺寸增量为 -35，如图 6-32 所示。

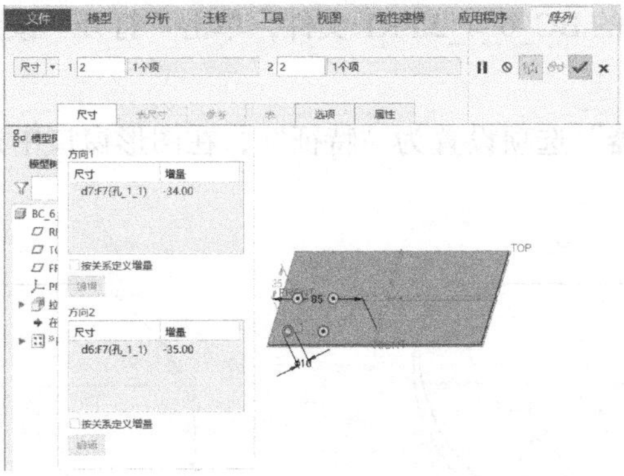

图 6-32　设置尺寸阵列

（6）在“阵列”选项卡上，输入方向 1 的阵列成员数为 6，输入方向 2 的阵列成员数为 3，如图 6-33 所示。

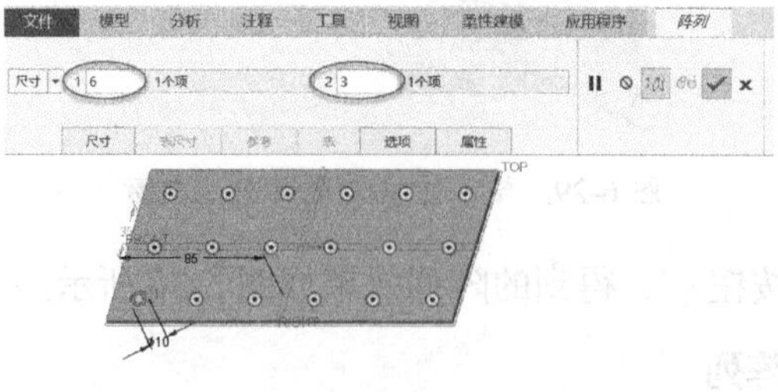


图 6-33　输入方向 1 和方向 2 的阵列成员数

（7）单击“完成”按钮，得到的阵列效果如图 6-34 所示。

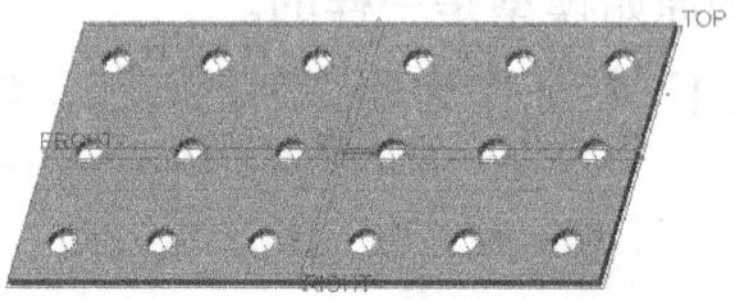


图 6-34　双向的尺寸阵列效果

## 6.4.2　方向阵列

方向阵列是指通过指定方向并设置阵列增长的方向和增量创建阵列，该阵列既可以为单向的，也可以为双向的。

**小实例　创建方向阵列**

**操作步骤**

（1）在“快速访问”工具栏中单击“打开”按钮，打开“文件打开”对话框。选择配套资源第 6 章文件夹中的 BC_6_4_2.PRT 文件，单击“打开”按钮。该文件中已有的原始模型如图 6-35 所示。

（2）将“选择过滤器”选项设置为“特征”，在图形窗口中选择要阵列的特征，如图 6-36 所示。

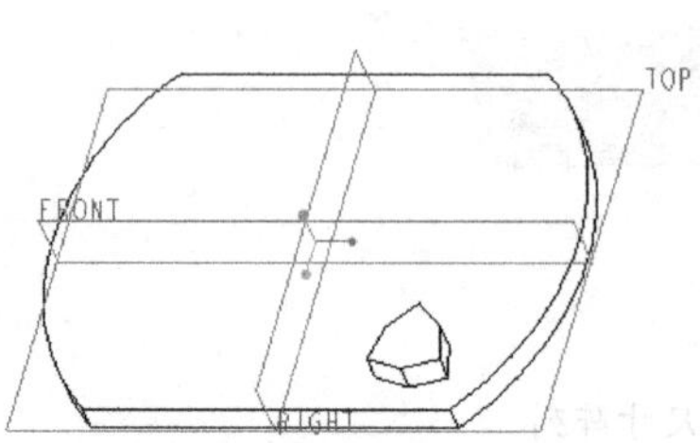


图 6-35　已有的原始模型

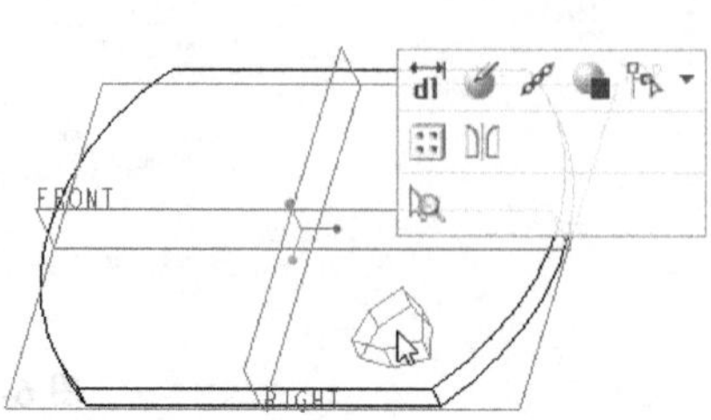


图 6-36　选择要阵列的特征

（3）单击“阵列”按钮，打开“阵列”选项卡。

（4）在“阵列”选项卡的阵列类型选项下拉列表中选择“方向”选项。

（5）选择 FRONT 基准平面作为方向 1 参考，输入方向 1 的阵列成员间的间距为 24，输入方向 1 的阵列成员数为 3，单击“反向第一方向”按钮。

（6）在“阵列”选项卡上的“2”下拉列表中选择“平移”，单击激活“方向 2 参考”收集器，选择 RIGHT 基准平面作为方向 2 参考，接着输入方向 2 的阵列成员间的间距为 50，输入方向 2 的阵列成员数为 2，单击“反向第二方向”按钮，此时模型如图 6-37 所示。

（7）单击“完成”按钮，得到的方向阵列效果如图 6-38 所示。

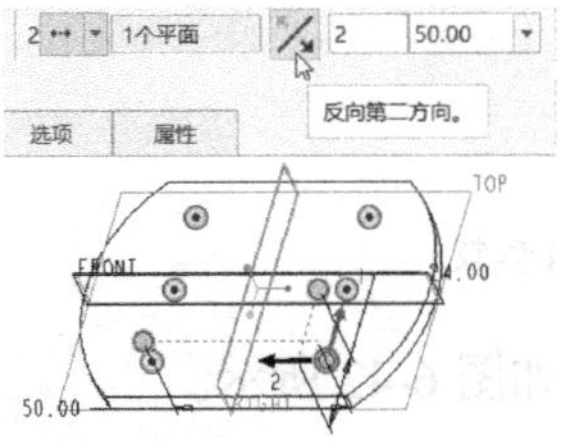


图 6-37　方向阵列动态预览

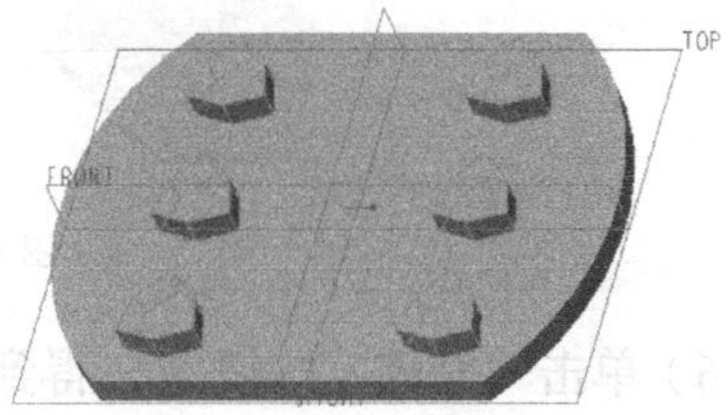


图 6-38　方向阵列效果

## 6.4.3 轴阵列

轴阵列是指通过设置阵列的角增量和径向增量创建径向阵列。

**小实例 创建轴阵列**

**操作步骤**

（1）在“快速访问”工具栏中单击“打开”按钮，打开“文件打开”对话框。选择配套资源第 6 章文件夹中的 BC_6_4_3.PRT 文件，单击“打开”按钮。该文件中已有的原始模型如图 6-39 所示。

（2）在“选择过滤器”下拉列表中选择“特征”选项，在图形窗口中选择要阵列的特征，如图 6-40 所示。

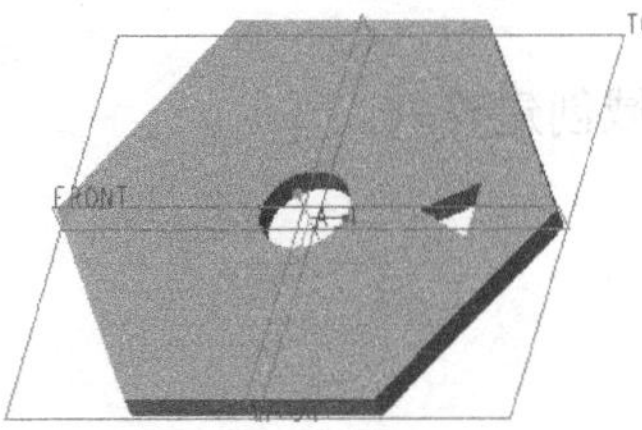


图 6-39　已有的原始模型

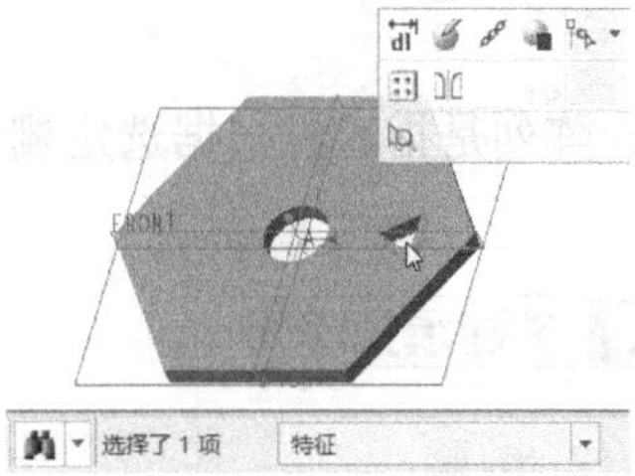


图 6-40　选择要阵列的特征

（3）单击“阵列”按钮，打开“阵列”选项卡。

（4）在“阵列”选项卡的阵列类型选项下拉列表中选择“轴”选项，接着在模型中选择中心轴线 A_1。

（5）在“阵列”选项卡上单击“设置阵列的角度范围”按钮，接受默认的角度范围为 360°，输入方向 1 的阵列成员数为 5，接着打开“选项”滑出面板，勾选“跟随轴旋转”复选框，如图 6-41 所示。

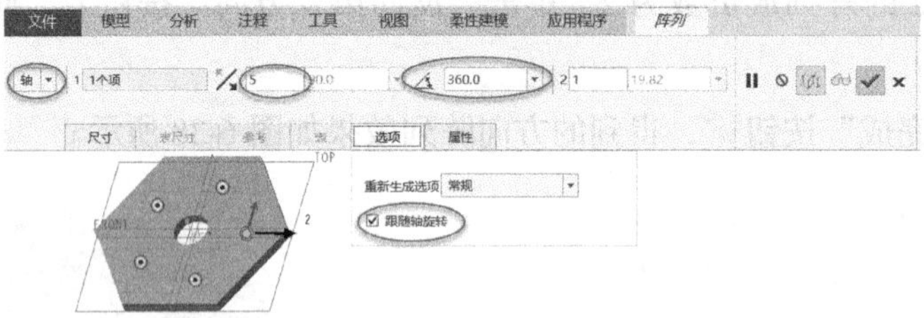


图 6-41　设置轴阵列参数

（6）单击“完成”按钮，得到的轴阵列效果如图 6-42 所示。

**知识点拨**

如果在步骤（5）中，在“阵列”选项卡的“选项”滑出面板中取消选中“跟随轴旋转”复选框，那么最后得到的轴阵列效果如图 6-43 所示。另外，在创建阵列特征的过程中，如果要跳过（不创建）某些阵列成员，那么单击标识该阵列成员的点即可，再次单击则恢复该成员。

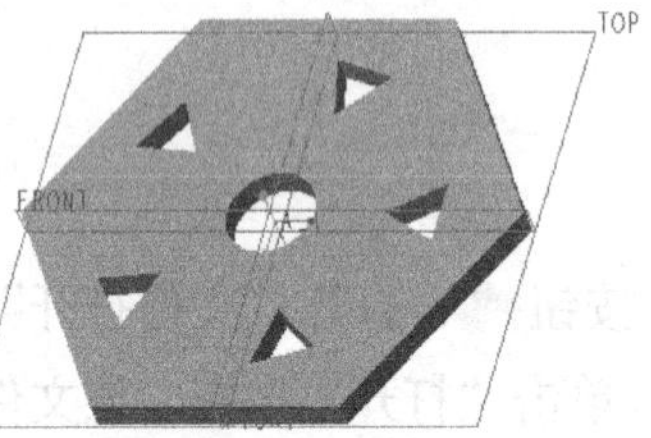


图 6-42　轴阵列效果

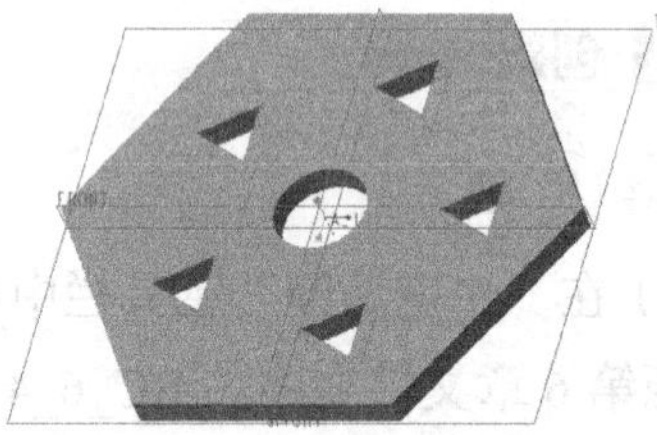


图 6-43　不跟随轴旋转的效果

## 6.4.4　填充阵列

填充阵列是指通过根据选定栅格用实例填充区域创建阵列。

### 小实例　创建填充阵列

**操作步骤**

（1）在“快速访问”工具栏中单击“打开”按钮，打开“文件打开”对话框。选择配套资源第 6 章文件夹中的 BC_6_4_4.PRT 文件，单击“打开”按钮。

（2）在“选择过滤器”下拉列表中选择“特征”选项，在图形窗口中选择如图 6-44 所示的小圆孔作为要阵列的特征。

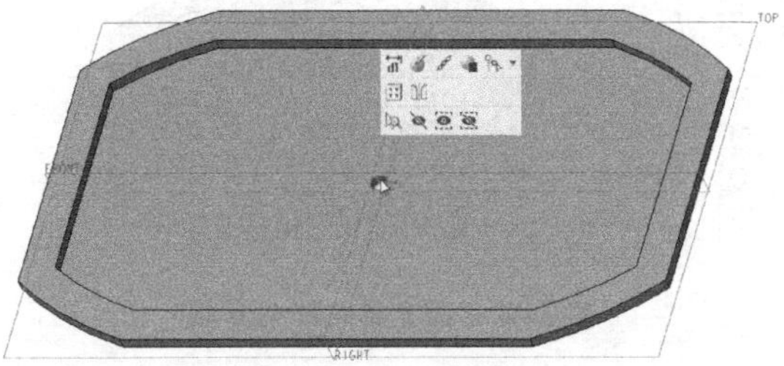


图 6-44　选择要阵列的特征

（3）在弹出的浮动工具栏中单击“阵列”按钮，打开“阵列”选项卡。

（4）在“阵列”选项卡的阵列类型选项下拉列表中选择“填充”选项。

（5）在“阵列”选项卡上单击“参考”选项标签，打开“参考”滑出面板，如图 6-45 所示。

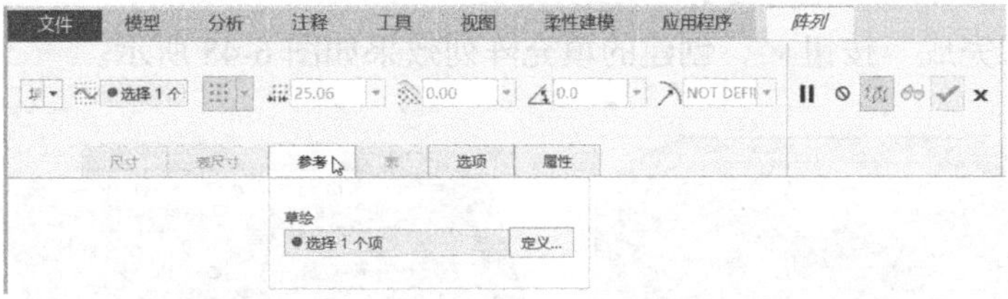


图 6-45　打开“阵列”选项卡的“参考”滑出面板（创建填充阵列时）

（6）在“参考”滑出面板上单击“定义”按钮，打开“草绘”对话框。选择 TOP 基准平面作为草绘平面，以 RIGHT 基准平面作为“右”方向参考，单击“草绘”按钮。

（7）单击“中心和轴椭圆”按钮，绘制如图 6-46 所示的一个椭圆定义填充区域，单击“确定”按钮。

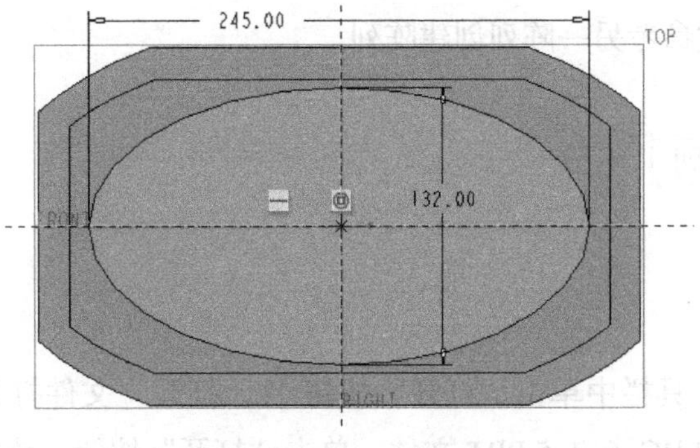


图 6-46　绘制一个椭圆

（8）在“阵列”选项卡上设置如图 6-47 所示的填充阵列参数。

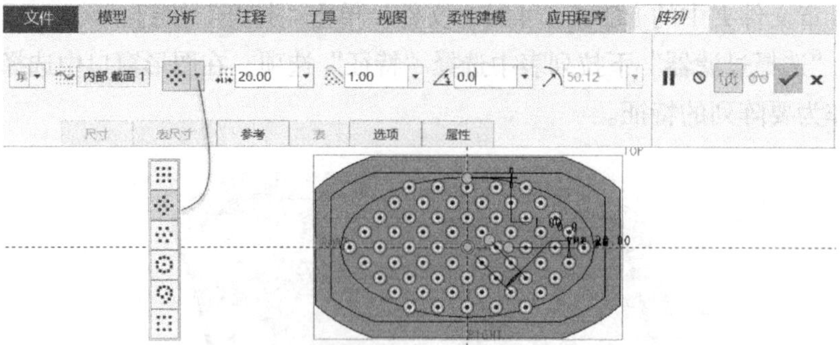


图 6-47　设置填充阵列参数

**知识点拨**

在“阵列”选项卡的栅格类型下拉列表中，可以选择“以方形阵列分隔各成员”、“以菱形阵列分隔各成员”、“以六边形阵列分隔各成员”、“以圆形阵列分隔各成员”、“以螺旋线分隔各成员”和“沿草绘曲线间隔成员”选项。例如，选择“以菱形阵列分隔各成员”时，以菱形阵列分隔各成员。

（9）单击“完成”按钮，创建的填充阵列效果如图 6-48 所示。

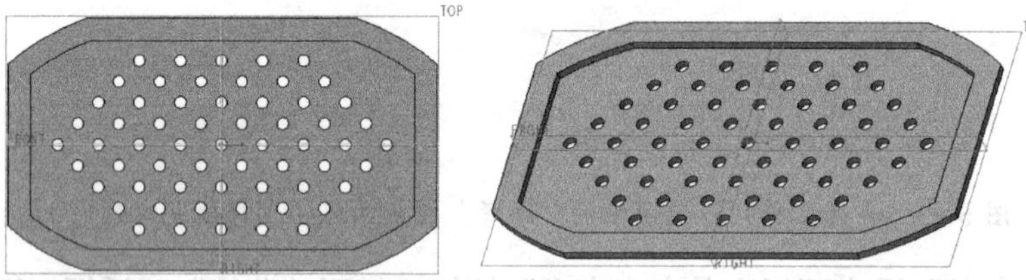

图 6-48　创建的填充阵列效果

## 6.4.5　参考阵列

参考阵列是指通过参考另一阵列创建阵列。

### 小实例　创建参考阵列

**操作步骤**

#### 1．打开零件文件

在“快速访问”工具栏中单击“打开”按钮，打开“文件打开”对话框。选择配套资源第 6 章文件夹中的 BC_6_4_5.PRT 文件，单击“打开”按钮，该文件中已有的原始模型如图 6-49 所示。

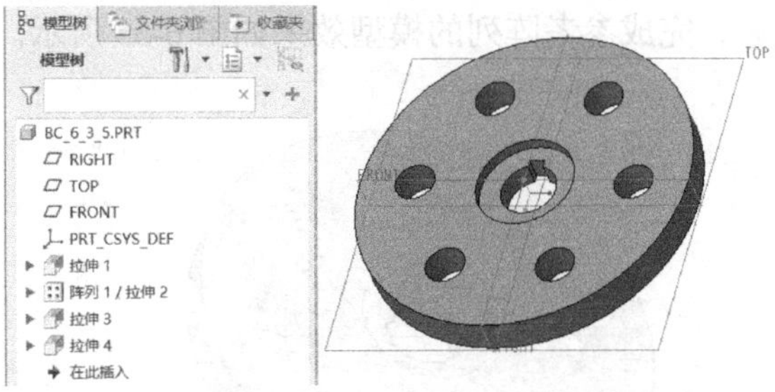


图 6-49　已有的原始模型

### 2. 参考一个阵列成员创建倒角特征

（1）单击“边倒角”按钮，打开“边倒角”选项卡。

（2）选择边倒角标注形式为 45 × D，在“D”文本框中输入 5。

（3）选择需要倒角的边线，如图 6-50 所示。

（4）在“边倒角”选项卡中单击“完成”按钮，倒角效果如图 6-51 所示。

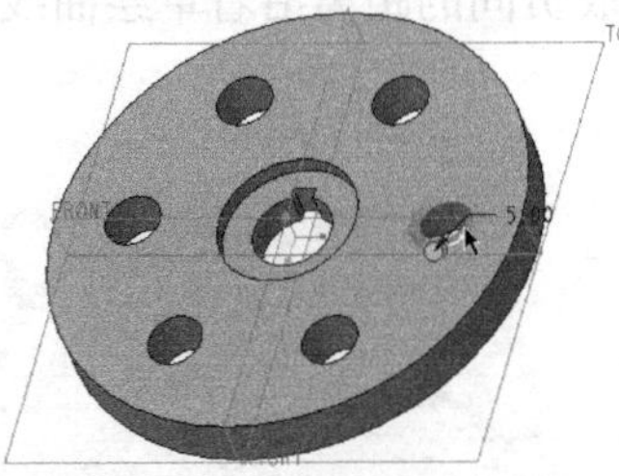


图 6-50 选择要倒角的边线

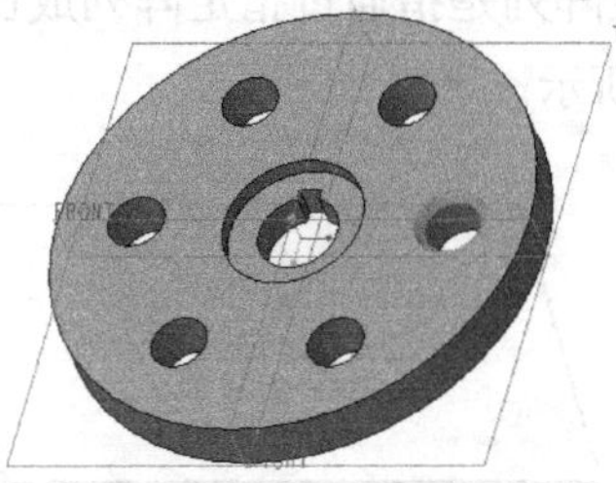


图 6-51 倒角效果

### 3. 创建参考阵列

（1）刚创建的倒角特征处于选中的状态，在功能区“模型”选项卡的“编辑”面板中单击“阵列”按钮，打开“阵列”选项卡。

（2）此时，“阵列”选项卡和模型显示如图 6-52 所示，默认的阵列类型选项为“参考”。

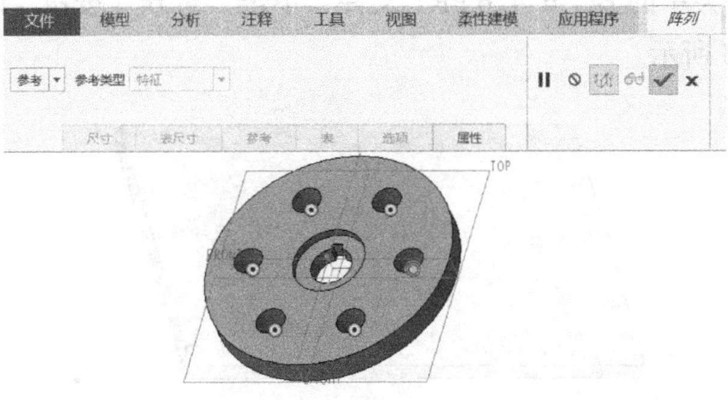


图 6-52　“阵列”选项卡和模型显示

单击“完成”按钮✓，完成参考阵列的模型效果如图 6-53 所示。

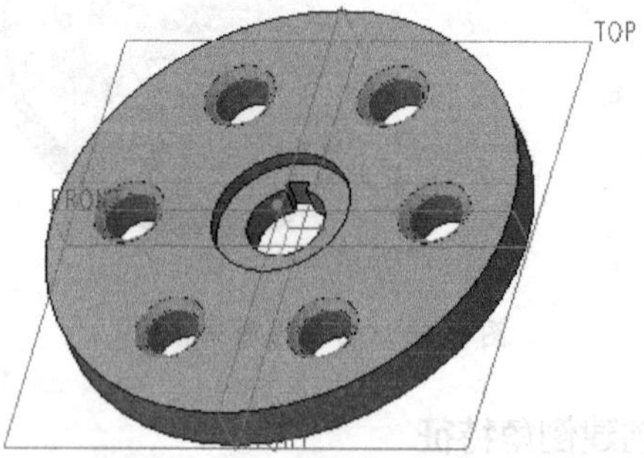


图 6-53　完成参考阵列的模型效果

### 6.4.6　曲线阵列

曲线阵列是指通过指定阵列成员的数目或阵列成员间的距离沿着草绘曲线创建阵列，如图 6-54 所示。

图 6-54　创建曲线阵列

**小实例　创建曲线阵列**

**操作步骤**

（1）在“快速访问”工具栏中单击“打开”按钮，打开“文件打开”对话框。选择配套资源第 6 章文件夹中的 BC_6_4_6.PRT 文件，单击“打开”按钮，该文件中已有的原始模型和曲线如图 6-55 所示。

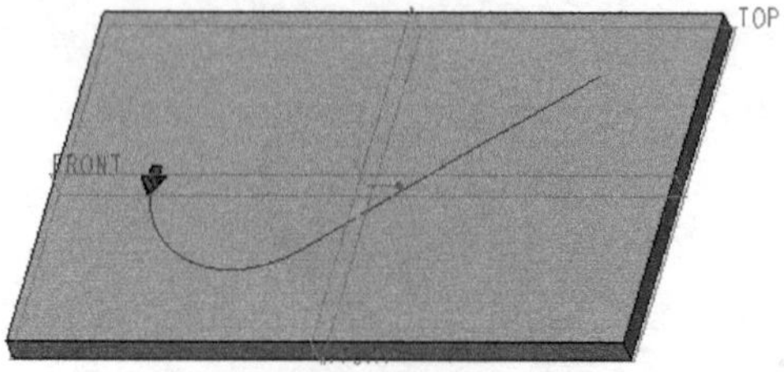


图 6-55　已有的原始模型和曲线

（2）在模型树上选择“拉伸 2”（箭头形式的拉伸切口特征）作为要阵列的特征。

（3）单击“阵列”按钮，打开“阵列”选项卡。

（4）在“阵列”选项卡的阵列类型选项下拉列表中选择“曲线”选项。

（5）在模型窗口（图形窗口）中选择已有曲线。

**操作技巧**

如果没有可需要的草绘，可以在“阵列”选项卡上单击“参考”选项标签，打开“参考”滑出面板，单击“定义”按钮，指定草绘平面及草绘方向，进入草绘模式绘制所需要的曲线。

（6）在“阵列”选项卡上确认单击选中“沿曲线的阵列成员间的间距”按钮，在其尺寸文本框中输入 30，打开“选项”滑出面板，勾选“跟随曲线方向”复选框，如图 6-56 所示。

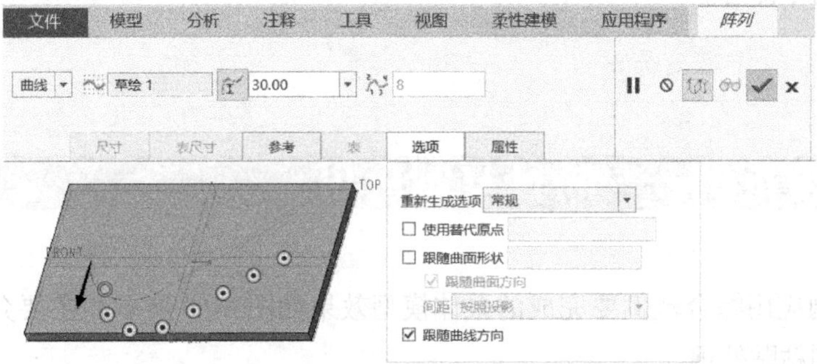


图 6-56 设置沿曲线的阵列成员间的间距

**操作点拨**

注意“沿曲线的阵列成员间的间距”按钮和“设置沿曲线的阵列成员数目”按钮的应用。在本例中，也可以单击选中“设置沿曲线的阵列成员数目”按钮，然后在其文本框中输入沿曲线阵列的阵列成员间的数目。

（7）单击“完成”按钮，完成该曲线阵列的模型效果如图 6-57 所示。

**知识点拨**

在本例中，如果在“阵列”选项卡的“选项”滑出面板中取消选中“跟随曲线方向”复选框，那么最终得到的曲线阵列的模型效果如图 6–58 所示。

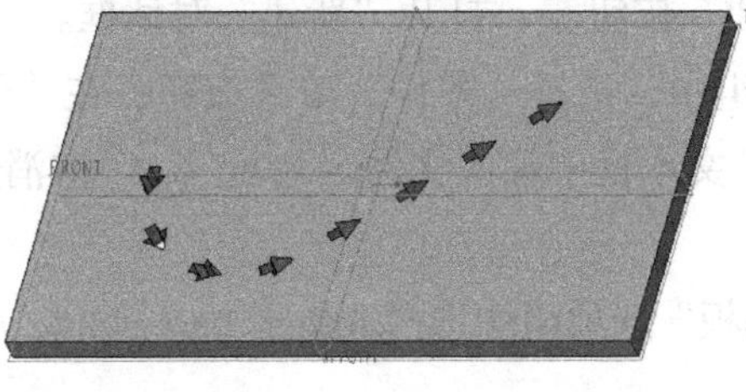


图 6-57 曲线阵列的模型效果（跟随曲线方向）

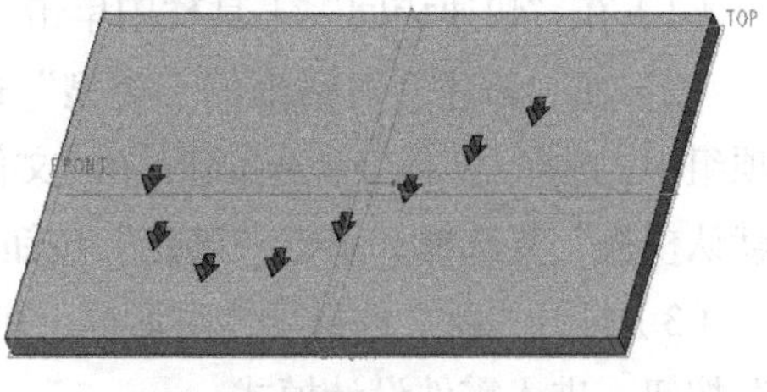


图 6-58 曲线阵列的模型效果（不跟随曲线方向）

### 6.4.7 其他阵列及阵列删除

还可以创建点阵列和表阵列，下面简单介绍点阵列和表阵列的创建思路。

创建点阵列的思路是将阵列成员放置在几何草绘点、几何草绘坐标系或基准点上。即创建点阵列时，Creo Parametric 会通过将导引特征或几何的原点放置在各点或坐标系上创建阵列成员。与其他阵列预览一样，其中导引成员的原点显示为◎；而将针对每个附加阵列成员放置其原点的位置，显示为⊙。

创建表阵列的思路是通过使用阵列表并为每一阵列实例指定尺寸值控制阵列。可以使用阵列表创建特征或组的复杂或不规则阵列。在创建阵列之后，可以随时修改阵列表。

如果要删除阵列特征，可以在模型树上右键单击该阵列特征，在弹出的快捷菜单中选择“删除阵列”命令即可。

## 6.5 典型范例——特征复制应用

本特征复制应用综合范例要完成的泵体模型效果如图 6-59 所示，主要介绍阵列操作、镜像操作和复制粘贴处理。

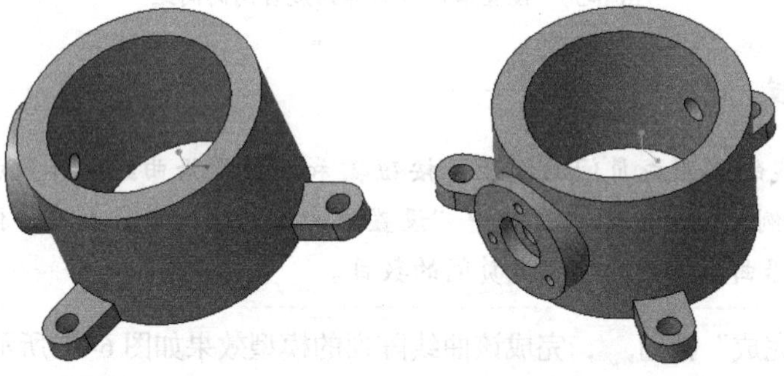

图 6-59 要完成的泵体模型效果

操作步骤

#### 1. 新建零件文件

（1）在“快速访问”工具栏中单击“新建”按钮，打开“新建”对话框。

（2）在“新建”对话框的“类型”选项组中，选择“零件”单选按钮；在“子类型”选项组中，选择“实体”单选按钮；在“文件名”文本框中输入文件名为 bc_6_4，取消选中“使用默认模板”复选框，单击“确定”按钮。

（3）打开“新文件选项”对话框，在“模板”选项组中选择 mmns_part_solid，单击“确定”按钮，进入零件设计模式。

### 2. 创建拉伸特征

（1）在功能区“模型”选项卡的“形状”面板中单击“拉伸”按钮，打开“拉伸”选项卡，默认时选中“实体”按钮。

（2）选择 TOP 基准平面作为草绘平面，快速进入草绘模式。绘制如图 6-60 所示的拉伸截面，单击“确定”按钮。

（3）输入侧 1 的拉伸深度为 100。

（4）在“拉伸”选项卡上单击“完成”按钮，完成的拉伸特征效果如图 6-61 所示。

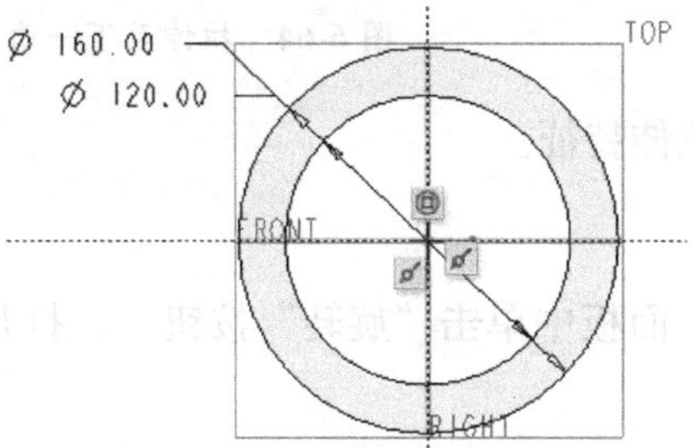


图 6-60 绘制拉伸截面

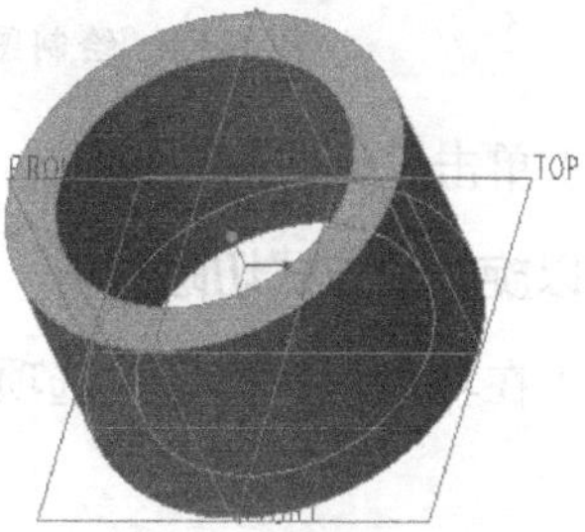


图 6-61 完成拉伸特征效果

### 3. 创建拉伸特征

（1）单击“拉伸”按钮，打开“拉伸”选项卡。

（2）打开“拉伸”选项卡的“放置”滑出面板，单击“定义”按钮，打开“草绘”对话框。在功能区右侧区域单击“基准”→“平面”按钮，打开“基准平面”对话框，选择 RIGHT 基准平面作为参考平面，设置如图 6-62 所示的平移距离和平移侧等，然后单击“确定”按钮，从而完成创建 DTM1 基准平面。

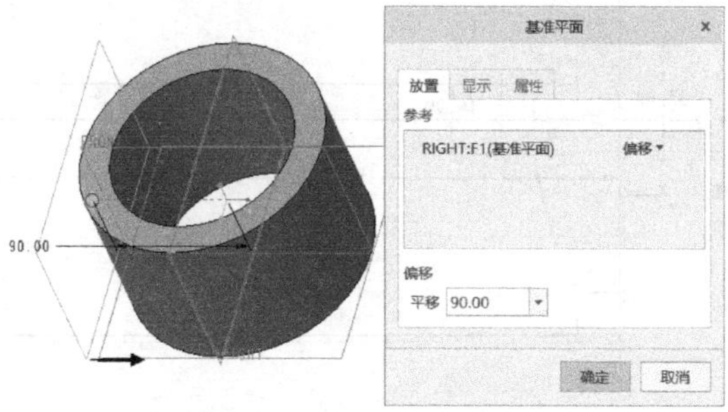


图 6-62 创建 DTMI 基准平面

（3）DTM1 基准平面作为草绘平面，以 TOP 基准平面为“左”方向参考，单击“草绘”按钮，进入内部草绘模式。绘制如图 6-63 所示的图形，单击“确定”按钮。

（4）设置侧 1 的拉伸深度选项为“拉伸至下一曲面”，注意相应的深度方向，如图 6-64 所示。

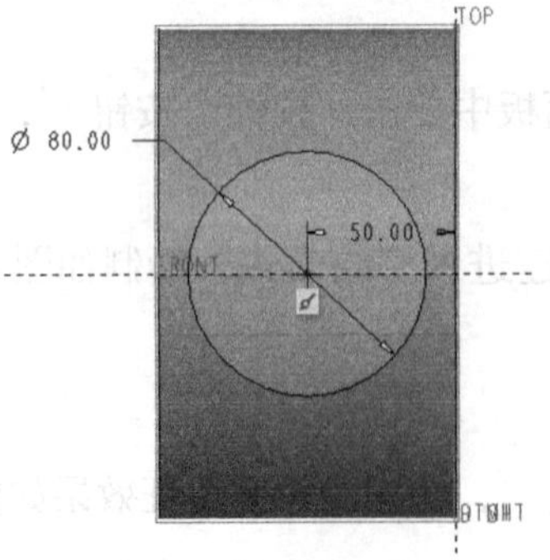


图 6-63　绘制图形

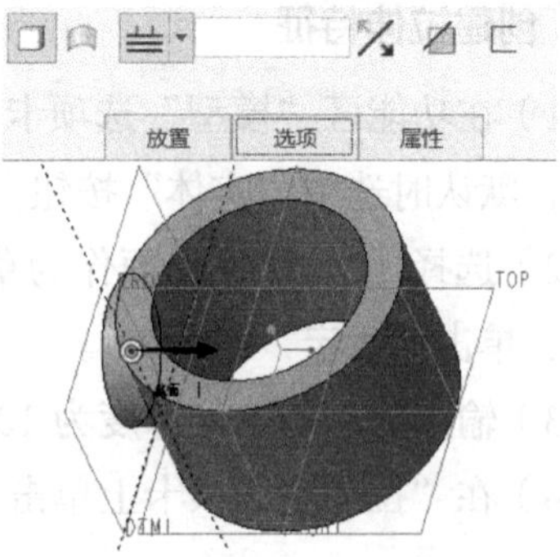


图 6-64　拉伸至下一曲面

（5）单击“完成”按钮✔，完成创建该拉伸特征。

**4．以旋转的方式切除材料**

（1）在功能区“模型”选项卡的“形状”面板中单击“旋转”按钮，打开“旋转”选项卡。

（2）在“旋转”选项卡上单击“实体”按钮和“去除材料”按钮。

（3）打开“放置”滑出面板，单击“定义”按钮，打开“草绘”对话框，选择 FRONT 基准平面作为草绘平面，以 RIGHT 基准平面为“右”方向参考，单击“草绘”按钮。先在“基准”面板中单击“几何中心线”按钮┆绘制一条将作为旋转轴的水平几何中心线，再在“草绘”面板中单击“线链”按钮绘制封闭的旋转截面，如图 6-65 所示，确定相应的尺寸和几何约束后，单击“确定”按钮✔。

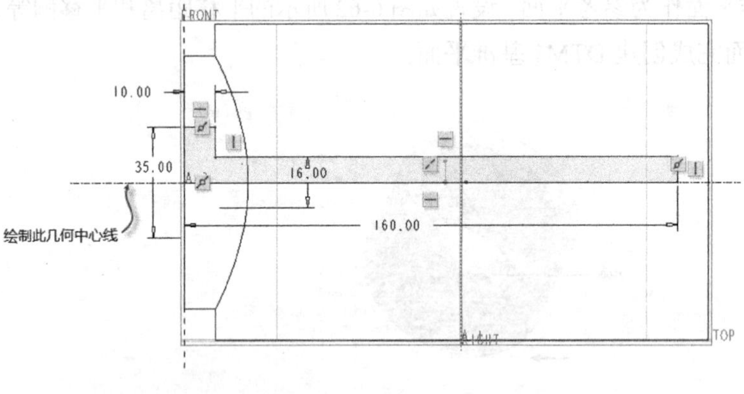


图 6-65　绘制水平几何中心线和旋转截面

（4）默认的旋转角度为 360°，单击“完成”按钮✔。

**5．创建螺纹孔特征**

（1）在功能区“模型”选项卡的“工程”面板中单击“孔”按钮，打开“孔”选项卡。

（2）在“孔”选项卡上单击“创建标准孔”按钮，设置标准螺纹孔的相应参数和形状尺寸，如图 6-66 所示。

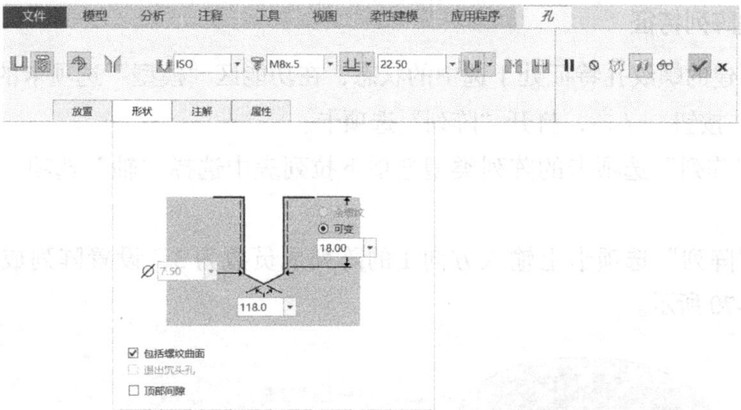


图 6-66 设置标准螺纹孔的相应参数和形状尺寸

（3）打开“放置”滑出面板，在拉伸凸台端部环面的适当位置处单击以指定主放置参考面，在“类型”下拉列表中选择“直径”选项，激活“偏移参考”收集器，选择 A_3 轴，按住 Ctrl 键的同时选择 FRONT 基准平面，在“偏移参考”收集器框内设置它们相应的位置尺寸，如图 6-67 所示。

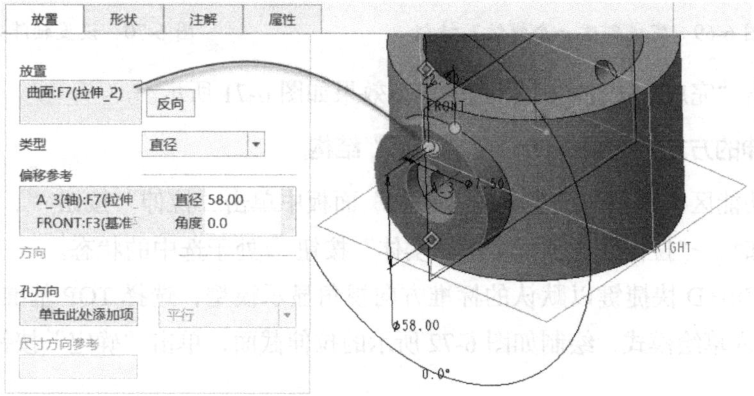


图 6-67 设置参数

（4）打开“注解”滑出面板，取消选中“添加注解”复选框，如图 6-68 所示。

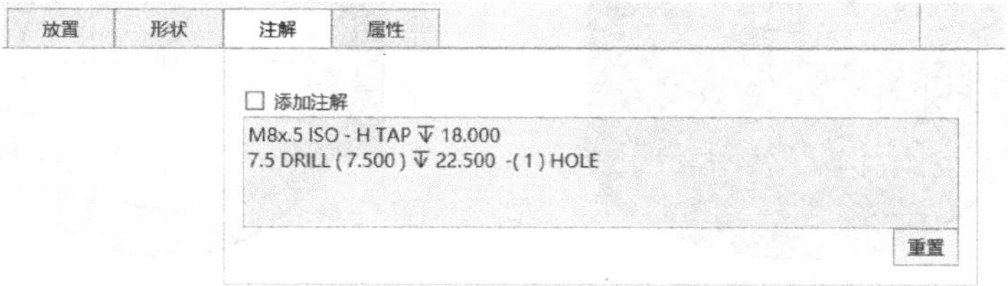


图 6-68 取消选中“添加注解”复选框

（5）单击“完成”按钮 ✓，完成创建如图 6-69 所示的一个螺纹孔特征。

### 6. 创建轴阵列特征

（1）刚创建的螺纹孔特征处于选中的状态，在功能区“模型”选项卡的“编辑”面板中单击“阵列”按钮 / ，打开“阵列”选项卡。

（2）在“阵列”选项卡的阵列类型选项下拉列表中选择“轴”选项，在模型中选择A_3轴。

（3）在“阵列”选项卡上输入方向1的阵列成员数为3，设置阵列成员间的角度为120°，如图6-70所示。

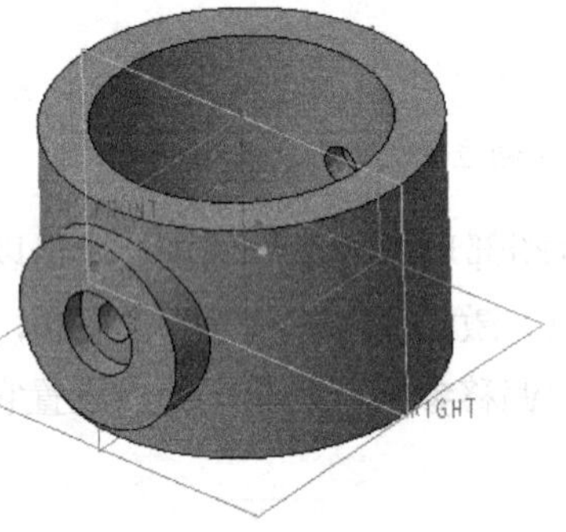


图6-69　完成创建一个螺纹孔特征

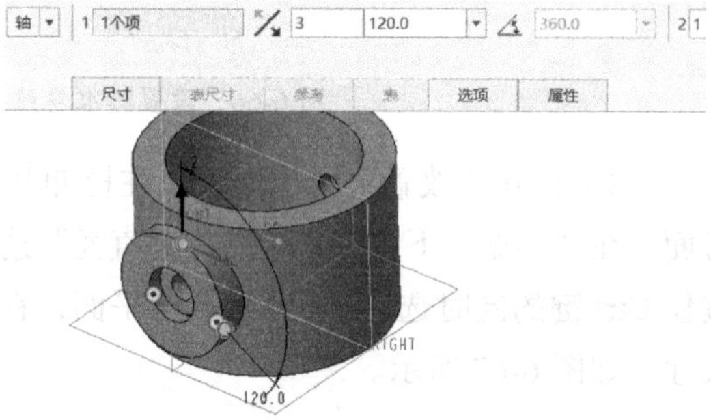


图6-70　设置轴阵列参数

（4）单击“完成”按钮，得到的模型效果如图6-71所示。

### 7. 以拉伸的方式构建泵体的一个“凸耳”结构

（1）在功能区“模型”选项卡的“形状”面板中单击“拉伸”按钮，打开“拉伸”选项卡。默认时，“拉伸”选项卡上的“实体”按钮处于选中的状态。

（2）按Ctrl+D快捷键以默认的标准方向视角显示模型，选择TOP基准平面作为草绘平面，快速进入草绘模式，绘制如图6-72所示的拉伸截面，单击“确定”按钮。

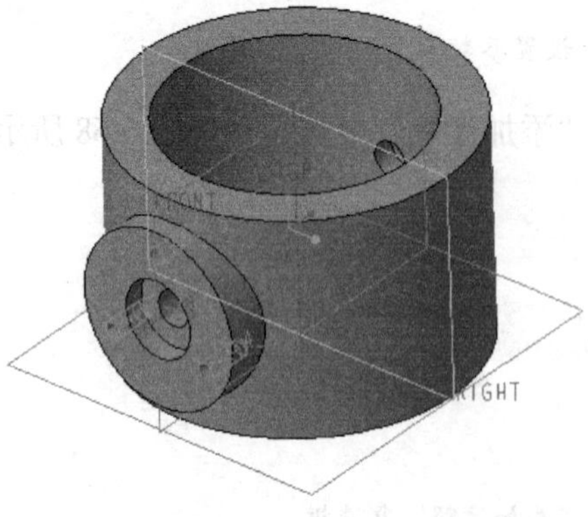


图6-71　完成轴阵列特征模型效果

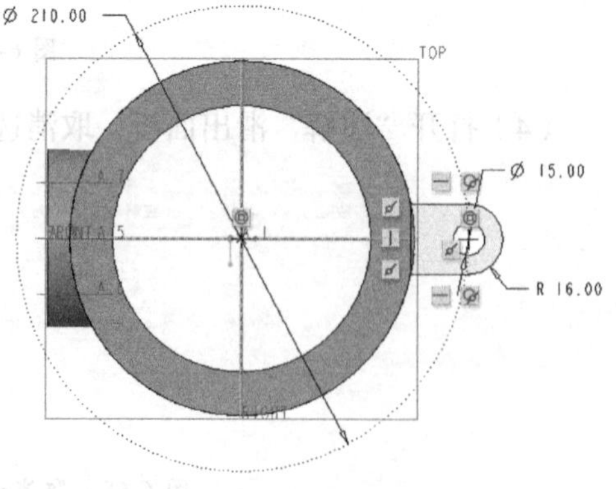


图6-72　绘制拉伸截面

（3）设置侧1的拉伸深度为15，注意正确的拉伸深度方向，如图6-73所示。

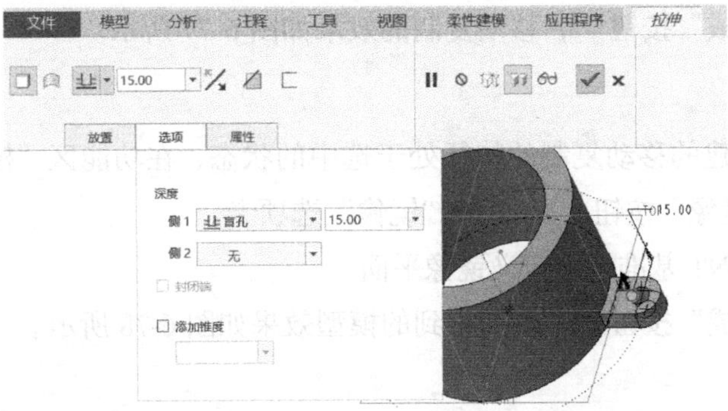


图 6-73 拉伸预览

（4）在“拉伸”选项卡上单击“完成”按钮，完成的“凸耳”结构特征模型效果如图 6-74 所示。

## 8. 移动复制

（1）确认刚创建的特征处于选中的状态，在功能区“模型”选项卡的“操作”面板中单击“复制”按钮，或者按 Ctrl+C 快捷键。

（2）单击“选择性粘贴”按钮，打开“选择性粘贴”对话框，勾选和选择如图 6-74 所示的复选框和单选按钮，单击“确定”按钮。

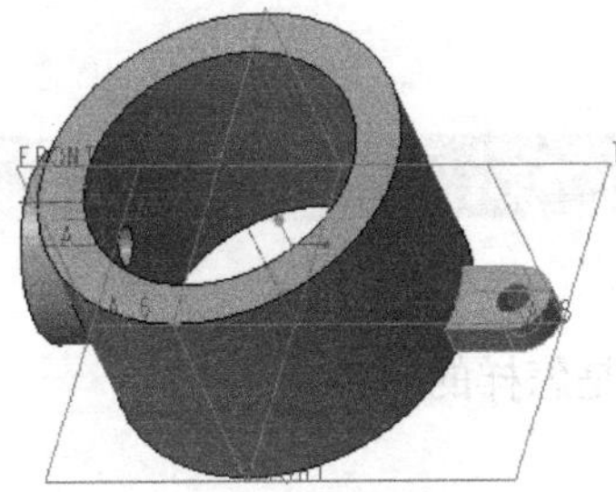


图 6-74 “凸耳”结构特征模型效果

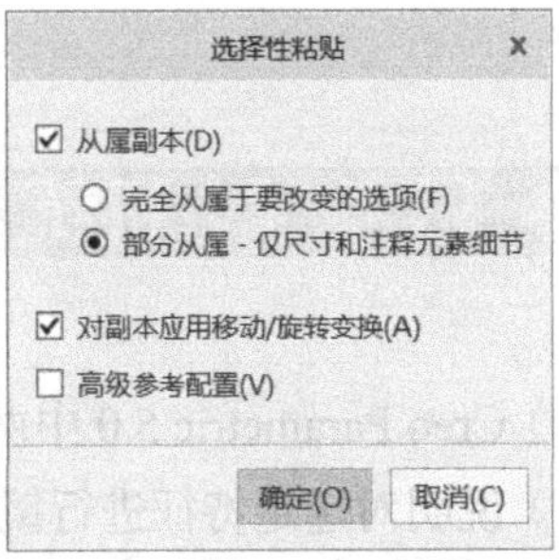


图 6-75 “选择性粘贴”对话框

（3）功能区出现“移动（复制）”选项卡，单击“相对选定参考旋转特征”按钮，选择轴线 A_1，设置旋转角度为 120°，如图 6-76 所示。

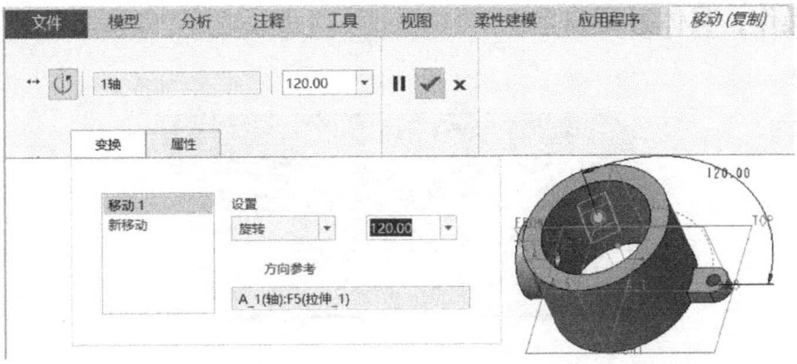


图 6-76 设置移动（复制）的旋转轴和旋转角度

（4）单击“完成”按钮✓，移动复制的效果如图 6-77 所示。

### 9. 镜像操作

（1）确认刚创建的移动复制的特征处于选中的状态，在功能区“模型”选项卡的“编辑”面板中单击“镜像”按钮，打开“镜像”选项卡。

（2）选择 FRONT 基准平面定义镜像平面。

（3）单击“完成”按钮✓。最后得到的模型效果如图 6-78 所示。

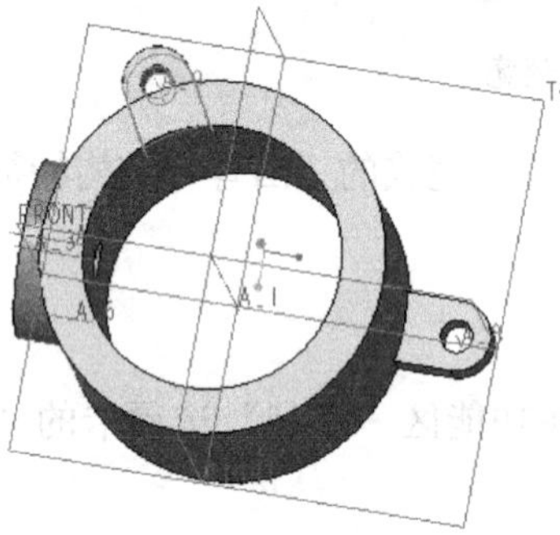

图 6-77　移动复制的效果

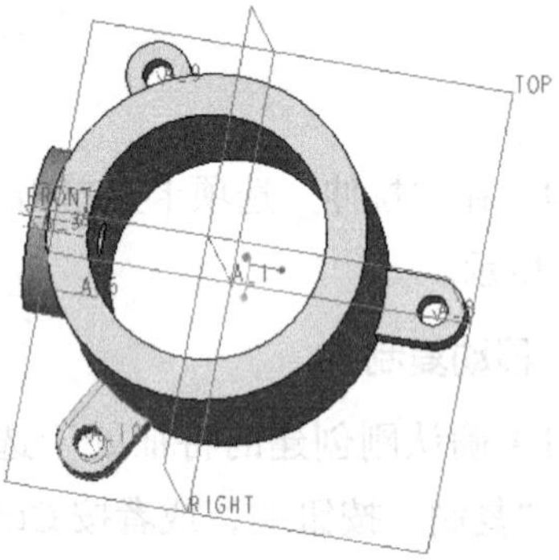

图 6-78　最后得到的模型效果

## 6.6 思考与上机练习

（1）Creo Parametric 5.0 中两种粘贴工作流程是怎样的？

（2）说明对选定特征进行镜像操作的步骤。

（3）Creo Parametric 5.0 中，有哪些类型的阵列特征？

（4）思考：尺寸阵列和方向阵列有什么不同？单向阵列和双向阵列区别在哪里？

（5）上机练习：先创建一块长为 200，宽为 100，厚度为 3 的板材，然后在其上创建一个直径为 12 的圆形通孔，如图 6-79 所示。在该板材上练习尺寸阵列、方向阵列、填充阵列、曲线阵列的相关操作，具体过程自定。

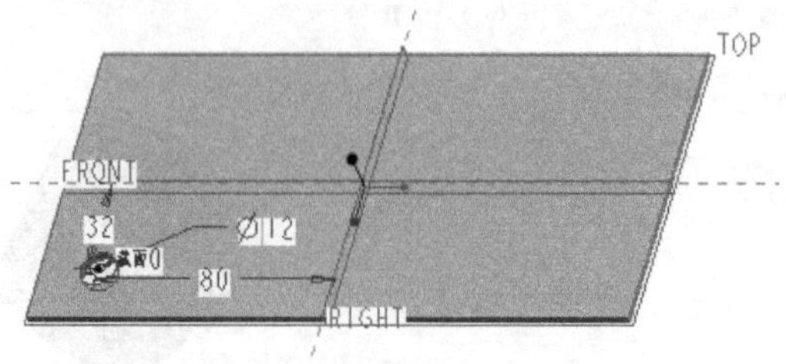


图 6-79　在板材上创建一个圆形通孔

（6）上机练习：根据如图 6-80 所示的图形尺寸建立其三维模型。在该练习中，要求应用轴阵列操作。

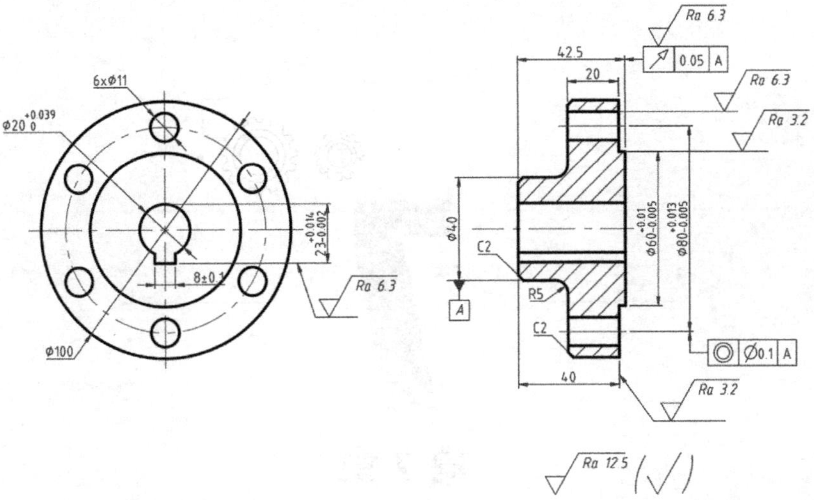


图 6-80　图形尺寸

# 第7章

# 应用高级特征

本章主要学习内容：

- 修饰特征（修饰草绘、修饰螺纹）
- 螺旋扫描特征
- 扫描混合特征
- 环形折弯
- 骨架折弯

# 7.1 修饰特征

在 Creo Parametric 5.0 中，修饰特征属于工程特征的范畴，常见的修饰特征有修饰草绘特征、修饰螺纹特征和修饰槽特征等。本节主要介绍修饰草绘特征和修饰螺纹特征。

## 7.1.1 修饰草绘特征

创建修饰草绘特征相当于将特定草绘内容“绘制”在零件的曲面上，包括要印制到对象上的公司徽标或序列号等内容。修饰草绘特征不能作为供多个特征使用的参考，与其他特征不同，修饰特征可以有线造型值。

**小实例 创建规则截面修饰草绘特征和投影截面修饰草绘特征**

**操作步骤**

源文件为配套资源第 7 章文件夹中的 HY_7_1A.PRT 文件。

**1. 创建规则截面修饰草绘特征**

（1）在功能区“模型”选项卡的“工程”面板中单击“修饰草绘”命令，打开如图 7-1 所示的“修饰草绘”对话框。

（2）在原始模型中选择一个平整实体面作为草绘平面，如图 7-2 所示，在“修饰草绘”对话框中单击“草绘”按钮。

图 7-1 “修饰草绘”对话框

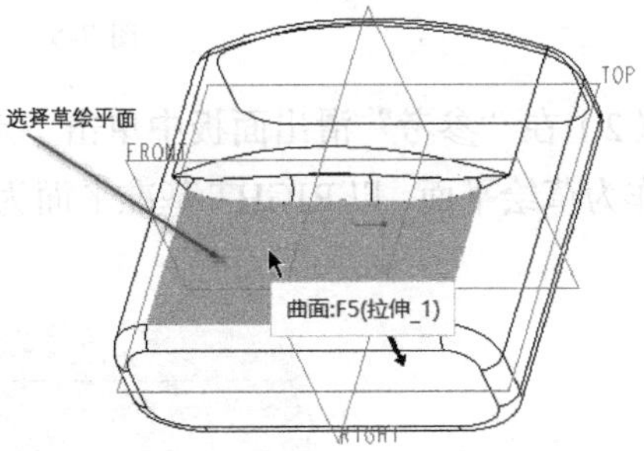


图 7-2 指定草绘平面

（3）绘制如图 7-3 所示的草图，单击“确定”按钮✔，从而在所选平整实体面上完成创建一个修饰草绘特征，效果如图 7-4 所示。

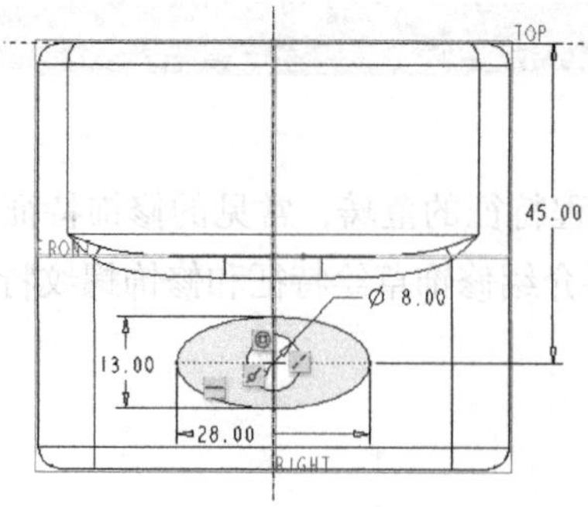


图 7-3　绘制草图

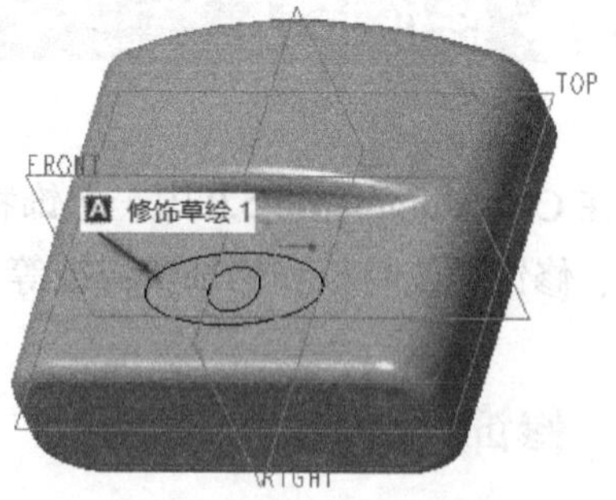


图 7-4　完成创建修饰草绘 1 特征效果

## 2. 创建投影截面修饰草绘特征

（1）在功能区“模型”选项卡的“编辑”面板中单击“投影”按钮，打开“投影曲线”选项卡，接着打开“参考”滑出面板，在下方的下拉列表中选择“投影修饰草绘”选项，如图 7-5 所示。

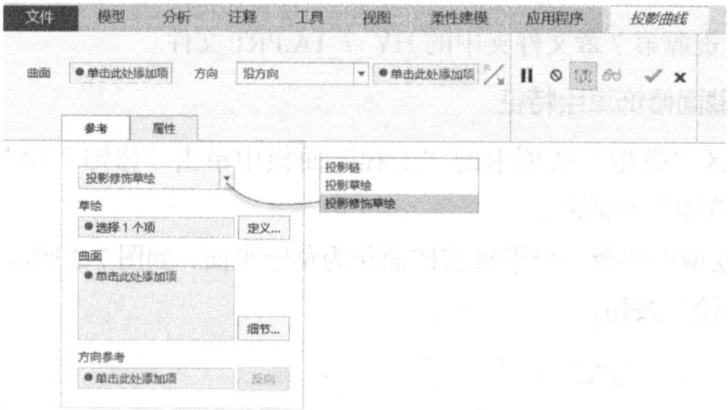


图 7-5　“投影曲线”选项卡

（2）在“参考”滑出面板中单击“定义”按钮，打开“草绘”对话框，选择 TOP 基准平面作为草绘平面，以 RIGHT 基准平面为“右”方向参考，如图 7-6 所示，单击“草绘”按钮。

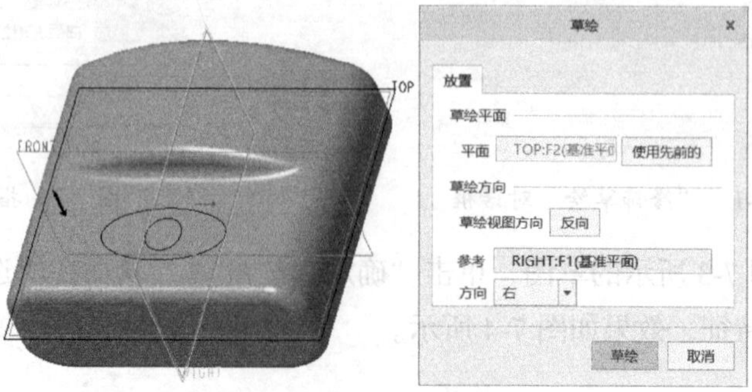


图 7-6　“草绘”对话框

（3）绘制如图 7-7 所示的文本，单击“确定”按钮。

（4）选择一组曲线以将曲线投影到其上。本例选择如图 7-8 所示的曲面。

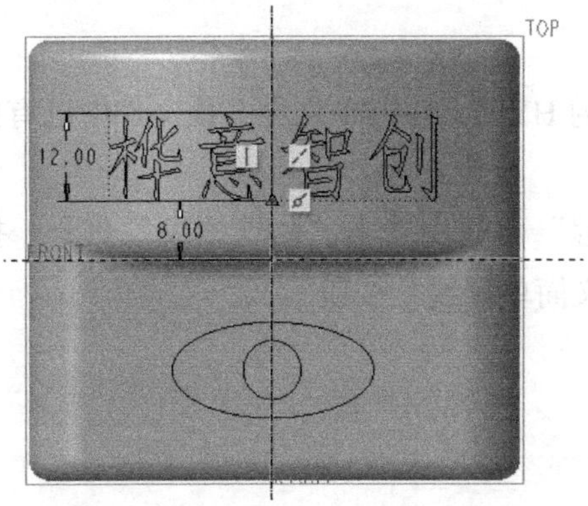


图 7-7　绘制文本

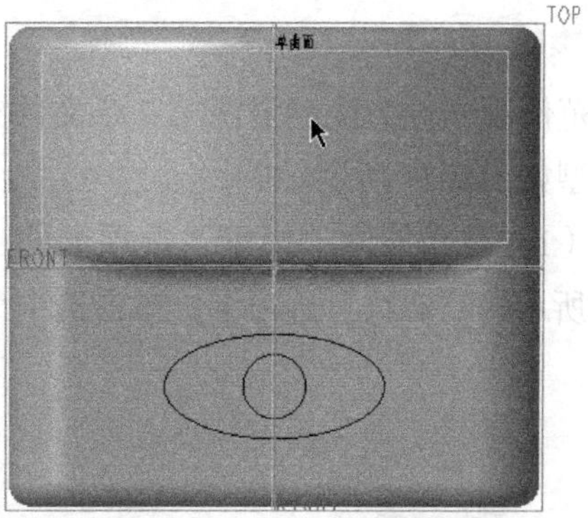


图 7-8　选择一组曲面以将曲线投影到其上

（5）在“投影曲线”选项卡的“方向”下拉列表中选择“沿方向”选项，单击“方向”下拉列表右侧的“方向参考”收集器，接着在图形窗口中选择 TOP 基准平面作为方向参考，如图 7-9 所示（此时可以按 Ctrl+D 快捷键以默认的标准方向视角显示模型）。

（6）单击“完成”按钮✓，完成创建投影截面草绘修饰特征，效果如图 7-10 所示。

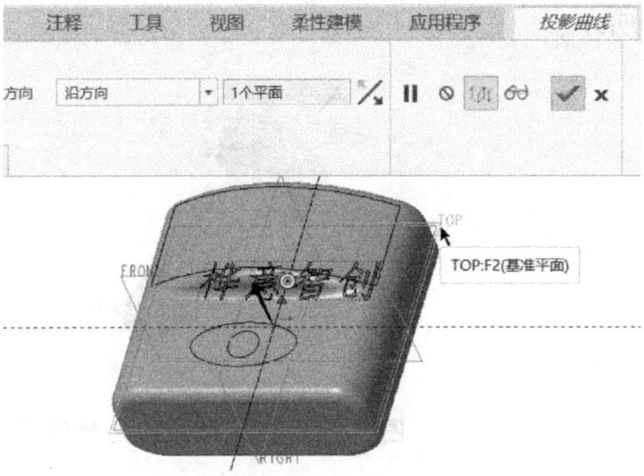


图 7-9　指定方向参考

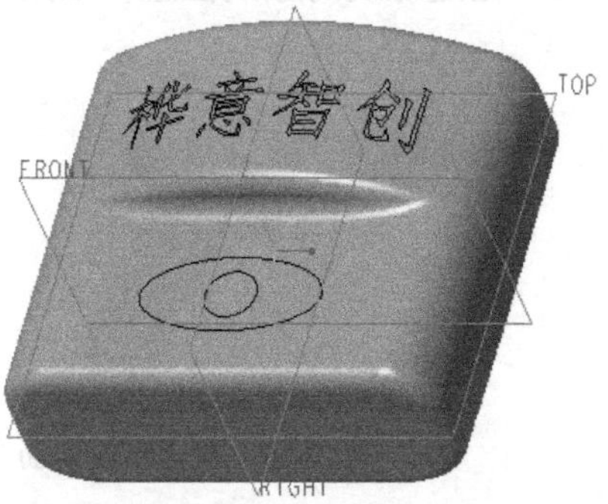


图 7-10　完成创建投影截面草绘修饰特征效果

## 7.1.2　修饰螺纹特征

修饰螺纹特征是用来表示螺纹直径的修饰特征，与其他修饰特征不同，不能修改修饰螺纹的线造型。可以选择圆柱、圆锥、样条和平面作为参考创建修饰螺纹。当要在内部曲面上面放置螺纹的圆柱曲面或圆锥参考曲面时，系统会对该曲面与标注孔表进行对比，如果该曲面与在表中找到的孔相似，那么选定曲面的直径与标准表中的螺纹相匹配，也可以更改相应的参数值或创建一个不基于标准表的简单螺纹。

## 小实例 创建修饰螺纹特征

### 操作步骤

范例源文件为配套资源第 7 章文件夹中的 HY_7_1B.PRT 文件，该文件中已有的原始实体模型如图 7-11 所示。

（1）在功能区“模型”选项卡的“工程”面板中单击“修饰螺纹”命令，打开如图 7-12 所示的“螺纹”选项卡，单击选中“定义简单螺纹”按钮。

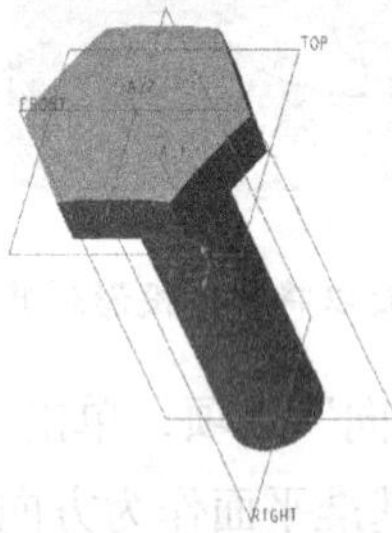


图 7-11 已有的原始实体模型

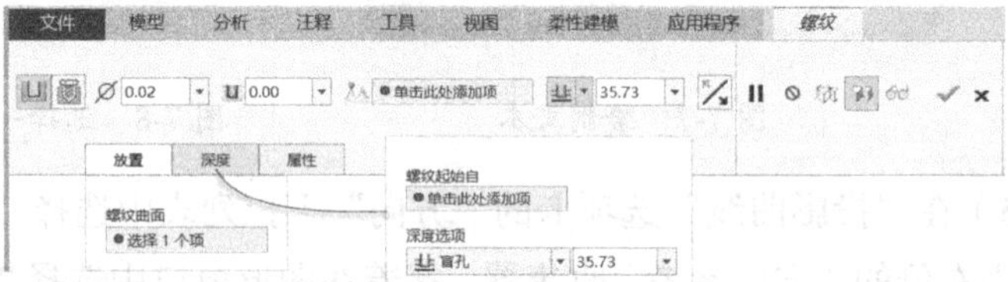


图 7-12 “螺纹”选项卡

（2）在实体模型中单击如图 7-13 所示的圆柱曲面作为螺纹曲面。

（3）指定螺纹的起始位置，如图 7-14 所示。

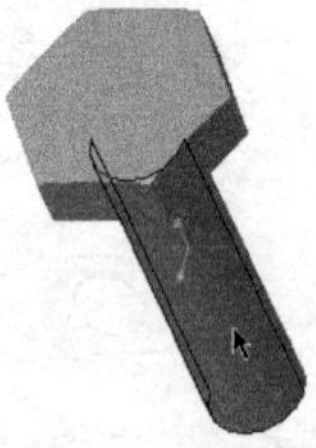

图 7-13 指定螺纹曲面

图 7-14 指定螺纹的起始位置

（4）设置螺纹的深度选项及其深度值，如图 7-15 所示。

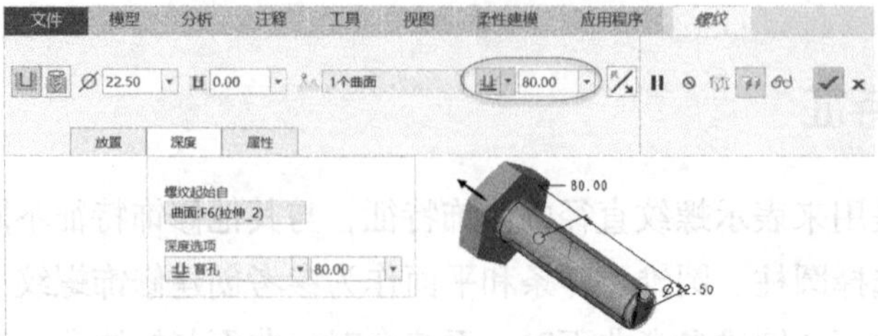


图 7-15 设置螺纹的深度选项及其深度值

（5）此时，若在“螺纹”选项卡中打开“属性”滑出面板，则可以查看到当前螺纹属性参数，如图 7-16 所示。在“属性”滑出面板上的“参数”表中可单击一个单元格以更高它的值。

（6）单击“完成”按钮，完成创建修饰螺纹 1 特征效果如图 7-17 所示。

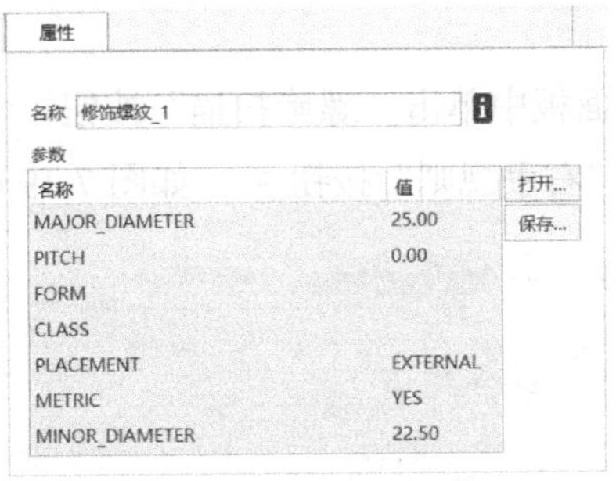


图 7-16 “属性”滑出面板

图 7-17 完成创建修饰螺纹 1 特征效果

## 7.2 螺旋扫描特征

螺旋扫描特征是指将定义的有效截面沿着螺旋轨迹进行扫描而生成的特征。如图 7-18 所示的弹簧模型，是一种典型的螺旋扫描特征。

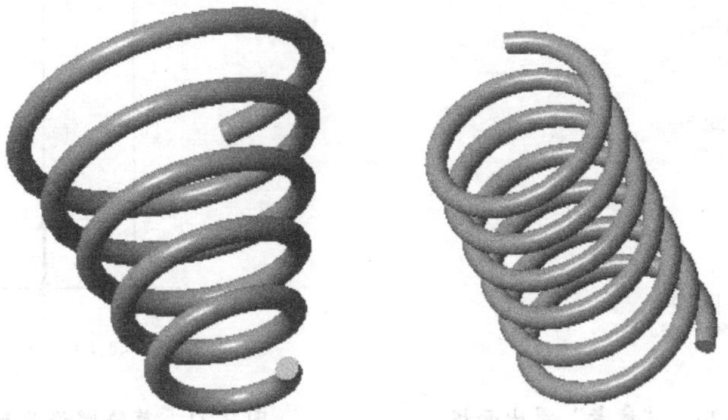

图 7-18 螺旋扫描特征

螺旋扫描特征的轨迹由螺旋曲面轮廓（螺旋曲面定义扫描截面的原点与旋转螺旋轴之间的距离）和螺距（螺圈间的距离）等来定义。

### 7.2.1 小实例：创建恒定螺距的螺旋弹簧

**操作步骤**

（1）在“快速访问”工具栏上单击“新建”按钮，打开“新建”对话框。在“类型”选项组中选择“零件”单选按钮，在“子类型”选项组中选择“实体”单选按钮，在“名称”文本框中输入 HY_7_2A，取消选中“使用默认模板”复选框，单击“确定”按钮。在打开的“新文件选项”对话框的“模板”选项组中选择 mmns_part_solid，单击“确定”按钮，新建一个零件文件。

（2）在功能区“模型”选项卡的“形状”面板中单击“螺旋扫描”按钮，打开“螺旋扫描”选项卡，默认选中“实体”按钮和“右手规则”按钮，如图 7-19 所示。

图 7-19 “螺旋扫描”选项卡

（3）在“螺旋扫描”选项卡上打开“参考”滑出面板，在“截面方向”选项组中选择“穿过旋转轴”单选按钮，如图 7-20 所示，接着单击“螺旋扫描轮廓”收集器右侧的“定义”按钮，打开“草绘”对话框，选择 FRONT 基准平面作为草绘平面，以 RIGHT 基准平面为“右”方向参考，单击“草绘”按钮，进入草绘模式。

（4）草绘螺旋曲面轮廓线和旋转轴（绘制一条几何中心线作为旋转轴），如图 7-21 所示，单击“确定”按钮。

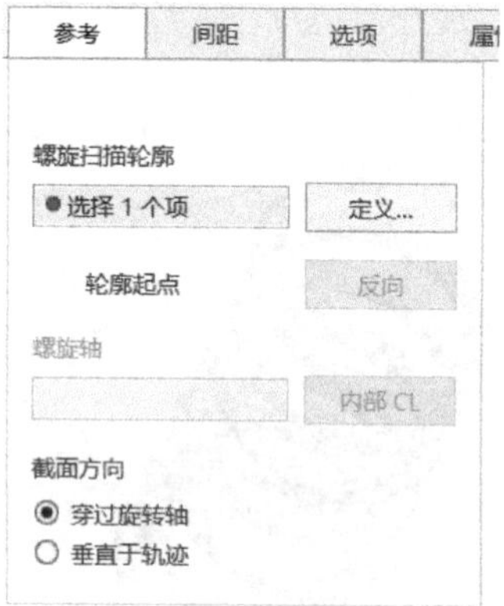


图 7-20 “参考”滑出面板

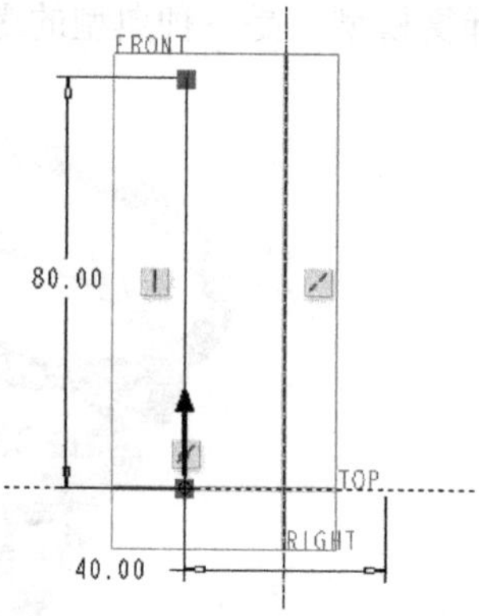


图 7-21 草绘螺旋典面轮廓线和旋转轴

**知识点拨**

草绘螺旋轮廓时，必须遵循下列规则。

① 草绘的图元不能形成环，草绘必须为非闭合的。

② 如果截面方向选择为“垂直于轨迹”，那么螺旋轮廓图元必须彼此相切（C1 连续）。

③ 螺旋轮廓图元的切线在任何点都不得垂直于中心线。

④ 如果要更改螺旋轮廓线起点，那么可以先选择所需的端点，接着在功能区“草绘”选项卡的“设置”面板中选择“特征工具”→“起点”命令即可。

（5）在文本框中输入螺距值为 12。

（6）在“螺旋扫描”选项卡上单击“创建或编辑扫描截面”按钮，进入草绘模式，草绘如图 7-22 所示的横截面，单击“确定”按钮✔。

（7）在“螺旋扫描”选项卡的“选项”滑出面板上，确认选中“常量”单选按钮，单击“完成”按钮✔，完成的恒定螺距的螺旋弹簧如图 7-23 所示。

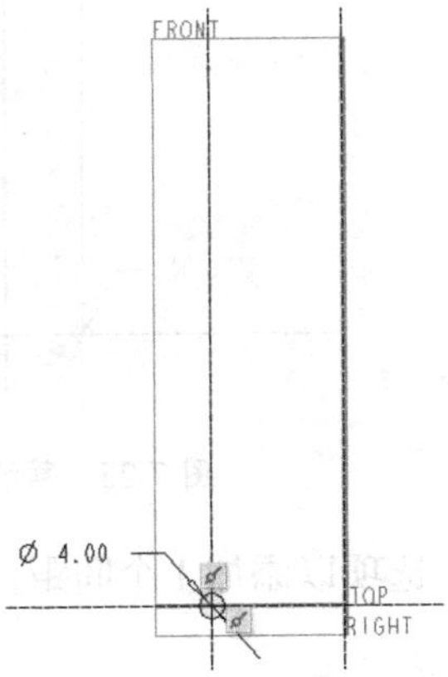


图 7-22　草绘横截面

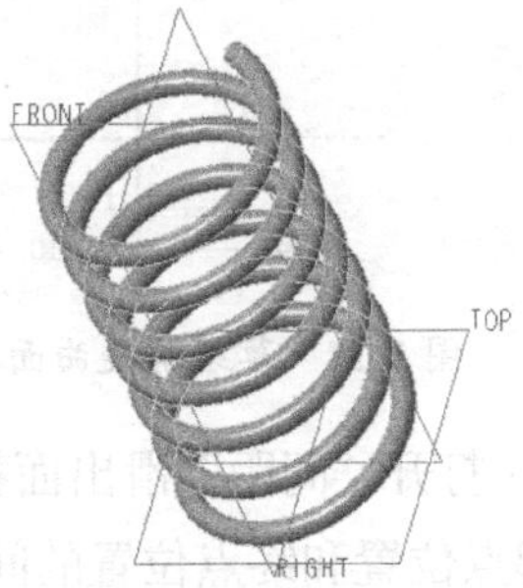


图 7-23　完成的恒定螺距的螺旋弹簧

## 7.2.2　小实例：创建可变螺距的螺旋弹簧

**操作步骤**

（1）在“快速访问”工具栏上单击“新建”按钮，打开“新建”对话框。在“类型”选项组中选择“零件”单选按钮，在“子类型”选项组中选择“实体”单选按钮，在“文件名”文本框中输入 HY_7_2B，取消选中“使用默认模板”复选框，单击“确定”按钮。在打开的“新文件选项”对话框的“模板”选项组中选择 mmns_part_solid，单击“确定”按钮，新建一个零件文件。

（2）在功能区“模型”选项卡的“形状”面板中单击“螺旋扫描”按钮，打开“螺旋扫描”选项卡，默认选中“实体”按钮和“右手规则”按钮。

（3）在“螺旋扫描”选项卡上打开“参考”滑出面板，在“截面方向”选项组中选择“穿过旋转轴”单选按钮，单击“螺旋扫描轮廓”收集器右侧的“定义”按钮，打开“草绘”对话框，选择 FRONT 基准平面作为草绘平面，以 RIGHT 基准平面为“右”方向参考，单击“草绘”按钮，进入草绘模式。

（4）草绘螺旋曲面轮廓线和旋转轴（绘制一条几何中心线作为旋转轴），如图 7-24 所示，单击“确定”按钮✔。

（5）在“螺旋扫描”选项卡上单击“创建或编辑扫描截面”按钮，进入草绘模式，草绘如图 7-25 所示的横截面，单击“确定”按钮✔。

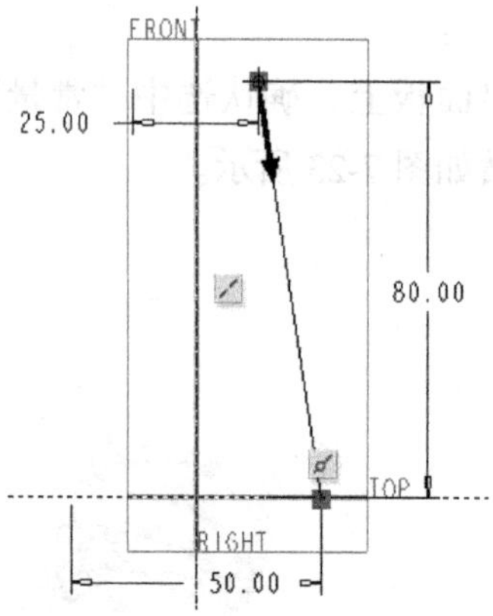


图 7-24　草绘螺旋曲面轮廓线和旋转轴

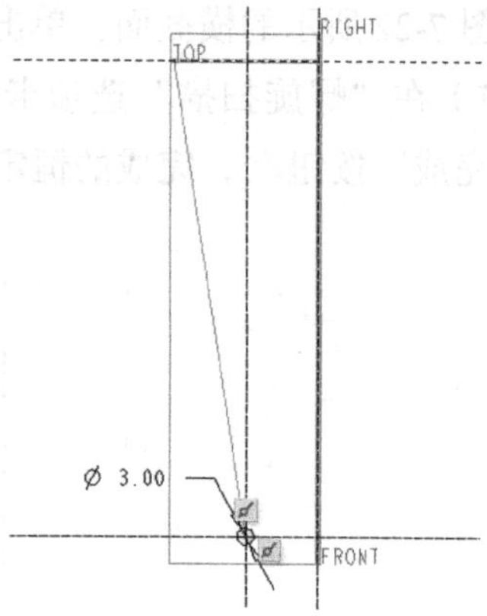


图 7-25　草绘横截面

（6）打开“间距”滑出面板，选择“添加间距”选项以添加 1 个间距，如图 7-26 所示，分别将起点位置和终点位置的间距设置为 3.1。

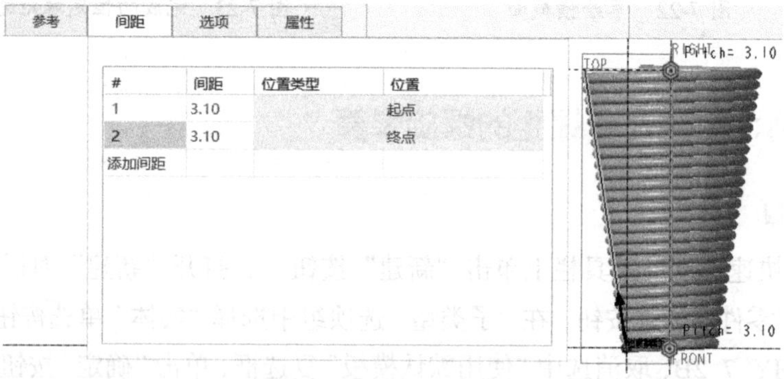


图 7-26　添加 1 个间距

（7）继续选择“添加间距”选项以再添加 4 个螺距点，分别设置相应的位置类型和位置参数，以及分别设置这 4 个螺距点对应的间距，如图 7-27 所示。

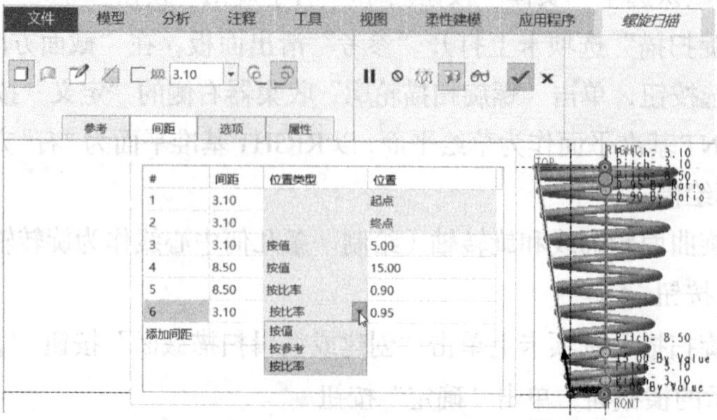


图 7-27　再添加 4 个螺距点

（8）单击“完成”按钮，完成创建可变螺距的螺旋弹簧如图 7-28 所示。

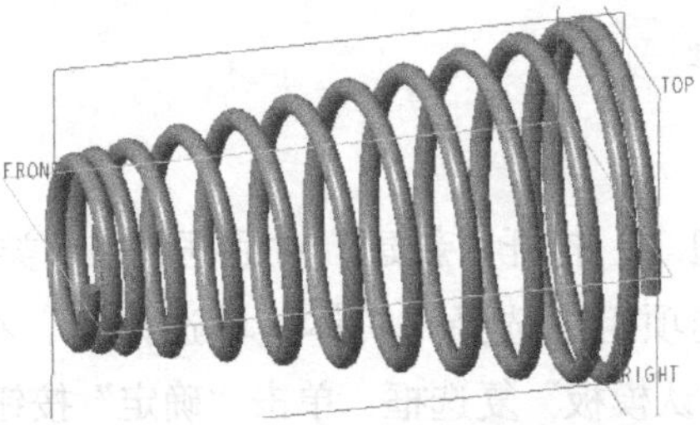


图 7-28　完成的可变螺距的螺旋弹簧

## 7.3 扫描混合特征

扫描混合特征同时兼有扫描和混合的效果，它是使用轨迹和多个剖面图形创建的特征。扫描混合特征具有两种轨迹，即原点轨迹和第二轨迹。其中，原点轨迹是必需的，而第二轨迹则是可选的。可以选取一条草绘曲线、基准曲线或边链来定义扫描混合的轨迹，但每次只有一个轨迹是活动的。

在创建扫描混合特征时，对于闭合轨迹轮廓，在起始点和其他位置必须至少各有一个截面。对于扫描混合，其所有截面必须具有相同的图元数，当扫描混合的一个选定截面有比其他选定截面更少的图元，可以根据需要创建“混合顶点”新增图元，也可以将某图元打断以增加图元数。执行“混合顶点”命令，可以在选定链上的指定点位置创建一个混合顶点。

在功能区“模型”选项卡的“形状”面板中单击“扫描混合”按钮，打开如图 7-29 所示的“扫描混合”选项卡。下面简单介绍“扫描混合”选项卡的滑出面板。

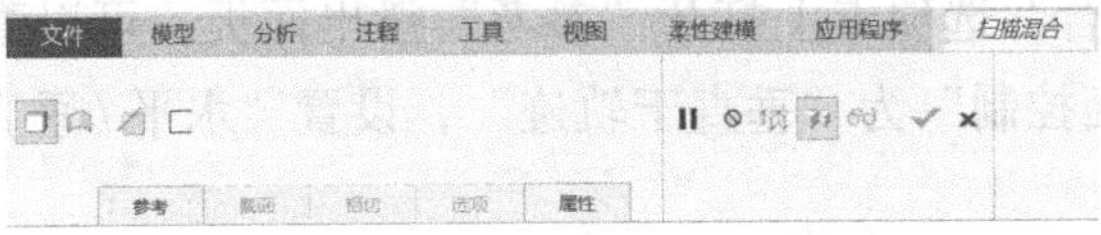


图 7-29　“扫描混合”选项卡

- “参考”滑出面板：为扫描混合选择参考和集选项。
- “截面”滑出面板：利用此滑出面板，可以定义所需的扫描混合剖面，为扫描混合所草绘的或选取的截面会列在截面表中。
- “相切”滑出面板：利用此滑出面板，可以在由开始或终止截面图元和元件曲面生成的几何间定义相切关系。
- “选项”滑出面板：利用此滑出面板，可以启用特定设置选项，用于控制扫描混合的截面之间部分的形状。例如，可以设置扫描混合面积和周长控制选项。
- “属性”滑出面板：利用此滑出面板，可以更改扫描混合特征的名称，以及在浏览器窗口中打开特征信息。

## 小实例 创建扫描混合特征

**操作步骤**

（1）单击“新建”按钮，打开“新建”对话框。在“类型”选项组中选择“零件”单选按钮，在“子类型”选项组中选择“实体”单选按钮，在“文件名”文本框中输入 HY_7_3，取消选中“使用默认模板”复选框，单击“确定”按钮。在打开的“新文件选项”对话框的“模板”选项组中选择 mmns_part_solid，单击“确定”按钮，新建一个零件文件。

（2）在功能区“模型”选项卡的“形状”面板中单击“扫描混合”按钮，打开“扫描混合”选项卡，默认时“实体”按钮处于选中的状态。

（3）在功能区右侧单击“基准”→“基准曲线”按钮，打开“草绘”对话框。选择 FRONT 基准平面作为草绘平面，草绘方向默认，单击“草绘”按钮，进入草绘模式。

（4）绘制如图 7-30 所示的图形，单击“确定”按钮。

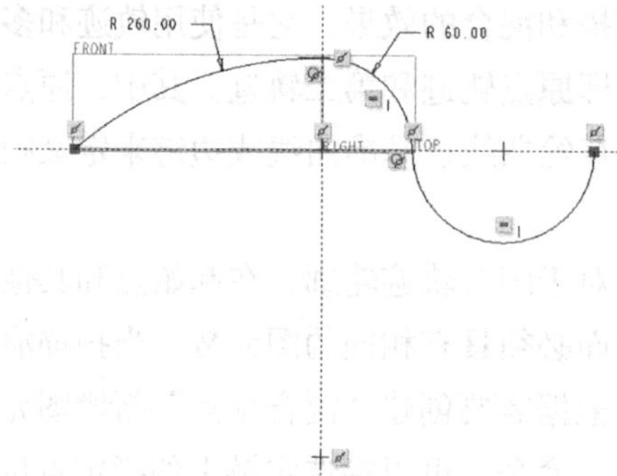


图 7-30 绘制图形

（5）在“扫描混合”选项卡上单击“退出暂停模式，继续使用此工具”按钮。

（6）在“扫描混合”选项卡上打开“参考”滑出面板，可以看到绘制的曲线作为原点轨迹，设置“截平面控制”为“垂直于轨迹”，设置“水平 / 垂直控制”为“自动”，如图 7-31 所示。

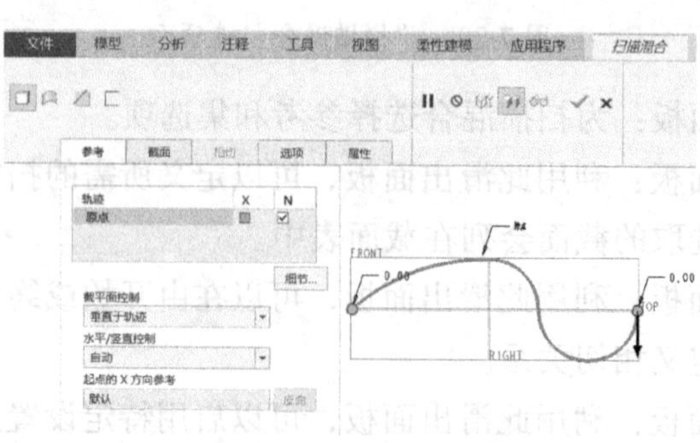


图 7-31 设置参数

**说明**

在“截平面控制”下拉列表框中提供了 3 个选项，即“垂直于轨迹”选项、“垂直于投影”选项和“恒定法向”选项。

- 垂直于轨迹：截平面在整个长度内保持垂直于指定的轨迹（在 *N* 列中检测）。此选项为默认项。
- 垂直于投影：*Z* 轴与指定方向上的“原点轨迹”的投影相切。选择此选项时，将激活“方向参考”收集器，提示选择方向参考。并且选择此选项时，不需要水平 / 垂直控制。
- 恒定法向：*Z* 轴平行于指定方向向量。选择此选项，将激活“方向参考”收集器，提示选择方向参考。

（7）打开“截面”滑出面板，选择“草绘截面”单选按钮，单击“草绘”按钮在开始截面位置绘制截面 1，如图 7-32 所示，单击“确定”按钮✔。

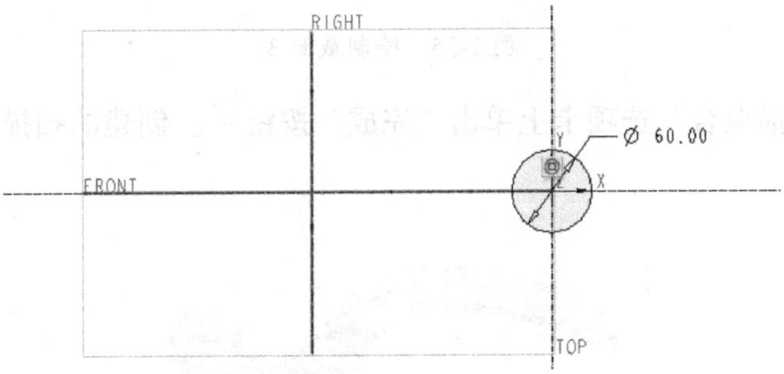


图 7-32　绘制截面 1

（8）按 Ctrl+D 快捷键以标准方向视角显示模型，在“截面”滑出面板上单击“插入”按钮，接着在图形窗口中单击曲线链中的一个中间连接点，如图 7-33 所示。单击“草绘”按钮，绘制如图 7-34 所示的截面 2，单击“确定”按钮✔。

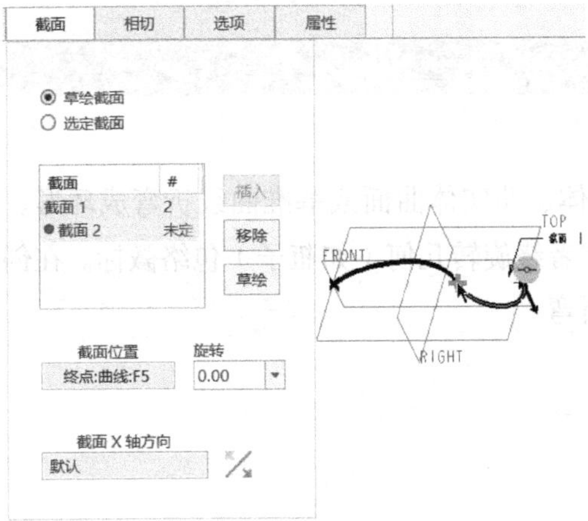


图 7-33　单击一个中间连接点

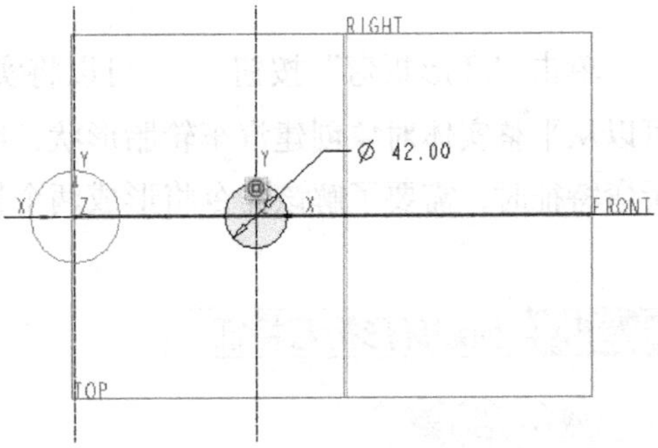


图 7-34　绘制截面 2

（9）按 Ctrl+D 快捷键以标准方向视角显示模型，在“截面”滑出面板上单击“插入”按钮，截面 3 的默认位置为曲线链结束位置，旋转角度默认为 0，单击“草绘”按钮，绘制如图 7-35 所示的截面 3（截面 3 由一个椭圆构成，可以为该椭圆设置其长轴半径和短轴半径尺寸），单击“确定”按钮✔。

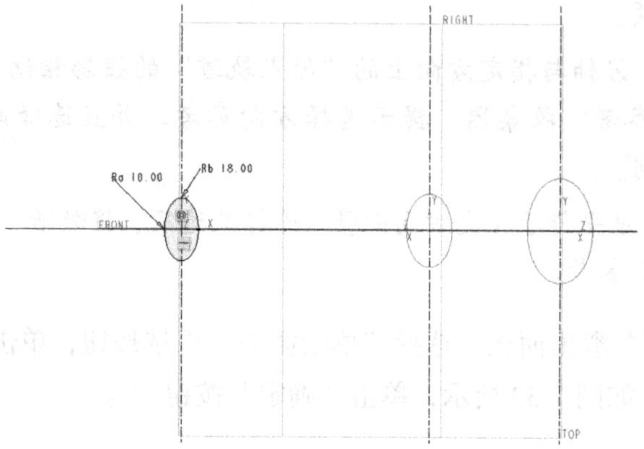


图 7-35　绘制截面 3

（10）在“扫描混合”选项卡上单击“完成”按钮✔。创建的扫描混合特征效果如图 7-36 所示。

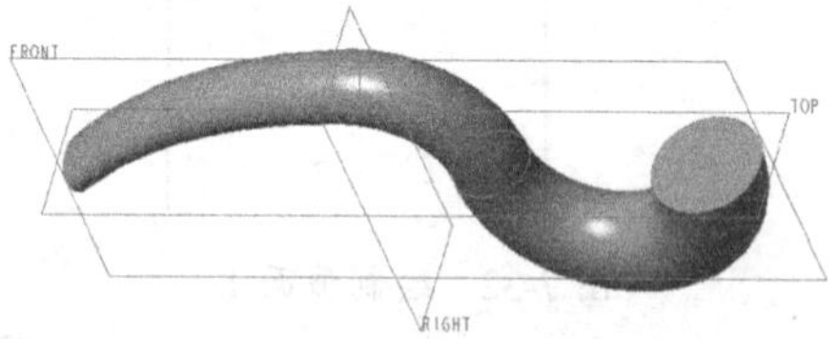


图 7-36　创建的扫描混合特征效果

## 7.4 环形折弯特征

单击“环形折弯”按钮，可以将实体、非实体曲面或基准曲线折弯成环形。例如，可以从平整实体对象创建汽车轮胎形状，或者绕旋转几何（如瓶子）包络徽标。在创建环形折弯特征时，需要了解该命令将形成两个折弯。

### 小实例　创建环形折弯特征

**操作步骤**

（1）单击“打开”按钮，打开“文件打开”对话框，选择配套资源第 7 章文件夹中的 HY_7_4.PRT 文件，单击“打开”按钮。该文件中已有的原始实体模型如图 7-37 所示。

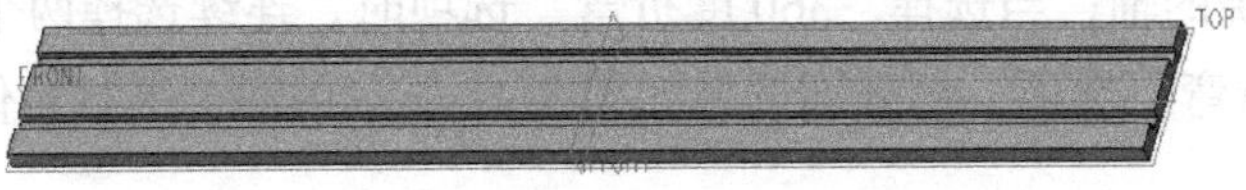


图 7-37　已有的原始实体模型

（2）在功能区“模型”选项卡的“工程”面板中单击“环形折弯”按钮，打开如图 7-38 所示的“环形折弯”选项卡。

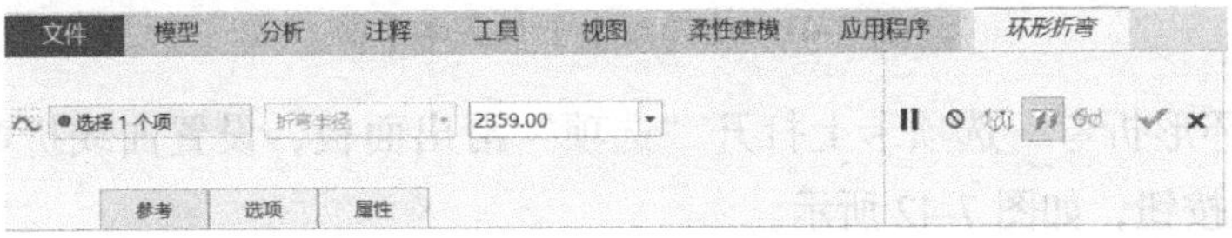


图 7-38　“环形折弯”选项卡

（3）在“环形折弯”选项卡上打开“参考”滑出面板，勾选“实体几何”复选框，如图 7-39 所示。

**知识点拨**

在“参考”滑出面板上，如果要折弯曲面或面组，那么需要单击，“面组”收集器的框，将其激活，接着选择要折弯的曲面或面组。如果要将折弯特征延伸到其他对象，那么单击激活“曲线”收集器，然后选择曲线或复合曲线。

（4）在“参考”滑出面板上单击“轮廓截面”收集器右侧的“定义”按钮，打开“草绘”对话框，选择 RIGHT 基准平面作为草绘平面，草绘方向参考默认为 TOP 基准平面，在“方向”下拉列表中选择“上”选项，单击“草绘”按钮，进入草绘模式。绘制一段相切曲线（由两段圆弧和一段中间直线段组成），并单击“基准”面板上的“坐标系”按钮，在直线段中点位置添加一个几何坐标系，如图 7-40 所示，单击“确定”按钮。

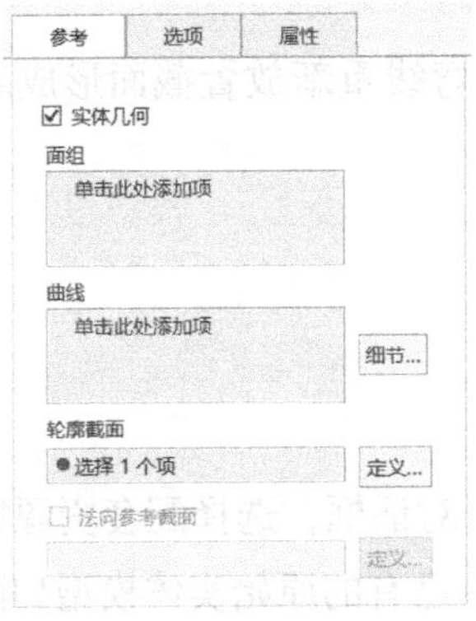


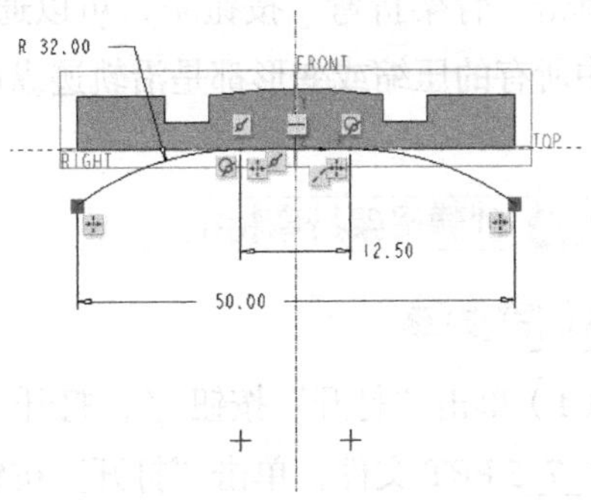


图 7-39　“参考”滑出面板　　　图 7-40　绘制轮廓截面和添加一个几何坐标系

（5）在“环形折弯”选项卡的下拉列表中选择“折弯半径”“折弯轴”或“360 度折弯”

选项。当选择"折弯半径"选项时，输入默认"折弯半径"的值；当选择"折弯轴"选项时，选择折弯几何所围绕的轴；当选择"360 度折弯"选项时，连续选择两个平面以定义几何。本例选择"360 度折弯"选项，再分别选择如图 7-41 所示的两个平行实体平面。

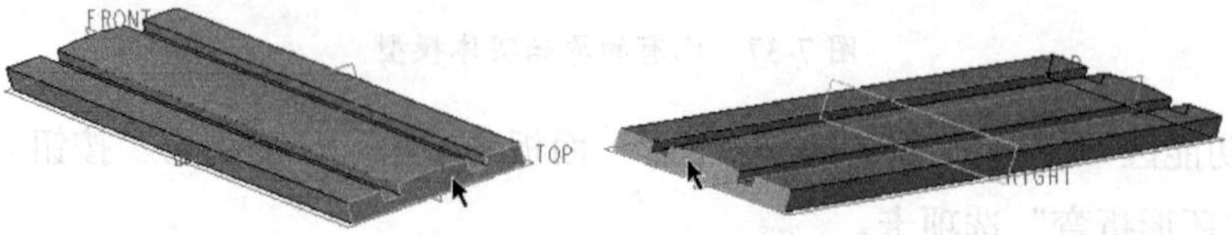


图 7-41　选择两个平行实体平面

（6）在"环形折弯"选项卡上打开"选项"滑出面板，设置曲线折弯选项，本例选择"标准"单选按钮，如图 7-42 所示。

（7）单击"完成"按钮✓，完成环形折弯特征（形成轮胎形状）效果如图 7-43 所示。

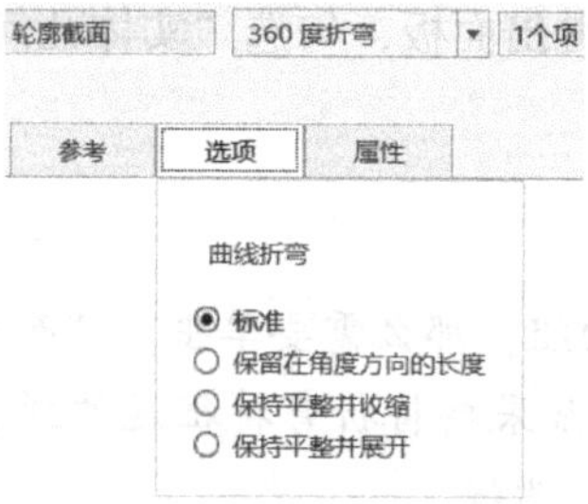


图 7-42　"选项"滑出面板

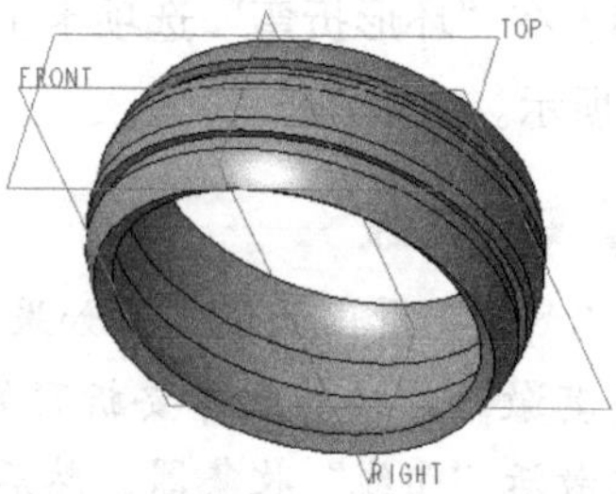


图 7-43　完成环形折弯特征效果

## 7.5 骨架折弯特征

单击"骨架折弯"按钮，可以通过沿骨架折弯线重新放置截面形成新的形状，在此折弯中所有的压缩或变形都是沿轨迹纵向进行的。

### 小实例 创建骨架折弯特征

**操作步骤**

（1）单击"打开"按钮，打开"文件打开"对话框，选择配套资源第 7 章文件夹中的 HY_7_5.PRT 文件，单击"打开"按钮。该文件中已有的原始实体模型如图 7-44 所示。

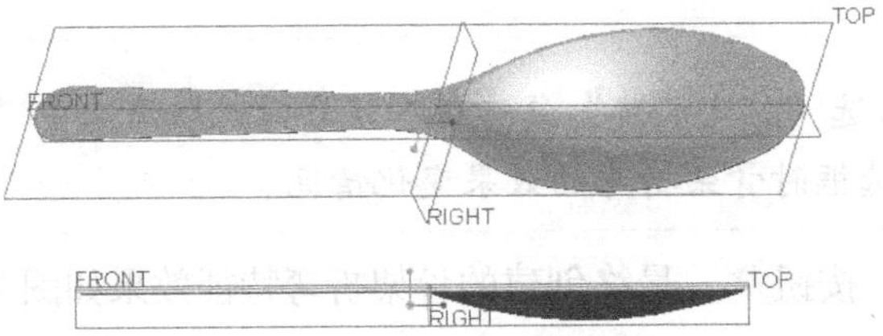


图 7-44　已有的原始实体模型

（2）在功能区“模型”选项卡的“工程”面板中单击“骨架折弯”按钮，打开如图 7-45 所示的“骨架折弯”选项卡。

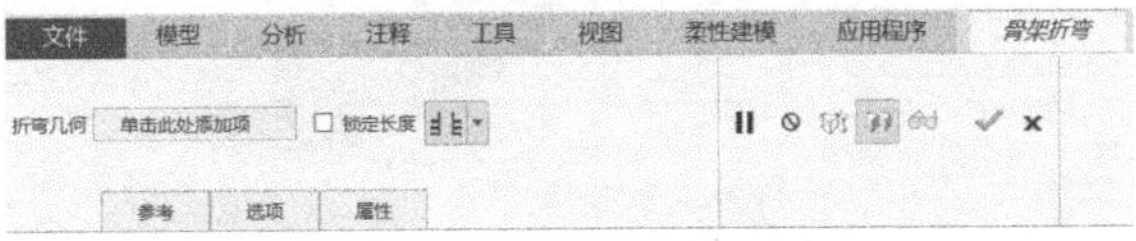


图 7-45　“骨架折弯”选项卡

（3）在功能区右侧单击“基准”→“基准曲线”按钮，打开“草绘”对话框，选择 FRONT 基准平面作为草绘平面，以 RIGHT 基准平面为“右”方向参考，单击“草绘”按钮，绘制如图 7-46 所示的连续相切的曲线作为骨架折弯线，单击“确定”按钮。

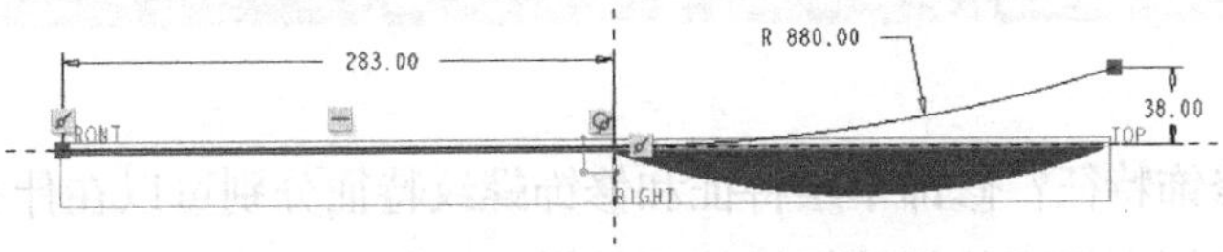


图 7-46　绘制连续相切曲线作为骨架折弯线

（4）在“骨架折弯”选项卡上单击临时出现的“退出暂停模式，继续使用此工具”按钮。

（5）单击“骨架折弯”选项卡的“折弯几何”收集器的框，将其激活，接着在图形窗口中单击实体模型，以及选择图标选项以设置从骨架线起点折弯整个选定几何，取消选中“锁定长度”复选框，如图 7-47 所示。

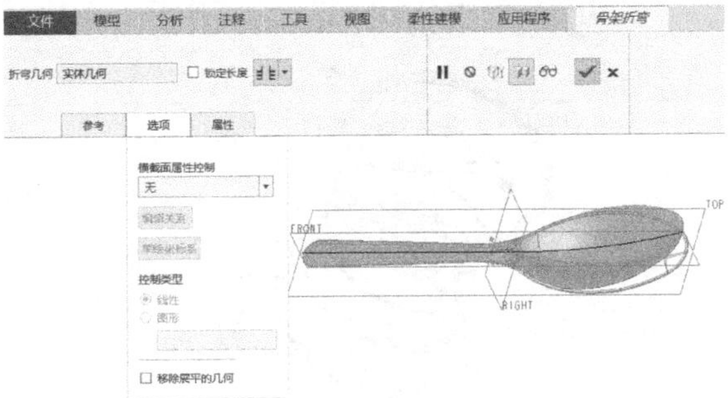


图 7-47　设置参数

**操作对比**

此时，可以尝试勾选“锁定长度”复选框，注意对比取消选中“锁定长度”复选框和勾选“锁定长度”复选框时骨架折弯的效果变化情况。

（6）单击“完成”按钮✓，最终创建的骨架折弯特征效果如图 7-48 所示。

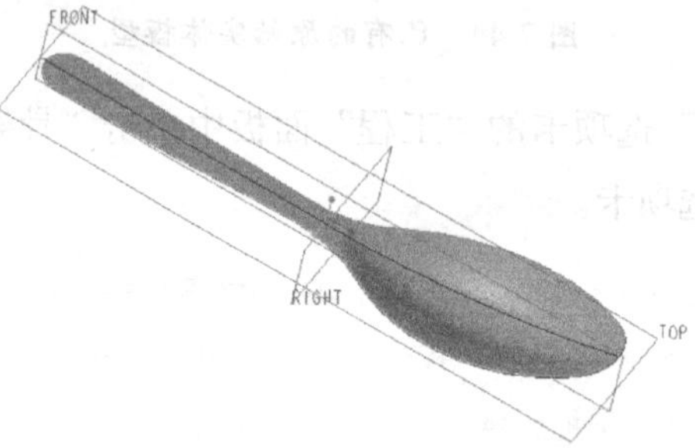


图 7-48　最终创建的骨架折弯特征效果

## 7.6 思考与上机练习

（1）什么是修饰特征？修饰草绘特征和修饰螺纹特征分别可以在什么情况下使用？

（2）总结创建恒定螺距的螺旋扫描特征的操作步骤。

（3）总结创建可变螺距的螺旋扫描特征的操作步骤。

（4）什么是扫描混合特征？

（5）回顾一下，什么是环形折弯特征和骨架折弯特征？两者有哪些不同？

（6）上机练习：创建一个长条形的实体模型，然后应用骨架折弯工具沿设定的骨架线折弯该实体模型。

（7）上机练习：创建如图 7-49 所示的弹簧，螺距可以设定为 25mm。

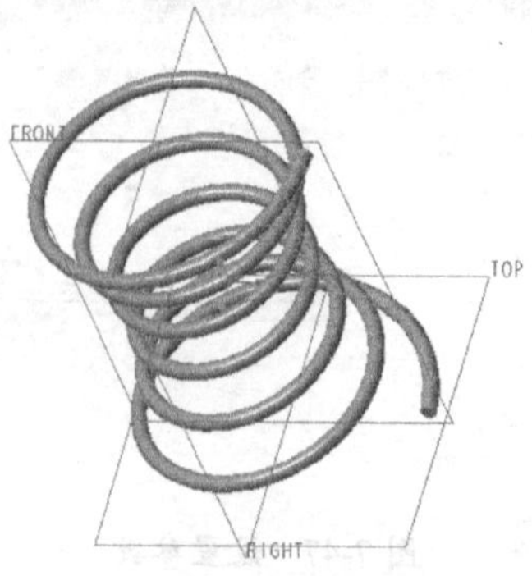


图 7-49　弹簧

其中，草绘的旋转曲面轮廓线和旋转轴如图 7-50 所示，草绘的横截面如图 7-51 所示。

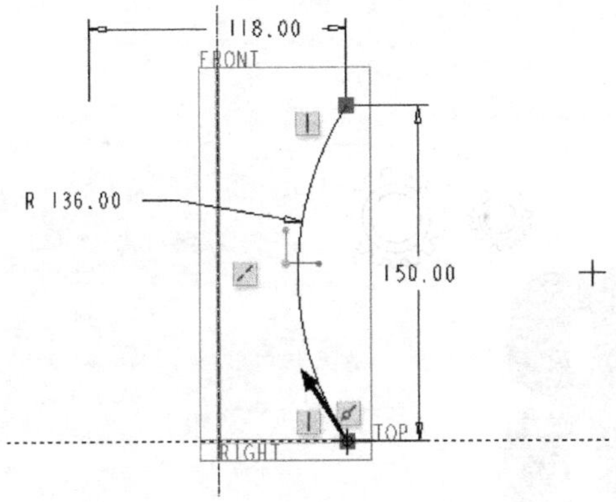


图 7-50　旋转曲面轮廓线和旋转轴

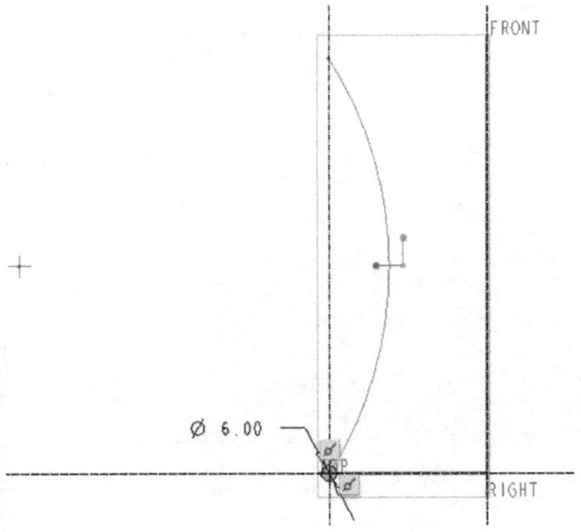


图 7-51　横截面

（8）课外练习：单击“螺旋扫描”按钮，也可以在圆柱体上切除出螺纹形状的真实 3D 结构。请尝试创建一种螺栓模型，参考模型如图 7-52 所示。

（9）上机练习：创建如图 7-53 所示的螺母模型。该螺母标记为“螺母 GB 6170-86 M12”，即螺纹规格直径为 M12、性能等级为 10、不经过表面处理、A 级的 1 型六角螺母。

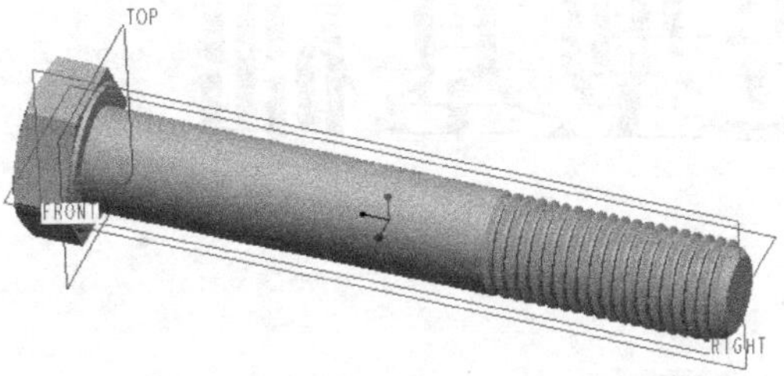


图 7-52　螺栓模型

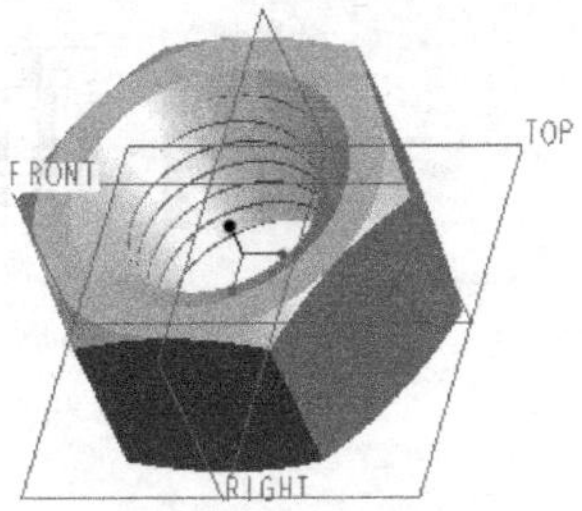


图 7-53　螺母模型

（10）上机练习：设计一个开槽锥端紧定螺钉，该螺钉的规格为“GB 71-85 M5 × 12”，具体尺寸如图 7-54 所示，未注倒角为 45° × 0.6。其中，螺纹可用修饰螺纹特征来完成，也可采用“螺旋扫描”工具来完成。

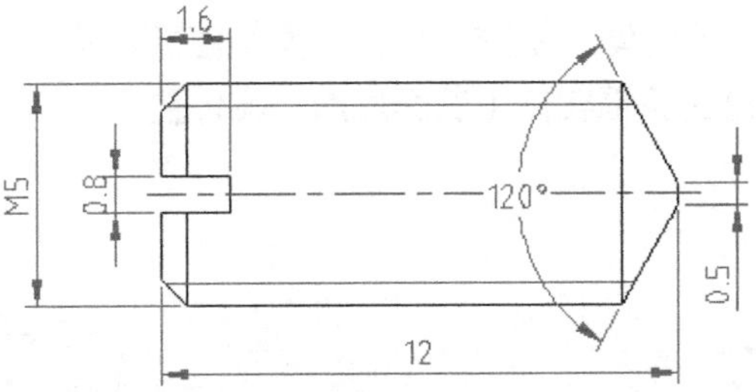


图 7-54　开槽锥端紧定螺钉

# 8

# 第 8 章

# 曲面造型基础

**本章主要学习内容：**

- 曲面造型知识概述
- 创建基本曲面特征
- 曲面工程处理（曲面倒圆角、曲面倒角、曲面拔模）
- 曲面编辑处理（镜像、相交、合并、面组修剪、延伸、偏移）
- 使用曲面创建或编辑实体（曲面加厚、实体化）
- 边界混合
- 造型设计基础

# 8.1 曲面造型定义

许多成功的产品，其外形含有流畅的曲面元素，倍显动感且十分自然。要想设计好这些极具美感的产品，需要掌握曲面造型设计的知识。

在 Creo Parametric 中，常规的曲面造型可分为以下两种。

**1. 专业曲面**

专业曲面是指利用拉伸工具、旋转工具、扫描工具、混合工具、合并工具、偏移工具等创建或编辑的曲面，包括基本曲面和一些高级曲面。

**2. 造型曲面**

造型曲面是一种概念性强、艺术性和技术性完美结合的曲面，其设计一般是在零件模式下的一个相对专业的设计环境中进行的，该设计环境功能齐全、建模直观，可以创建没有节点数目和曲线数目限制的超级造型。

在实际设计中，只要能够将专业曲面和造型曲面灵活结合，并巧妙应用，基本上就能够有效地解决外观设计与结构设计之间脱节的问题，使得产品设计更加轻松自如。

> **注意**
> 了解面组的概念，面组是指曲面的集合。

# 8.2 创建基本曲面

通常，将拉伸曲面、旋转曲面、恒定截面扫描曲面、可变剖面扫描曲面、混合曲面、扫描混合曲面、螺旋扫描曲面和填充曲面等归纳为基本曲面。

## 8.2.1 使用形状工具创建曲面

对于“拉伸”“旋转”“扫描”“螺旋扫描”“扫描混合”“混合”“螺旋扫描”等形状工具命令（位于功能区“模型”选项卡的“形状”面板中），要使用它们创建基本曲面，需要在相应的选项卡上单击“曲面”按钮，而具体的操作步骤其实和创建实体时是相仿的，这里不再赘述。

**小实例 使用“拉伸”形状工具命令创建拉伸曲面**

**操作步骤**

（1）在功能区“模型”选项卡的“形状”面板中单击“拉伸”按钮，打开“拉伸”

选项卡。

（2）在“拉伸”选项卡上单击“曲面”按钮，如图 8-1 所示。

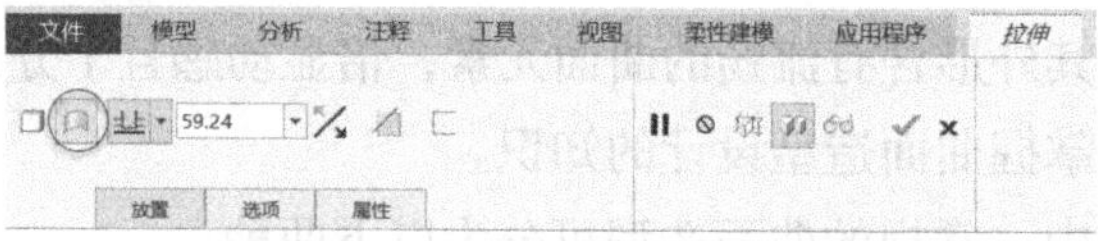


图 8-1 “拉伸”选项卡

（3）选择 FRONT 基准平面作为草绘平面，快速进入草绘模式。单击“中心和轴椭圆”按钮，绘制如图 8-2 所示的椭圆，单击“确定”按钮。

（4）在“拉伸”选项卡上输入侧 1 的拉伸深度为 39。

（5）单击“完成”按钮，创建的拉伸曲面效果如图 8-3 所示。

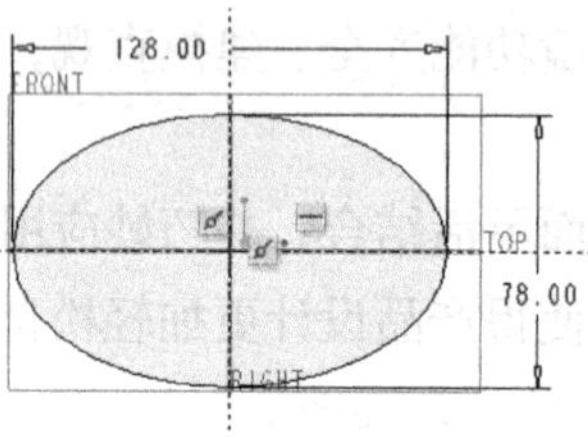


图 8-2 绘制椭圆

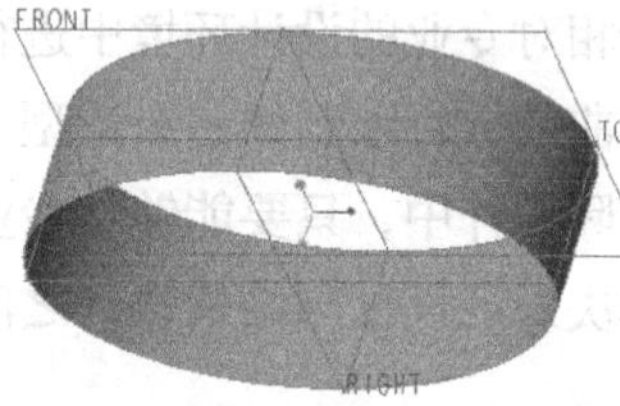


图 8-3 拉伸曲面效果

**知识点拨**

可以绘制开放的拉伸剖面来创建拉伸曲面。如果绘制的拉伸剖面是封闭的二维图形，如本例，那么可以根据实际情况在“拉伸”选项卡上打开“选项”滑出面板，接着勾选“封闭端”复选框，如图 8-4 所示，则最终所创建的拉伸曲面具有封闭端，效果如图 8-5 所示。

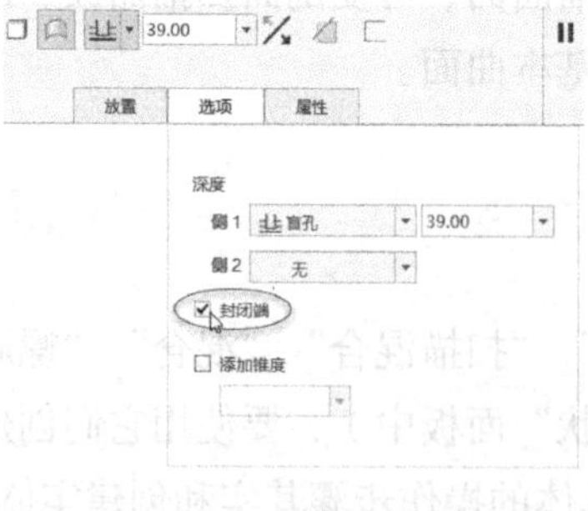


图 8-4 勾选“封闭端”复选框

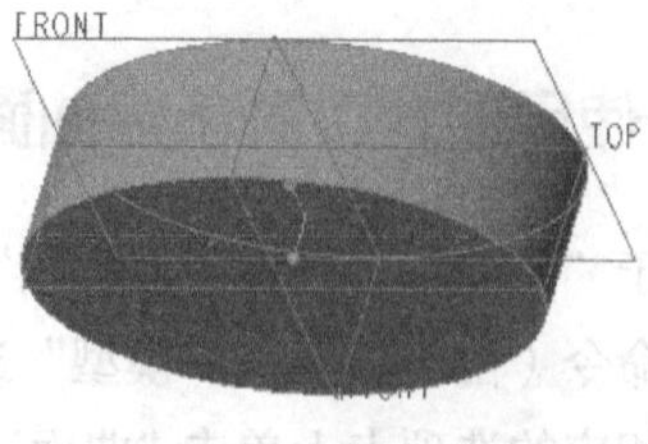


图 8-5 具有封闭端的拉伸曲面效果

## 8.2.2 创建填充曲面

单击“曲面”面板上的“填充”按钮，可以创建和重定义平整曲面特征，即填充曲面特征（简称填充特征）。填充特征只是通过其边界定义的一种平整曲面封闭环特征，主要用于加厚曲面，也可以用于填补某些曲面的平整切口。

**小实例 创建填充曲面**

**操作步骤**

（1）单击“新建”按钮，打开“新建”对话框。在“类型”选项组中选择“零件”单选按钮在“子类型”选项组中选择“实体”单选按钮，在“文件名”文本框中输入 HY_8_2_TC，取消选中“使用默认模板”复选框，单击“确定”按钮。在打开的“新文件选项”对话框的“模板”选项组中选择 mmns_part_solid，单击“确定”按钮，新建一个零件文件。

（2）单击功能区“模型”选项卡的“曲面”面板上的“填充”按钮，打开“填充”选项卡。

（3）指定草绘平面。本例选择 TOP 基准平面作为草绘平面，快速进入草绘模式。

（4）绘制如图 8-6 所示的封闭图形，单击“确定”按钮。

（5）在“填充”选项卡上单击“完成”按钮，创建如图 8-7 所示的填充曲面。

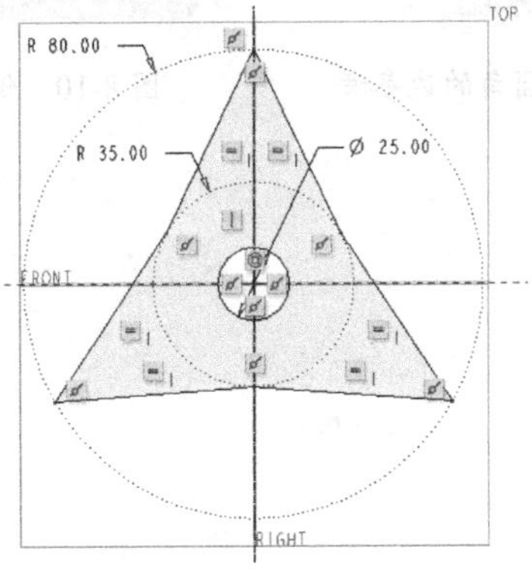


图 8-6 绘制封闭图形

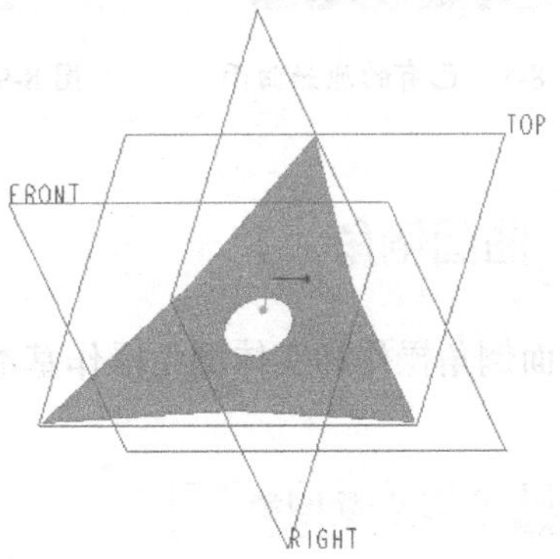


图 8-7 创建填充曲面

## 8.3 曲面工程处理

曲面工程处理主要包括在曲面间进行倒圆角、倒角和拔模处理。下面结合实例操作介绍曲面工程处理基础知识。

### 8.3.1 曲面倒圆角

曲面倒圆角操作和实体倒圆角操作基本相同。

**小实例 创建曲面倒圆角**

**操作步骤**

（1）单击“打开”按钮，打开“文件打开”对话框，选择配套资源第 8 章文件夹中的 HY_8_3_1.PRT 文件，单击“打开”按钮。该文件中已有的原始曲面如图 8-8 所示。

（2）单击“倒圆角”按钮，打开“倒圆角”选项卡。

（3）在“倒圆角”选项卡中输入当前倒圆角集的半径为 10。

（4）选择如图 8-9 所示的相邻曲面的相交边作为要倒圆角的边参考。

（5）在“倒圆角”选项卡上单击“完成”按钮。在曲面间创建的倒圆角效果如图 8-10 所示。

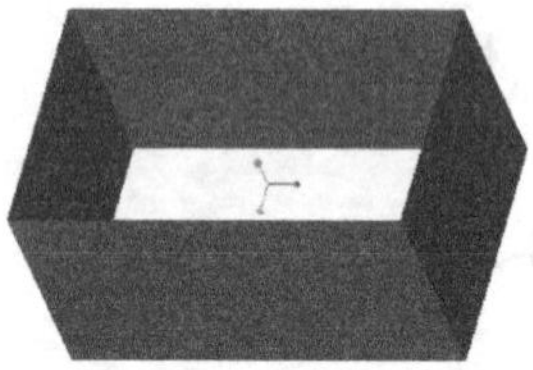

图 8-8　已有的原始曲面

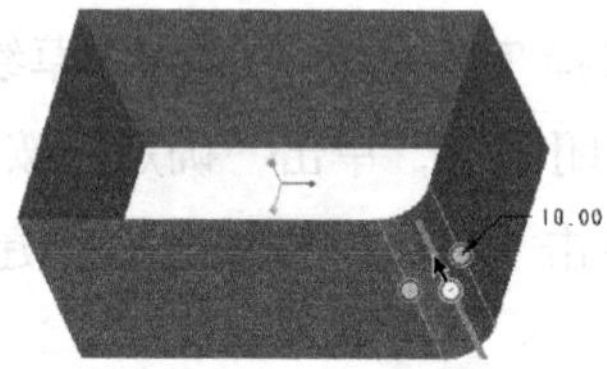


图 8-9　选择要倒圆角的边参考

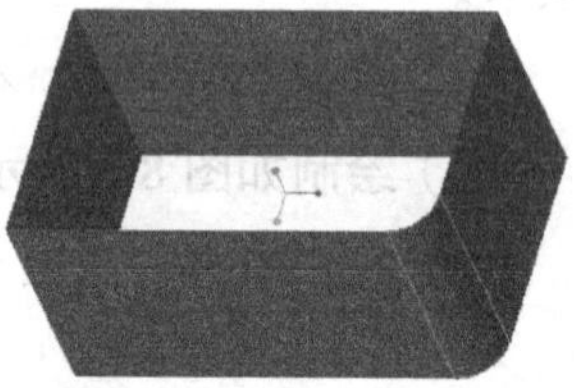

图 8-10　倒圆角效果

## 8.3.2 曲面倒角

曲面倒角操作和实体倒角操作基本相同。

**小实例 创建曲面倒角**

**操作步骤**

（1）继续以 8.3.1 节曲面为例。单击“边倒角”按钮，打开“边倒角”选项卡。

（2）在“边倒角”选项卡的列表框中，选择“45 × D”倒角标注形式选项，并在“D 文本框中输入 10，如图 8-11 所示。

（3）按住 Ctrl 键选择如图 8-12 所示的要倒角的两个边参考。

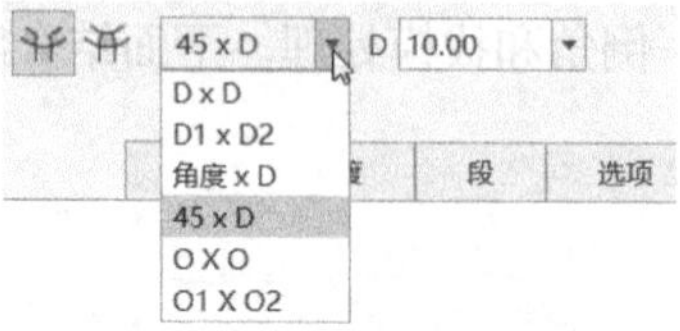


图 8-11　选择倒角标注形式选项

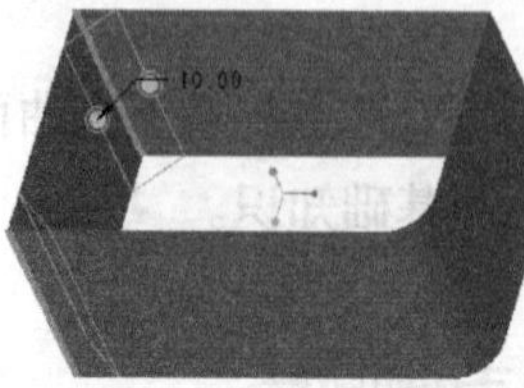


图 8-12　选择要倒角的两个边参考

（4）在“边倒角”选项卡上单击“完成”按钮。创建的倒角效果如图 8-13 所示。

图 8-13 倒角效果

### 8.3.3 曲面拔模

在曲面模型中也可以进行拔模，操作方法与在实体模型中进行拔模是一样的。

**小实例 创建曲面拔模**

**操作步骤**

（1）在功能区“模型”选项卡的“工程”面板中单击“拔模”按钮，打开“拔模”选项卡，在“拔模”选项卡上确认选中“沿相切曲面传播拔模”按钮。

（2）选择要如图 8-14 所示的曲面作为拔模曲面。

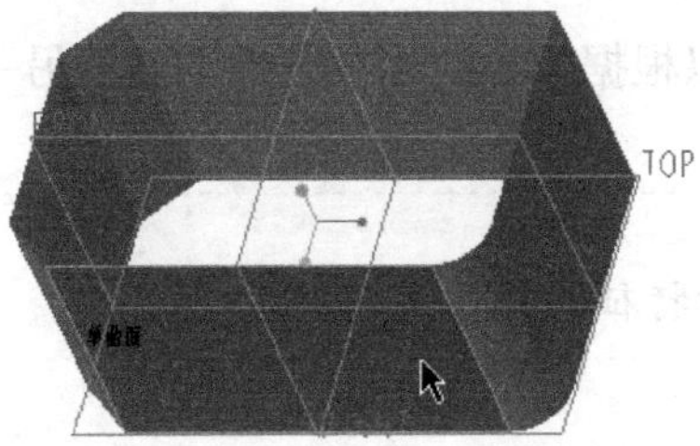


图 8-14 选择要拔模的曲面

（3）在“拔模”选项卡的 ●单击此处添加项 框中单击，将其激活，在模型窗口中选择 TOP 基准平面定义拔模枢轴。

（4）输入拔模角度为 8，如图 8-15 所示。

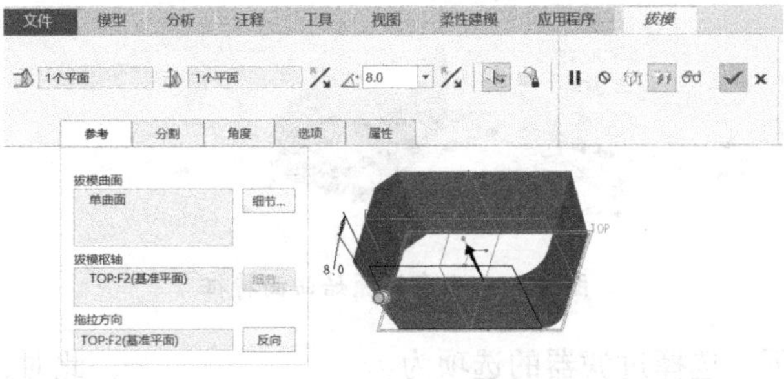


图 8-15 输入拔模角度

（5）在“拔模”选项卡上单击“完成”按钮，创建的曲面拔模效果如图 8-16 所示。

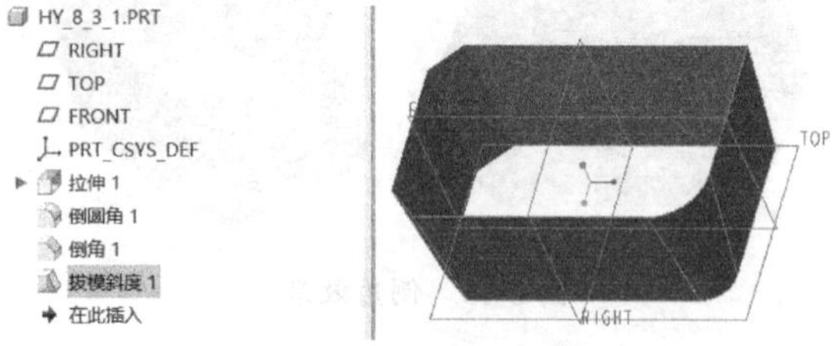


图 8-16　曲面拔模效果

# 8.4 曲面编辑处理

本节介绍 Creo Parametric 5.0 提供的常用曲面编辑处理功能，包括曲面镜像、曲面相交、合并、面组修剪、延伸和偏移。

## 8.4.1 镜像

单击“镜像”按钮，可以根据原始曲面在镜像平面的另一侧创建具有某种对称的曲面。

> **注意**
>
> 镜像曲面几何和镜像曲面特征的细节有差别。

**小实例　创建镜像曲面几何**

**操作步骤**

（1）单击“打开”按钮，打开“文件打开”对话框，选择配套资源第 8 章文件夹中的 BC_8_4_A.PRT 文件，单击“打开”按钮。该文件中已有的原始曲面特征如图 8-37 所示。

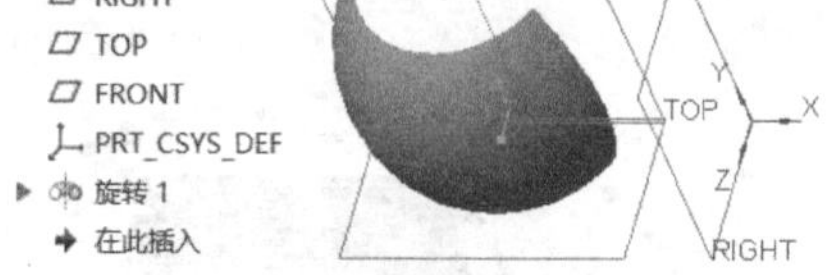


图 8-17　已有的原始曲面特征

（2）默认情况下，选择过滤器的选项为 几何 ，此时，在模型窗口中单击现有曲面以选择该曲面几何。

（3）在功能区“模型”选项卡的“编辑”面板中单击“镜像”按钮，打开“镜像”选项卡。

（4）选择 RIGHT 基准平面定义镜像平面。

（5）此时，在“镜像”选项卡打开“选项”滑出面板，此时“隐藏原始几何”复选框未选中，本例勾选“隐藏原始几何”复选框，如图 8-18 所示。

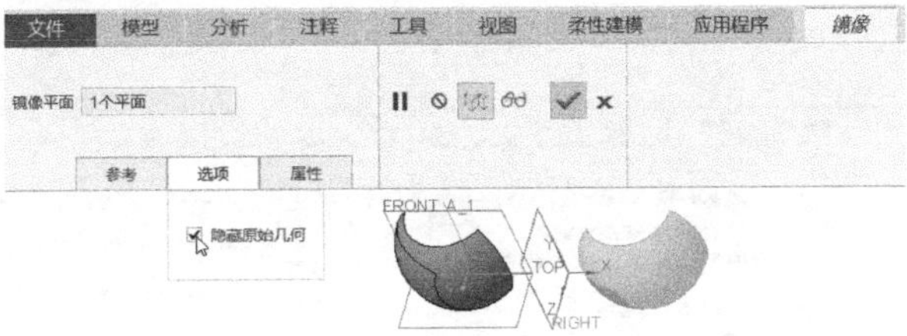


图 8-18　勾选“隐藏原始几何”复选框

（6）单击“镜像”选项卡的“完成”按钮，镜像几何结果如图 8-19 所示。

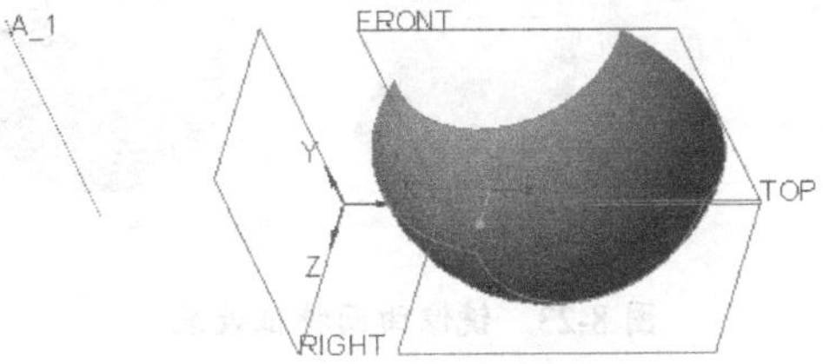


图 8-19　镜像几何结果

## 小实例　创建镜像曲面特征

### 操作步骤

（1）使用鼠标在模型树中将“➔ 在此插入”拖动到“旋转 1”特征的下面释放，如图 8-20 所示。

（2）在模型树选择“旋转 1”特征，或者在“选择过滤器”下拉列表中选择“特征”选项，接着在图形窗口中单击曲面特征，如图 8-21 所示。

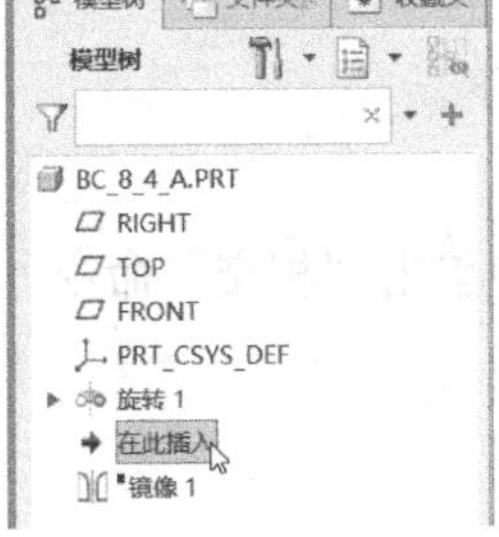


图 8-20　指定特征插入点

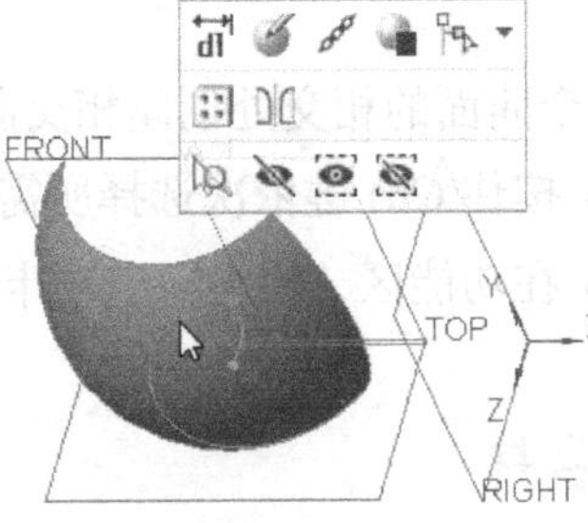


图 8-21　单击曲面特征

（3）单击“镜像”按钮▯▯，打开“镜像”选项卡。

（4）选择 RIGHT 基准平面定义镜像平面。

（5）此时，在“镜像”选项卡的“选项”滑出面板上可以看到，“从属副本”复选框和“部分从属－仅尺寸和注释元素细节”单选按钮已被选中，如图 8-22 所示。

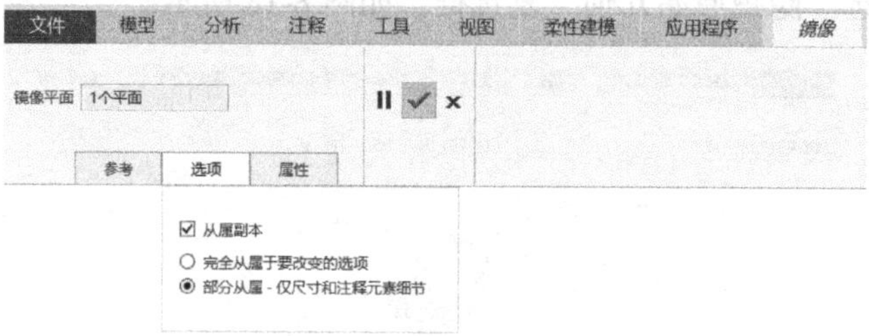


图 8-22　“选项”滑出面板

（6）单击“镜像”选项卡的“完成”按钮✓，镜像曲面特征的效果如图 8-23 所示。

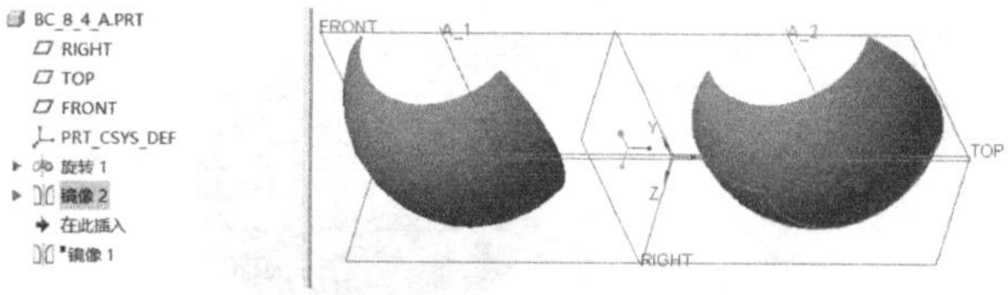


图 8-23　镜像曲面特征效果

## 8.4.2　相交

有相交的两个曲面，可以在其相交处创建一条曲线，如图 8-24 所示。

图 8-24　创建相交曲线

在两个曲面的相交处创建相交曲线的操作步骤如下。

（1）按住 Ctrl 键依次选择所需的两个相交曲面。

（2）在功能区“模型”选项卡的“编辑”面板中单击“相交”命令。

## 8.4.3　合并

使用“合并”按钮，可以将两个曲面合并成一个面组。

在选择要合并的两个曲面后，单击“合并”按钮，系统出现如图 8-25 所示的“合并”选项卡。

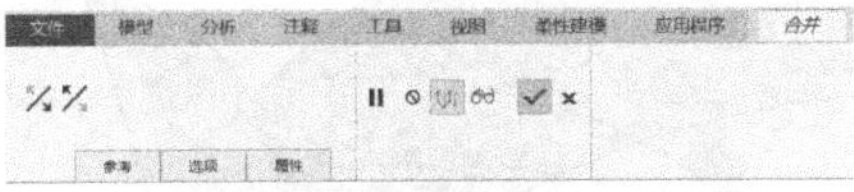


图 8-25 “合并”选项卡

下面介绍“合并”选项卡的主要按钮及相关滑出面板的功能。

- ：改变要保留的第一面组的侧。
- ：改变要保留的第二面组的侧。

**说明**

选择的第一个面组对象被称为“第一面组”，选择的第二个面组对象被称为“第二面组”。

- “参考”滑出面板：“参考”滑出面板如图 8-26 所示。在“面组”收集器中显示所选的面组参考。可以对选定面组的顺序进行调整。
- “选项”滑出面板：“选项”滑出面板如图 8-27 所示。提供两种重要的选项：“相交”选项和“联接”选项。“相交”选项用于在交点处合并两个面组，保留面组指定的部分；“联接”选项用于连接两个面组，要求其中一个面组的一侧边位于另一面组上。

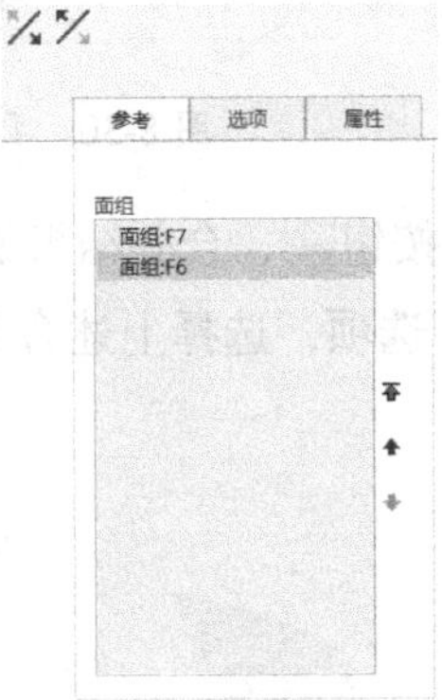


图 8-26 “参考”滑出面板

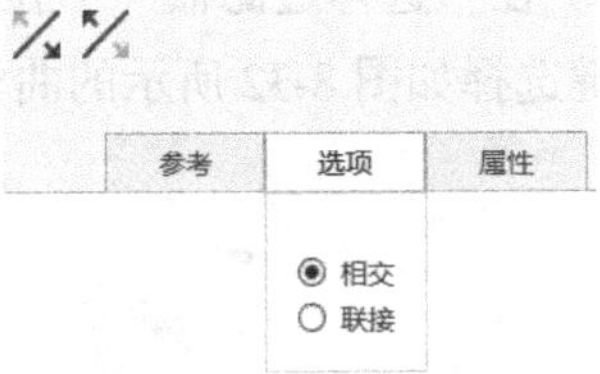


图 8-27 “选项”滑出面板

- “属性”滑出面板：可以编辑特征名称并在 Creo Parametric 5.0 浏览器中打开特征信息。

## 小实例 将两个曲面合并成一个面组

**操作步骤**

（1）单击“打开”按钮，打开“文件打开”对话框，选择配套资源第 8 章文件夹中的 BC_8_4_C.PRT 文件，单击“打开”按钮。该文件中已有的原始曲面如图 8-28 所示。

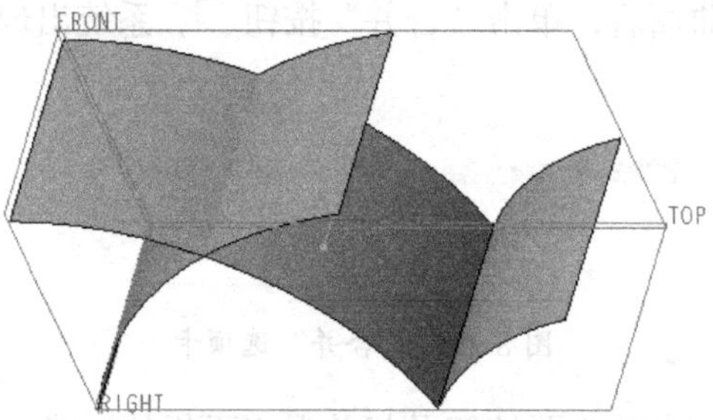


图 8-28　已有的原始曲面

（2）按住 Ctrl 键依次选择如图 8-29 所示的曲面 1 和曲面 2。

（3）单击“合并”按钮。

（4）在“合并”选项卡上单击“改变要保留的第二面组的侧”按钮，此时箭头指示要保留的侧如图 8-30 所示。

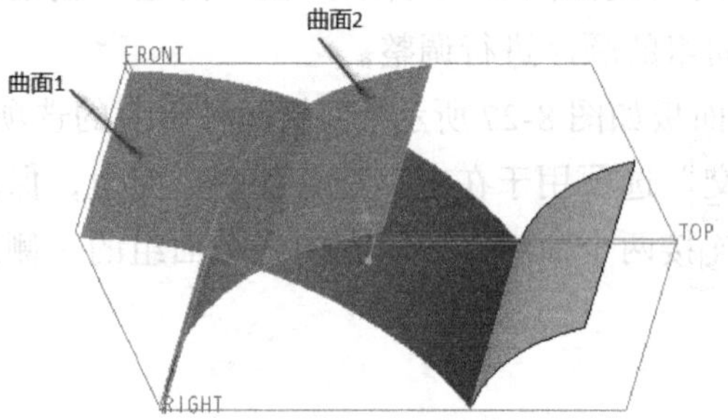


图 8-29　选择曲面 1 和曲面 2

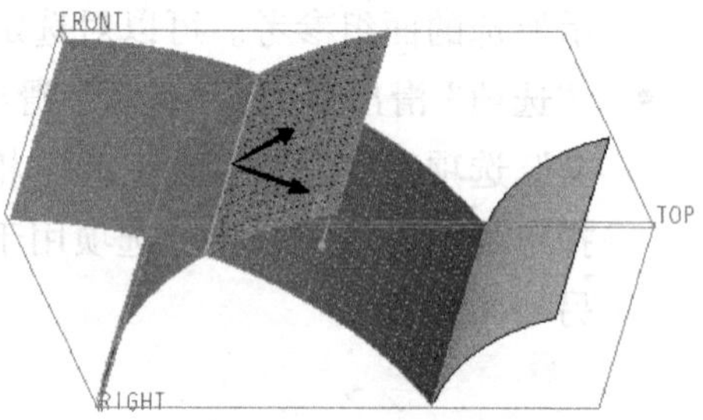


图 8-30　要保留的侧

（5）默认的合并方式是“相交”。单击“完成”按钮，合并结果如图 8-31 所示。

（6）在“选择过滤器”下拉列表中选择“面组”选项，选择上述合并后的曲面，再按住 Ctrl 键选择如图 8-32 所示的曲面 3。

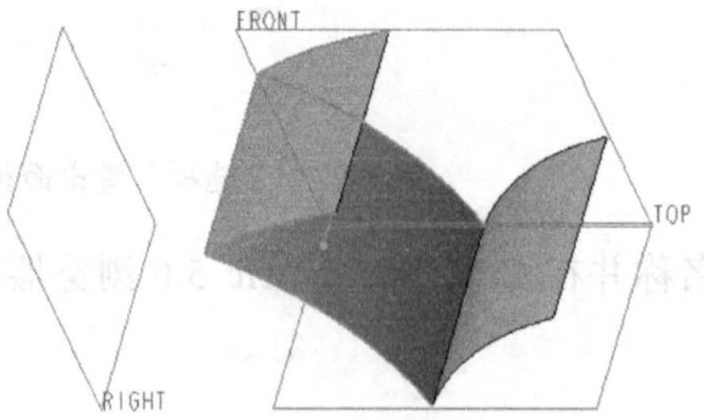


图 8-31　第一次合并结果

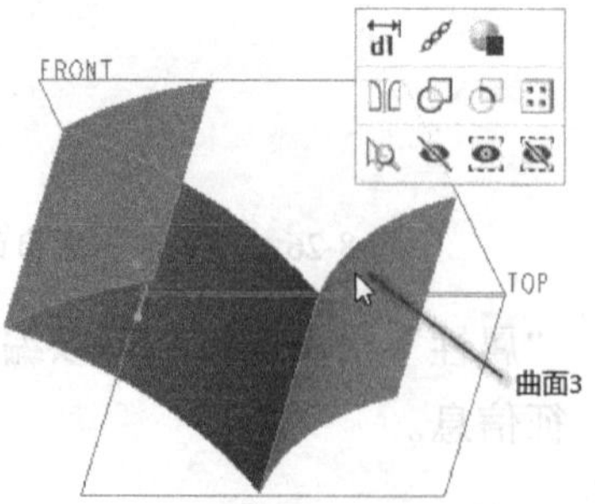


图 8-32　选择曲面 3

（7）单击“合并”按钮，打开“合并”选项卡。

（8）打开“合并”选项卡的“选项”滑出面板，选择“联接”单选按钮，如图 8-33 所示。

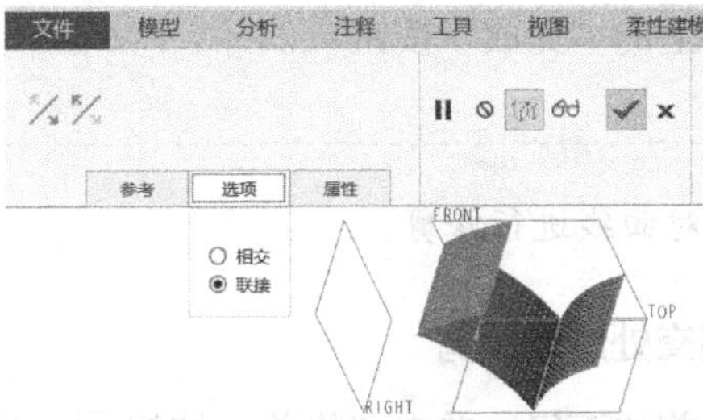


图 8-33 “联接”单选按钮

（9）单击“合并”选项卡的“完成”按钮，完成合并操作。

## 8.4.4 面组修剪

面组修剪是指对面组（曲面）进行剪切或分割，去除不需要的部分。面组是指曲面的集合。

可以利用拉伸、旋转、扫描等方式去除不需要的部分曲面，使用这些工具命令时，需要在相应选项卡上单击选中“去除材料”按钮，或者在相应的级联菜单中选择“曲面”“曲面修剪”或“薄曲面修剪”等命令。

本节主要介绍使用“修剪”按钮指定现有曲面、曲线、基准平面等对象来对面组（曲面）进行修剪。操作步骤如下。

（1）选择要修剪的面组。

（2）单击“修剪”按钮，打开如图 8-34 所示的“曲面修剪”选项卡。

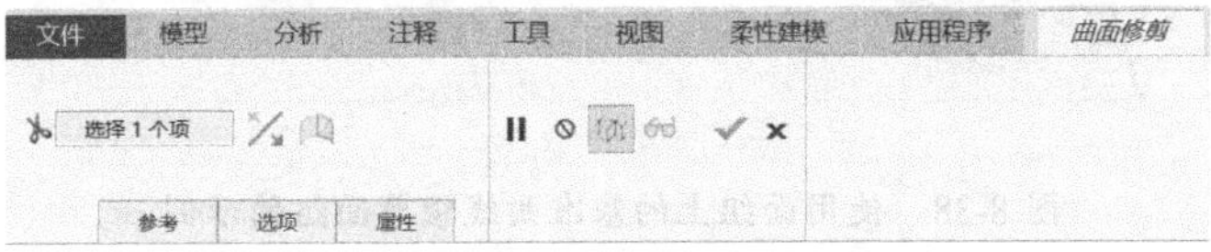


图 8-34 “曲面修剪”选项卡

（3）指定修剪对象，设置要保留的曲面侧。指定的修剪对象将被收集到“参考”滑出面板上的“修剪对象”收集器中，如图 8-35 所示。在某些设计情况下，可打开“选项”滑出面板，设置是否保留修剪曲面，以及设置薄修剪的相关参数等，如图 8-36 所示。

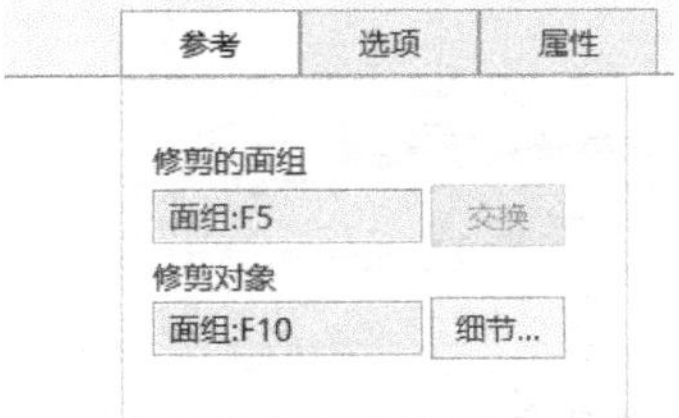


图 8-35 “参考”滑出面板

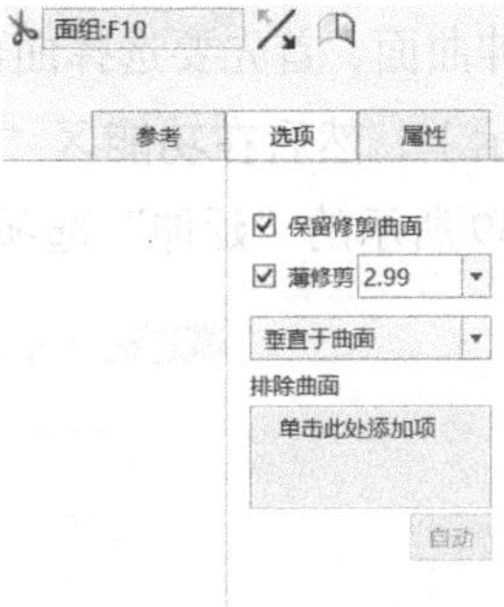


图 8-36 “选项”滑出面板

（4）单击“曲面修剪”选项卡上的“完成”按钮✓。

**注意**

单击“修剪”按钮，也可以对曲线进行修剪。

### 1. 在与其他面组或基准平面相交处进行修剪

如图 8-37 所示，首先选择要修剪的面组，单击“修剪”按钮，接着选择所需的其他面组或基准平面作为修剪对象，其中单击“曲面修剪”选项卡上的按钮，可以设置要保留的面组侧。最后单击“完成”按钮✓，完成该修剪操作。

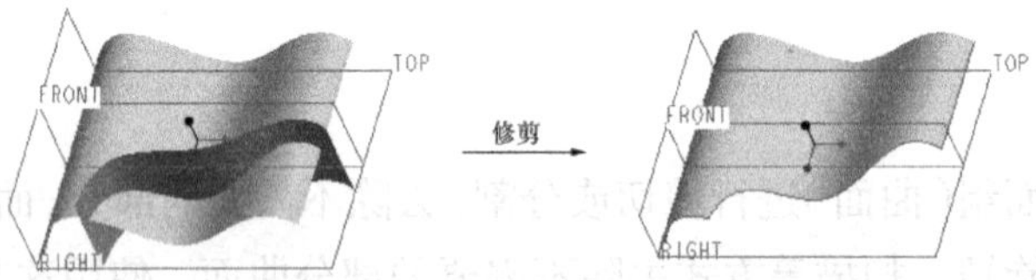


图 8-37 利用曲面进行修剪

### 2. 使用面组上的基准曲线修剪

使用面组上的基准曲线修剪面组的示例，如图 8-38 所示。

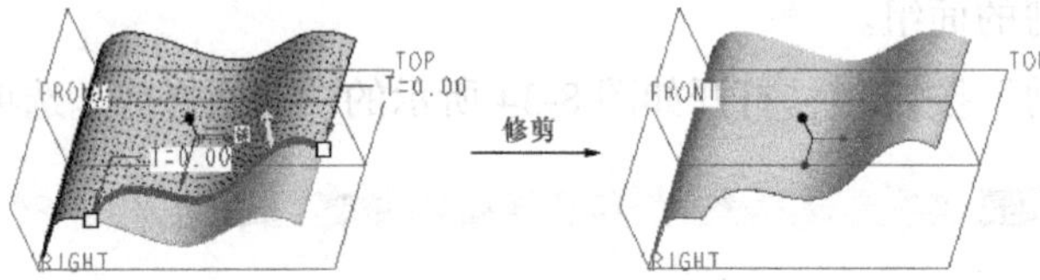


图 8-38 使用面组上的基准曲线修剪面组的示例

## 8.4.5 延伸

单击“延伸”按钮，可以延伸面组的邻接单侧边指定的距离或延伸到平面，既可以将曲面延伸到指定的参考平面，也可以更改曲面边界使曲面的覆盖范围以某种方式变大或变小。

要延伸曲面，首先要选择曲面的某边界边链（选中曲面边界时，曲面的该边界线以红色粗实线显示），然后在功能区“模型”选项卡的“编辑”面板中单击“延伸”按钮，打开如图 8-39 所示的“延伸”选项卡。

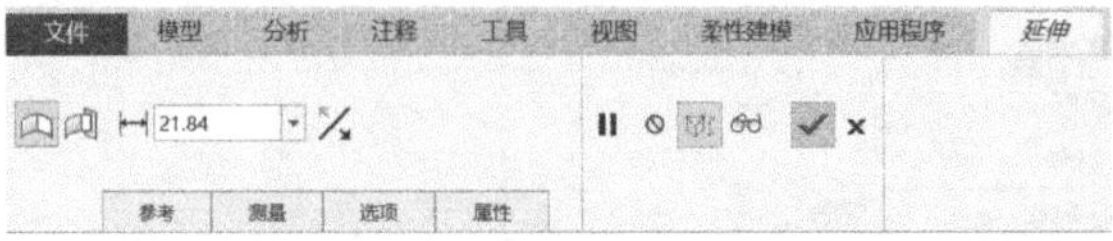


图 8-39 “延伸”选项卡

- ：沿原始曲面延伸曲面，延伸的示例如图 8-40 所示。
- ：将曲面延伸到参考平面，延伸的示例如图 8-41 所示。

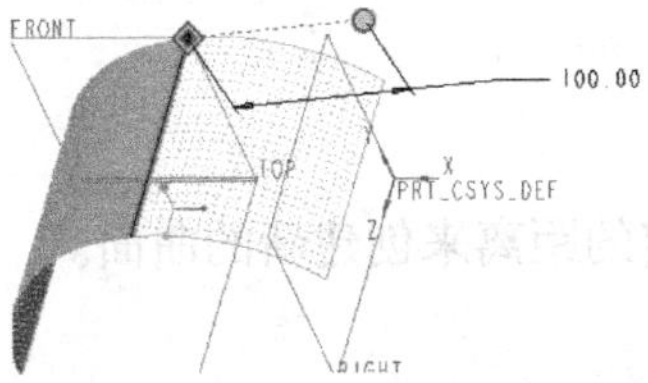


图 8-40　沿原始曲面延伸曲面

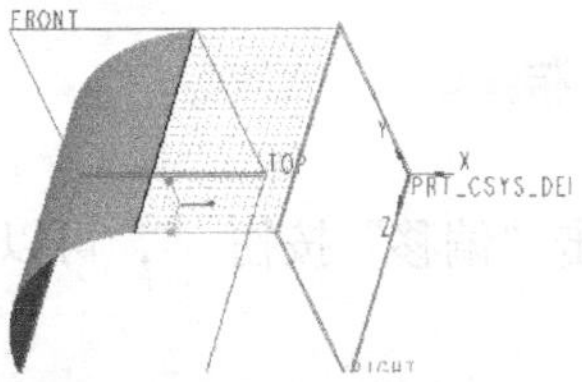


图 8-41　将曲面延伸到参考平面

- “参考”滑出面板：允许更改边 / 链参考。要重定义选取选项，可以单击此滑出面板上的“细节”按钮。
- “量度”滑出面板：在“延伸”选项卡上单击“沿原始曲面延伸曲面”按钮，启用此滑出面板。利用此滑出面板，可以通过沿选定边链添加并调整测量点创建可变延伸，如图 8-42 所示。

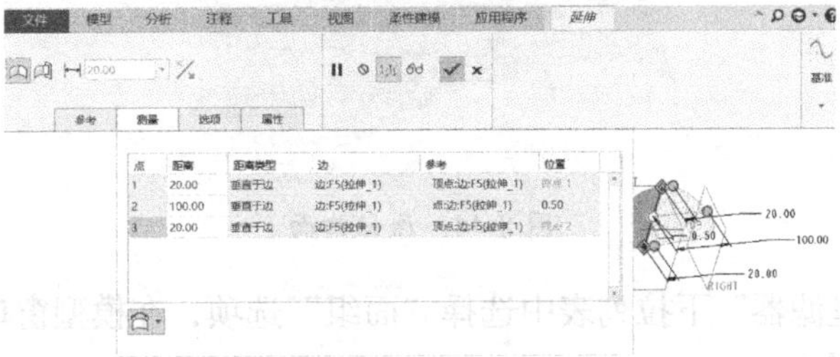


图 8-42　创建可变延伸

## 注意

默认情况下，系统只添加一个测量点，并按相同的距离延伸整个链以创建恒定延伸。在“测量”表中右键单击空白处，在弹出的快捷菜单中选择“添加”命令，可添加一个测量点，可设定其距离类型、位置和距离值等。

- “选项”滑出面板：在“延伸”选项卡上单击“沿原始曲面延伸曲面”按钮，启用此滑出面板。在此滑出面板上，可以在“方法”下拉列表中选择“相同”“相切”或“逼近”命令设置延伸方法，如图 8-43 所示。另外，在“拉伸第一侧”或“拉伸第二侧”下拉列表中选择选项以定义每个延伸侧。

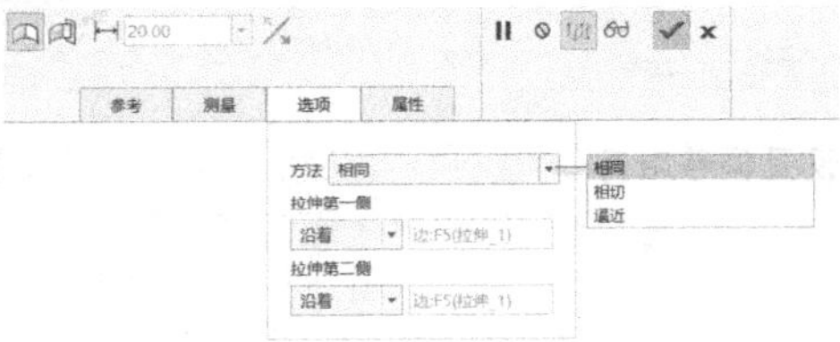


图 8-43　“选项”滑出面板

- “属性”滑出面板：可重命名延伸特征，也可打开 Creo Parametric 浏览器查看关于当前延伸特征的信息。

### 8.4.6 偏移

单击“偏移”按钮，可以将原曲面偏移指定的距离来创建新的曲面。

**小实例 偏移曲面**

**操作步骤**

（1）单击“打开”按钮，打开“文件打开”对话框，选择配套资源第 8 章文件夹中的 BC_8_4_6.PRT 文件，单击“打开”按钮。该文件中已有的原始曲面如图 8-44 所示。

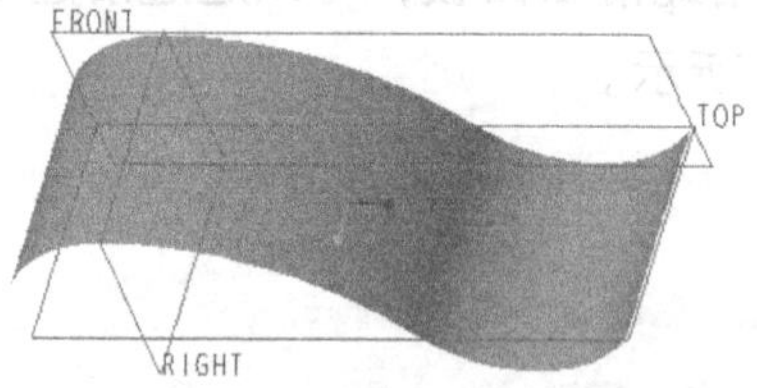


图 8-44 原始曲面

（2）在“选择过滤器”下拉列表中选择“面组”选项，在模型窗口中单击原始曲面。

（3）在功能区“模型”选项卡的“编辑”面板中单击“偏移”按钮，打开如图 8-45 所示的“偏移”选项卡。

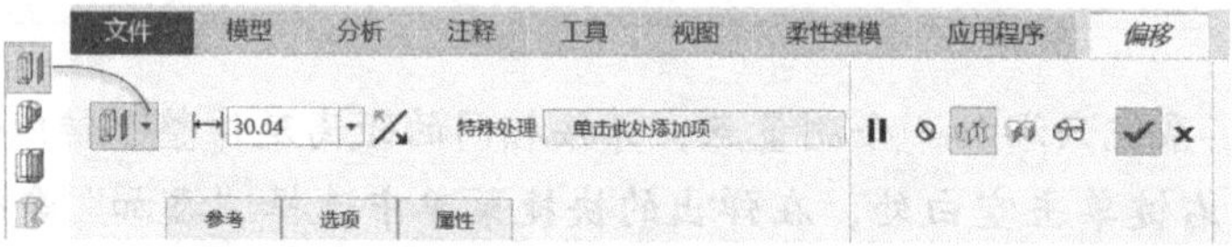


图 8-45 “偏移”选项卡

（4）默认的偏移类型选项为“标准偏移特征”，在文本框中输入偏移距离为 36，如图 8-46 所示。此时，模型显示如图 8-47 所示。

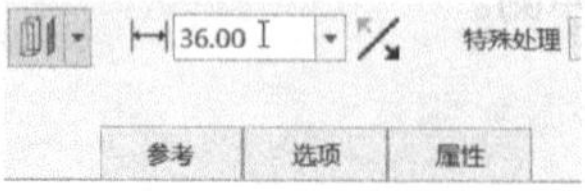


图 8-46 设置偏移距离

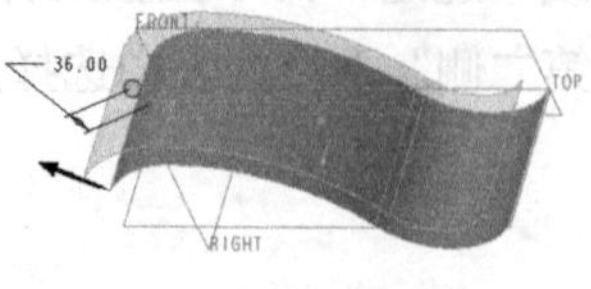


图 8-47 模型显示

**知识点拨**

偏移类型包括“标准偏移特征”、“具有拔模特征”、“展开特征”和“替换曲面特征”。

（5）单击“完成”按钮，得到的曲面偏移效果如图 8-48 所示。

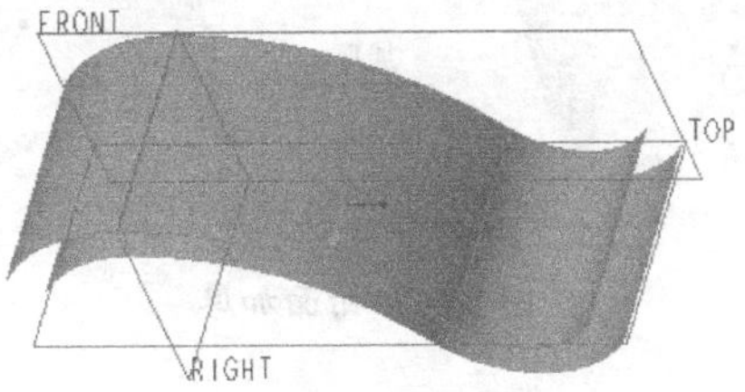


图 8-48 曲面偏移效果

**操作点拨**

在执行偏移操作的过程中，可以打开“偏移”选项卡的“选项”滑出面板，在下拉列表中选择“垂直于曲面”选项、“自动拟合”选项或“控制拟合”选项定义偏移曲面的方向，如图 8-49 所示。若选中“创建侧曲面”复选框，则创建的偏移曲面带有侧曲面，如图 8-50 所示。

- 垂直于曲面：垂直于参考曲面或面组偏移曲面。
- 自动拟合：自动确定坐标系并沿其轴偏移曲面。
- 控制拟合：沿定制坐标系的轴缩放偏移曲面。

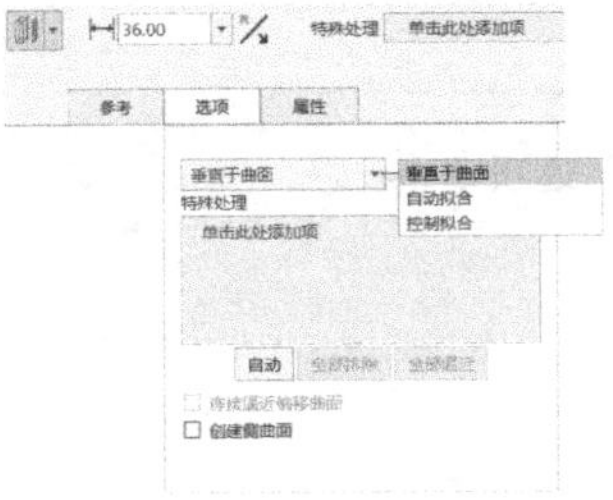


图 8-49 “选项”滑出面板

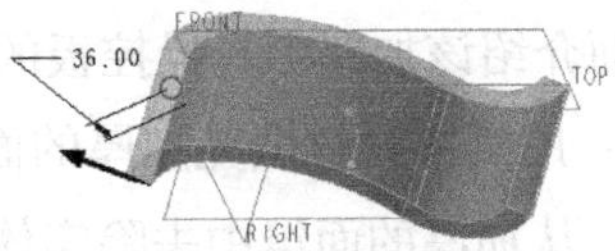


图 8-50 带有侧曲面

## 8.5 使用曲面创建或编辑实体

使用曲面创建或编辑实体主要有以下两种方式。

（1）使用曲面加厚的方式，即将曲面转化为指定厚度的薄壁实体。

（2）使用实体化工具获得所需的实体。

## 8.5.1 曲面加厚

单击“加厚”按钮，可以将曲面加厚使其成为薄壁形状的实体，如图 8-51 所示。也可以通过将曲面加厚来去除实体中的材料，如图 8-52 所示。

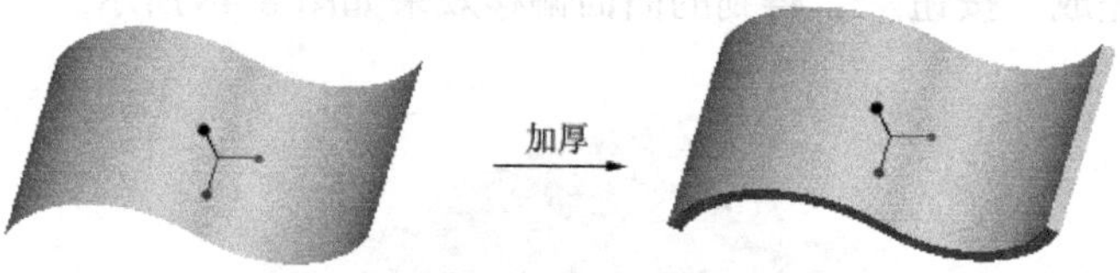


图 8-51 曲面加厚

图 8-52 通过曲面加厚切除实体材料

选择要进行加厚操作的曲面或面组，在功能区“模型”选项卡的“编辑”面板中单击“加厚”按钮，打开“加厚”选项卡，如图 8-53 所示。

图 8-53 “加厚”选项卡

下面介绍该加厚工具操控板的各主要选项。

：用实体材料填充加厚的面组。

：从加厚的面组中去除实体材料。

：在该尺寸框中指定加厚的厚度值。

：反转结果几何的方向。

“参考”滑出面板：用来收集和重定义要进行加厚操作的曲面或面组。

“选项”滑出面板：如图 8-54 所示，可以在下拉列表中选择曲面加厚控制选项，如“垂直于曲面”“自动拟合”或“控制拟合”选项。在“排除曲面”收集器的框中单击，可以指定从加厚操作中要去除的原始面组中的曲面。

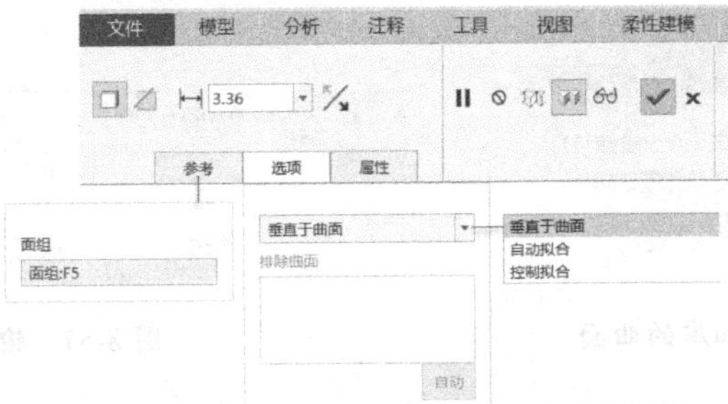


图 8-54 “加厚”选项卡的“选项”滑出面板

- 垂直于曲面：垂直于原始曲面偏移加厚曲面，该选项为默认项。可以选择单个或多个曲面，以从加厚操作中去除。要去除的曲面会出现在“排除曲面”收集器中。
- 自动拟合：相对于自动确定的坐标系，缩放和平移加厚的曲面。
- 控制拟合：通过相对于选定的坐标系缩放原始曲面，然后将其沿指定轴平移，创建最适合的情形。

“属性”滑出面板：显示加厚特征的属性名称并可将其重命名，还可以单击按钮获取加厚特征的详细信息。

由曲面创建加厚特征主要定义以下 3 方面。

- 选择一个开放的或闭合的面组作为参考。
- 确定使用参考几何的方法：添加或去除薄材料部分。
- 定义加厚特征几何的厚度方向。

## 小实例 曲面加厚

**操作步骤**

（1）单击“打开”按钮，打开“文件打开”对话框，选择配套资源第 8 章文件夹中的 HY_8_5_1.PRT 文件，单击“打开”按钮。该文件中已有的原始曲面模型如图 8-55 所示。

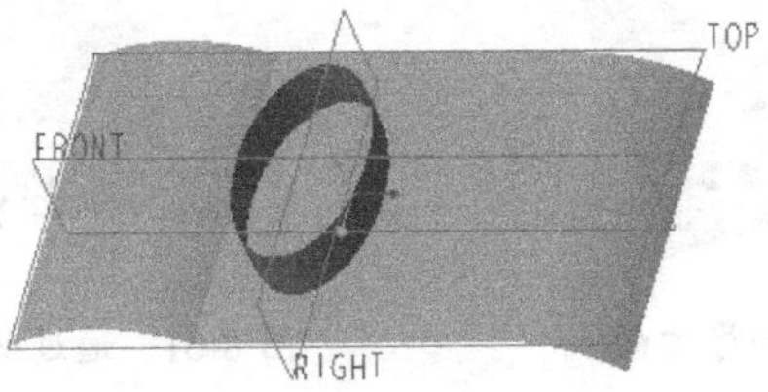


图 8-55 已有的原始曲面模型

（2）选择如图 8-56 所示的要加厚的曲面（鼠标指针所指）。

（3）在功能区“模型”选项卡的“编辑”面板中单击“加厚”按钮，打开“加厚”选项卡。

（4）在“加厚”选项卡的文本框中输入厚度值为 5，如图 8-57 所示。

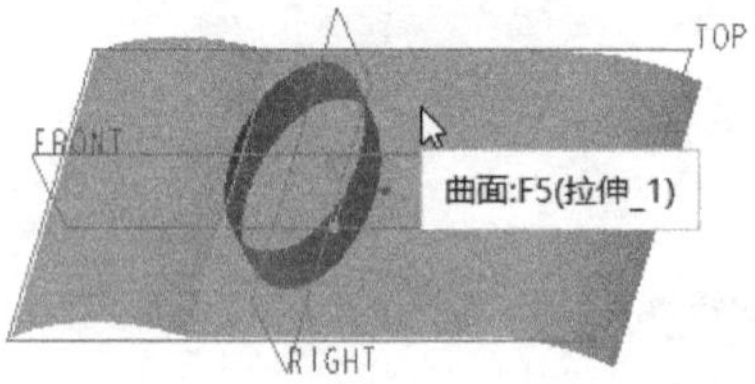


图 8-56 选择要加厚的曲面

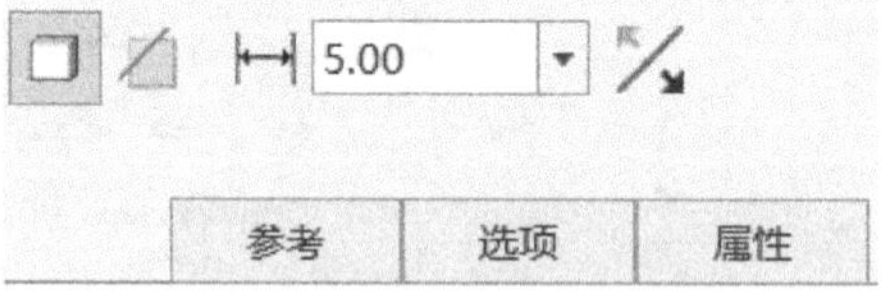


图 8-57 输入厚度值

（5）单击“完成”按钮，得到的此次加厚曲面的效果如图 8-58 所示。

（6）选择如图 8-59 所示的要加厚的曲面（鼠标指针所指）。

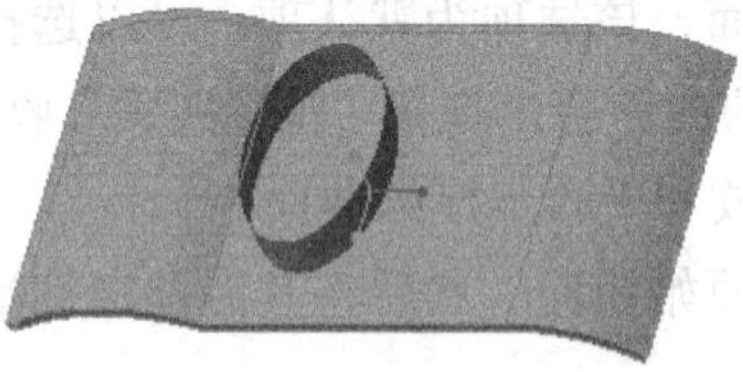

图 8-58 加厚曲面效果

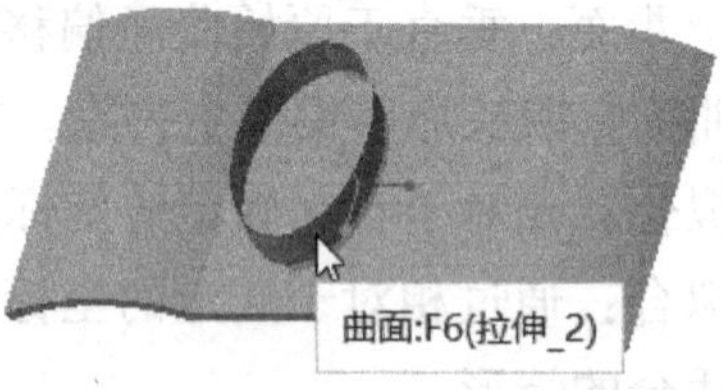


图 8-59 选择要加厚的曲面

（7）在功能区“模型”选项卡的“编辑”面板中单击“加厚”按钮，打开“加厚”选项卡。

（8）在“加厚”选项卡上单击“去除材料”按钮。

（9）在“加厚”选项卡的文本框中输入厚度值为 5。

（10）单击“反转结果几何的方向”按钮，使加厚方向如图 8-60 所示。

（11）在“加厚”选项卡上单击“完成”按钮，通过曲面加厚去除实体材料的效果如图 8-61 所示。

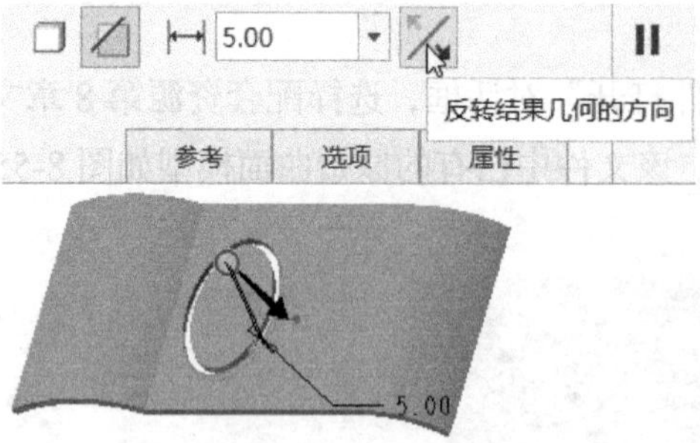


图 8-60 加厚方向

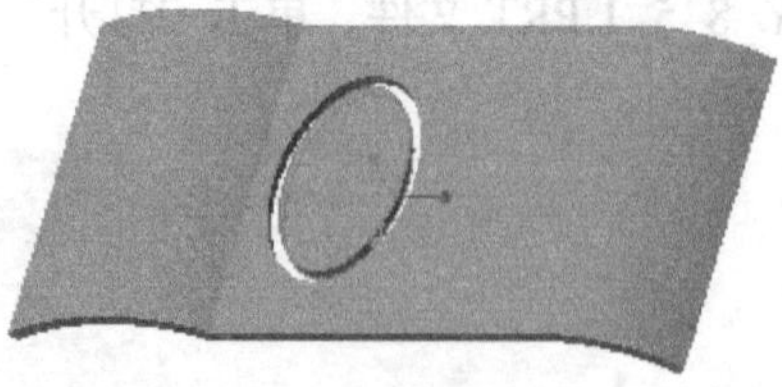

图 8-61 通过曲面加厚去除实体材料的效果

## 8.5.2 实体化

单击“实体化”按钮，可以使用预定的曲面特征或面组几何并将其转换为实体几何。根据实际情况，可以使用实体化特征添加、移除或替换实体材料。

在进行实体化操作时，需要定义以下 3 方面。

- 选择一个曲面特征或面组作为参考。
- 确定使用参考几何的方法：添加实体材料，去除实体材料或修补曲面。
- 定义几何的材料方向。

实体化的操作步骤如下。

（1）选择要操作的曲面特征或面组。

（2）在功能区“模型”选项卡的“编辑”面板中单击“实体化”按钮，打开“实体化”选项卡，如图 8-62 所示。

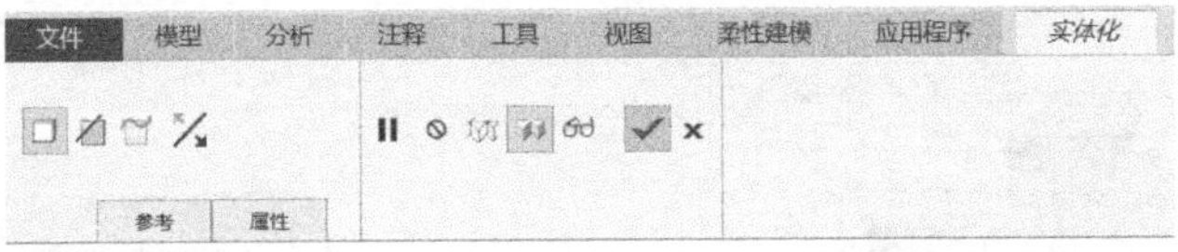


图 8-62 “实体化”选项卡

（3）在“实体化”选项卡上，根据设计情况选择如下 3 个按钮之一。

（“伸出项”实体化）：使用选定的曲面或面组创建实体体积块。

（“切口”实体化）：使用选定的曲面或面组去除实体材料。

（“曲面化”实体化）：将选定的曲面或面组修补到实体上。只有在设计中必须有一个满足实体化（曲面片）特征条件的面组或曲面，如曲面或面组必须位于实体曲面上，此选项按钮才可用。

（4）定义几何的材料方向。可以单击“更改刀具操作方向”按钮设置所需的材料方向。

（5）单击操控板的“完成”按钮。

## 小实例 实体化

操作步骤

（1）单击“打开”按钮，打开“文件打开”对话框，选择配套资源第 8 章文件夹中的 HY_8_5_2.PRT 文件，单击“打开”按钮。该文件中已有的原始曲面模型如图 8-63 所示。

（2）在“选择过滤器”下拉列表中选择“面组”选项，选择如图 8-64 所示的要操作的曲面。

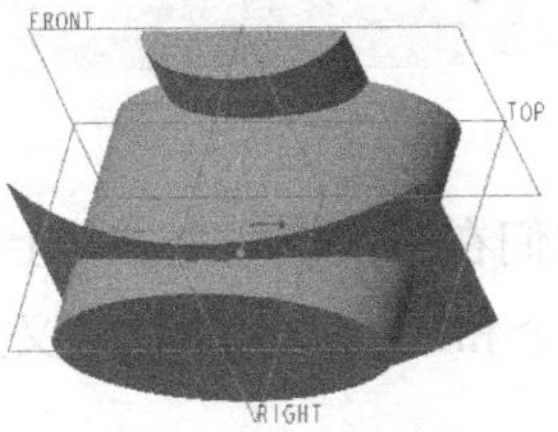


图 8-63 已有的原始曲面模型

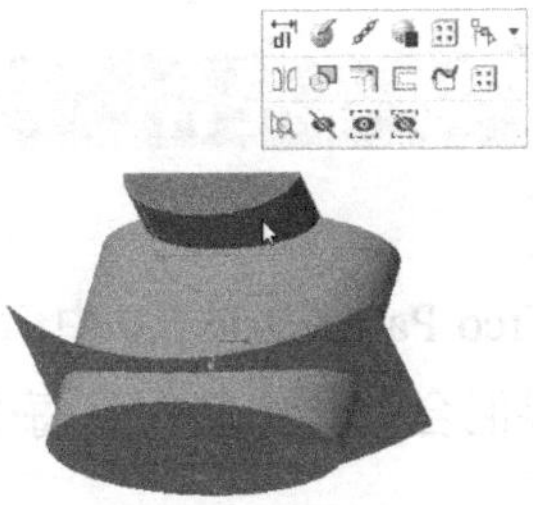

图 8-64 选择要操作的曲面

（3）单击“实体化”按钮，打开“实体化”选项卡。此时，“实体化”选项卡上的“伸出项实体化”按钮处于选中的状态。

（4）单击“实体化”选项卡的“完成”按钮，完成“伸出项”实体化特征。

（5）选择如图 8-65 所示的曲面。

（6）单击“实体化”按钮，打开“实体化”选项卡。

（7）在“实体化”选项卡上单击“切口实体化”按钮，此时模型中显示的箭头方向如图 8-66 所示。

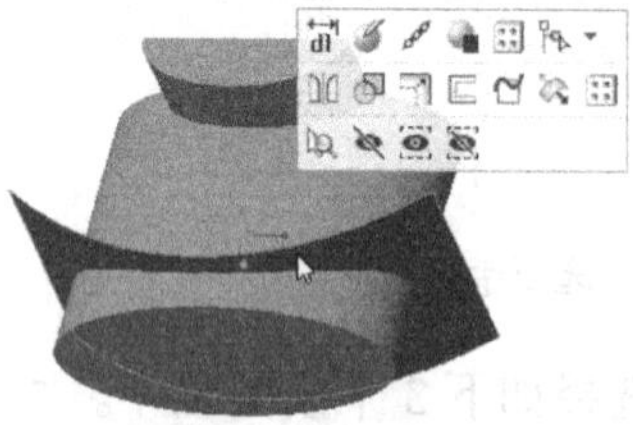

图 8-65 选择曲面

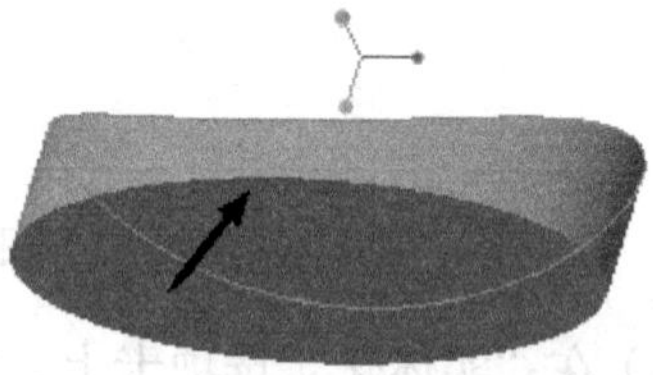

图 8-66 切口实体化

（8）单击“更改刀具操作方向”按钮，模型显示如图 8-67 所示。

（9）单击“完成”按钮，完成“切口”实体化，模型效果如图 8-68 所示。

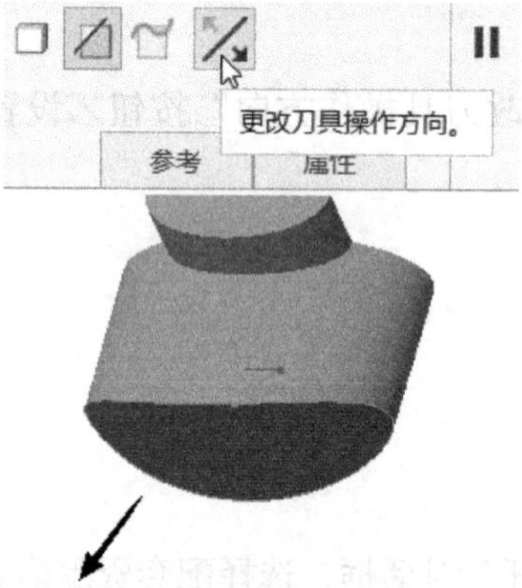


图 8-67 模型显示

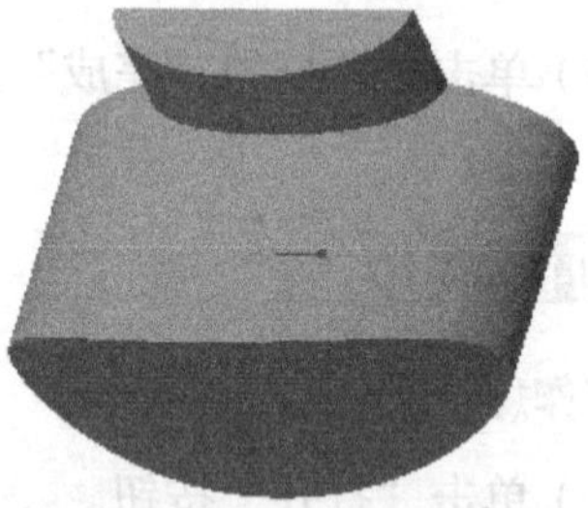

图 8-68 完成“切口”实体化模型效果

## 8.6 边界混合

在 Creo Parametric 5.0 中，可以在参考图元（它们在一个或两个方向上定义曲面）之间创建边界混合，其中使用在每个方向上选择的第一个和最后一个图元定义边界混合曲面的边界。

**知识点拨**

利用 Creo 从其他 CAD 软件导入数据时，所导入数据的质量可能不佳。例如，导入特征中的某些曲面可能会丢失，或者导入曲面可能已损坏。在这些情况下，可以使用边界混合曲面来进行处理，如创建丢失的曲面，或构造已损坏曲面的替换曲面。新的边界混合曲面会被创建为基层叶节点。注意，边界混合曲面的创建可以是非关联、非参数化的。

在功能区“模型”选项卡的“曲面”面板上单击“边界混合”按钮，打开如图 8-69 所示的“边界混合”选项卡。

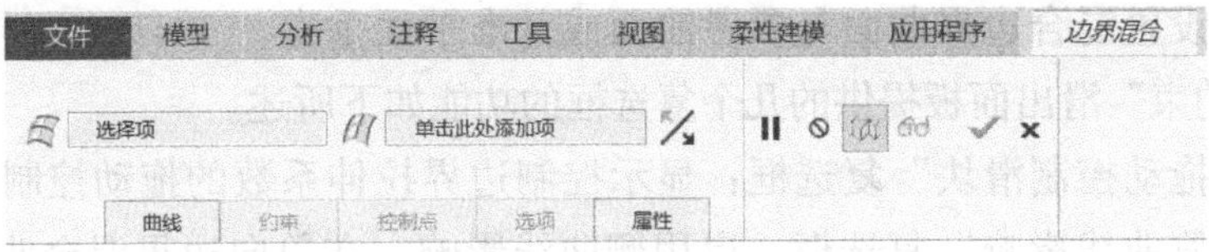


图 8-69 “边界混合”选项卡

“边界混合”选项卡包含两个收集器，即（第一方向链收集器）和（第二方向链收集器）。这两个收集器指出要添加、移除或重定义的已选取曲线链参考。在相关收集器中单击，可以将其激活并选择该方向的曲线。

可以只使用（第一方向链收集器）创建单向边界混合特征，也可以继续使用（第二方向链收集器）创建双向边界混合特征。可以添加更多的参考图元，如添加控制点和边界条件，从而更完整地定义曲面形状。

在指定所需方向上的曲线时，可以打开“曲线”滑出面板，调整指定方向的曲线链的顺序。例如，在“第一方向”收集器列表中选择第 2 条链，如图 8-70 所示，单击按钮，在连接序列中向上重新排序链，单击按钮则在连接序列中向下重新排序链。曲线链顺序不同，所形成的边界混合曲面也会有所不同。

若在“曲线”滑出面板上勾选“闭合混合”复选框，则特征通过将最后一条链与第一条链连接闭合混合，从而形成如图 8-71 所示的封闭环曲面。

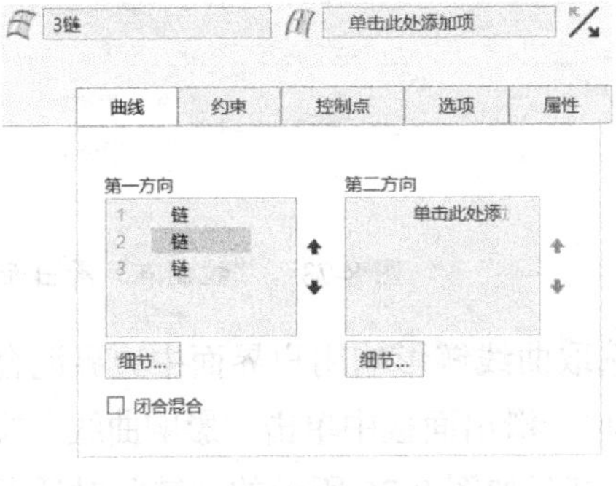


图 8-70 “曲线”滑出面板

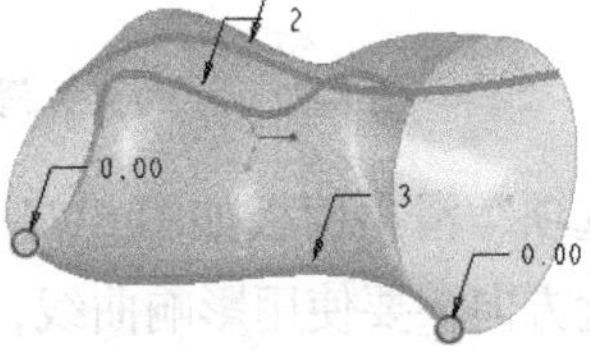


图 8-71 封闭环曲面

**知识点拨**

“闭合混合”选项只适用于其他收集器为空的单向曲线。

“约束”滑出面板主要用来控制边界条件，包括边对齐的相切条件，如图 8-72 所示，条件包括“自由”“相切”“曲率”和“垂直”。

- 自由：沿边界没有设置相切条件。
- 相切：边界混合曲面沿边界与参考曲面相切。
- 曲率：边界混合曲面沿边界具有曲率连续性。
- 垂直：设置混合边界曲面与参考曲面或基准平面垂直。

另外，“约束”滑出面板提供的几个复选框的功能如下所述。

- “显示拖动控制滑块”复选框：显示控制边界拉伸系数的拖动控制滑块。
- “添加侧曲线影响”复选框：启用侧曲线影响。在单向边界混合曲面中，对于指定为“切线”或“曲率”的边界条件，边界混合曲面的侧边相切于参考的侧边。
- “添加内部边相切”复选框：为边界混合曲面的一个或两个方向设置相切内部边条件。此选项只适用于具有多段边界的曲面。
- “优化曲面形状”复选框：定义 4 条边界并应用相切（G1））或曲率（G2）连接时平滑单个曲面 ( 非复合曲面 )。
- “控制点”滑出面板如图 8-73 所示，主要用来在输入曲线上映射位置添加控制点并形成曲面。

图 8-72 “约束”滑出面板

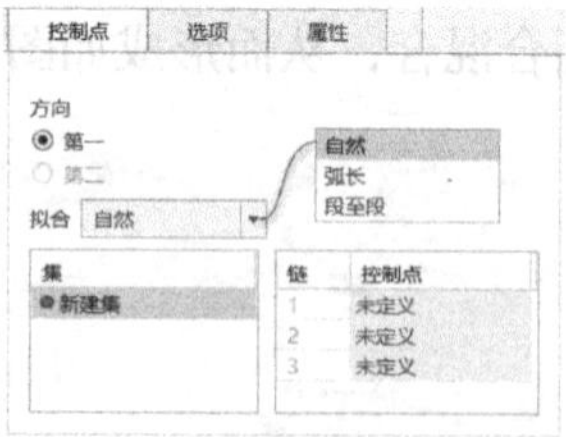


图 8-73 “控制点”滑出面板

“选项”滑出面板如图 8-74 所示。可以选取曲线链影响用户界面中边界混合曲面的形状或逼近方向。要使用影响曲线，需要在“选项”滑出面板中单击“影响曲线”文本框，然后选择所需的曲线对象。单击“细节”按钮，打开如图 8-75 所示的“链”对话框可修改链组属性。根据实际设计情况设置平滑度和在方向上的曲面片。“平滑度因子”和“在方向上的曲面片”的含义如下所述。

- 平滑度因子：控制曲面的粗糙度、不规则性或投影。
- 在方向上的曲面片（第一方向和第二方向）：控制用于形成结果曲面的沿 $u$ 和 $v$ 方向的曲面片数。

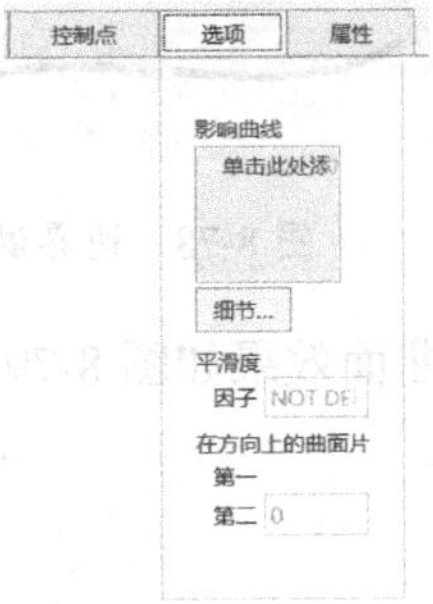


图 8-74 “选项”滑出面板

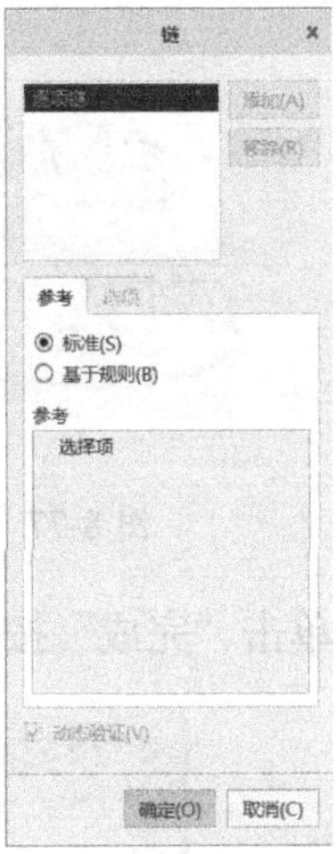


图 8-75 “链”对话框

利用“属性”滑出面板，可以重命名此边界混合特征，或在 Creo Parametric 浏览器中显示关于此边界混合特征的信息。

## 小实例 创建双向边界混合曲面

### 操作步骤

（1）单击“打开”按钮，打开“文件打开”对话框，选择配套资源第 8 章文件夹中的 HY_8_6.PRT 文件，单击“打开”按钮。该文件中已有的曲线如图 8-76 所示。

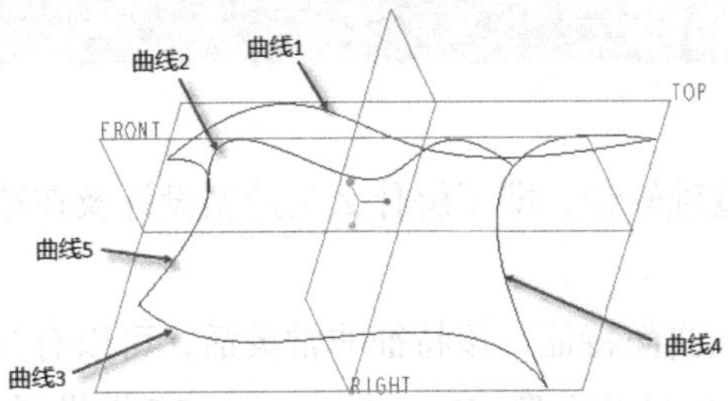


图 8-76 已有的曲线

（2）在功能区“模型”选项卡的“曲面”面板上单击“边界混合”按钮，打开“边界混合”选项卡。

（3）（第一方向链收集器）处于激活状态。选择曲线 1，按住 Ctrl 依次选择曲线 2 和曲线 3。选择的这 3 条曲线作为第一方向链，如图 8-77 所示。

（4）在“边界混合”选项卡上，单击（第二方向链收集器）框，将其激活，然后选择曲线 4，接着按住 Ctrl 键选择曲线 5，则曲线 4 和曲线 5 作为第二方向链。

此时，在模型窗口中显示的要创建的边界混合曲面形状如图 8-78 所示。

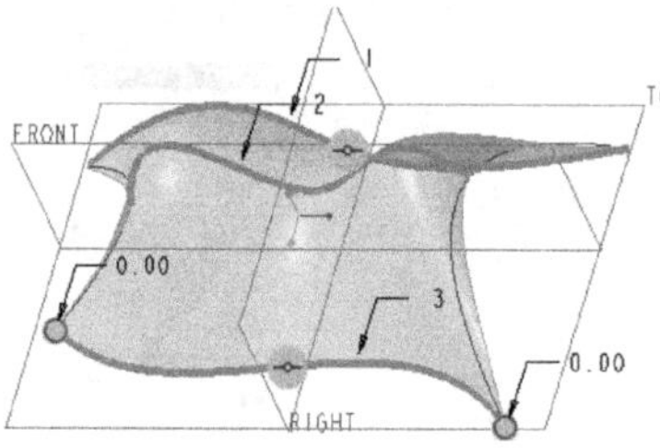


图 8-77　第一方向链

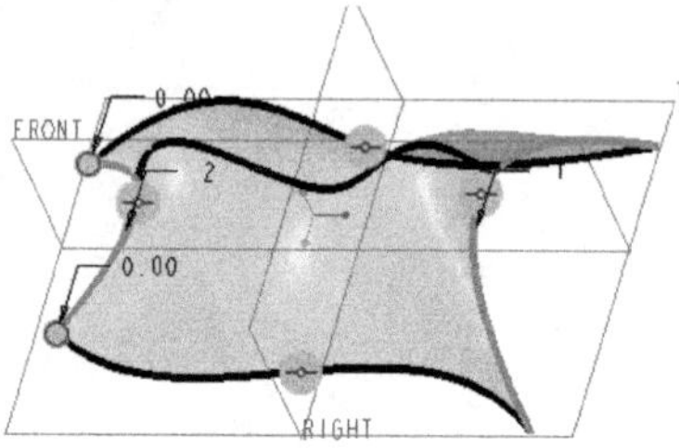


图 8-78　边界混合曲面形状

（5）单击“完成”按钮，创建的双向边界混合曲面效果如图 8-79 所示。

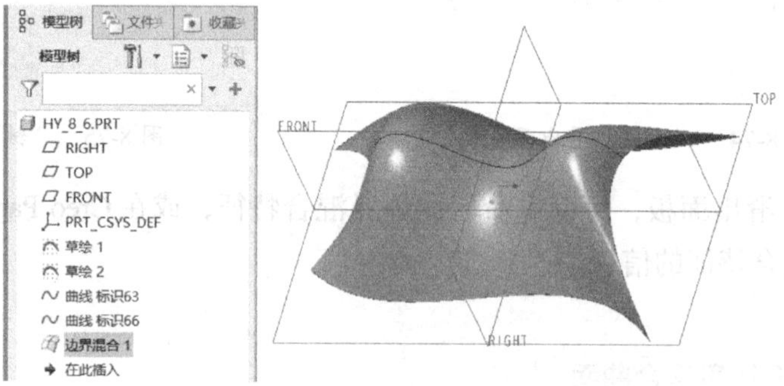


图 8-79　双向边界混合曲面效果

## 8.7 造型设计基础

本节只介绍造型设计基础知识，即了解什么是造型设计及在造型设计环境中可以进行哪些典型操作。

造型特征是指自由形式曲面特征，该特征非常灵活，可以有其自己的内部父子关系，也可以与其他 Creo Parametric 特征相关联。Creo Parametric 5.0 提供了一个专门的造型设计环境，从中可以方便而迅速地创建所需的自由形式的曲线和曲面，并且可以将多个元素组合成超级特征（它们可以包含无限数量的曲线和曲面）。

在零件设计模式下，在功能区“模型”选项卡的“曲面”面板中单击“造型”按钮，进入造型设计环境，如图 8-80 所示。造型设计环境提供专门的“样式”选项卡，包括“操作”“平面”“曲线”“曲面”“分析”和“关闭”面板。

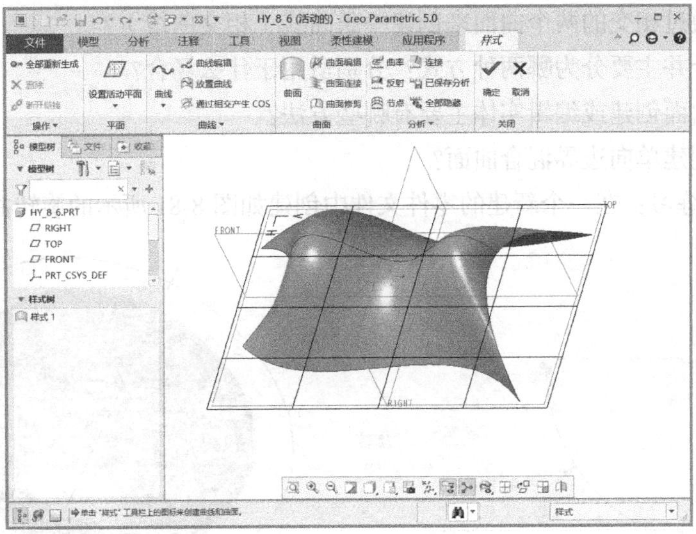


图 8-80　进入造型设计环境

在造型设计环境中，主要完成以下任务。

- 在单视图和多视图环境中工作。多视图环境在 Creo Parametric 5.0 中功能非常强大，可同时显示 4 个模型视图并能在其中操作。
- 在零件级创建曲线和曲面。
- 创建简单特征或多元素超级特征。
- 创建“曲面上的曲线（COS）”，这是一种位于曲面上的特殊类型的曲线。
- 从不必被修剪成拐角的边界创建曲面。
- 编辑特征中的单个几何图元或图元组合。
- 创建“自由形式曲面”特征的内部父子关系。
- 创建“自由形式曲面”特征和模型特征间的父子关系。

## 8.8 思考与上机练习

（1）什么是专业曲面？什么是造型曲面（自由形式曲面）？

（2）如何创建拉伸曲面、旋转曲面、扫描曲面、混合曲面和填充曲面？请分别结合典型实例分别介绍其创建方法及操作步骤。

（3）如何在曲面模型中创建倒角特征？

（4）思考：在曲面模型中创建拔模，需要注意哪些问题？例如，在什么情况下，才可以创建拔模。

（5）说明创建镜像曲面的典型步骤。

（6）如何通过相交的两个曲面来创建一条曲线（相交曲线）？

（7）曲面合并主要分为哪两种方式？分别适用于什么场合？

（8）使用曲面创建或编辑实体主要有哪些方法？

（9）如何创建单向边界混合曲面？

（10）上机练习：在一个新建的零件文件中创建如图 8-81 所示的旋转曲面。

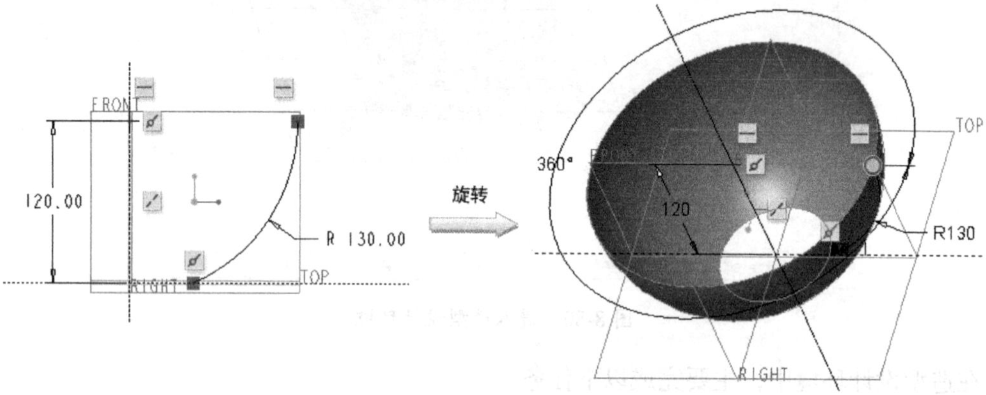


图 8-81　创建旋转曲面

接着创建一个填充曲面填充旋转曲面的小开口，如图 8-82 所示。将这两个曲面合并，并可以创建所需的倒圆角，然后执行“加厚”命令，设置加厚厚度为 5，完成如图 8-83 所示的实体。

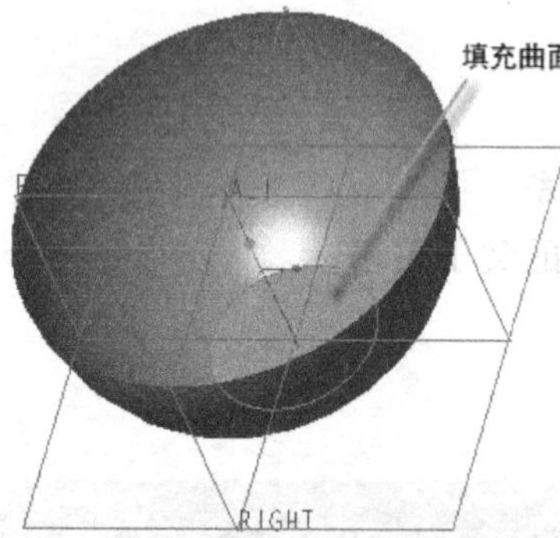


图 8-82　创建填充曲面

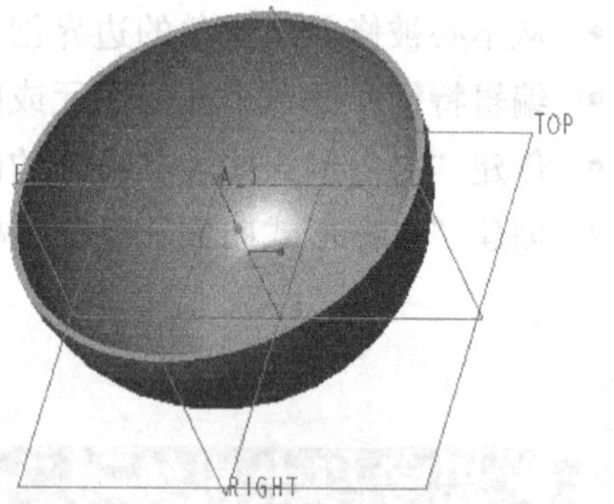


图 8-83　完成的实体

9

第9章

# 柔性建模

本章主要学习内容：

- 柔性建模应用环境

## 9.1 柔性建模应用环境

柔性建模是 Creo Parametric 较有特色的功能之一，它针对的主要对象是模型既有的几何（曲面）。使用柔性建模功能，不仅可以处理 Creo 模型，也可以轻松处理其他 CAD 软件转换过来的通用格式模型。

在使用柔性建模工具时，可以忽略预先存在的各个关系，这是修改模型几何的一大利器。柔性建模主要应用场景包括：处理中性格式（通用格式）的三维模型，并在此基础上继续新的设计；对复杂特征构成的几何曲面整体修改；快速更改设计意图，讨论新的设计意图；在旧模型难以编辑特征，容易产生参数化运算错误或参考缺失时。

在零件建模模式功能区中打开“柔性建模”选项卡，如图 9-1 所示，该选项卡提供“形状曲面选择”面板、“搜索”面板、“变换”面板、“识别”面板和“编辑特征”面板。

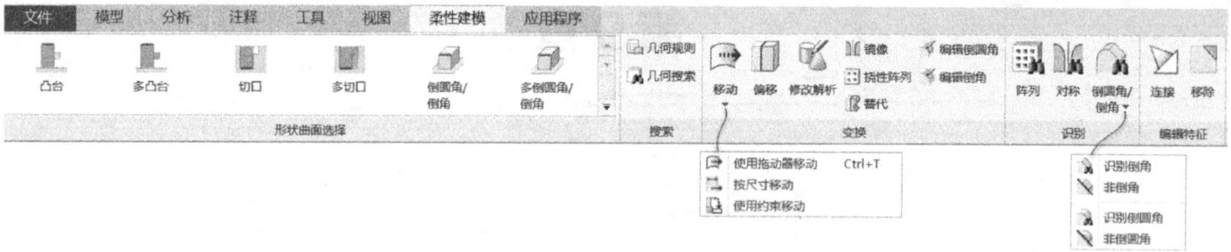


图 9-1 “柔性建模”选项卡

柔性建模的工具按钮一览表如表 9-1 所示。

**表 9-1 柔性建模的工具按钮一览表**

| 面板 | 按钮 | 名称 | 功能 |
|---|---|---|---|
| 形状曲面选择 |  | 凸台 | 选择形成凸台的曲面 |
| |  | 多凸台 | 选择形成凸台的曲面及其附属曲面（与其相交的更小曲面） |
| |  | 切口 | 选择形成切口的曲面 |
| |  | 多切口 | 选择形成切口的曲面及其附属曲面（与其相交的更小曲面） |
| |  | 倒圆角 / 倒角 | 选择倒圆角或倒角曲面 |
| |  | 多倒圆角 / 倒角 | 选择大小、类型和凸度均相同的已连接倒圆角或倒角曲面 |
| 搜索 |  | 几何规则 | 显示用于展开曲面选择的几何规则 |
| |  | 几何搜索 | 按规则在模型中搜索和选择几何项，对应的快捷键为 Shift+F |

续表

| 面板 | 按钮 | 名称 | 功能 |
|---|---|---|---|
| 变换 | | 使用拖动器移动 | 使用 3D 拖动器移动几何，对应的快捷键为 Ctrl+T |
| | | 按尺寸移动 | 通过在移动几何和固定几何之间创建尺寸及编辑尺寸移动几何 |
| | | 使用约束移动 | 通过定义移动几何和固定几何之间的装配约束集来移动几何 |
| | | 偏移 | 偏移选定曲面，可将偏移曲面重新连接到实体曲面组或同一面组 |
| | | 修改解析 | 编辑圆柱或球的半径、圆环的半径或圆锥的角度，编辑过的曲面可重新连接到实体曲面或同一面组 |
| | | 镜像 | 镜像选定几何，镜像曲面可连接到实体曲面或同一面组 |
| | | 挠性阵列 | 创建选定曲面、曲线和基准的阵列 |
| | | 替代 | 用不同的曲面替代选定的曲面 |
| | | 编辑倒圆角 | 编辑选定圆角曲面的半径，或者将圆角曲面从模型中移除 |
| | | 编辑倒角 | 编辑选定倒角曲面的尺寸，或者将倒角曲面从模型中移除 |
| 识别 | | 阵列 | 标识与选定几何类似的几何并定义几何阵列 |
| | | 对称 | 选择两个互为镜像的曲面，然后查找镜像平面；或者选择曲面和镜像平面，然后查找选定曲面的镜像；可找到互为镜像的相邻曲面，并成为对称集的一部分 |
| | | 识别倒角 | 识别倒角几何，并将其标记为由柔性建模特征处理为倒角 |
| | | 非倒角 | 识别倒角几何，并将其标记为不由柔性建模特征处理为倒角 |
| | | 识别倒圆角 | 识别倒圆角几何，并将其标记为由柔性建模特征处理为倒圆角 |
| | | 非倒圆角 | 识别倒圆角几何，并将其标记为不由柔性建模特征处理为倒圆角 |
| 编辑特征 | | 连接 | 修剪或延伸开放面组，直到可将其连接到实体几何或选定面组；还可以选择实体化或合并生成的几何 |
| | | 移除 | 从实体或面组中移除曲面 |

# 9.2 典型范例——柔性建模应用

本节介绍一个柔性建模应用的综合范例，首先导入 STP 模型文档，该模型已经没有详细的相关参数化特征信息，因此适合用柔性建模工具对模型进行修改，灵活而快捷。本范例涉及的柔性建模工具有“多凸台”“偏移”“修改解析”“编辑倒圆角”“移除曲面”“按尺寸移动”等。

## 9.2.1 导入 STP 文档

（1）在“快速访问”工具栏中单击“打开”按钮，打开“文件打开”对话框。

（2）在“类型”下拉列表中选择“所有文件（*）”或“STEP（.stp,.step）”，接着选择配套资源第 9 章文件夹中的 HY_BREP_A.STP 文件，如图 9-2 所示。

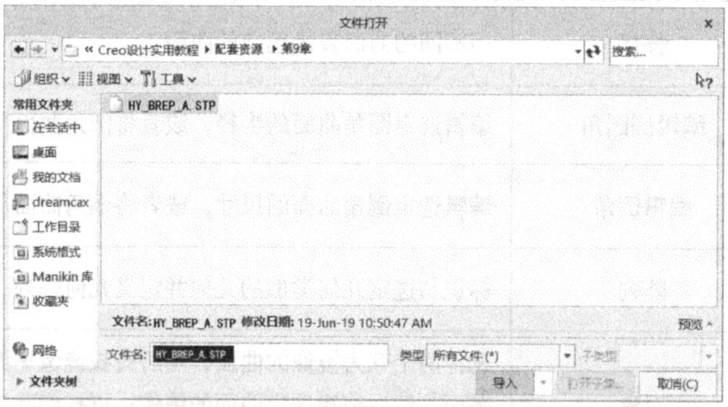

图 9-2 “文件打开”对话框

（3）单击“导入”按钮，打开“导入新模型”对话框，如图 9-3 所示，单击“确定”按钮。

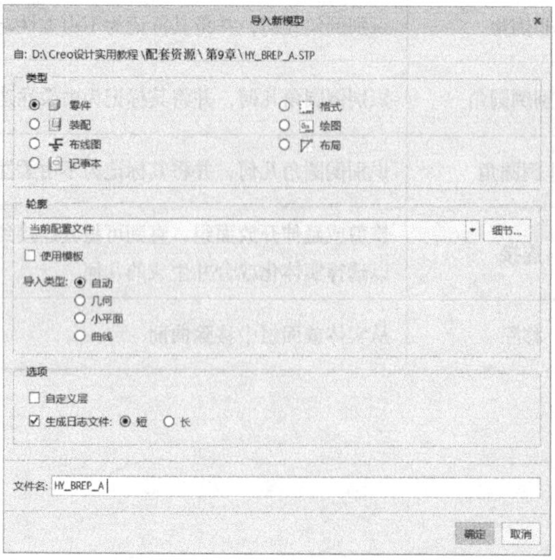

图 9-3 “导入新模型”对话框

（4）在“模型树”选项卡中选择“导入特征”选项，如图 9-4 所示，接着在弹出的浮动工具栏中单击“隐藏”按钮，此时在图形窗口中可以看到导入的原始模型效果如图 9-5 所示。

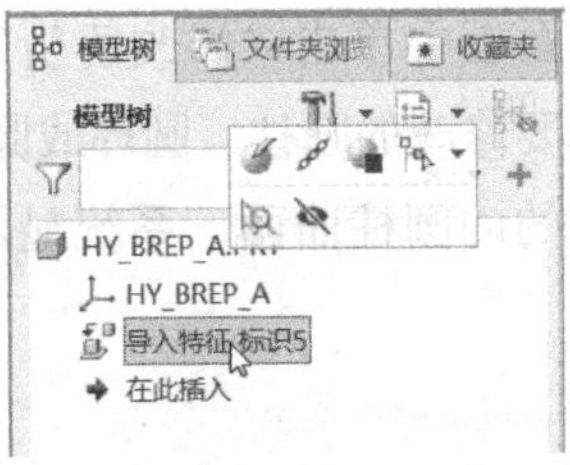


图 9-4 选择要隐藏曲面的导入特征

图 9-5 原始模型效果

## 9.2.2 偏移曲面

（1）在功能区切换至“柔性建模”选项卡，选择如图 9-6 所示的面 1，按住 Ctrl 键选择面 2。所选的这两个面将作为要偏移的曲面。

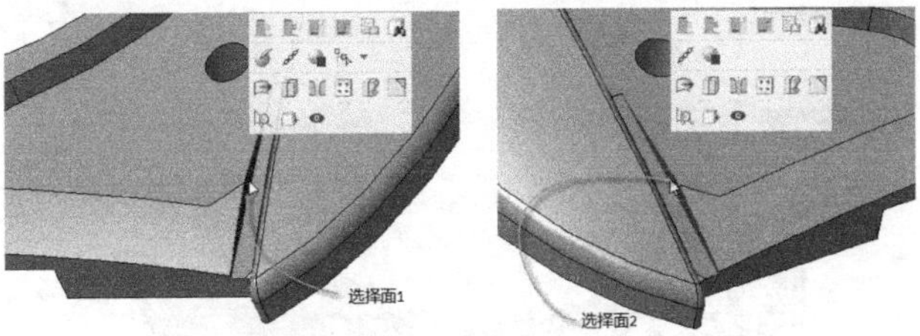


图 9-6 选择要偏移的曲面

（2）在功能区“柔性建模”选项卡的“变换”面板中或浮动工具栏中单击“偏移”按钮，打开“偏移几何”选项卡。

（3）在文本框中输入 0.3，单击“将偏移方向更改为其他侧”按钮，此时偏移方向如图 9-7 所示。

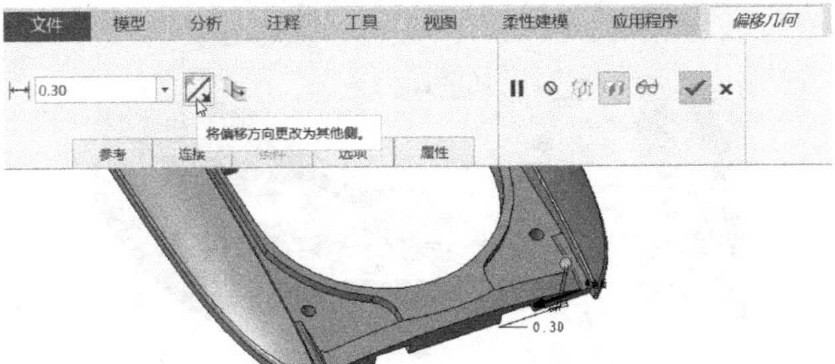


图 9-7 偏移方向

（4）单击“完成”按钮✓。

### 9.2.3 修改解析

（1）在功能区“柔性建模”选项卡的“变换”面板中单击“修改解析”按钮，打开“修改解析曲面”选项卡，同时在状态栏中提示选择要修改的圆柱、圆环或圆锥。

（2）在模型中选择如图 9-8 所示的一个小通孔的内圆柱曲面，系统显示出该孔的原始半径值为 0.55。

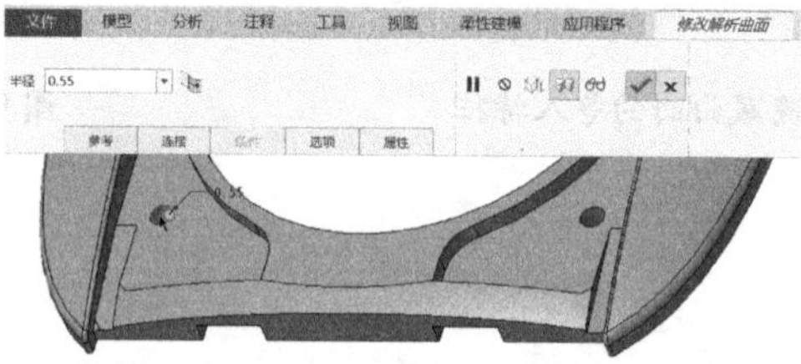


图 9-8　选择要修改的内圆柱曲面

（3）在“修改解析曲面”选项卡的“半径”文本框内将其半径值修改为 0.65，如图 9-9 所示。

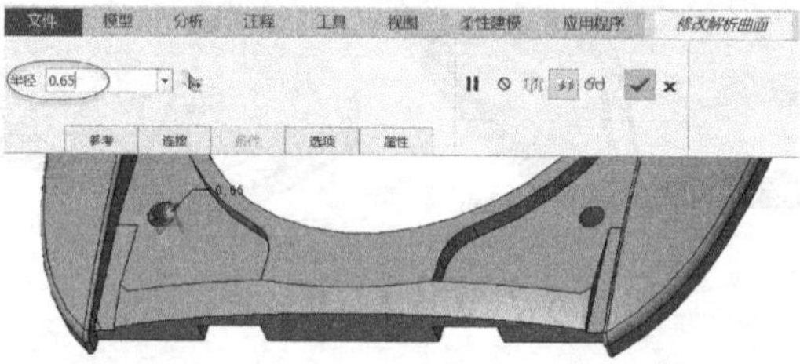


图 9-9　修改选定圆柱曲面的半径值

（4）单击“完成”按钮✓。

（5）使用同样的方法，修改另一个小通孔的内圆柱曲面的半径，如图 9-10 所示。

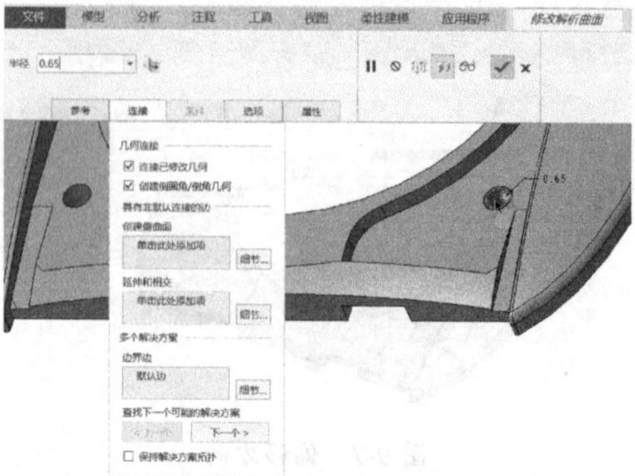


图 9-10　修改另一个小通孔的内圆柱曲面的半径

## 9.2.4 编辑倒圆角

（1）在功能区“柔性建模”选项卡的“变换”面板中单击“编辑倒圆角”按钮，打开如图 9-11 所示的“编辑倒圆角”选项卡。

图 9-11 “编辑倒圆角”选项卡

（2）按住 Ctrl 键选择如图 9-12 所示的两处圆角。

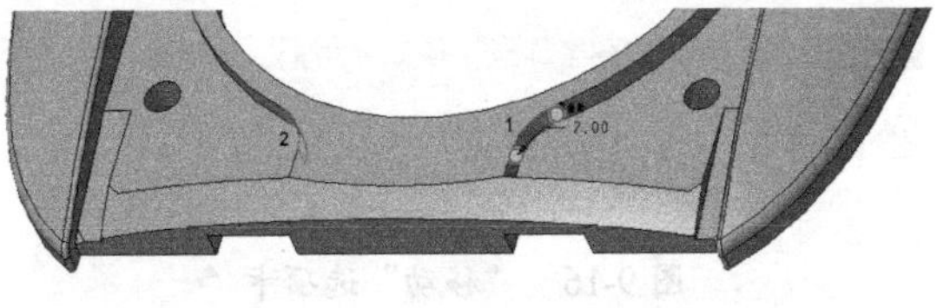


图 9-12 选择两处圆角

（3）在“编辑倒圆角”选项卡的“半径”文本框内将圆角半径值修改为 1，如图 9-13 所示。

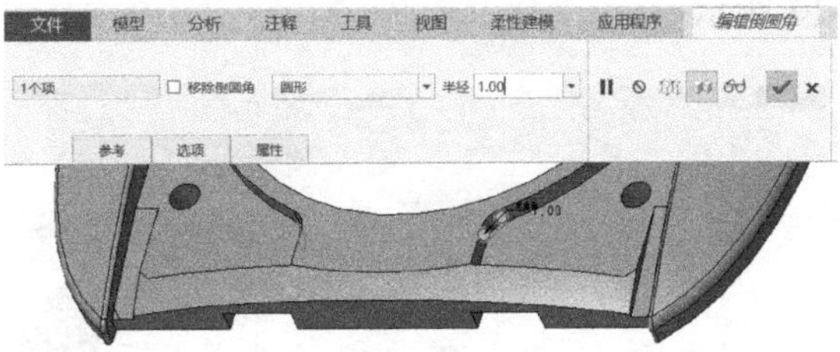


图 9-13 修改圆角半径值

**知识点拨**

如果要删除当前选定的倒圆角结构，可以在“编辑倒圆角”选项卡上勾选“移除倒圆角”复选框。

（4）单击“完成”按钮。

## 9.2.5 移动选定的曲面

（1）在打开功能区“柔性建模”选项卡的情形下，翻转模型，先在模型中单击一个小圆柱的任意一个曲面，如图 9-14 所示，接着在功能区“柔性建模”选项卡的“形状曲面选择”面板中单击“多凸台”按钮，选中包括该小圆柱及其筋板在内的形成多凸台的曲面，如图 9-15 所示。

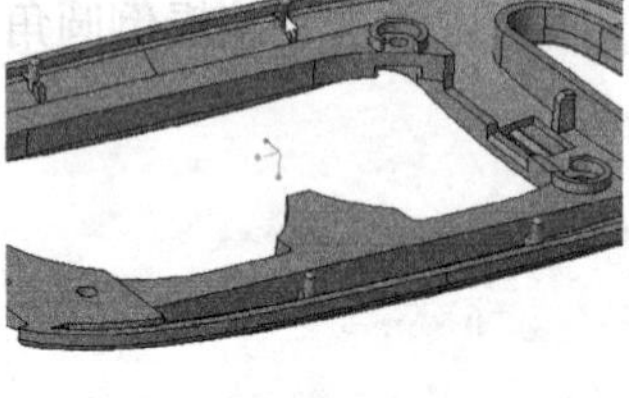

图 9-14　先单击所需的一个曲面

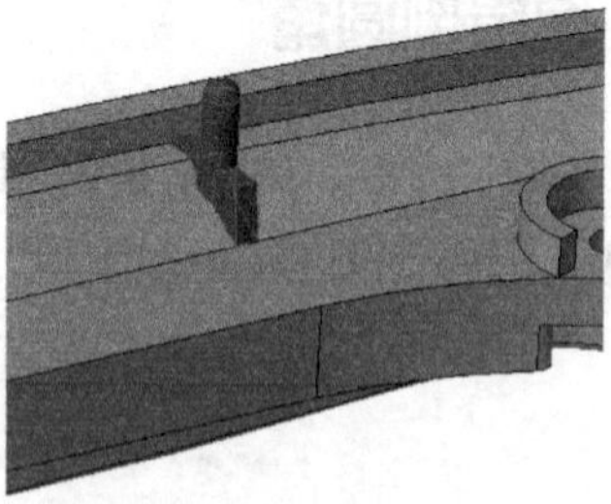

图 9-15　选中形成多凸台的曲面

（2）在“变换”面板中单击“移动”→“按尺寸移动”按钮，打开如图 9-16 所示的“移动”选项卡。

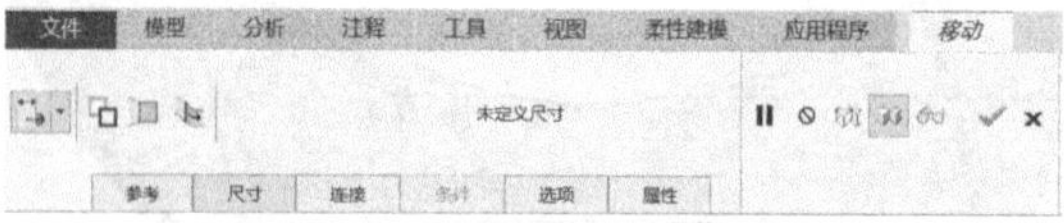


图 9-16　“移动”选项卡

（3）在“移动”选项卡上打开“尺寸”滑出面板，先在所选多凸台曲面上单击圆柱曲面，接着按住 Ctrl 键在模型中选择一个参考面，然后将两者的距离尺寸由“10.30”修改为“12.30”，如图 9-17 所示。

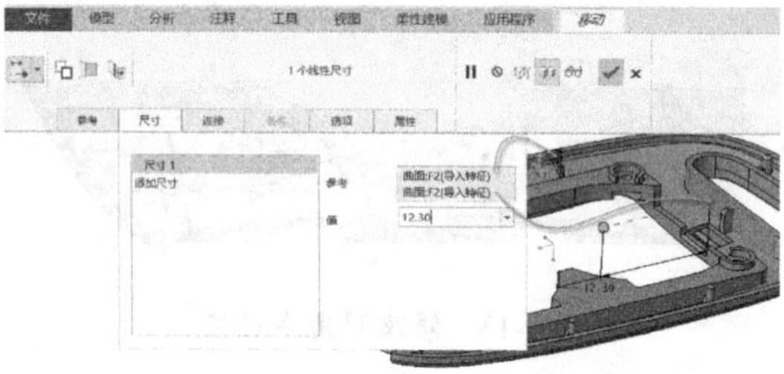


图 9-17　修改尺寸

（4）单击“完成”按钮，精确移动选定对象的效果如图 9-18 所示。

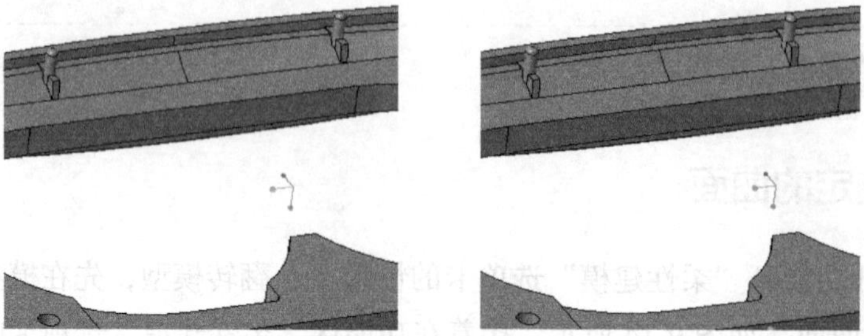

（a）移动前　　（b）移动后

图 9-18　精确移动选定对象的效果

## 9.2.6 移除选定的曲面

（1）在功能区“柔性建模”选项卡的“编辑特征”面板中单击“移除”按钮，打开如图 9-19 所示的“移除曲面”选项卡。

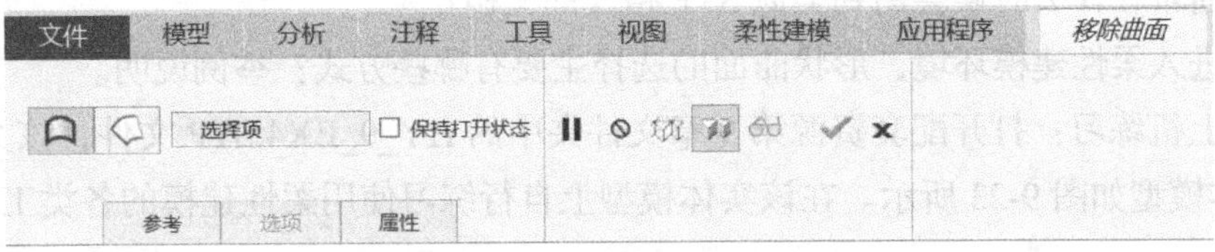


图 9-19 “移除曲面”选项卡

（2）在模型中单击如图 9-20 所示的要移除的一个筋板的侧面。

（3）在“移除曲面”选项卡中确认取消选中“保持打开状态”复选框，在“选项”滑出面板的“连接”选项组中确认选择“实体”单选按钮，如图 9-21 所示，然后单击“完成”按钮。

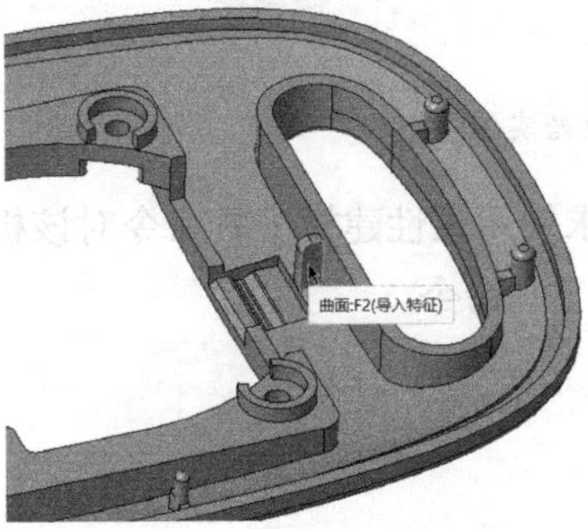


图 9-20 选择要移除的曲面

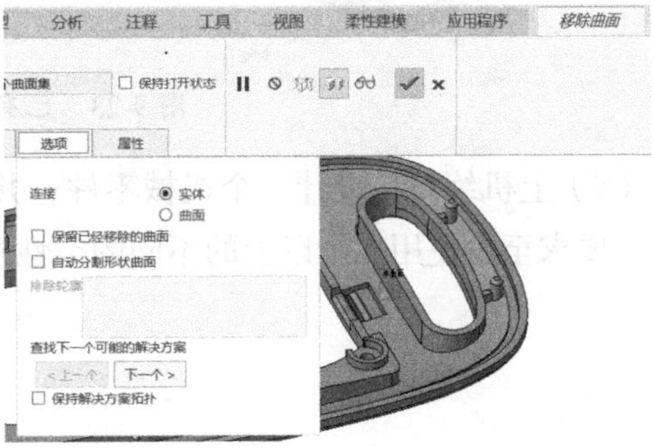


图 9-21 “移除曲面”选项卡

最后得到的模型效果如图 9-22 所示。

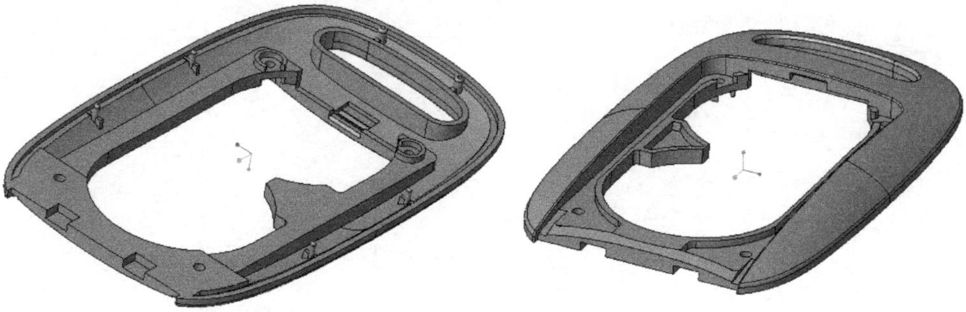

图 9-22 模型效果

## 9.3 思考与上机练习

（1）如何理解 Creo Parametric 的柔性建模概念？

（2）通常在什么时候会用到类似 STP 格式的文档？

（3）进入柔性建模环境，形状曲面的选择主要有哪些方式？举例说明。

（4）上机练习：打开配套资源第 9 章文件夹中的 HY_9_EX4.STP 文件，该文件中已有的原始实体模型如图 9-23 所示。在该实体模型上自行练习使用柔性建模的各类工具命令。

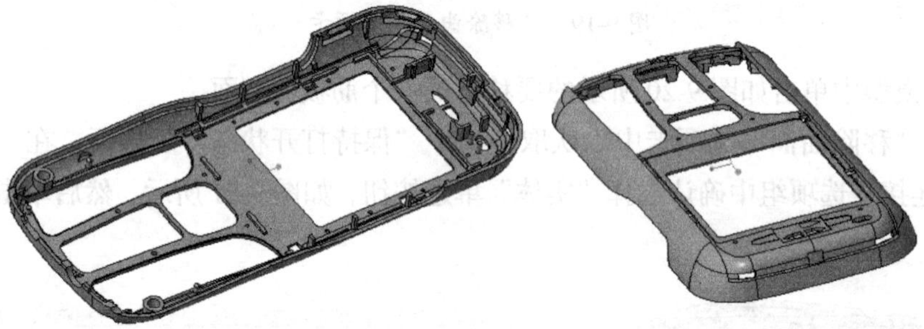

图 9-23　已有的原始实体模型

（5）上机练习：设计一个机械零件，并要求使用柔性建模工具命令对该机械零件进行修改，要求至少使用 4 个以上的不同的柔性建模工具命令。

10

第10章

# 装配设计

**本章主要学习内容：**

- 进入装配模式及相关简介
- 约束装配与连接装配
- 零件装配的一般步骤
- 移动元件
- 在装配模式下创建新元件
- 使用元件右键快捷菜单
- 装配相同零件的方法
- 爆炸视图
- 检查全局干涉情况

# 10.1 进入装配模式及相关简介

设计好所需的若干个零件后，可以使用 Creo Parametric 5.0 提供的装配设计模块将这些零件组合成一个组件。在装配模式下，可以检查各零件之间是否存在干涉情况等。

创建一个新装配文件的操作步骤如下。

（1）单击“新建”按钮，打开“新建”对话框。

（2）在“新建”对话框的“类型”选项组中选择“装配”单选按钮，在“子类型”选项组中选择“设计”单选按钮，在“文件名”文本框中指定装配（组件）名称，取消选中“使用默认模板”复选框，如图 10-1 所示，单击“确定”按钮。

（3）打开“新文件选项”对话框。在“模板”选项组中选择 mmns_asm_design，如图 10-2 所示，单击“确定”按钮，创建一个新装配文件。

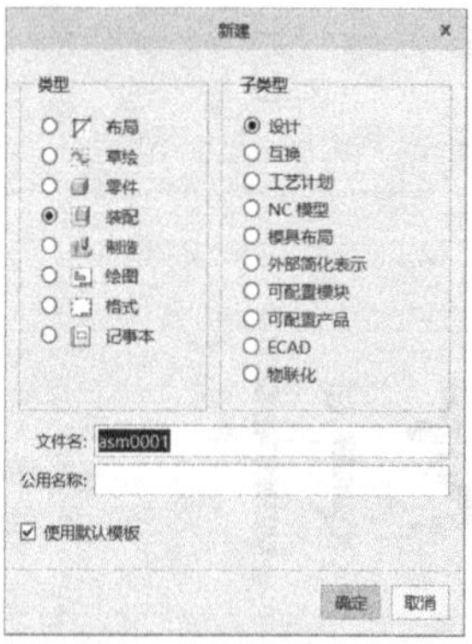


图 10-1 “新建”对话框

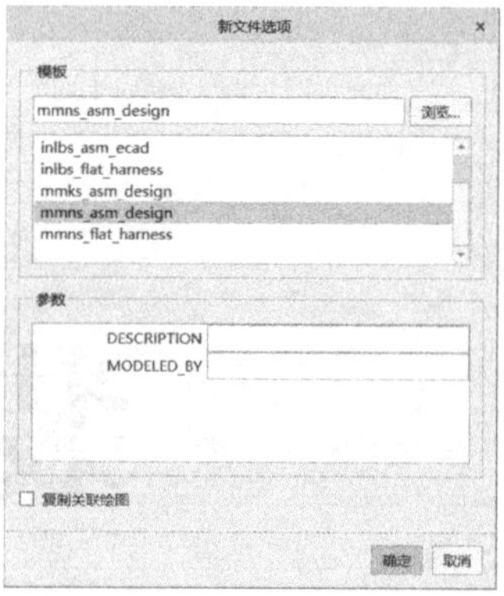


图 10-2 “新文件选项”对话框

在新装配文件中，导航区的模型树没有显示相关的预定义特征，如没有显示基准平面和基准坐标系，只显示顶级组件（装配）的图标及名称。此时可以通过树过滤设置显示特征，操作步骤如下。

（1）在模型树上方，单击“设置”按钮，弹出如图 10-3 所示的下拉菜单。

（2）选择“树过滤器”命令，打开如图 10-4 所示的“模型树项”对话框。

图 10-3 “设置”下拉菜单

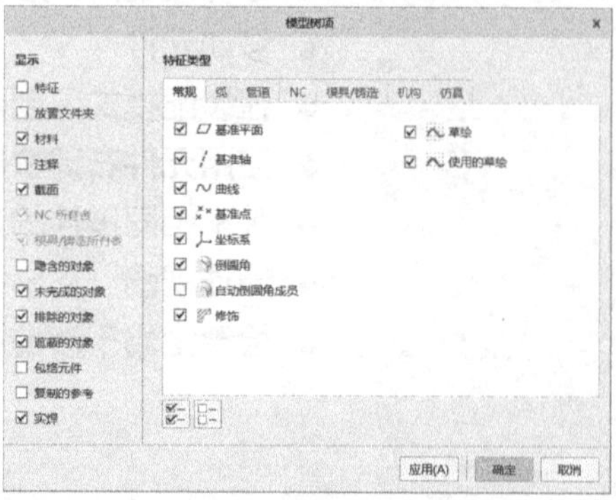


图 10-4 “模型树项”对话框

（3）在“模型树项”对话框的“显示”区域中，勾选“特征”复选框，如图 10-5 所示。

（4）在“模型树项”对话框中单击“应用”按钮，再单击“确定”按钮。设置好该模型树显示项目后，装配模型树的显示效果如图 10-6 所示。

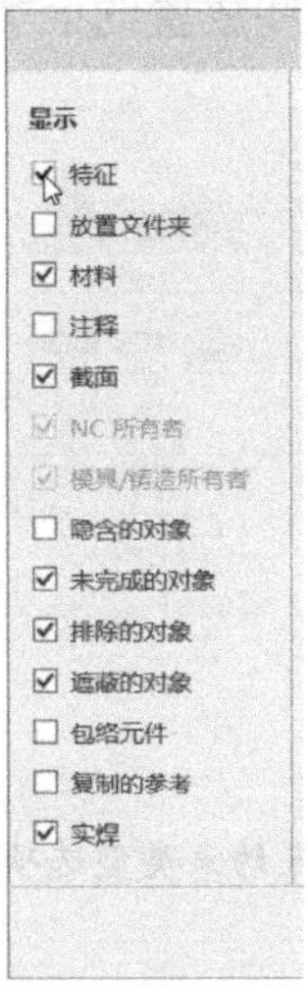


图 10-5 勾选“特征”复选框

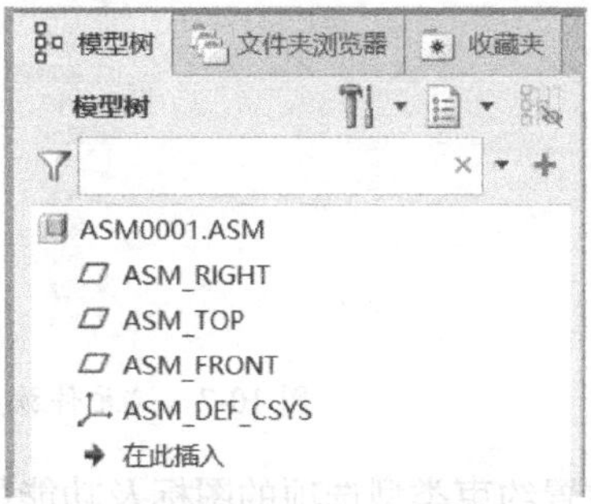


图 10-6 装配模型树的显示效果

接着可以单击“组装”按钮将元件（包括零件）添加到装配（组件）中，也可以单击“创建”按钮，在装配模式下创建新元件；最终完成一个复杂的装配模型。

## 10.2 约束装配与连接装配

通常，在进行装配设计时，可以采用两种方式在装配组件中装配元件：约束装配（使用自定义放置定义集进行装配）与连接装配（使用预定义约束集进行装配）。若要装配进来的元件与装配体之间具有相对运动，宜采用连接装配；反之，宜采用约束装配。需根据具体设计情况和设计要求灵活应用。

**知识点拨**

当相对于元件的邻近项（元件或装配特征）放置该元件时，其位置将随其邻近项移动或更改而更新，假设未违反装配约束，称为参数装配。

### 10.2.1 约束装配

约束装配指定了一个元件模型相对于另一主体模型的放置方式和偏距等。自定义的约束集含有零或多个约束（封装元件可能没有约束）。在自定义的约束集中可以随意添加或删除约束，并无任何预定义的约束。

Creo Parametric 5.0 的约束装配包括“自动”“距离”“角度偏移”“平行”“重合”“法向”“共面”“居中”“相切”“固定”和“默认”。这些放置约束类型选项可以在“元件放置”选项卡的下拉列表中选择，如图 10-7 所示。

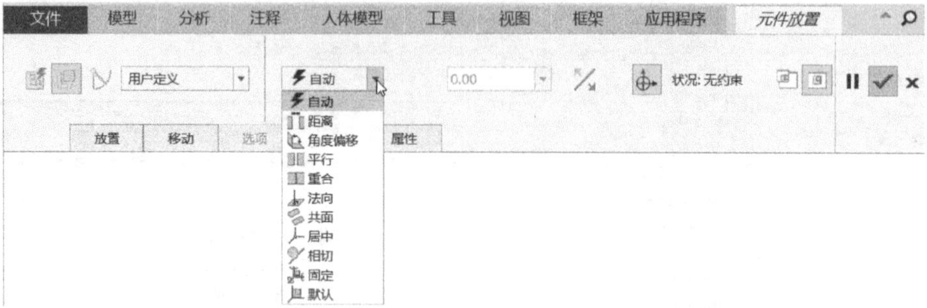


图 10-7　“元件放置”选项卡上提供的放置约束类型选项

放置约束类型选项的图标及功能如表 10-1 所示。

**表 10-1　放置约束的图标及功能**

| 序号 | 约束类型 | 图标 | 功能 |
|---|---|---|---|
| 1 | 自动 | | 选择参考后，显示列表中的可用约束，自动分配最适合的约束，可修改 |
| 2 | 距离 | | 从装配参考偏移元件参考 |
| 3 | 角度偏移 | | 以设定的某一个角度将元件定位到装配参考 |
| 4 | 平行 | | 将元件参考定向为与装配参考平行 |
| 5 | 重合 | | 将元件参考定位为与装配参考重合 |
| 6 | 法向（垂直） | | 将元件参考定位为与装配参考垂直 |
| 7 | 共面 | | 将元件参考定位为与装配参考共面 |
| 8 | 居中 | | 居中元件参考和装配参考 |
| 9 | 相切 | | 定位两种不同类型的参考，使其彼此相对，接触点为切点 |
| 10 | 固定 | | 将被移动或封装的元件固定到当前位置 |
| 11 | 默认 | | 用默认的装配坐标系对齐元件坐标系 |

在 Creo Parametric 5.0 中，每次只能添加一个约束。完成一个自定义放置约束后，要添加新的约束，则可在“元件放置”选项卡上单击“放置”选项标签，从而打开“放置”滑出面板，可以看到当前定义的放置约束集，如图 10-8 所示。选择“新建约束”选项，可以新建一个约束，并根据需要选择放置约束类型选项和所需的约束参考等。

图 10-8　打开“放置”滑出面板并选择“新建约束”选项

## 10.2.2 连接装配

在进行产品装配时，需要了解要装配进来的零件或部件相对于装配体而言是活动件还是固定件。如果是固定件，采用普通方式定义若干个放置约束关系来完成组合；如果是活动件，多考虑采用连接装配方式，即对于具有一定自由度的零件或部件，多采用连接装配。

连接装配相当于一种提供特定自由度的预定义约束集，根据所选连接装配类型定义相应的约束以限制元件、组件的某些自由度。即每一种类型的预定义约束集均具有预定义数目的约束。连接装配的类型选项主要包括“用户定义”“刚性”“销”“滑块”“圆柱”“平面”“球”“焊缝”“轴承”“常规”“6DOF”“万向”和“槽”等选项。连接装配（预定义约束集）的图标及功能如表 10-2 所示。

表 10-2　连接装配（预定义约束集）的图标及功能

| 序号 | 连接装配 | 图标 | 功能 |
|---|---|---|---|
| 1 | 用户定义 | —— | 创建一个用户定义的约束集 |
| 2 | 刚性 | | 在装配中不允许任何移动 |
| 3 | 销 | | 包含旋转移动轴和平移约束 |
| 4 | 滑块 | | 包含平移移动轴和旋转约束 |
| 5 | 圆柱 | | 包含 360° 旋转移动轴和平移移动 |
| 6 | 平面 | | 包含平面约束，允许沿着参考平面旋转和平移 |
| 7 | 球 | | 包含用于 360° 移动的点对齐约束 |
| 8 | 焊缝 | | 包含一个坐标系和一个偏距值，以将元件“焊接”在相对于装配的一个固定位置上 |
| 9 | 轴承 | | 包含点对齐约束，允许沿直线轨迹进行旋转 |
| 10 | 常规 | | 创建有两个约束的用户定义集 |
| 11 | 6DOF | | 包含一个坐标系和一个偏移值，允许在各个方向上移动 |
| 12 | 万向 | | 包含零件上的坐标系和装配中的坐标系，允许绕枢轴按各个方向旋转 |
| 13 | 槽 | | 包含点对齐约束，允许沿一条非直轨迹旋转。 |

在功能区“模型”选项卡的“元件”面板中单击“组装”按钮，打开“打开”对话框，选择要装配到组件的元件，单击“打开”按钮，打开“元件放置”选项卡，如图 10-9 所示，在“预定义集”下拉列表中选择所需的连接装配类型选项，然后分别定义相应的约束集。

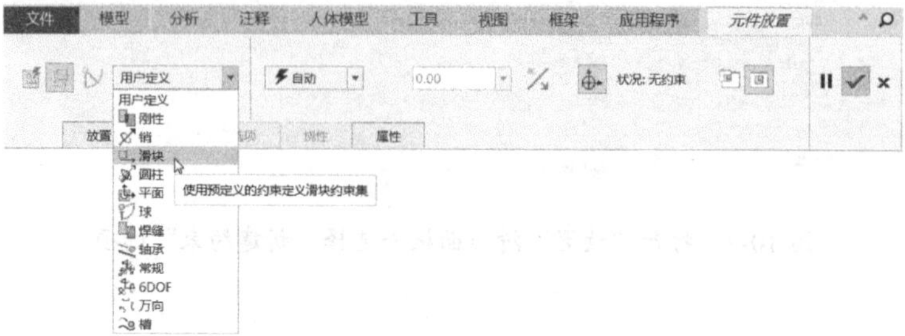

图 10-9　选择所需的连接装配类型选项

例如，在元件放置的“预定义集”下拉列表中选择“滑块”选项，接着分别定义“轴对齐”约束参考和“旋转”约束参考，可以在“放置”滑出面板上查看这些定义，如图 10-10 所示。

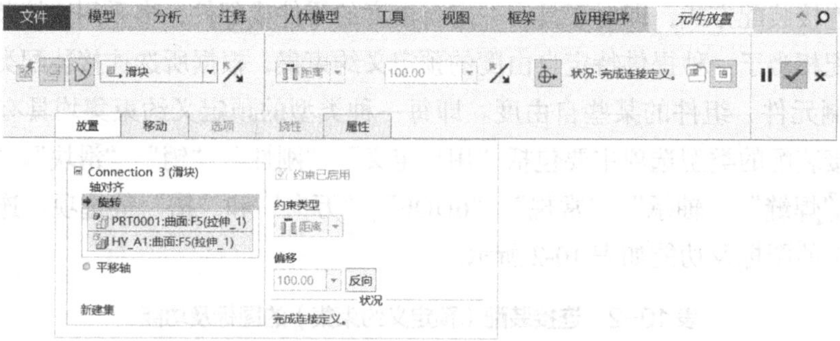

图 10-10　“放置”滑出面板

## 10.3 元件装配的一般步骤

在 Creo Parametric 5.0 装配设计中，主要有自底向上（Down-Top）装配设计和自顶而下（Top-Down）装配设计两种思路。其中，自底向上装配设计是将已经设计好的元件按照一定的装配方式添加到装配体中；而自顶而下装配设计是指在装配过程中，首先规划装配体组件框架结构，并参考装配体其他元件对当前新元件进行设计，可以在装配模式下新建和修改元件等。

**说明**

自顶而下装配设计要求知识掌握程度较高，本书不再深入介绍，此处只要简单了解其概念即可。

自底而上装配设计的操作步骤如下。

（1）新建一个装配文件（组件文件）。

（2）在功能区“模型”选项卡的“元件”面板中单击“组装”按钮，打开如图 10-11 所示的“打开”对话框，选择配套资源第 10 章文件夹中的 5-.PRT 文件，单击“打开”按钮。

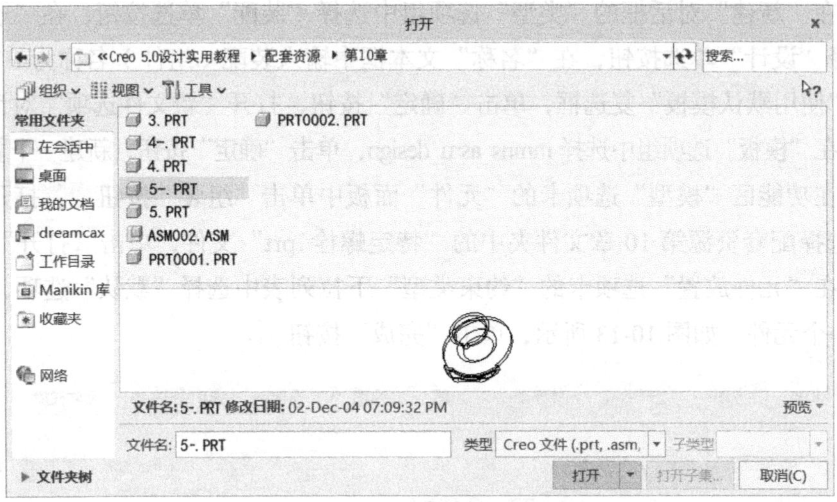


图 10-11　“打开”对话框

（3）在功能区出现如图 10-12 所示的“元件放置”选项卡。在该选项卡上，根据实际情况选择约束类型选项或连接类型选项，并指定所需的参考及参数等。

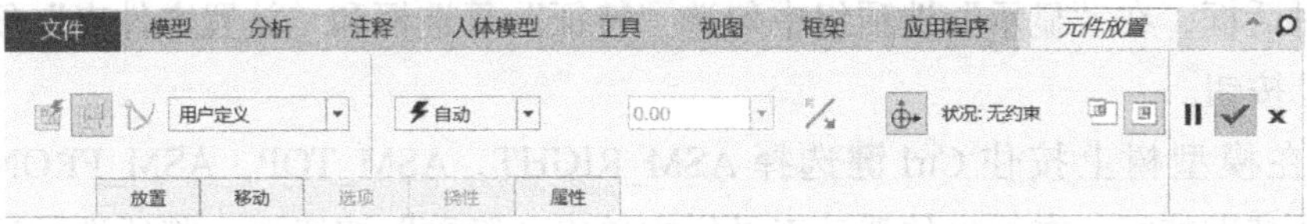


图 10-12　“元件放置”选项卡

**知识点拨**

在“元件放置”选项卡上，有以下两个实用的按钮。可以根据实际情况，选中其中一个或同时选中两个，以方便参考的选取。

：指定约束时，在单独窗口中显示元件。

：指定约束时，在装配窗口中显示元件。

（4）完成相关装配约束等操作后，待状况信息提示为“完全约束”或“完成连接定义”时，单击“完成”按钮，从而完成装配一个元件。

（5）根据设计需要，继续单击“组装”按钮，将其他元件装配到装配体组件中，直到完成所需的部件或产品模型。

**小实例 自底而上装配设计**

**操作步骤**

### 1. 新建一个装配文件并添加第一个元件

（1）单击“新建”按钮，打开“新建”对话框。

（2）在“新建”对话框的“类型”选项组中选择“装配”单选按钮，在“子类型”选项组中选择“设计”单选按钮，在“名称”文本框中输入装配（组件）名称为 HY_ZPLX，取消选中“使用默认模板”复选框，单击“确定”按钮，打开“新文件选项”对话框。

（3）在“模板”选项组中选择 mmns_asm_design，单击“确定”按钮，新建一个装配文件。

（4）在功能区“模型”选项卡的“元件”面板中单击“组装”按钮，打开“打开”对话框，选择配套资源第 10 章文件夹中的“特定螺栓 .prt”文件，单击“打开”按钮。

（5）在“元件放置”选项卡的“约束类型”下拉列表中选择“默认”选项，在默认位置组装第一个元件，如图 10-13 所示，单击“完成”按钮。

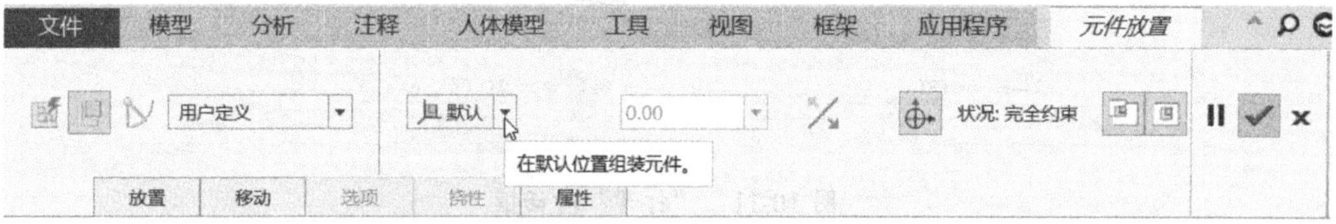


图 10-13　在默认位置组装第一个元件

（6）在装配模型树上单击“设置”按钮，接着选择“树过滤器”命令，打开“模型树项”对话框，在“显示”选项组中勾选“特征”复选框和“放置文件夹”复选框，单击“确定”按钮。

（7）在模型树上按住 Ctrl 键选择 ASM_RIGHT，ASM_TOP，ASM_FRONT，ASM_DEF_CSYS 基准特征，在弹出的浮动工具栏中单击“隐藏”按钮，将所选的这些基准特征隐藏起来。

### 2. 练习自定义装配约束操作

（1）在功能区“模型”选项卡的“元件”面板中单击“组装”按钮，打开“打开”对话框，选择配套资源第 10 章文件夹中的“扳手 .PRT”文件，单击“打开”按钮，此时功能区出现“元件放置”选项卡。

（2）在“元件放置”选项卡的“约束类型”下拉列表中选择“重合”选项，在第一个元件（已成装配体的一部分）上选择面 A，在第二个元件（要组装的元件）上选择面 B，如图 10-14 所示。

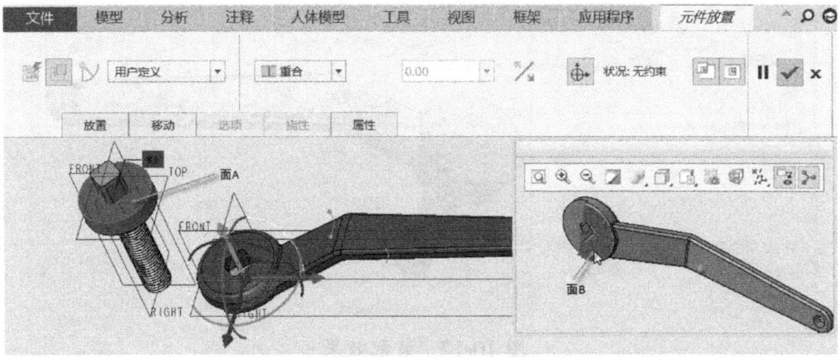


图 10-14　选择要重合的两个面

（3）打开“放置”滑出面板，选择“新建约束”选项，接着在“约束类型”下拉列表中选择“平行”选项，分别选择要应用平行约束的两个面，如图 10-15 所示。

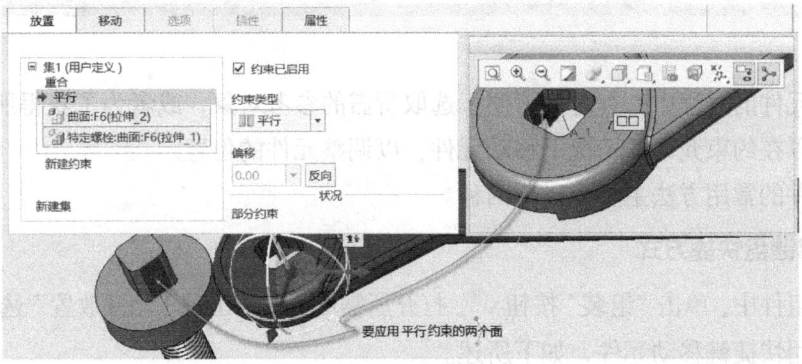


图 10-15　平行约束

（4）在“放置”滑出面板中选择“新建约束”选项，在“约束类型”下拉列表中选择“重合”选项，在第一个元件（“特定螺栓”，已成装配体的一部分）选择 A_1 轴，在“扳手”元件选择 A_1 轴，如图 10-16 所示，此时可以看到状况信息为“完全约束”。

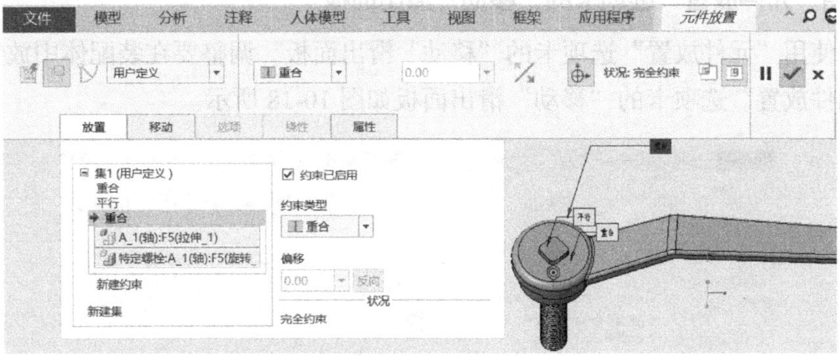


图 10-16　指定要重合的两根轴线

（5）在“元件放置”选项卡上单击“完成”按钮✓，装配效果如图 10-17 所示。

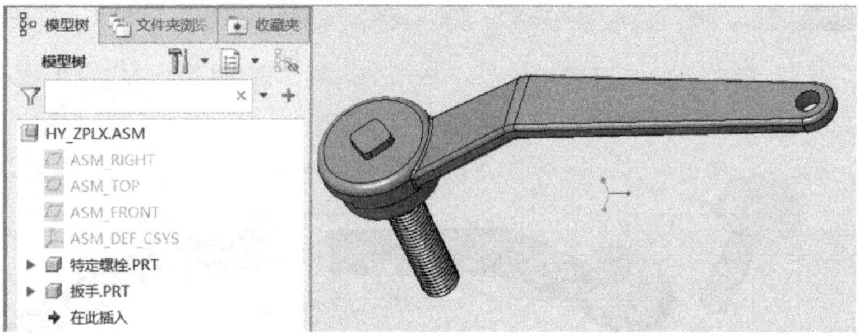


图 10-17　装配效果

## 10.4 移动元件

在装配元件的过程中，有时为了便于选取所需的参考对象，或者为了获得所需的大概放置位置，可以在约束允许的情况下移动元件，以调整元件的位置。

移动元件的常用方法主要有以下两种。

### 1. 使用键盘快捷方式

在当前组件中，单击“组装”按钮，打开所需的元件，出现“元件放置”选项卡。此时，系统允许采用快捷键移动元件，如下所述。

- Ctrl+Alt+ 鼠标左键，并移动指针，可以拖动元件。
- Ctrl+Alt+ 鼠标中键，并移动指针，可以旋转元件。
- Ctrl+Alt+ 鼠标右键，并移动指针，可以平移元件。
- Ctrl+Shif+ 鼠标中键，可以启用定向模式。

### 2. 使用“元件放置”选项卡的“移动”滑出面板

也可以使用“元件放置”选项卡的“移动”滑出面板，调整要在装配体中放置的元件的位置。“元件放置”选项卡的“移动”滑出面板如图 10-18 所示。

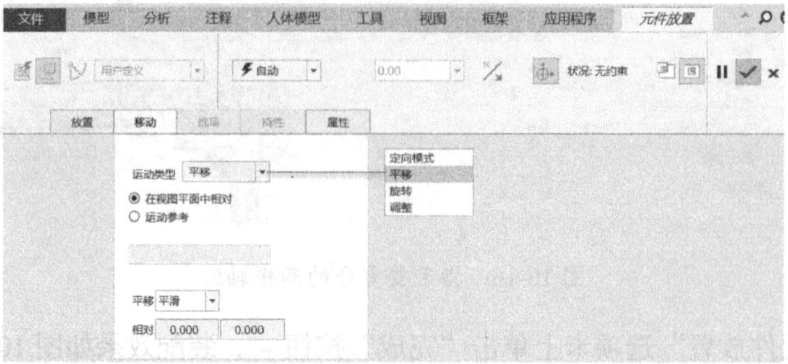


图 10-18　“元件放置”选项卡的“移动”滑出面板

在“运动类型”下拉列表中，包括“定向模式”“平移”“旋转”和“调整”选项，它们的功能含义如下。

- “定向模式”：选择此选项，激活“定向模式”和“定向模式”快捷菜单。
- “平移”：此选项为缺省选项，用于拖动与选定参考平行的元件。
- “旋转”：绕选定参考旋转元件。
- “调整”：使用临时约束调整元件位置。

运动参考选项主要包括“在视图平面中相对”和“运动参考”。选择“在视图平面中相对”单选按钮，则平行于视图平面移动元件；选择“运动参考”单选按钮，则相对于运动参考移动元件。另外，在“相对”右侧的两个文本框中显示元件相对于移动操作前位置的当前位置。

使用“元件放置”选项卡的“移动”滑出面板，可以很方便地实现平移或旋转元件，操作步骤如下。

（1）打开“移动”滑出面板，选择运动类型选项为“平移”或“旋转”。

（2）设置相关的参数、运动参考等。

（3）在图形窗口中单击并释放鼠标按键，然后移动鼠标指针到满意的位置，在图形窗口中单击。

（4）移动元件后，在“元件放置”选项卡上单击“移动”选项标签，从而关闭“移动”滑出面板。

## 10.5 在装配模式下创建新元件

在装配模式下可以创建新元件（包括新零件和组件）。

### 小实例 在装配模式下创建一个新元件

**操作步骤**

（1）在功能区“模型”选项卡的“元件”面板中单击“创建”按钮，打开如图 10-19 所示的“创建元件”对话框。

（2）在“创建元件”对话框的“类型”选项组中选择“零件”单选按钮，在“子类型”选项组中选择“实体”单选按钮，在“名称”文本框中输入新名称或接受默认的元件名称，单击“确定”按钮。

（3）打开如图 10-20 所示的“创建选项”对话框。在“创建方法”选项组中可选择“从现有项复制”“定位默认基准”“空”和“创建特征”选项之一，并定义相应的其他设置。

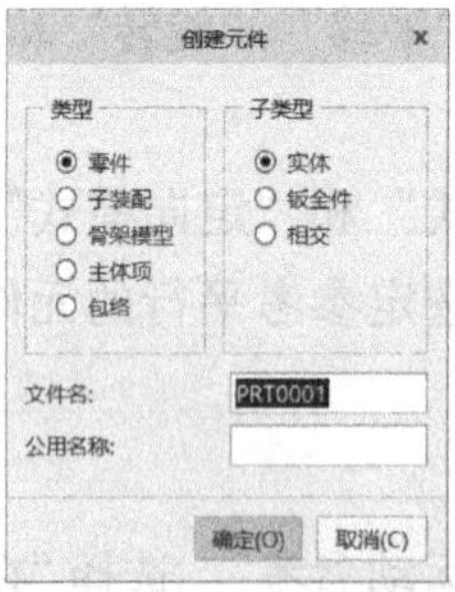

图 10-19 “创建元件”对话框

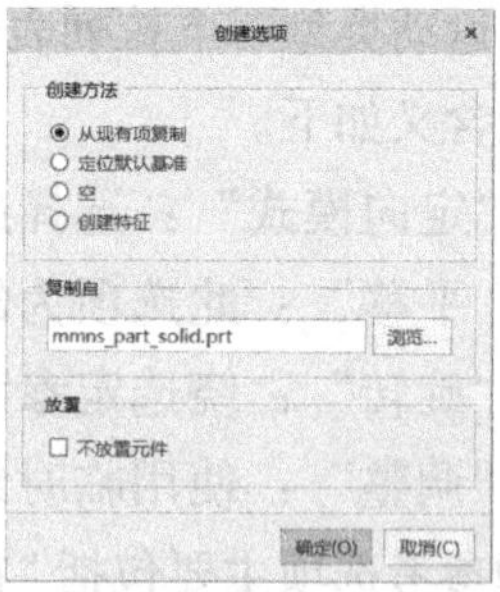

图 10-20 “创建选项”对话框

**知识点拨**

4 种创建方法选项的功能如下所述。

- 从现有项复制：从已有的元件中创建一个新元件。选择这选项创建新元件，可以勾选“不放置元件”复选框，从而实现将新创建的元件包含在装配组件中但不包括它。
- 定位默认基准：创建元件并自动将其装配到所选参考。选择此选项，系统提供 3 种定义基准的方法，即“三平面”“轴垂直于平面”和“对齐坐标系与坐标系”，如图 10-21 所示。
- 空：创建不具有初始几何特征的元件。
- 创建特征：使用现有组件参考创建新元件的几何特征。选择此选项，“创建选项”对话框如图 10-22 所示。

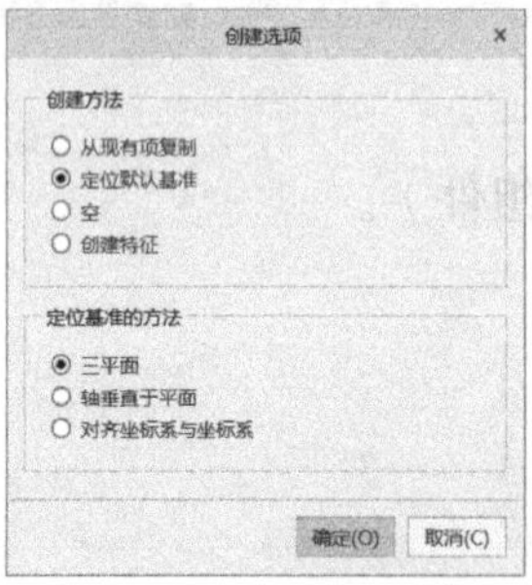

图 10-21 选择“定位默认基准”单选按钮

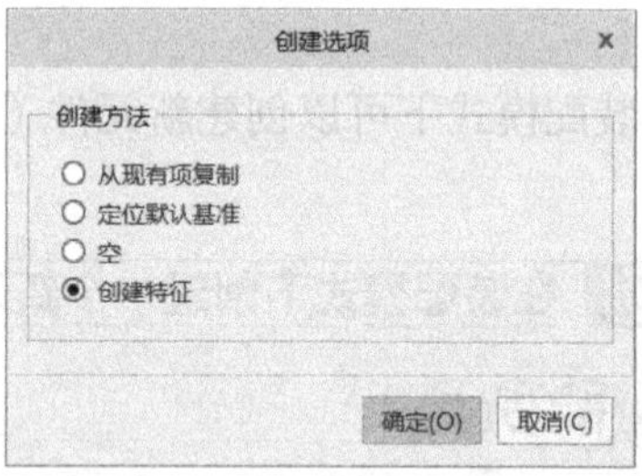

图 10-22 选择“创建特征”单选按钮

（4）在“创建选项”对话框中单击“确定”按钮。需要时，根据提示选择参考。

## 10.6 元件右键快捷菜单和浮动工具栏

在装配模型树上，右键单击元件，可弹出如图 10-23 所示的右键快捷菜单和浮动工具栏。

在此快捷菜单中可以执行复制、镜像元件、删除、编辑材料等操作，而利用浮动工具栏则可以执行打开、编辑定义、隐含、隐藏、激活等操作。

**注意**

在装配模型树上单击选择元件时，可以弹出浮动工具栏，但不能弹出快捷菜单。

如果要激活组件（装配体）中的某一个元件，那么可以在模型树上单击或右键单击该未被激活的元件，接着在弹出的浮动工具栏中单击“激活”按钮◆，装配组件中被激活的元件的标签处出现一个激活标签，如图 10-24 所示（图中“特定螺栓”元件被激活）。当装配体中的元件处于激活状态时，可以对元件的特征进行编辑定义、删除等操作，并可以给元件添加新的特征。如果当装配体（顶级组件）处于激活状态时，可以进行新建元件、装配元件等操作。

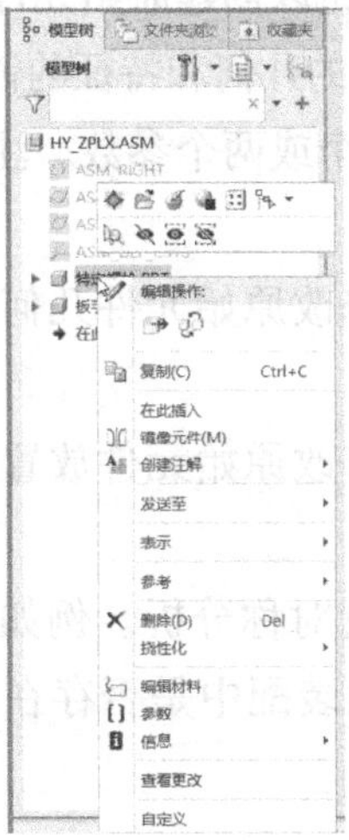


图 10-23　右键单击元件

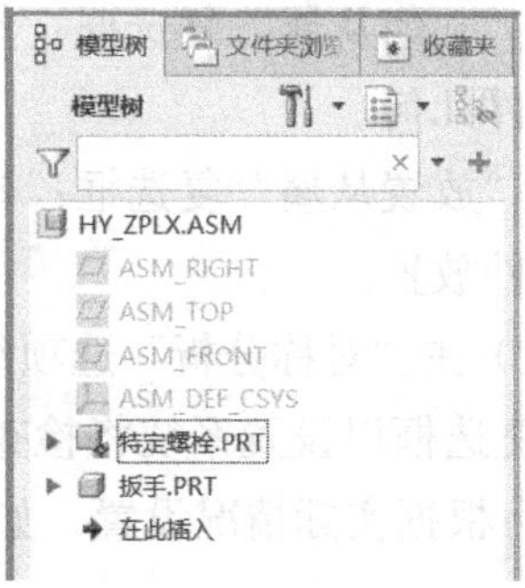


图 10-24　已激活装配体中的元件

## 10.7 装配相同元件

在实际设计工作中，经常会装配一些相同零件或部件，或者置换一些零件或部件的情况。对于装配相同元件，可以采用在装配内镜像元件、重复放置元件和阵列元件的方法来完成。

### 10.7.1 在装配内镜像元件

通过镜像组件元件而非创建重复的实例，可以在一定程度上节省设计时间。存在的镜像副本有两种类型，一种是“仅几何”，用于创建原始元件几何的镜像的合并；另一种是“具有特征的几何”，用于创建原始元件的几何和特征的镜像副本。镜像元件时，可以控制新元件与原始元件的相关性，修改原始元件几何、原始几何的放置或同时修改两者，从属镜像元件会自动更新。

在装配模式下镜像元件的操作步骤如下。

（1）在装配模式下，在功能区“模型”选项卡的“元件”面板中单击“镜像”按钮，打开如图 10-25 所示的“镜像元件”对话框。

（2）选择要镜像的元件。

（3）选择一个基准平面或平整曲面作为镜像平面。

（4）在“新建元件”选项组中选择“创建新模型”单选按钮或“重新使用选定的模型”单选按钮。选择“创建新模型”单选按钮，创建新的镜像元件，此时可接受默认的元件名称，或输入新元件的名称；选择“重新使用选定的模型”单选按钮，则重新使用元件创建镜像元件。

（5）在“镜像”选项组中选择“仅几何”单选按钮以创建原始元件几何的镜像副本，或者选择“具有特征的几何”单选按钮以创建原始元件的几何和特征的镜像副本。

（6）在“相关性控制”选项组中设置以下其中一个或两个参数。注意使用“具有特征的几何”时，新元件的几何不会从属于源元件的几何。

- “几何从属”复选框：勾选此复选框时，当修改原始元件几何时，会更新镜像元件几何。
- “放置从属”复选框：勾选此复选框时，当修改原始元件放置时，会更新镜像元件放置。

（7）在“对称分析”选项组中可以决定是否执行对称分析。例如，勾选“执行对称分析”复选框以设置系统将检查选定元件是否对称及装配中是否存在反对称元件，考虑的元素可根据实际情况设置，如图 10-26 所示。

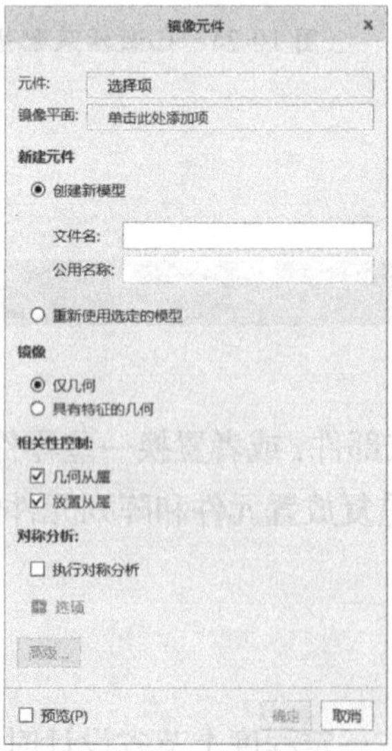


图 10-25　“镜像元件”对话框

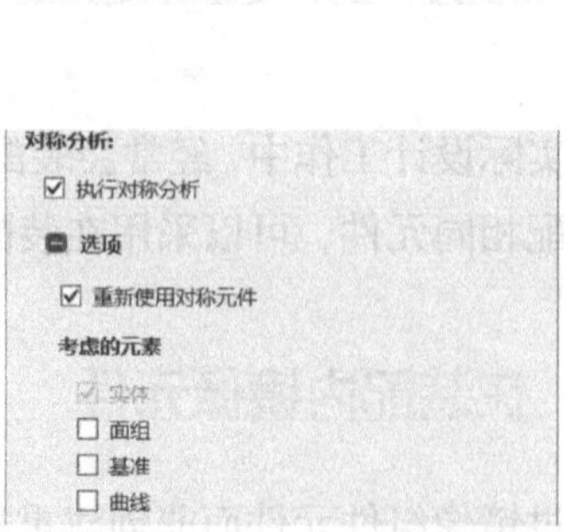


图 10-26　对称分析

（8）在“镜像元件”对话框中单击“确定”按钮。

## 小实例 在装配组件中镜像元件

**操作步骤**

（1）单击“打开”按钮，打开“文件打开”对话框，选择到配套资源第 10 章文件夹中的 BC_10_7_1.ASM 文件，单击“打开”按钮。该文件中已有如图 10-32 所示的原始装配组件模型，该装配组件由两个元件组成。

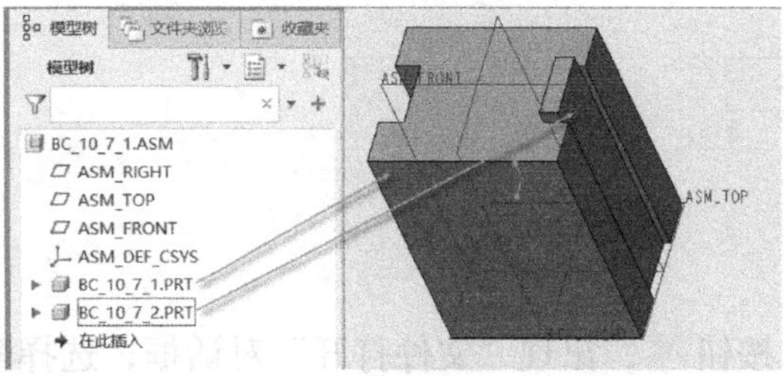


图 10-27　原始装配组件模型

（2）在功能区“模型”选项卡的“元件”面板中的“镜像”按钮，打开“镜像元件”对话框。

（3）在模型窗口中或模型树上选择 BC_10_7_2.PRT 元件作为元件参考。

（4）选择 ASM_RIGHT：F1 基准平面作为镜像平面参考。

（5）在“新建元件”选项组中选择“重新使用选定的模型”单选按钮，接着在“相关性控制”选项组中勾选“放置从属”复选框，在“对称分析”选项组中取消选中“执行对称分析”复选框，如图 10-28 所示。

（6）在“镜像元件”对话框中单击“确定”按钮，镜像元件的完成效果如图 10-29 所示。

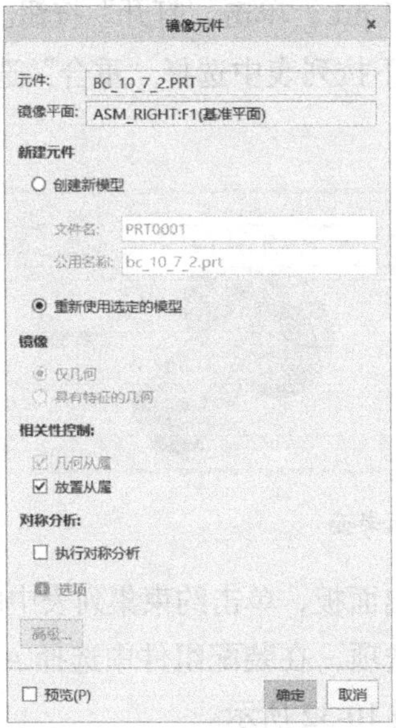


图 10-28　“镜像元件”对话框

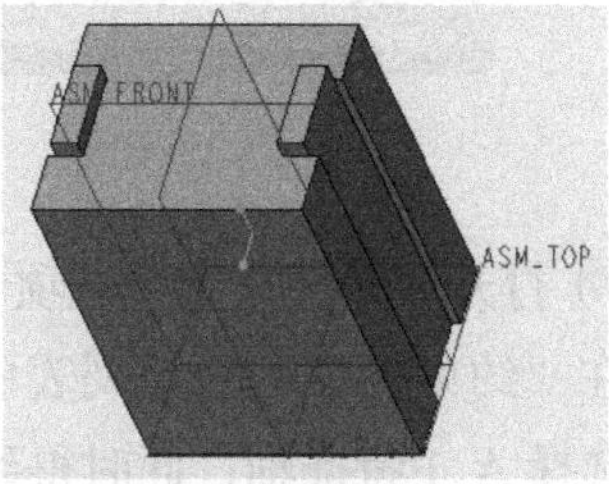


图 10-29　镜像元件的完成效果

## 10.7.2 重复放置元件

重复放置元件的思路是：先在组件中以一般的方式装配第一个元件，然后利用 Creo Parametric 5.0 提供的“重复”功能，定义和一次性装配其余相同的元件。例如，在某产品中要创建很多螺栓，可以先在组件中按照一般的约束方式装配第一个螺栓，接着选择“编辑”菜单下的“重复”命令，定义可变参考，从而实现一次性装配其余相同的螺栓。

### 小实例 重复放置元件

**操作步骤**

#### 1. 装配一个零件

（1）单击“打开”按钮，出现“文件打开”对话框，选择配套资源第 10 章文件夹中的 BC_10_7_2.ASM 文件，单击“打开”按钮。该文件中已有的原始装配组件模型如图 10-30 所示。

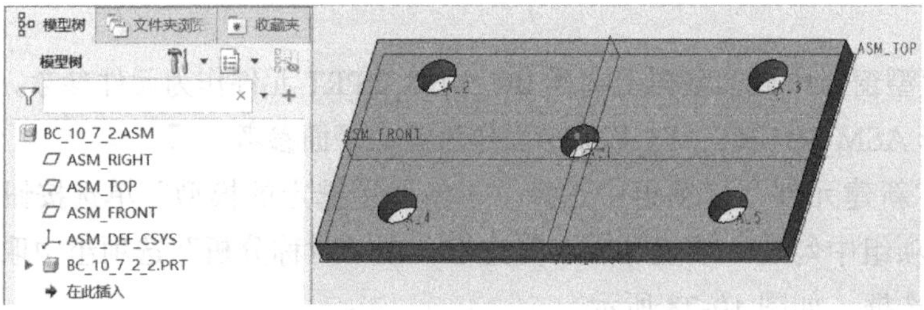


图 10-30 已有的原始装配组件模型

（2）单击“组装”按钮，选择 bc_10_7_2_1.prt，单击“打开”按钮。

（3）在“元件放置”选项卡的“约束类型”下拉列表中选择“重合”选项，接着选择如图 10-31 所示的装配参考面和元件参考面。

图 10-31 选择参考面

（4）打开“元件放置”选项卡的“放置”滑出面板，单击约束集列表中的“新建约束”按钮，在“约束类型”下拉列表中选择“重合”选项，在装配组件中选择 A_5 孔轴线，在元件中选择 A_1 特征轴，此时得到的装配预览如图 10-32 所示。

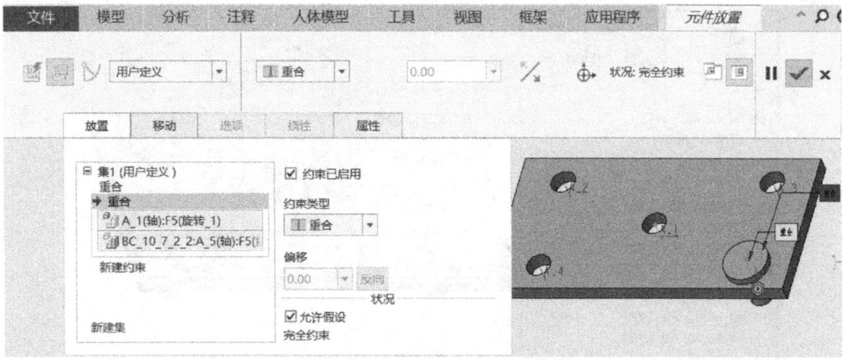


图 10-32　指定轴的重合约束

（5）单击“完成”按钮✓。

## 2. 以“重复”的方式装配其他相同元件

（1）选中刚装配进来的该元件，在功能区“模型”选项卡的“元件”面板中单击“重复”按钮↺，打开如图 10-33 所示的“重复元件”对话框。

（2）在“可变装配参考”选项组的列表框中选择第二组“重合”约束（轴重合的一组）。

（3）在“放置元件”选项组中单击“添加”按钮。

（4）在装配组件模型中分别单击其他几个圆孔的中心线，系统自动定义将此元件装配上去。所选的轴参考将出现在“重复元件”对话框的“放置元件”选项组的列表框中，如图 10-34 所示。

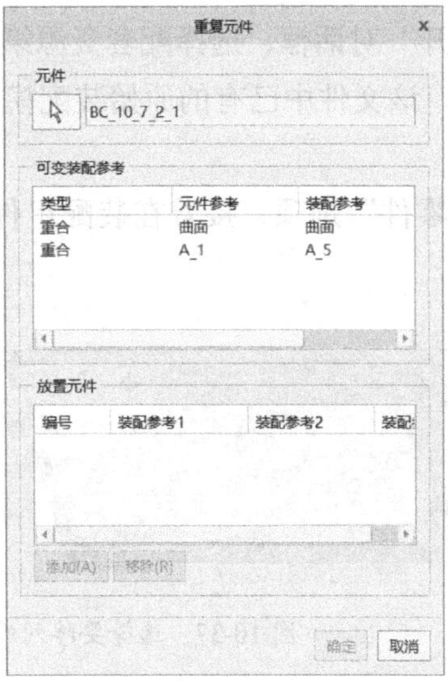


图 10-33　“重复元件”对话框

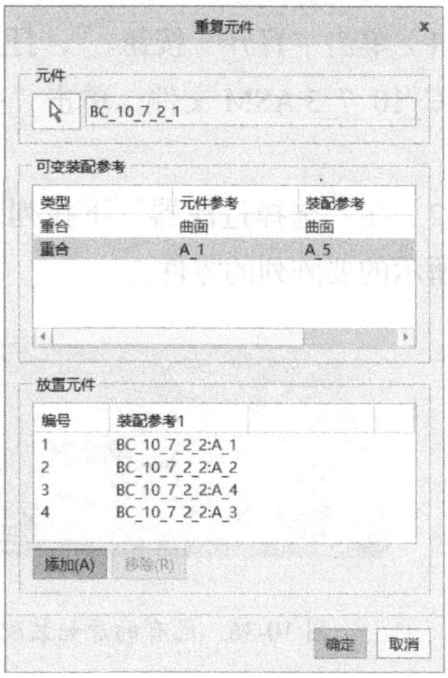


图 10-34　定义放置元件

（5）单击“确定”按钮，装配效果如图 10-35 所示。

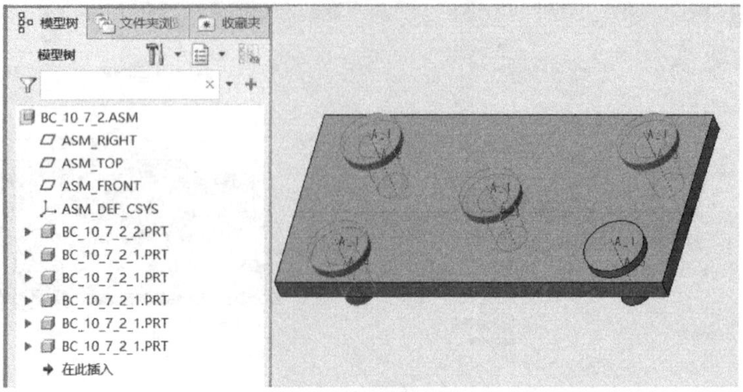


图 10-35　装配效果

## 10.7.3　阵列零件

在组件中阵列零件和在零件模式下阵列特征的方法是一样的。即使用（阵列工具）按钮或“编辑”→“阵列”命令，创建所需的阵列结果，包括方向阵列、轴阵列（圆周阵列）、曲线阵列和填充阵列。

### 小实例　在组件中阵列零件

**操作步骤**

（1）单击“打开”按钮，打开“文件打开”对话框，选择配套资源第 10 章文件夹中的 BC_10_7_3.ASM 文件，单击“打开”按钮。该文件中已有的原始装配模型如图 10-36 所示。

（2）在“选择过滤器”下拉列表中选择“零件”选项，接着在装配组件中选择如图 10-37 所示的要阵列的零件。

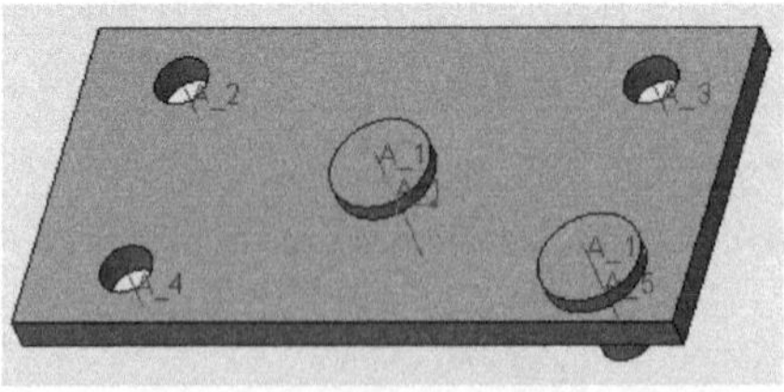

图 10-36　已有的原始装配模型

图 10-37　选择要阵列的零件

（3）单击“阵列”按钮，打开“阵列”选项卡。

（4）在“阵列”选项卡上，设置阵列类型为“方向”，在模型窗口中选择 ASM_FRONT 基准平面作为第一方向参考，输入方向 1 的阵列成员数为 2，其阵列成员的间距为 64，单击“反向第一方向”按钮，此时如图 10-38 所示。

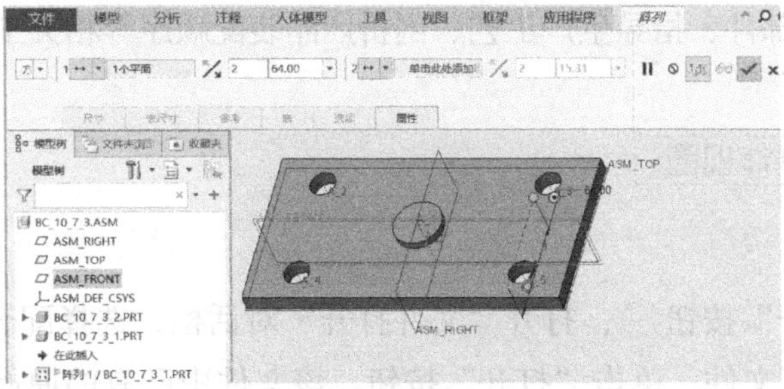

图 10-38 定义方向 1 及其参数

（5）在“阵列”选项卡上，在“2”旁的下拉列表中选择“平移”，接着单击“方向 2 收集器”的框，将其激活。选择 ASM_RIGHT 基准平面作为第二方向参考，输入方向 2 的阵列成员数为 2，其阵列成员的间距为 142，单击“反向第二方向”按钮，此时如图 10-39 所示。

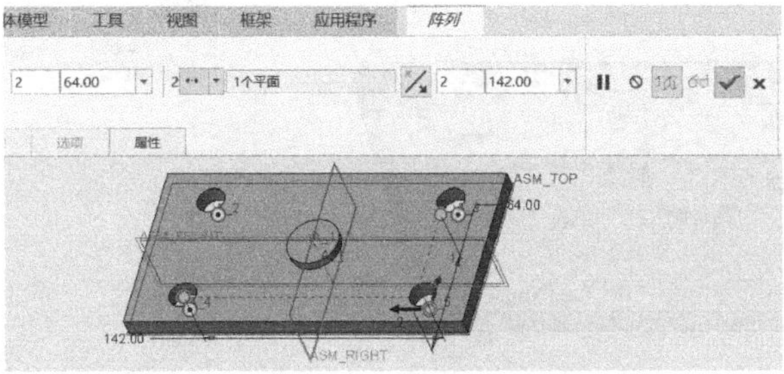

图 10-39 定义方向 2 及其参数

（6）在“阵列”选项卡上单击“完成”按钮，完成阵列零件的效果如图 10-40 所示。

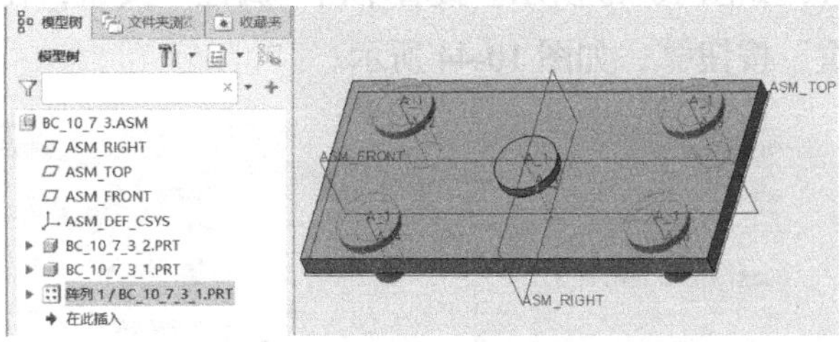

图 10-40 完成阵列零件的效果

## 10.8 爆炸视图

可以为组件创建装配爆炸视图，爆炸视图又称为组件的分解视图，相当于将装配好的组件按照一定的方式拆散而形成的放置视图。通常，一张表达清晰的装配爆炸视图可以帮助分析产品结构、规划零部件、指导生产工艺、剖析产品装配顺序等相关工作。

## 小实例 创建装配爆炸视图

**操作步骤**

（1）单击“打开”按钮，打开“文件打开”对话框，选择配套资源第 10 章文件夹中的 BC_10_8A.ASM 文件，单击“打开”按钮。该文件中已有的原始装配模型如图 10-41 所示。

（2）在“图形”工具栏或功能区“模型”选项卡的“模型显示”面板中单击“视图管理器”按钮，打开“视图管理器”对话框，并切换至“分解”选项卡，如图 10-42 所示。

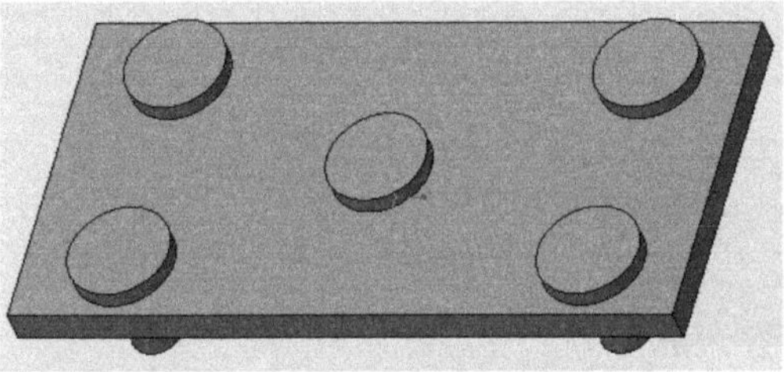

图 10-41　已有的原始装配模型

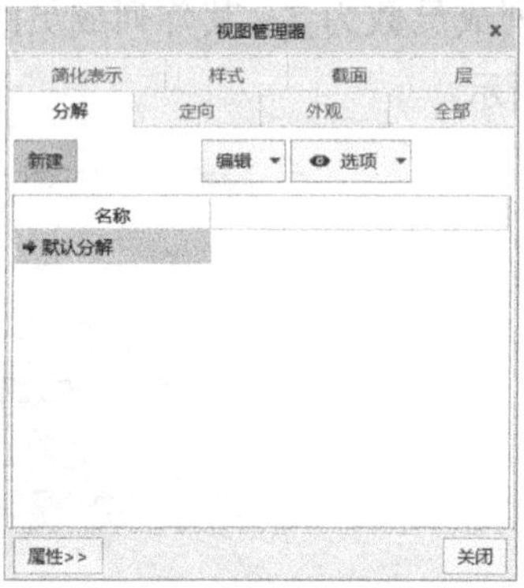


图 10-42　“视图管理器”对话框

（3）在“视图管理器”对话框的“分解”选项卡上单击“新建”按钮，接受默认的分解视图名称为 Exp0001，如图 10-43 所示。接着单击“属性”按钮，在“分解”选项卡上单击刚出现的“编辑位置”按钮，如图 10-44 所示。

图 10-43　接受默认的新分解视图名称

图 10-44　单击“编辑位置”按钮

（4）此时，功能区出现“分解工具”选项卡，默认选中“平移”按钮，如图 10-45 所示。

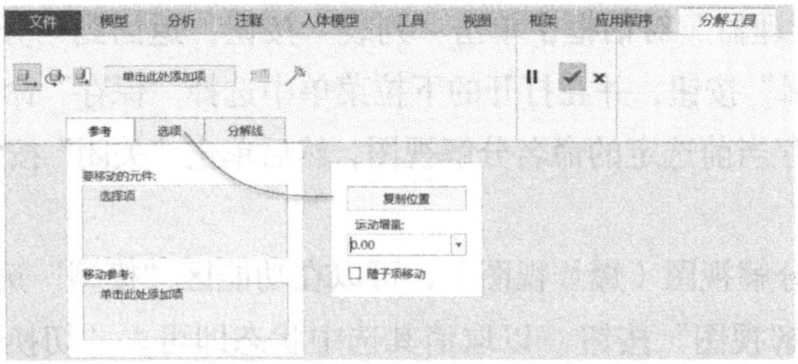


图 10-45 “分解工具”选项卡

（5）选择要移动的元件。在本例中先选择其中一个 BC_10_8_1A.PRT 元件，再按住 Ctrl 键选择其他 4 个 BC_10_8_1A.PRT 元件。

（6）在“参考”滑出面板中单击激活“移动参考”收集器，选择 ASM_TOP 基准平面作为移动参考，在图形窗口中单击“3D 拖动器”的轴并将其沿轴线拖动至所需位置处释放，如图 10-46 所示。

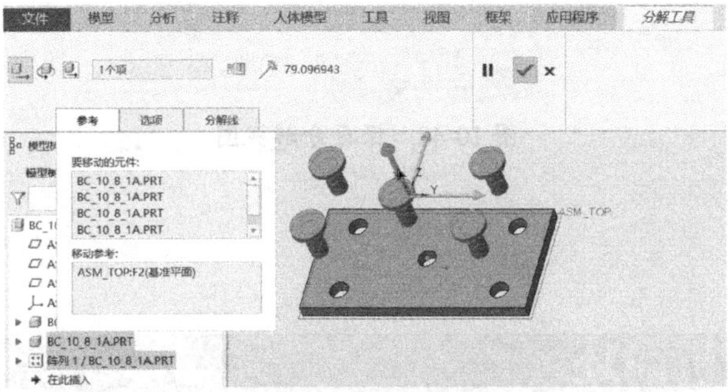


图 10-46 移动元件操作

**知识点拨**

在一些设计场合，可以在“分解工具”选项卡的“选项”滑出面板中勾选“随子项移动”复选框，以设置将已分解元件子项与元件一起移动。

（7）在“分解工具”选项卡上单击“完成”按钮✓，完成的爆炸视图如图 10-47 所示。

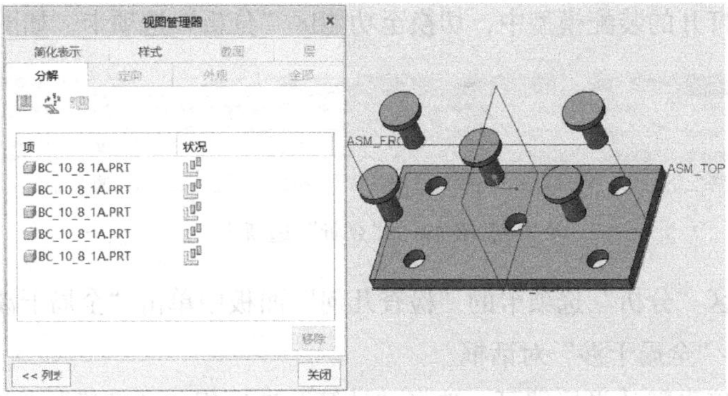


图 10-47 完成的爆炸视图

（8）在“视图管理器”对话框中单击“列表”按钮，返回到“分解”选项卡的前一设置页，接着单击“编辑”按钮，并在打开的下拉菜单中选择“保存”命令，如图 10-48 所示，从而在装配模型中保存当前选定的命名分解视图，然后单击“关闭”按钮关闭“视图管理器”对话框。

如果要取消装配分解视图（爆炸视图），可以在功能区“模型”选项卡的“模型显示”面板中单击“切换分解视图”按钮以取消其选中状态即可。“切换分解视图”按钮用于打开分解视图和关闭分解视图。

图 10-48　保存分解视图

## 10.9 模型分析简述

完成一个装配模型的装配后，可以对该装配模型进行相关的检查分析，包括质量属性、配合间隙、全局间隙、体积干涉、全局干涉检查等。

### 小实例 全局干涉检查

**操作步骤**

（1）在一个打开的装配模型中，切换至功能区“分析”选项卡，如图 10-49 所示。

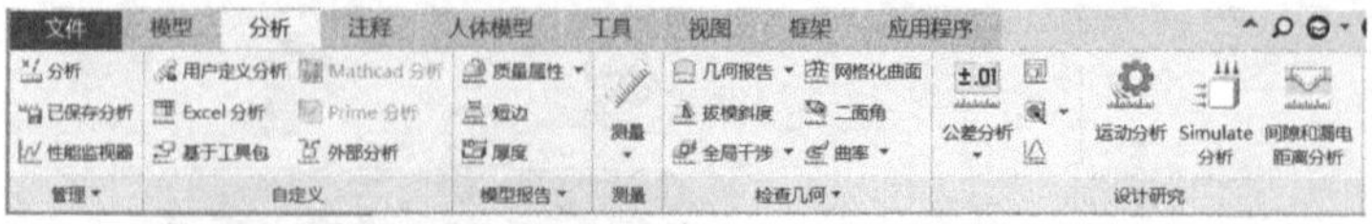


图 10-49　“分析”选项卡

（2）在功能区“分析”选项卡的“检查几何”面板中单击“全局干涉”按钮，打开如图 10-50 所示的“全局干涉”对话框。

（3）通常，接受默认设置即可。选择“计算”选项组的“精确”单选按钮可以获取完整且详尽的计算，也可以选择“快速”单选按钮以执行快速检查。注意，“快速”计算会列出发生干涉的零件或子组件对，而“精确”计算会加亮干涉体积。

（4）单击“预览”按钮，进行全局干涉检查预览。此时，若分析发现产生干涉时，发生干涉的元件对会在 Creo Parametric 5.0 图形窗口中被加亮，并且会显示在“全局干涉”对话框的“结果”列表框中。最后单击“确定”按钮。

通过“全局干涉”对话框可以保存或创建分析特征。例如，在“分析”选项卡上选取分析类型，如选择“仅零件”单选按钮或“仅子组件”单选按钮，也可根据实际需要设置是否勾选“包括面组”复选框和“包括小平面”复选框。若在下方的下拉列表中选择“已保存”选项，则创建已保存的分析；若选择“特征”选项，则创建分析特征。

通过“全局干涉”对话框的“特征”选项卡可以创建或更改当前分析的特征选项。只有在选择“特征”类型的分析时才能使用特征选项（如参数）。“特征”选项卡如图 10-51 所示，在“重新生成”下拉列表中，有“始终”选项、“只读”选项或“仅设计研究”选项。

图 10-50 “全局干涉”对话框

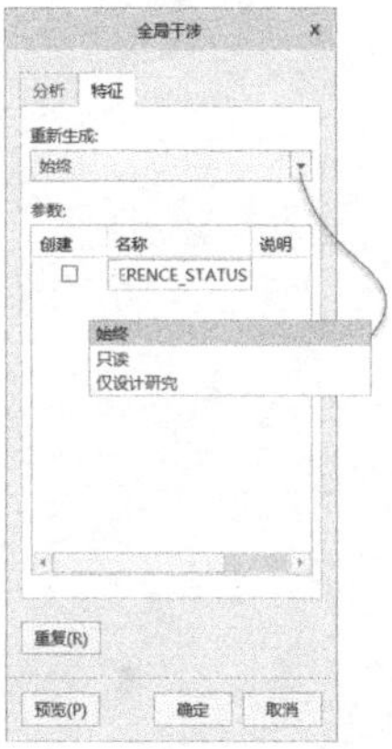


图 10-51 “特征”选项卡

## 10.10 思考与上机练习

（1）如何进入装配模式？以新建一个装配文件为例。

（2）什么是约束装配？什么是连接装配？分别用在哪种设计场合。

（3）简述元件装配的一般步骤。

（4）如何在装配中移动元件？

（5）如何在装配模式下创建新元件？

（6）如何在装配模式中激活元件？

（7）装配相同元件主要有哪几种方法？

（8）如何创建装配爆炸视图？如何取消爆炸视图？

（9）上机练习：请创建两个简单的零件，然后在一个新建的装配文件中装配这两个零件。

# 第11章

# 工程图

**本章主要学习内容：**

- 新建工程图文件
- 工程图绘图环境设置
- 建立基本工程视图
- 移动视图与对齐视图
- 标注视图（自动显示来自 3D 模型的对象、使用新参考创建尺寸、设置尺寸公差、插入尺寸公差、插入注释）

## 11.1 新建工程图文件

启动 Creo Parametric 5.0，在“快速访问”工具栏中单击“新建”按钮，在打开的“新建”对话框的“类型”选项组中选择“绘图”单选按钮，在“名称”文本框中输入绘图文件名或者接受默认的绘图名称，取消选中“使用默认模板”复选框，如图 11-1 所示。单击“确定”按钮，打开“新建绘图”对话框，如图 11-2 所示。

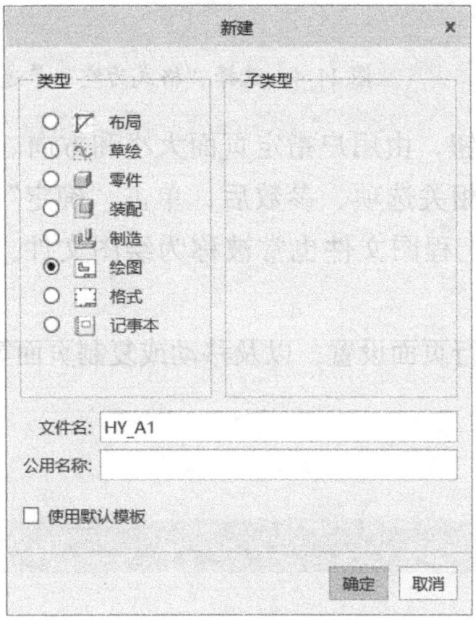


图 11-1 “新建”对话框

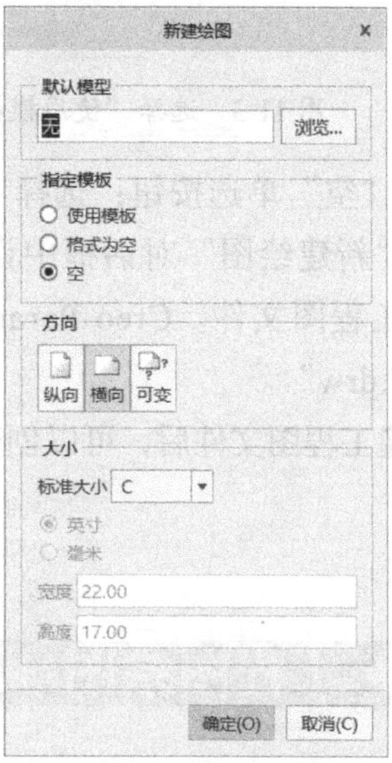


图 11-2 “新建绘图”对话框

在“新建绘图”对话框的“默认模型”选项组中单击“浏览”按钮，打开“打开”对话框，从中查找并选择所需要的模型将其打开。如果在创建工程图（绘图）文件之前就已经打开了一个模型，那么“默认模型”文本框中会默认显示之前打开模型的名称，该模型自动作为默认模型。

在“新建绘图”对话框的“指定模板”选项组中，提供了 3 个单选按钮，即“使用模板”“格式为空”和“空”。它们的功能如下所述。

- “使用模板”单选按钮：选择“使用模板”单选按钮，可以使用 Creo Parametric 5.0 提供的绘图模板，即在出现的列表框中选择所需要的一个模板，如图 11-3 所示。
- “格式为空”单选按钮：选择“格式为空”单选按钮，可不使用默认模板而用现有格式创建绘图页面。在“格式”选项组中指定要使用的格式，如图 11-4 所示，单击“浏览”按钮查找相关的格式。

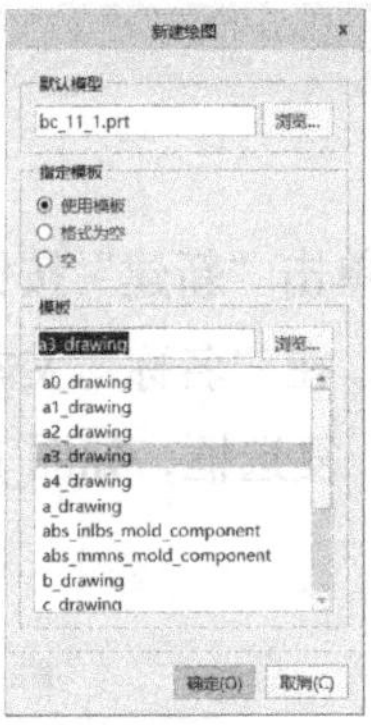


图 11-3　选择“使用模板”单选按钮

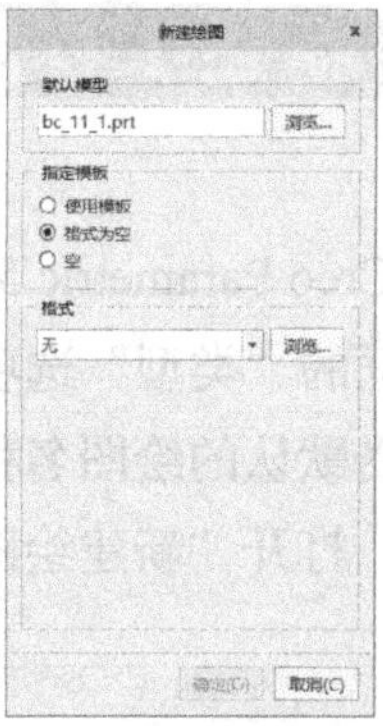


图 11-4　选择“格式为空”单选按钮

- “空”单选按钮：选择“空”单选按钮，由用户指定页面大小和方向。

在“新建绘图”对话框中设置好模型及相关选项、参数后，单击“确定”按钮，新建一个工程图文件。Creo Parametric 5.0 的工程图文件也常被称为绘图文件，其文件格式为“*.drw”。

新建工程图文件后，可以创建新页面，进行页面设置，以及移动或复制页面等。

## 11.2 工程图绘图环境

在介绍创建所需的工程图视图之前，先介绍工程图绘图环境设置的基础知识。根据实际情况可以修改 Creo Parametric 5.0 默认的工程图设置，以获得符合国家制图标准的工程图绘图环境。例如，修改公差标准及修改某些绘图选项等。

新建一个工程图文件，在功能区的“文件”应用程序菜单中选择“准备”→“绘图属性”命令，打开如图 11-5 所示的“绘图属性”对话框。利用此对话框可以设置公差和详细信息选项。

图 11-5　“绘图属性”对话框

### 小实例　设置详细信息选项

**操作步骤**

本例中涉及更改 Creo Parametric 系统默认的视图投影方法。在 Creo Parametric 5.0 中，绘图选项“projection_type”控制视图投影的方法，其默认值为“third_angle *”。为了使之后制作的工程图符合第一角投影法，则可将绘图选项“projection_type”设置为“first_angle”。

**注意**

我国的国家标准推荐采用第一角投影。

（1）进入工程图绘图模式，在功能区的“文件”应用程序菜单中选择“准备”→“绘图属性”命令，打开“绘图属性”对话框。

（2）在“绘图属性”对话框中单击“详细信息选项”对应的“更改”选项，打开“选项”对话框，如图 11-6 所示。

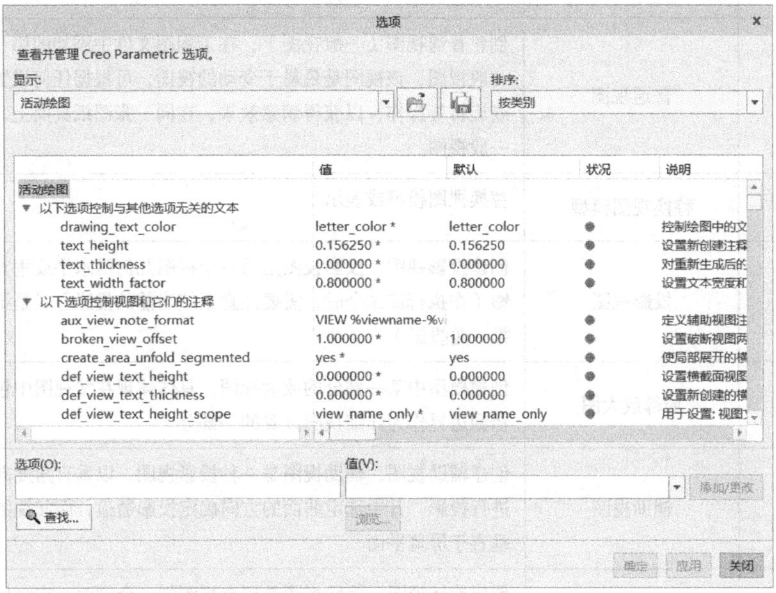


图 11-6 “选项”对话框

（3）在“选项”对话框的列表框中选择要修改的选项 projection_type，或者直接在“选项”文本框中输入 projection_type，在“值”下拉列表中选择“first_angle”选项，如图 11-7 所示。

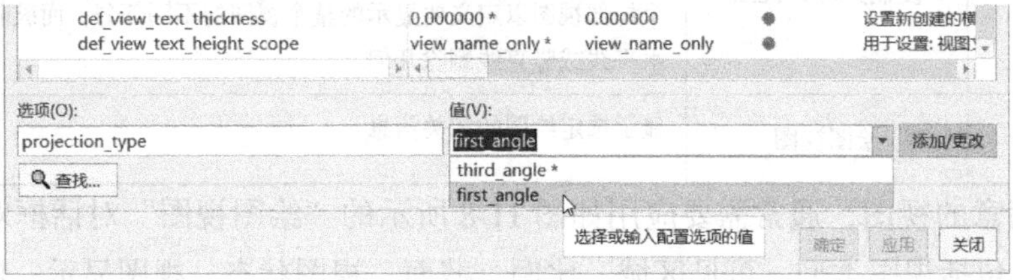


图 11-7 设置选项

（4）单击“添加 / 更改”按钮，再单击“应用”按钮。

（5）单击“关闭”按钮关闭“选项”对话框，从而完成配置新的绘图环境。

# 11.3 基本工程视图

基本工程视图包括一般视图（普通视图）、投影视图、辅助视图和旋转视图等。

在绘图模式下，在功能区“布局”选项卡的“模型视图”面板中提供了各类工程视图按钮，如表 11-1 所示。

表 11-1 “模型视图”面板提供的工程视图按钮及其功能

| 序号 | 按钮 | 名称 | 功能 |
| --- | --- | --- | --- |
| 1 |  | 绘图模型 | 管理绘图模型 |
| 2 |  | 普通视图 | 创建普通视图（一般视图），在工程图文件中添加的第一个视图通常为一般视图，该视图是最易于变动的视图，可根据任何设置对其进行缩放或旋转等操作，以获得满意效果，在同一张图纸页面上，可以创建多个一般视图 |
| 3 |  | 替换视图模型 | 替换视图模型或表示 |
| 4 |  | 投影视图 | 创建投影视图，投影视图是另一个视图几何沿水平或垂直方向的正交投影（在执行该命令时，需要注意系统当前的投影方式是第三角投影还是第一角投影） |
| 5 |  | 局部放大图 | 创建模型中某一部分的放大视图，具体体现在父视图中包括一个参考注释和边界作为详细视图设置的一部分 |
| 6 |  | 辅助视图 | 创建辅助视图，辅助视图是一种投影视图，以垂直角度向选定曲面或轴进行投影，其中选定曲面的方向确定投影通道，而父视图中的参考必须垂直于屏幕平面 |
| 7 |  | 旋转视图 | 创建旋转视图，旋转视图是现有视图的一个剖面，它绕切割平面投影旋转 90°，旋转视图和剖视图的不同之处在于它包括一条标记视图旋转轴的线 |
| 8 |  | 复制并对齐视图 | 创建另一部分视图或局部放大图作为原始视图的副本，但使用不同的边界；复制和对齐视图与破断视图相似，只是复制并对齐视图允许草绘多个局部视图以定义要显示的整个视图的不同部分，而破断视图沿固定的水平线或竖直线删除几何 |
| 9 |  | 绘图视图 | 显示选定绘图的相关信息 |

要获得满意的视图，通常需要应用如图 11-8 所示的“绘图视图”对话框对所选视图进行修改设置，包括视图类型、可见区域、比例、截面、视图状态、视图显示、原点和对齐。

## 11.3.1 打开实体模型并进行工程图准备工作

（1）打开配套资源第 11 章文件夹中的“底座支架 .PRT”文件，该文件中已有的实体模型如图 11-9 所示。

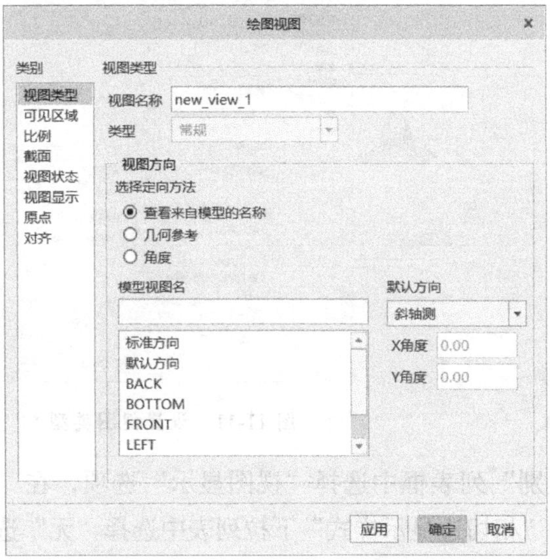


图 11-8 “绘图视图”对话框

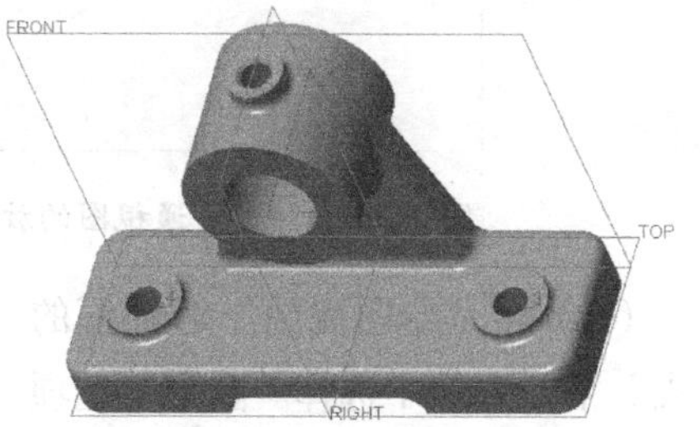


图 11-9 已有的实体模型

（2）单击“新建”按钮，打开“新建”对话框，在“类型”选项组中选择“绘图”单选按钮，在“文件名”文本框中输入 HY_DZZJ，取消选中“使用默认模板”复选框，单击“确定”按钮，打开“新建绘图”对话框。

（3）在“新建绘图”对话框的“指定模板”选项组中选择“空”单选按钮，在“方向”选项组中确认选中“横向”，在“大小”选项组的“标准大小”下拉列表中选择“A4”选项，单击“确定”按钮。

（4）在功能区的“文件”应用程序菜单中选择“准备”→“绘图属性”命令，打开“绘图属性”对话框，单击“详细信息选项”对应的“更改”选项，打开“选项”对话框。

（5）利用“选项”对话框将“projection_type”的选项值设置为“first_angle”，单击“添加 / 更改”按钮，再单击“确定”按钮，然后在“绘图属性”对话框中单击“关闭”按钮。此后，在当前绘图文件中创建的投影视图均按第一角投影法进行。

## 11.3.2 建立一个普通视图

（1）在功能区“布局”选项卡的“模型视图”面板中单击“普通视图”按钮，在当前页面上指定一个合适位置作为绘图视图的中心点（用于放置第一个普通视图），如图 11-10 所示，打开“绘图视图”对话框。

（2）在“绘图视图”对话框的“类别”列表框中选择“视图类型”选项，在“模型视图名”列表框中选择 FRONT，单击“应用”按钮，如图 11-11 所示。

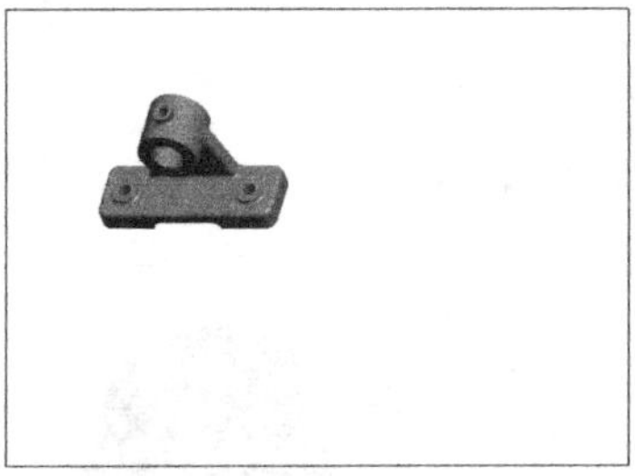

图 11-10　指定普通视图的放置点

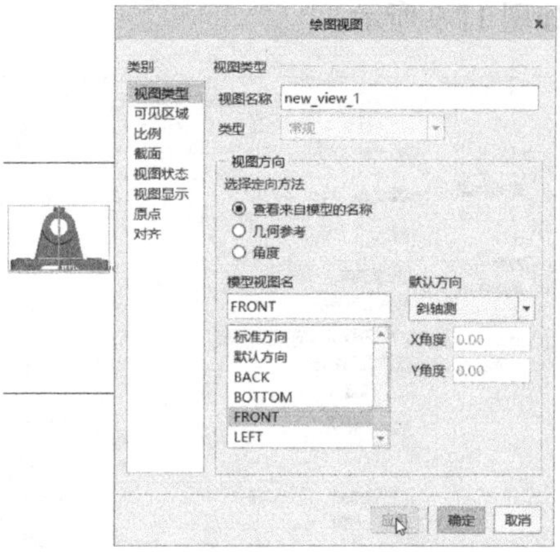


图 11-11　设置视图类型

（3）在“绘图视图”对话框的“类别”列表框中选择“视图显示”选项，在“显示样式”下拉列表中选择“隐藏”选项，在“相切边显示样式”下拉列表中选择“无”选项，单击“应用”按钮，如图 11-12 所示。

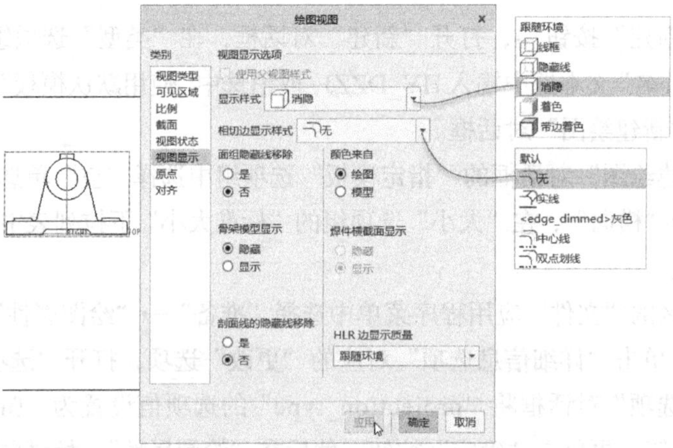


图 11-12　设定普通视图的显示样式和相切边显示样式

（4）单击“绘图视图”对话框的“确定”按钮。

## 11.3.3　创建投影视图

（1）在功能区“布局”选项卡的“模型视图”面板中单击“投影视图”按钮。

（2）系统默认第一个普通视图为父视图，在父视图垂直（竖直）投影通道的下方适当位置单击，从而放置该投影视图，如图 11-13 所示。

（3）双击该投影视图，打开“绘图视图”对话框，切换至“视图显示”类别，在“显示样式”下拉列表中选择“隐藏”选项，在“相切边显示样式”下拉列表中选择“无”选项，单击“应用”按钮，如图 11-14 所示。

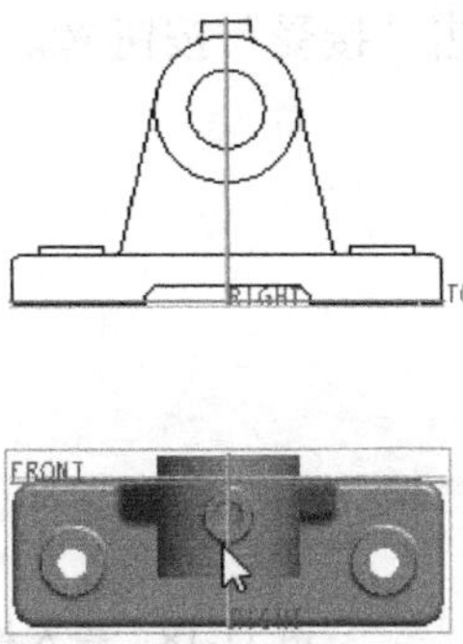


图 11-13 放置投影视图

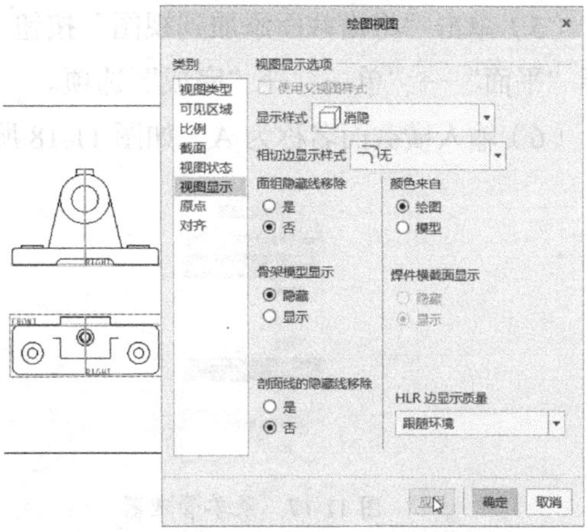


图 11-14 设置投影视图的视图显示选项

（4）单击“绘图视图”对话框的“确定”按钮。

## 11.3.4 创建一个应用全剖视的投影视图

（1）在图纸页上选择第一个普通视图为父视图，在功能区“布局”选项卡的“模型视图”面板中单击“投影视图”按钮。

（2）在父视图垂直（竖直）投影通道的右侧适当位置单击，从而放置该投影视图，如图 11-15 所示。

（3）双击该投影视图，打开“绘图视图”对话框，切换至“视图显示”类别，在“显示样式”下拉列表中选择“隐藏”选项，在“相切边显示样式”下拉列表中选择“无”选项，单击“应用”按钮。

（4）在“绘图视图”对话框的“类别”列表框中选择“截面”选项，在“截面选项”选项组中选择“2D 横截面”单选按钮，设置模型边可见性为“总计”，如图 11-16 所示。

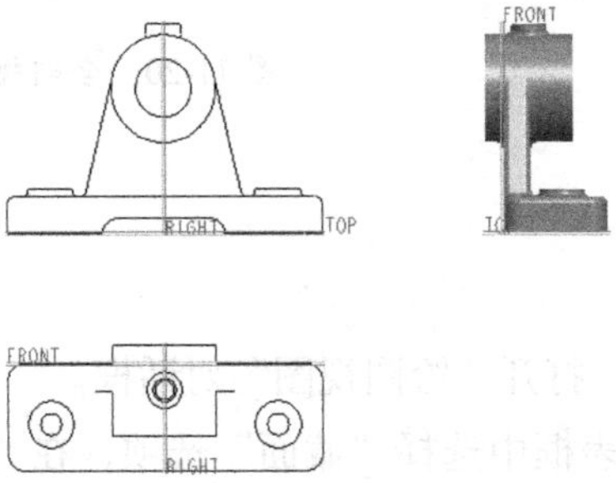


图 11-15 放置第二个投影视图

图 11-16 设置截面选项

（5）单击“将横截面添加到视图”按钮 + ，弹出“菜单管理器”，如图 11-17 所示，选择“平面”→“单一”→“完成”选项。

（6）输入横截面名称为 A，如图 11-18 所示，单击“接受”按钮✓。

图 11-17　菜单管理器

图 11-18　输入横截面名称

（7）在模型树上或图形窗口中选择 RIGHT 基准平面作为剖切平面，如图 11-19 所示，此时，可以看到名称“A”前面标识代表有效截面的符号✓，剖切区域为“完整”。

**知识点拨**

可以设置在父视图中显示剖切符号（含箭头），其方法是在“绘图视图”对话框“类别”列表框中选择“截面”选项，在右侧截面列表框中拖动下方的滑块找到“箭头显示”列，单击激活截面 A 对应的“箭头显示”单元格，接着在页面上选择所需的父视图（要显示剖切箭头的视图），再单击“应用”按钮即可。

（8）单击“确定”按钮，完成的全剖视图如图 11-20 所示。

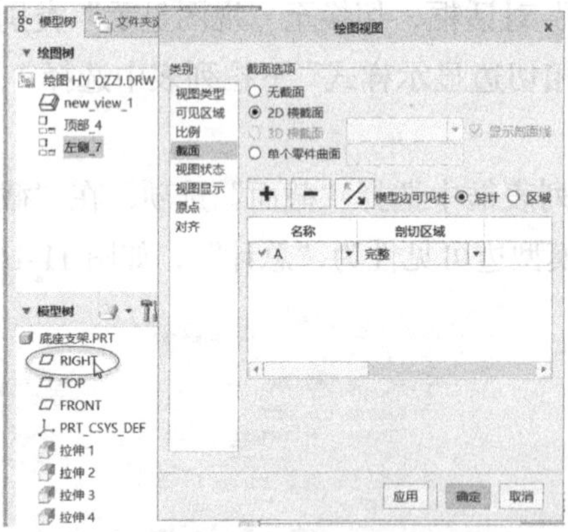


图 11-19　选择剖切平面

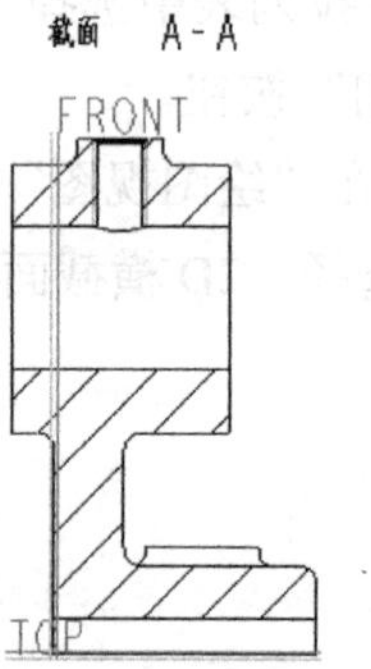


图 11-20　全剖视图

### 11.3.5　应用局部剖视图

（1）在图纸页选择第一个普通视图并双击，打开“绘图视图”对话框。

（2）在“绘图视图”对话框的“类别”列表框中选择“截面”选项，在“截面选项”选项组中选择“2D 横截面”单选按钮，单击“将横截面添加到视图”按钮 + ，弹出“菜单管理器”。

（3）在“菜单管理器”的“横截面创建”菜单中选择“平面”→“单一”→“完成”选项，接着输入横截面名称为 B，单击“接受”按钮✓。

（4）在“菜单管理器”出现的“设置平面”菜单中选择“产生基准”选项，在“基准平面”菜单中选择“穿过”选项，如图 11-21 所示。

（5）通过“图形”工具栏中的“基准显示过滤器”按钮设置在图形窗口中显示基准轴，在图纸页上选择基准平面要创建的轴线，如图 11-22 所示，然后在菜单管理器中选择“完成”选项。

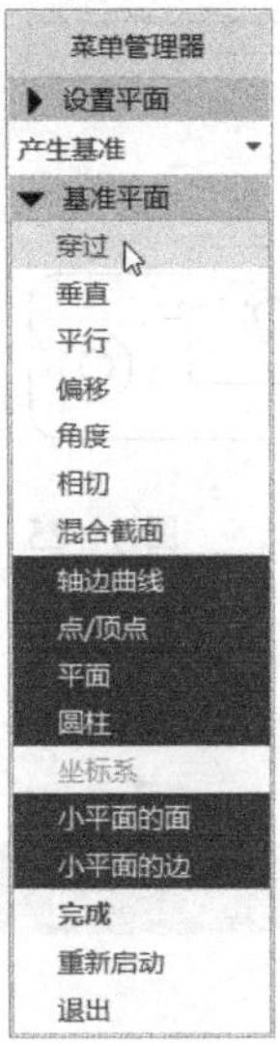


图 11-21　产生基准面操作

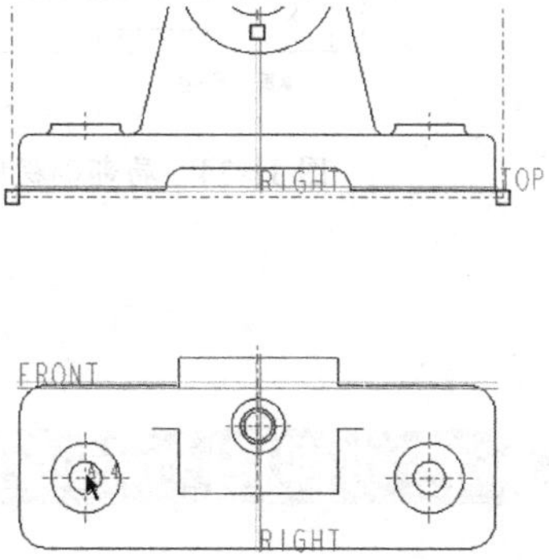


图 11-22　选择轴线

（6）在“绘图视图”对话框的“截面”类别页上，在截面 B 对应的“剖切区域”下拉列表中选择“局部”选项，在第一个普通视图中指定局部剖范围内的一点，再围绕该点依次单击若干点来形成局部剖边界，如图 11-23 所示，单击鼠标中键完成创建局部剖边界曲线。

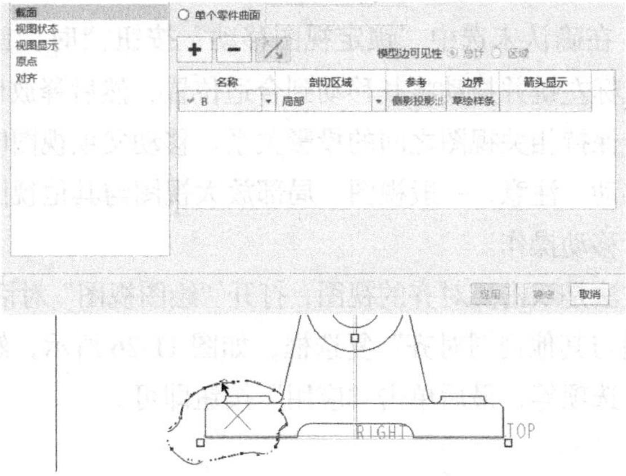


图 11-23　形成局部剖边界

（7）在“绘图视图”对话框上单击“确定”按钮，得到的局部剖视图如图 11-24 所示。

（8）在图纸页上选择“截面 B-B”标识，在弹出的浮动工具栏中单击“拭除”按钮将其拭除。此时，可以在“图形”工具栏中单击“基准显示过滤器”按钮，取消所有基准的显示设置，完成的工程图如图 11-25 所示。

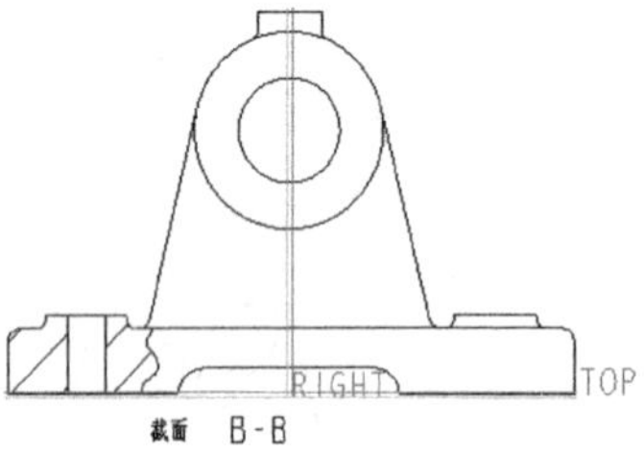


图 11-24　局部剖视图

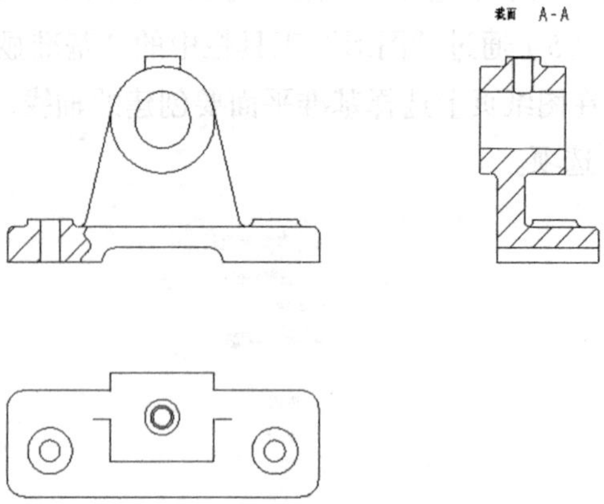


图 11-25　完成的工程图

## 11.4 移动视图与对齐视图

在创建了视图后，如果感觉各视图之间的距离太近或者太远，即对视图位置不满意时，可以通过移动视图操作为选定视图指定新的放置位置。

如果选中“锁定视图移动”按钮，即该按钮处于选中状态时，视图将被锁定，在这种情况下不能移动任何视图。如果想要移动视图，需要单击取消选中“锁定视图移动”按钮，即需要使该按钮处于未选中状态。

要移动所选视图，在确认未选中“锁定视图移动”按钮时，首先以单击的方式选中所需视图，接着按住鼠标左键并拖动将其移动到合适位置，然后释放鼠标左键即可。

在移动视图时，会保持相关视图之间的投影关系。移动父项视图时，与之具有投影关系的相关视图也会一起移动。注意，一般视图、局部放大视图与其他视图之间由于没有投影关系，所以可以随意进行移动操作。

对齐视图的操作方法是双击要对齐的视图，打开“绘图视图”对话框；接着选择“对齐”类别，勾选“将此视图与其他视图对齐”复选框，如图 11-26 所示，然后指定项目参考，选择“水平”或“垂直”选项等，最后单击“应用”按钮即可。

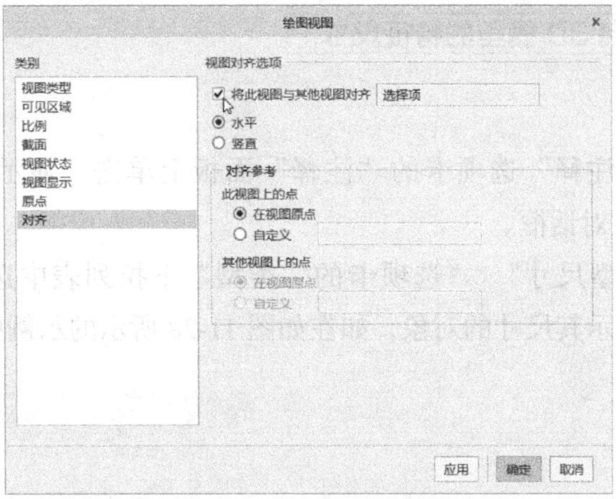


图 11-26　设置视图对齐选项

## 11.5 标注视图

标注视图包括：自动显示来自 3D 模型的对象、使用新参考创建标准尺寸、设置尺寸公差、插入几何公差、插入注释等。

### 11.5.1 自动显示来自 3D 模型的对象

在 Creo Parametric 5.0 中，“显示与拭除”是一个较为重要的概念：创建三维模型时，会使用尺寸、参考尺寸、轴、符号、几何公差和粗糙度等相关项目；将三维模型导入 2D 绘图中时，建立的视图与三维模型仍然保持参数化相关性，但在默认情况下尺寸等相关项目是不可见的。这需要选择性地指定要在特定视图上显示的三维模型信息，如尺寸、轴、粗糙度等。在显示和拭除细化项目时，需要注意的是，对于每一绘图中的某一特征只能显示一个 3D 详图项目的实例，并且可以将已显示的 3D 详图项目从一个视图移动到另一个视图，如可以将尺寸从一般视图移动到更为适合它的详图视图。

在功能区“注释”选项卡的“注释”面板上单击“显示模型注释”按钮，打开如图 11-27 所示的“显示模型注释”对话框。该对话框提供了“显示模型尺寸”、“显示模型几何公差”、“显示模型注解”、“显示模型表面粗糙度”、“显示模型符号”和“显示模型基准”选项卡。通过该对话框可以设置 2D 绘图中的显示项目和拭除项目。

## 小实例 自动显示来自 3D 模型的特征尺寸

**操作步骤**

（1）在功能区“注释”选项卡的“注释”面板上单击“显示模型注释”按钮，打开“显示模型注释”对话框。

（2）在“显示模型尺寸”选项卡的“类型”下拉列表中选择“全部”选项，接着在模型树上选择要显示其尺寸的对象，如在如图 11-28 所示的示例中选择“拉伸 1”特征。

图 11-27 “显示模型注释”对话框

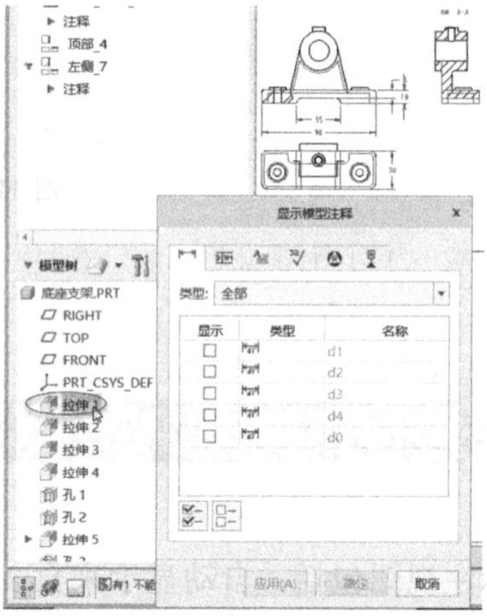

图 11-28 选择要显示其尺寸的对象

（3）在“显示模型注释”对话框的“显示模型尺寸”选项卡上单击“全选”按钮，然后单击“确定”按钮，完成显示指定特征尺寸的视图如图 11-29 所示。

**操作技巧**

如果要将一个尺寸移到另一个视图中显示，可以在页面上单击选中此尺寸，如图 11-30 所示，接着在弹出的浮动工具栏中单击“移动到视图”按钮，选择所需的模型视图，则该选定尺寸被移到指定视图中显示，如图 11-31 所示。

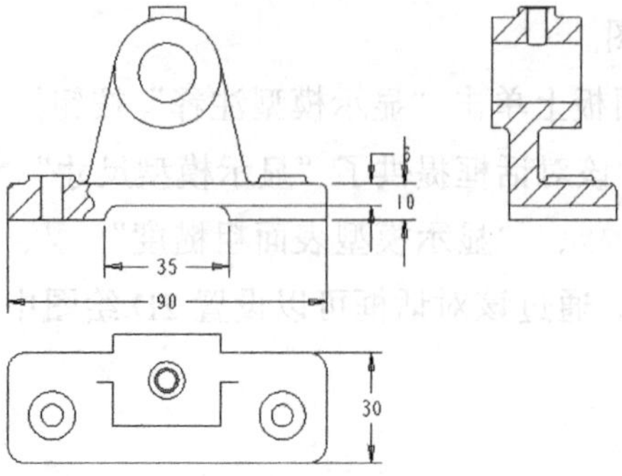

图 11-29 显示指定特征尺寸的视图

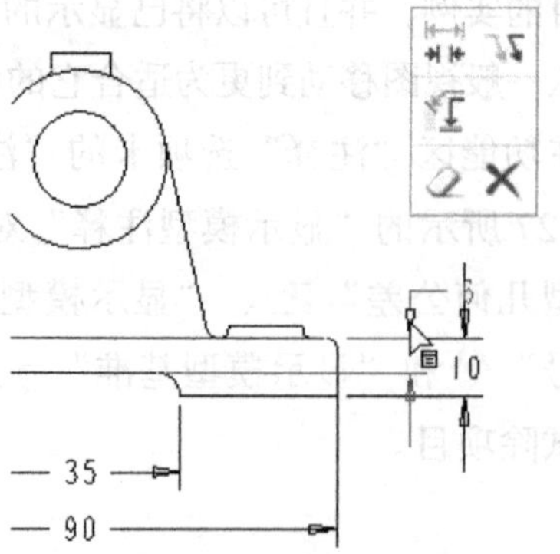

图 11-30 选择要操作的尺寸

要在视图中显示所需的中心线，则可以在单击“显示模型注释”按钮打开“显示模型注释”对话框后，切换至“显示模型基准”选项卡，在“类型”下拉列表中选择“全部”或“轴”选项，接着在模型树中单击所需的元件名称或指定特征，并在对话框中勾选要显示的中心轴线，然后单击“应用”或“确定”按钮即可，显示中心轴线的示例如图 11-32 所示。

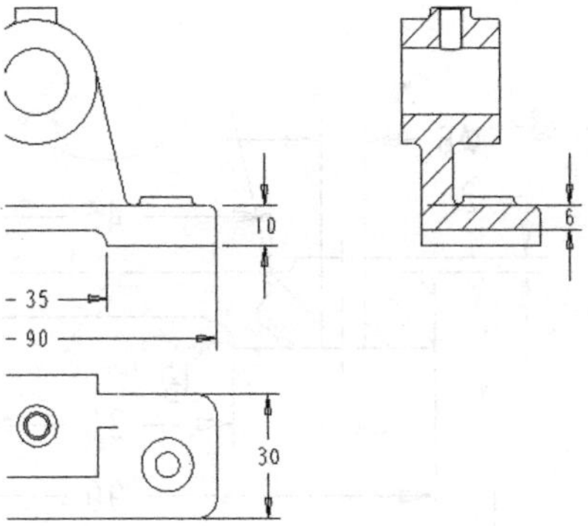


图 11-31　移动到指定视图中显示

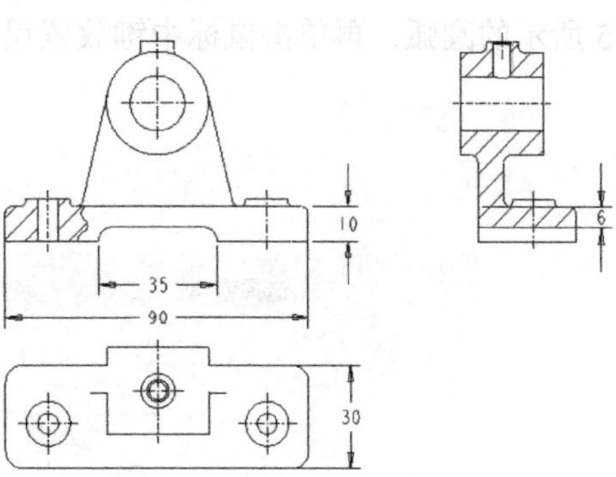


图 11-32　显示中心轴线的示例

使用同样的方法，继续在上述三个工程视图中显示来自 3D 模型的尺寸，参考效果如图 11-33 所示。

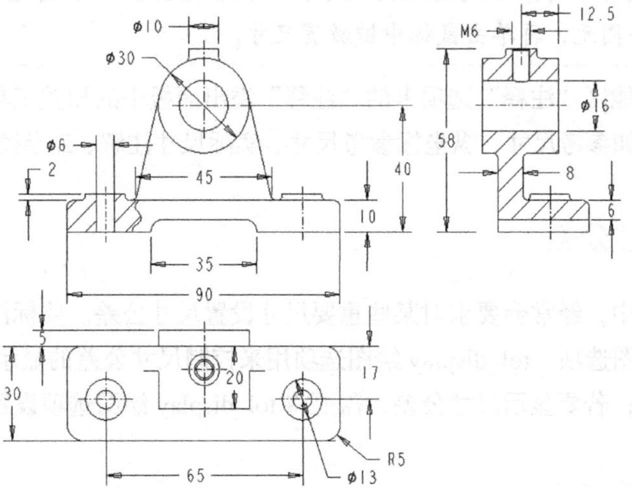


图 11-33　显示来自 3D 模型中的尺寸（参考效果）

## 11.5.2　使用新参考创建尺寸

在工程图中可以进行手动标注以获得所需的标准尺寸，即使用“创建尺寸”按钮手工插入草绘图的标准尺寸。标注方法与在草绘器中进行尺寸标注的方法相似。

**小实例 使用新参考创建尺寸**

**操作步骤**

（1）单击“创建尺寸”按钮，打开如图 11-34 所示的“选择参考”对话框。

（2）在“选择参考”对话框中设置选择方式，本例接受默认的选择方式，单击如图 11-35 所示的圆弧，再单击鼠标中键放置尺寸。

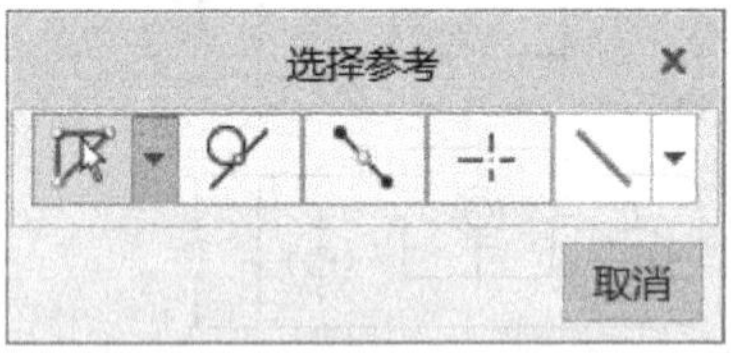


图 11-34 “选择参考”对话框

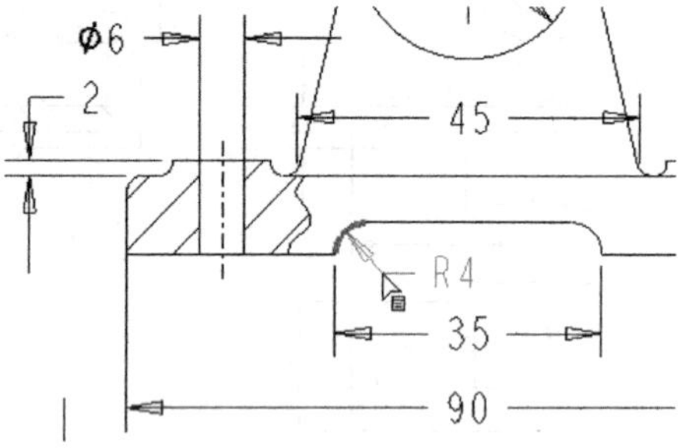


图 11-35 选择要标注的图元并放置尺寸

**知识点拨**

如果要标注某两个对象之间的距离尺寸，那么在选择第一个图元对象后，需要按住 Ctrl 键选择另一个图元，再单击鼠标中键放置尺寸。

另外，利用功能区“注释”选项卡的“注释”溢出面板中的相关工具按钮，还可以创建其他类型的尺寸，如参考尺寸、纵坐标参考尺寸、实际尺寸注解、Z 半径尺寸、坐标尺寸等。

### 11.5.3 设置尺寸公差

在一些工程图中，经常会要求对某些重要尺寸设置尺寸公差。要标注尺寸公差，需要熟悉 tol_display 等绘图选项。tol_display 绘图选项用来控制尺寸公差的显示，其默认为 no，表示不显示尺寸公差；若要显示尺寸公差，需要将 tol_display 绘图选项设置为 yes。

**小实例 设置尺寸公差**

**操作步骤**

（1）在功能区“文件”应用程序菜单中选择“准备”→“绘图属性”命令，打开“绘图属性”对话框。

（2）在“绘图属性”对话框中单击“详细信息选项”所在行的“更改”按钮，打开“选项”对话框。

（3）在“选项”文本框中输入 tol_display，在“值”下拉列表中选择 yes，如图 11-36 所示，单击“添加 / 更改”按钮。

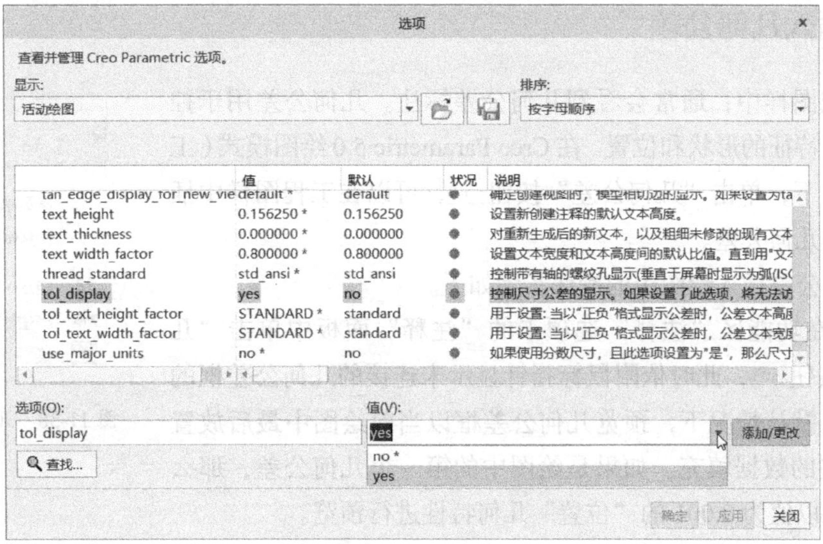

图 11-36 修改 tol_display 选项与值

（4）确定应用后在“选项”对话框中单击“关闭”按钮，接着在“绘图属性”对话框中单击“关闭”按钮。

（5）在页面视图中选择要添加尺寸公差的一个尺寸，则功能区出现“尺寸”选项卡，在“公差”面板的“公差类型”下拉列表中选择“正负”图标选项 $^{+0.2}_{-0.1}$，分别设置上公差、下公差，以及在“公差精度”下拉列表中选择“0.123”，如图 11-37 所示。

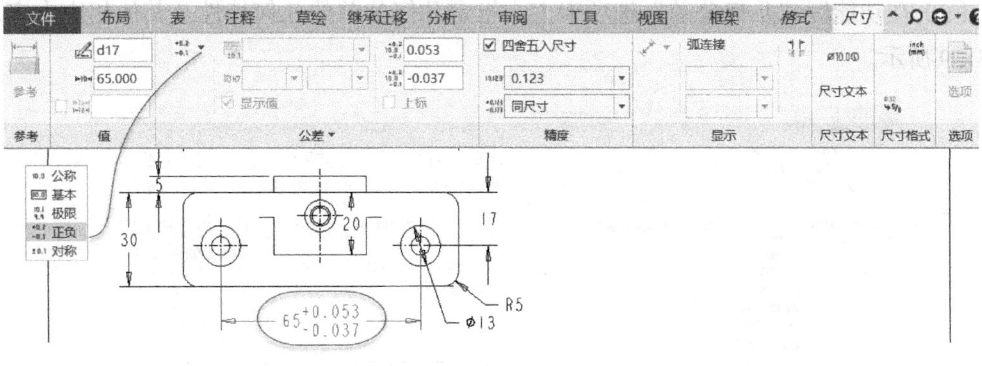

图 11-37 添加尺寸公差

**知识点拨**

公差类型有“公称”“基本”“极限”“正负”和“对称”，默认为“公称”。

（6）在图形窗口的其他空余位置单击，退出选定尺寸的编辑模式，从而完成此选定尺寸的尺寸公差添加操作。

### 11.5.4 插入几何公差

在机械图样中，通常会看到几何公差标注。几何公差用于控制几何图形特征的形状和位置。在Creo Parametric 5.0绘图模式（工程图模式）下，单击“几何公差”按钮，可以在工程图样中插入所需要的几何公差。

图 11-38　几何公差框

将几何公差插入绘图中的操作步骤如下。

（1）在功能区“注释”选项卡的“注释”面板中单击“几何公差”按钮，此时依附鼠标指针显示未连接的几何公差框的动态预览。默认情况下，预览几何公差框以当前绘图中最后放置的几何公差的数据填充。如果是绘图中的第一个几何公差，那么几何公差框以值为0.001的“位置”几何特性进行预览。

（2）定义几何公差的所有者。右键单击预览几何公差框，并为几何公差设置“目标”。默认情况下，Creo Parametric 5.0会将绘图设置为目标。想要建立与模型所拥有的基准的关联性，可以将几何公差目标更改为模型。

（3）定义参考选择和几何公差放置的模式。右键单击预览的几何公差框，可以选择“自动”“产生尺寸”和“偏移”，如图11-38所示。

（4）单击鼠标中键以放置几何公差框。也可以拖动几何公差框重新放置几何公差。此时，在功能区打开“几何公差”选项卡。

（5）在功能区“几何公差”选项卡上，指定几何公差的几何特性及其他相应内容，如图11-39所示。

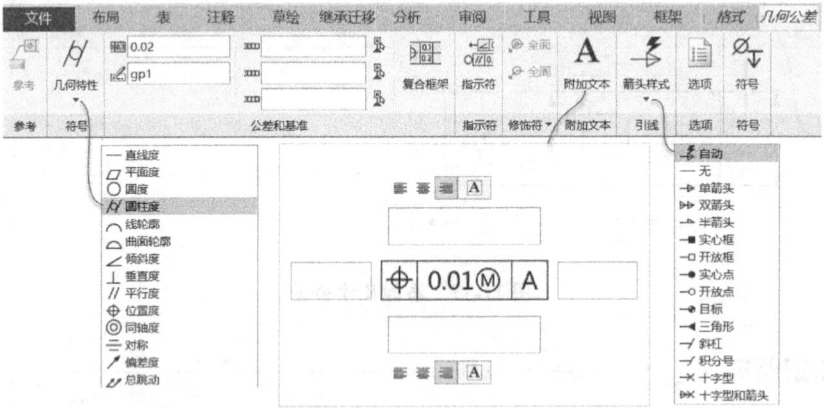


图 11-39　“几何公差”选项卡

（6）单击图形区域可在指定位置插入几何公差。

**说明**

在Creo Parametric 5.0中，几何公差也可以在零件、装配模式下添加到模型中。

### 11.5.5 插入注释

注释是指工程图中的说明文字、绘图标签、尺寸注释和技术要求等。在功能区“注解”选项卡的“注解”面板上提供了如图 11-40 所示的几个实用注解按钮，包括“独立注解”按钮、“偏移注解”按钮、“项上注解”按钮、“切向引线注解”按钮、“法向引线注解”按钮和“引线注解”按钮，它们的功能如下所述。

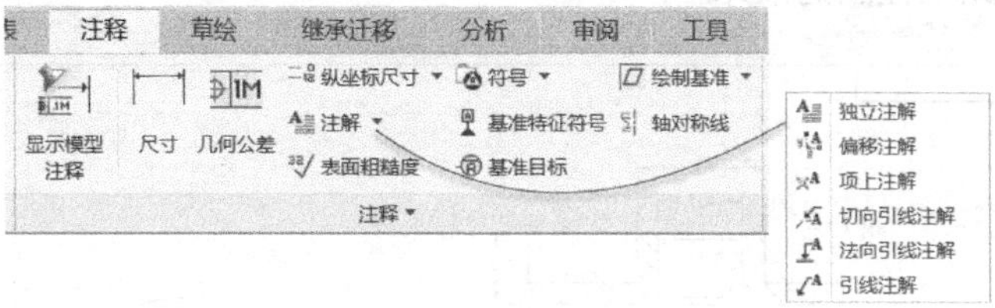


图 11-40 注解按钮

- “独立注解”按钮：创建未附加到任何参考的新注解。
- “偏移注解”按钮：创建一个相对选定参考偏移放置的新注解。
- “项上注解”按钮：创建一个放置在选定参考上的新注解。
- “切向引线注解”按钮：创建带切向引线的新注解。
- “法向引线注解”按钮：创建带法向引线的新注解。
- “引线注解”按钮：创建带引线的新注解。

## 11.6 典型范例——创建工程图

本范例将为如图 11-41 所示的零件创建工程图。

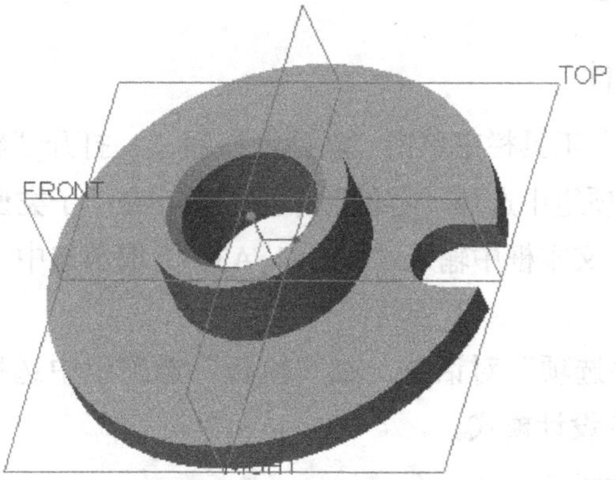


图 11-41 本范例要创建工程图的零件

## 设计思路

首先在零件设计模式下创建该零件的三维模型；然后在工程图（绘图）模式下创建工程图，最后完成的工程图如图 11-42 所示。在该工程图中，相切边的显示样式默认为“默认”，有兴趣的读者可以在初步完成该工程图后将各视图的相切边显示样式设置为“无”，对此工程图的效果。

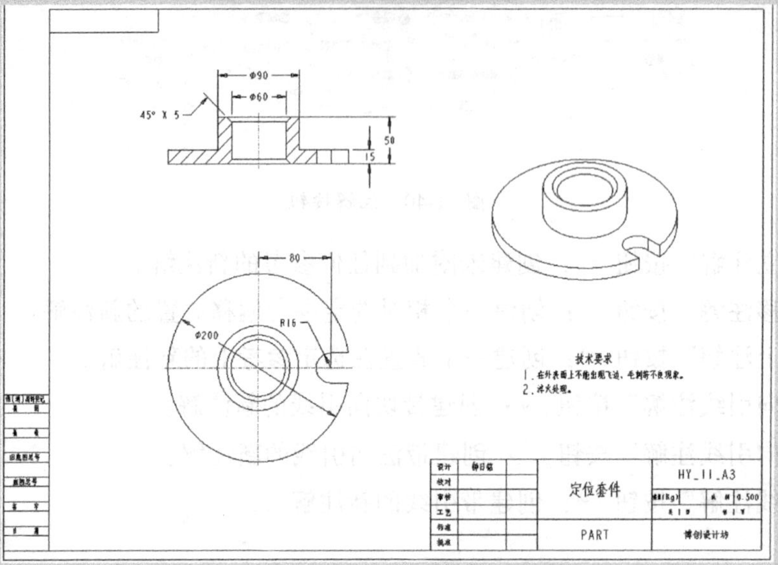


图 11-42　完成的工程图

**操作步骤**

## 11.6.1 设计三维模型

### 1. 新建一个零件文件

（1）在“快速访问”工具栏中单击“新建”按钮，打开“新建”对话框。

（2）在“类型”选项组中选择“零件”单选按钮，在“子类型”选项组中选择“实体”单选按钮；在“文件名”文本框中输入“HY_11_A3”，取消选中“使用默认模板”复选框，单击“确定”按钮。

（3）打开“新文件选项”对话框。在“模板”选项组中选择 mmns_part_solid，单击“确定”按钮，进入零件设计模式。

### 2. 创建旋转实体特征

（1）在功能区“模型”选项卡的“形状”面板上单击“旋转”按钮，打开“旋转”选项卡。

（2）选择 FRONT 基准平面为草绘平面，绘制如图 11-43 所示的封闭图形，并添加一条几何中心线作为旋转轴，单击“确定”按钮✔。

（3）接受默认的旋转角度为 360°。

（4）在“旋转”选项卡上单击“完成”按钮✔，完成的旋转特征效果如图 11-44 所示。

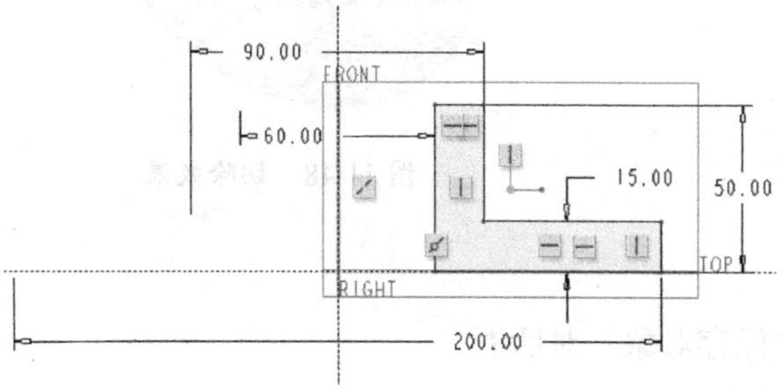


图 11-43 绘制封闭图形

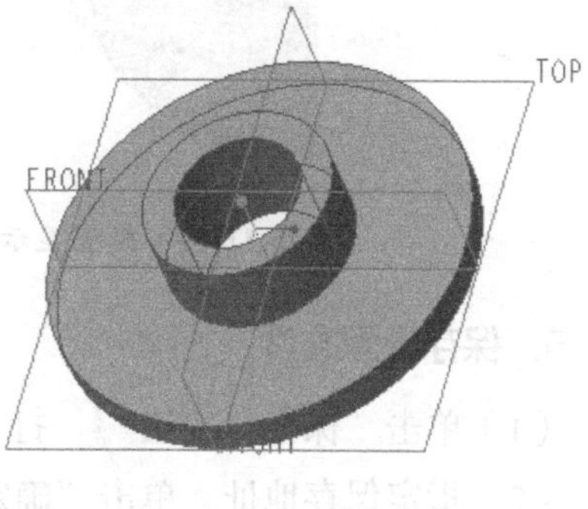


图 11-44 旋转特征效果

### 3. 创建倒角特征

（1）在“工程”面板中单击“边倒角”按钮，打开“边倒角”选项卡。

（2）选择边倒角标注形式为 45 × D，在“D”文本框中输入 5。

（3）按住 Ctrl 键选择如图 11-45 所示的要倒角的两条边链。

（4）单击“完成”按钮✔。

### 4. 以拉伸的方式切除材料

（1）在“形状”面板中单击“拉伸”按钮，打开“拉伸”选项卡。

（2）默认时，“拉伸”选项卡上的“实体”按钮处于选中状态，单击“去除材料”按钮。

（3）打开“放置”滑出面板，单击“定义”按钮，打开“草绘”对话框。选择 TOP 基准平面作为草绘平面，以 RIGHT 基准平面为“右”方向参考，单击“草绘”按钮。

（4）绘制如图 11-46 所示的图形，注意相切条件，单击“确定”按钮✔。

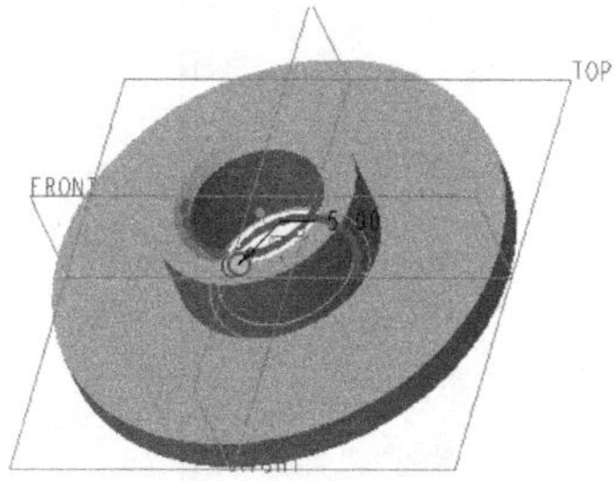


图 11-45 选择要倒角的两条边链

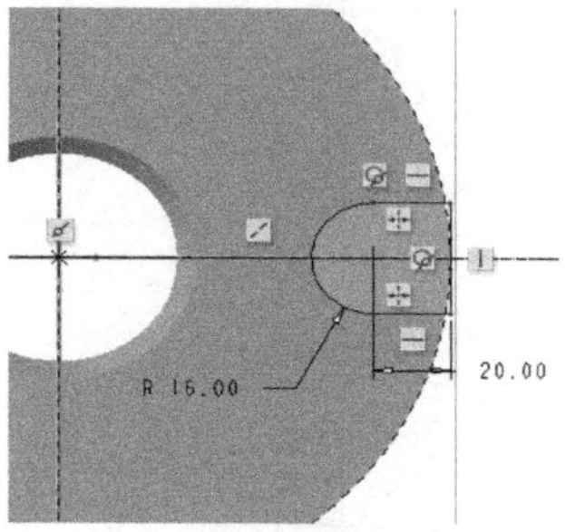


图 11-46 绘制图形

（5）单击“将拉伸的深度方向更改为草绘的另一侧”按钮，并在“深度选项”下拉列表中选择（穿透），此时按 Ctrl+D 快捷键，模型显示如图 11-47 所示。

（6）单击“完成”按钮✓，切除效果如图 11-48 所示。

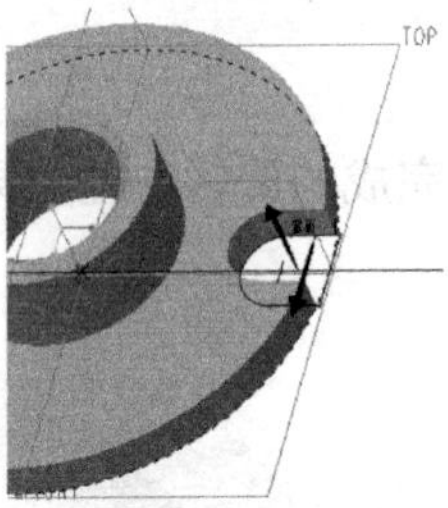

图 11-47　模型显示

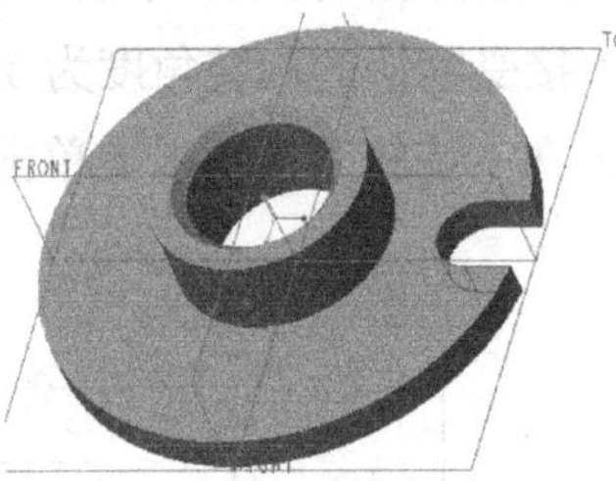

图 11-48　切除效果

**5．保存模型文件**

（1）单击“保存”按钮，打开“保存对象”对话框。

（2）指定保存地址，单击“确定”按钮。

## 11.6.2　设计工程图

**1．新建绘图文件，进入绘图模式**

（1）单击“新建”按钮，打开“新建”对话框。

（2）在“类型”选项组中选择“绘图”单选按钮，在“文件名”文本框中输入“HY_11_A3”，取消选中“使用默认模板”复选框，单击“确定”按钮。

（3）打开“新建绘图”对话框。默认模型为 HY_11_A3.PRT，在“指定模板”选项组中选择“格式为空”单选按钮，在“格式”选项组中单击“浏览”按钮，打开“打开”对话框，选择配套资源第 11 章文件夹中的 TSM_A3.FRM 文件。

单击“新建绘图”对话框的“确定”按钮，进入绘图模式。

在绘图窗口中出现如图 11-49 所示的具有图框、标题栏等的页面。

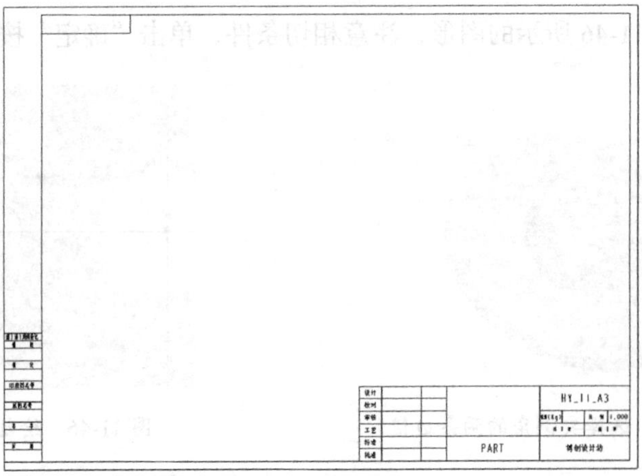

图 11-49　绘图窗口

### 2. 工程图环境设置

（1）在功能区的“文件”应用程序菜单中选择“准备”→“绘图属性”命令，打开“绘图属性”对话框。

（2）在“绘图属性”对话框上单击“详细信息选项”对应的“更改”选项，打开“选项”对话框。

（3）在“选项”对话框的列表中查找绘图选项 projection_type，或者在“选项”文本框中输入 projection_type，然后在“值”下拉列表中选择 first_angle，单击“添加 / 更改”按钮，再单击“确定”按钮。

（4）在“绘图属性”对话框中单击“关闭”按钮。

**说明**

将绘图选项 projection_type 设置为 first_angle 后，则接下去制作的工程图都符合第一角投影法。

### 3. 插入一般视图（普通视图）

（1）在功能区“布局”选项卡的“模型视图”面板中单击“普通视图”按钮。

（2）在图框内的合适位置单击，从而大概确定视图的放置位置，如图 11-50 所示，打开“绘图视图”对话框。

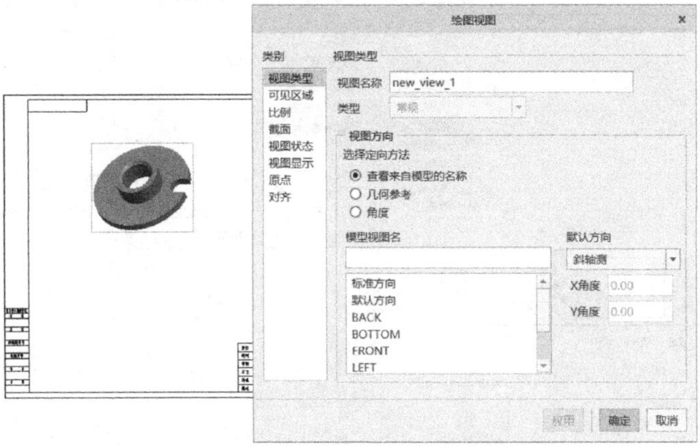


图 11-50 确定视图的放置位置

（3）在“绘图视图”对话框中选择“视图类型”类别，在“模型视图名”列表框中选择“FRONT”选项，其他选项为默认值，单击“应用”按钮。

（4）切换到“绘图视图”对话框的“视图显示”类别页，在“显示样式”下拉列表中选择“消隐”选项，在“相切边显示样式”下拉列表中选择“默认”选项，如图 11-51 所示，单击“应用”按钮。

（5）切换到“绘图视图”对话框的“截面”类别页，选择“2D 横截面”单选按钮，单击“将横截面添加到视图”按钮 +，弹出如图 11-52 所示的“菜单管理器”（提供“剖截面创建”菜单），选择“平面”→“单一”→“完成”选项。

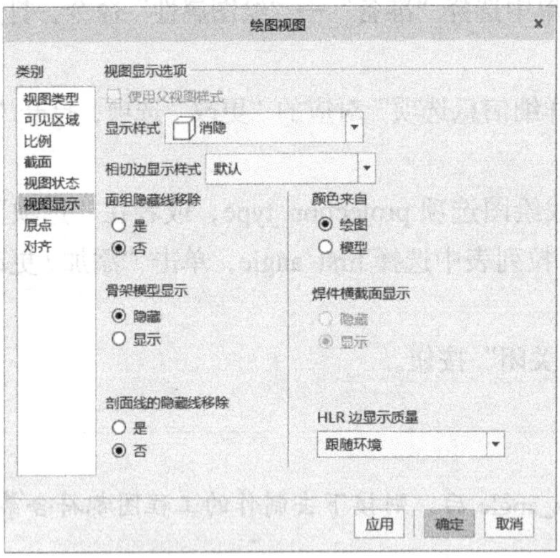

图 11-51　设置视图显示选项

图 11-52　菜单管理器

（6）输入截面名称为“A”，按 Enter 键或者单击“接受”按钮✓，再在模型树中选择 FRONT 基准平面，该基准平面定义了剖切面。然后在“绘图视图”对话框上单击“应用”按钮，此时建立的全剖视图如图 11-53 所示。

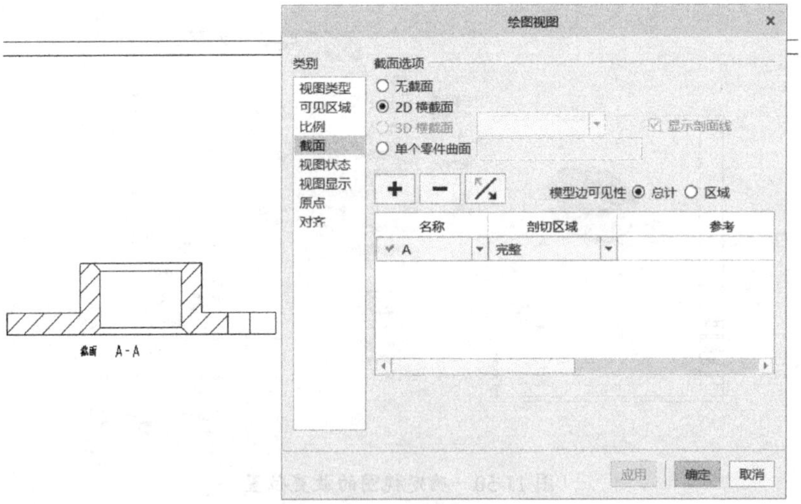

图 11-53　建立全剖视图

（7）单击“绘图视图”对话框的“确定”按钮。

## 4. 插入投影视图

（1）选中第一个视图，在“模型视图”面板中单击“投影视图”按钮。

（2）移动鼠标指针在第一个视图的下方适当位置单击，以放置该投影视图。

（3）双击该投影视图，打开“绘图视图”对话框。

（4）切换到“绘图视图”对话框的“视图显示”类别页，在“显示样式”下拉列表中选择“消隐”选项，单击“应用”按钮。

（5）在“绘图视图”对话框中单击“确定”按钮。

此时插入的投影视图如图 11-54 所示。

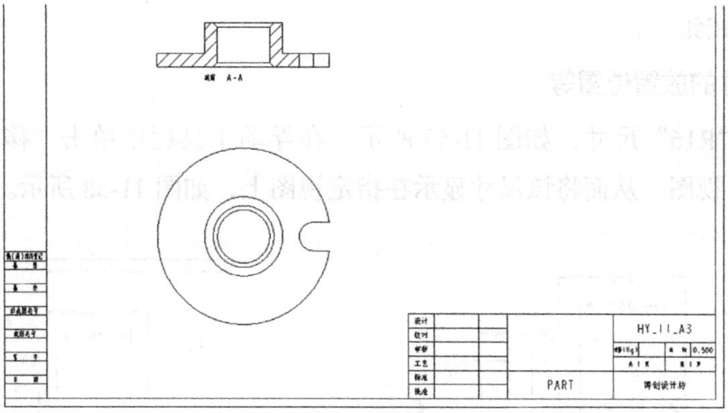


图 11-54　插入投影视图

### 5. 移动视图

（1）确认“锁定视图移动”按钮处于未选中的状态。

（2）微微调整各视图在图框内的放置位置，目的是使整个图幅页面显示得比较协调美观，此操作可自由发挥。

### 6. 标注（显示）尺寸

（1）在功能区切换至“注释”选项卡，在“注释”面板上单击“显示模型注释”按钮，打开“显示模型注释”对话框。

（2）在“显示模型尺寸”选项卡上的“类型”下拉列表中选择“全部”选项，在位于绘图树下方的模型树上单击元件名称以选择整个元件，单击“全选”按钮，然后在图纸页上分别单击两个尺寸以取消这两个尺寸的选中状态，如图 11-55 所示，单击“应用”按钮。

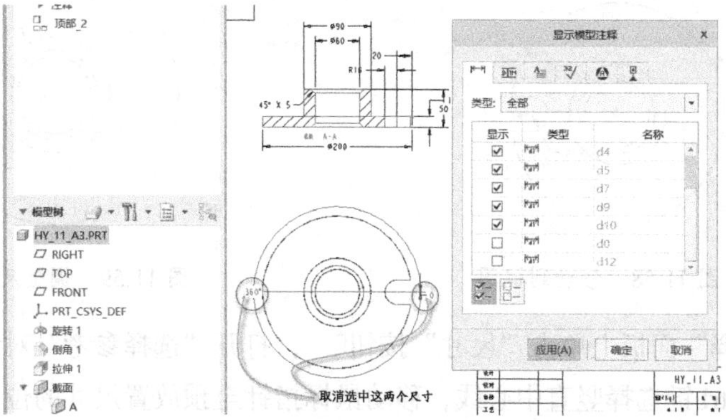


图 11-55　设置显示哪些模型尺寸

（3）切换至“显示模型基准”选项卡，选择整个模型的全部轴线基准，单击“确定”按钮。

### 7. 拭除不需要显示的注释

在第一个视图下选择“截面 A-A”的注释文本，在弹出的如图 11-56 所示的浮动工具栏中单击“拭除”按钮。

### 8. 调整尺寸的放置位置等

（1）选择“R16”尺寸，如图 11-57 所示，在浮动工具栏中单击“移动到视图”按钮，选择另一个视图，从而将该尺寸显示在指定视图上，如图 11-58 所示。

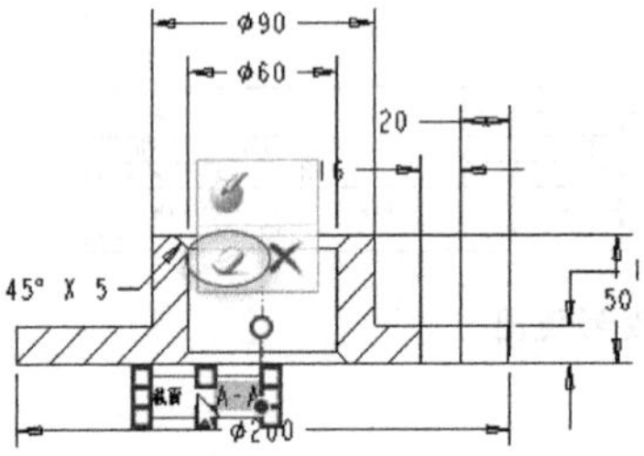


图 11-56　拭除选定对象

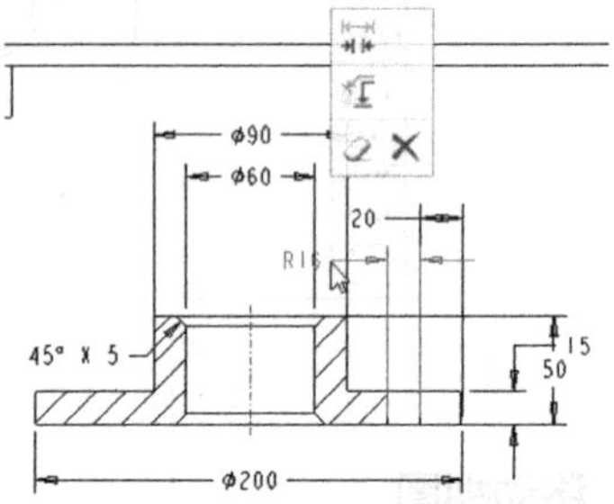


图 11-57　选择“R16”尺寸

（2）使用鼠标拖动的方式调整相关尺寸的放置位置，同时拭除数值为 20 的尺寸，参考效果如图 11-59 所示。

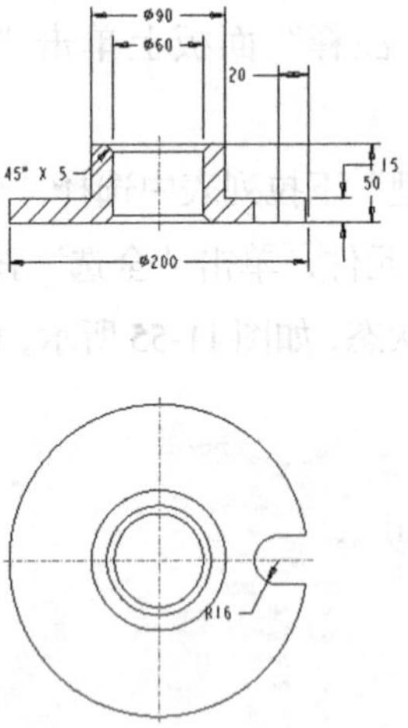


图 11-58　移动到视图

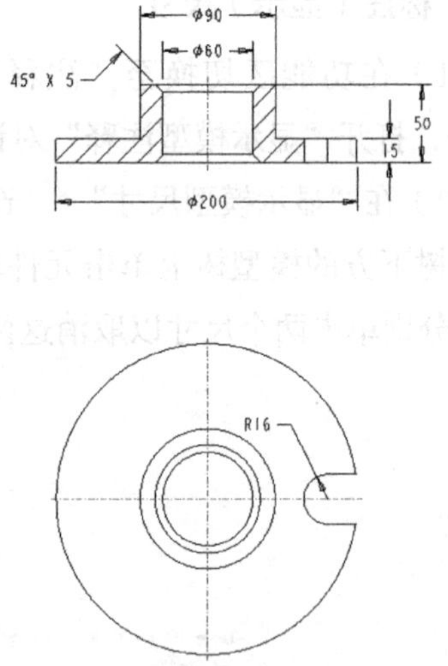


图 11-59　调整尺寸放置位置

（3）在“注释”面板上单击“尺寸”按钮，打开“选择参考”对话框，选择所需的一个圆弧，按住 Ctrl 键选择竖直中心线，移动鼠标指针至预放置尺寸的位置单击鼠标中键，如图 11-60 所示。最后关闭“选择参考”对话框。

（4）可以将数值为"Φ200”的直径尺寸移动到另一个视图（俯视图）中显示。

**9. 插入轴测图**

（1）在功能区中切换至“布局”选项卡，在“模型视图”面板上单击“普通视图”按钮。

（2）在图框内的右半部空白区域单击，以确定视图的放置位置（视图的中心点），打开“绘图视图”对话框。

（3）在“绘图视图”对话框的“视图类型”类别页的“默认方向”下拉列表中选择“等轴测”选项，如图 11-61 所示，其他选项为默认值，单击“应用”按钮。

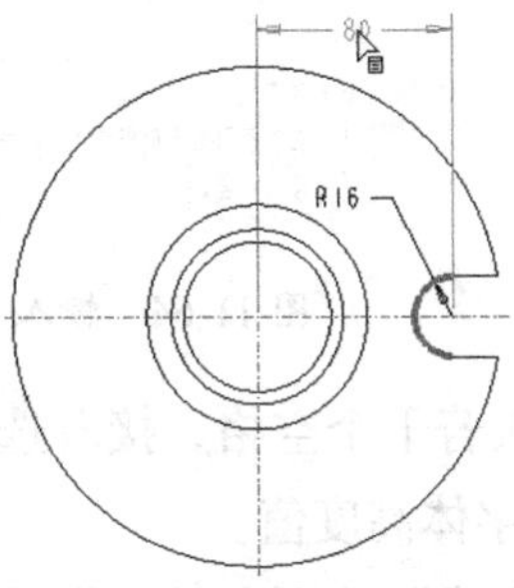


图 11-60 创建距离尺寸

图 11-61 选择“等轴测”选项

（4）切换到“绘图视图”对话框的“视图显示”类别页，在“显示样式”下拉列表中选择“消隐”选项，在“相切边显示样式”下拉列表中选择“默认”选项，单击“应用”按钮。

（5）在“绘图视图”对话框中单击“确定”按钮。

插入的轴测图如图 11-62 所示。

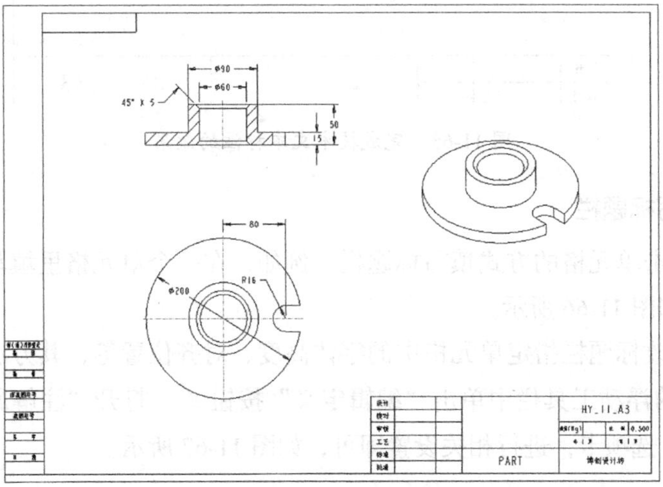


图 11-62 插入轴测图

### 10. 标注技术要求

（1）在功能区“注释”选项卡的“注释”面板中单击“独立注释”按钮，打开如图 11-63 所示的“选择点”对话框，接受默认选中的“在绘图上选择一个自由点”按钮。

（2）在图框内的适当位置（如标题栏的上方空白区域）单击。

（3）输入第一行文本为“技术要求”，按 Enter 键；输入第二行文本为“1. 在外表面上不能出现飞边、毛刺等不良现象。”，按 Enter 键；输入第三行文本为“2. 淬火处理。”，如图 11-64 所示。

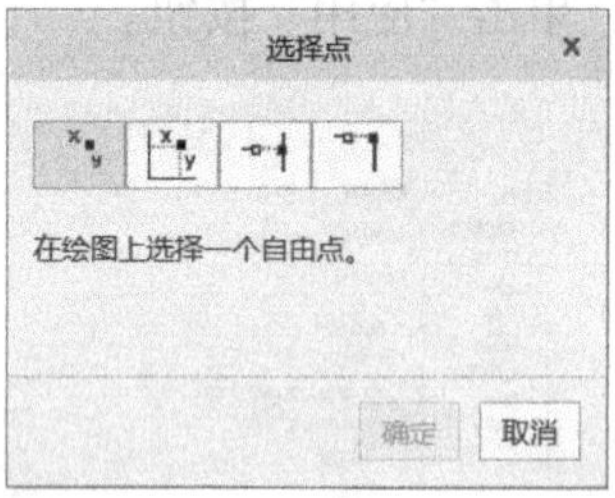


图 11-63 “选择点”对话框

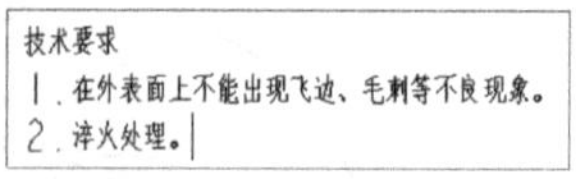


图 11-64 输入三行文字

（4）将鼠标指针移到“技术要求”文本前，输入若干个空格，接着选中“技术要求”文本，利用功能区出现的“格式”选项卡修改它们的字体高度值。

（5）在文本框内选择另两行文字，在功能区“格式”选项卡的“样式”面板上修改其字体高度值，注意比“技术要求”文本字体高度值要小一些。

完成技术文本标注的效果如图 11-65 所示。

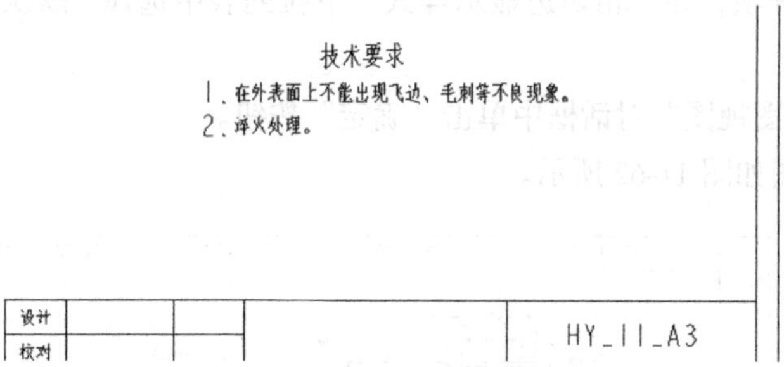


图 11-65 完成技术文本标注的效果

### 11. 补充填写标题栏

（1）通过双击单元格的方式填写标题栏。例如，在一个单元格里填写该零件的名称为“定位套件”，如图 11-66 所示。

（2）可以修改标题栏指定单元格中的字体高度、对齐位置等，其方法是单击要操作的单元格，在弹出的浮动工具栏中单击“编辑定义”按钮，打开“注解属性”对话框，切换至“文本样式”选项卡，进行相关设置即可，如图 11-67 所示。

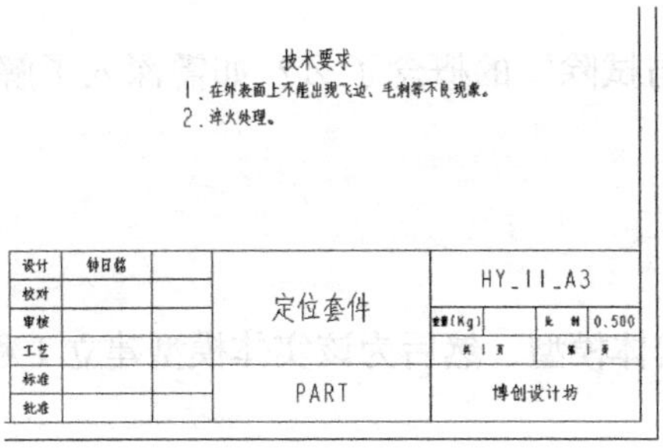


图 11-66　补充填写标题栏

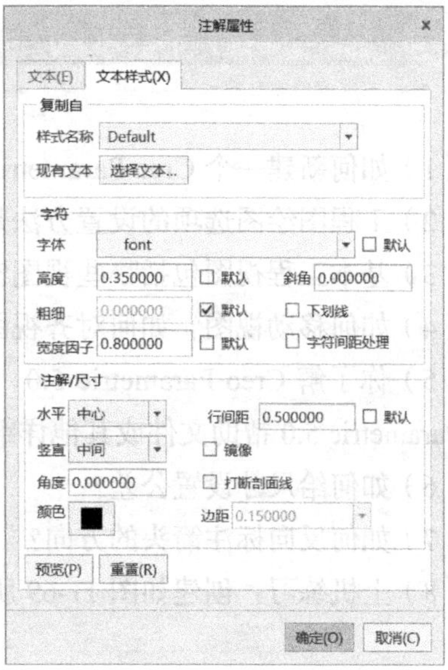


图 11-67　“注解属性”对话框

（3）最后完成的工程图如图 11-68 所示。

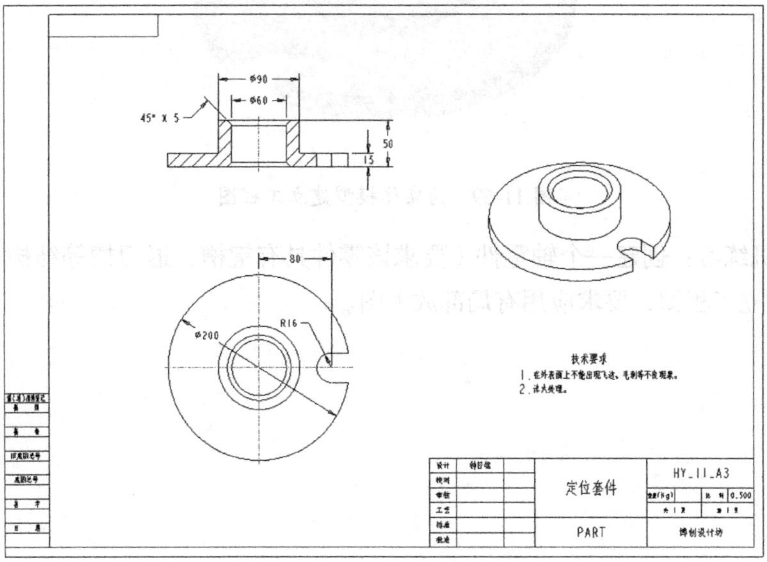


图 11-68　最终完成的工程图

## 12. 保存文件

（1）在“快速访问”工具栏中单击“保存”按钮，打开“保存对象”对话框。

（2）在“保存对象”对话框中指定要保存的位置（路径），单击“确定”按钮。

## 11.7 思考与上机练习

（1）如何新建一个 Creo Parametric 5.0 工程图文件？

（2）工程图绘图选项的设置方法是什么？

（3）基本工程视图包括哪些视图？

（4）如何移动视图？如何对齐视图？

（5）你了解 Creo Parametric 5.0 “显示与拭除”的概念了么？如需深入了解，请查看 Creo Parametric 5.0 帮助文件或其他详细资料。

（6）如何给尺寸设置公差？

（7）如何反向标注箭头的方向？

（8）上机练习：创建如图 11-69 所示的实体模型，然后为该实体模型建立工程图。

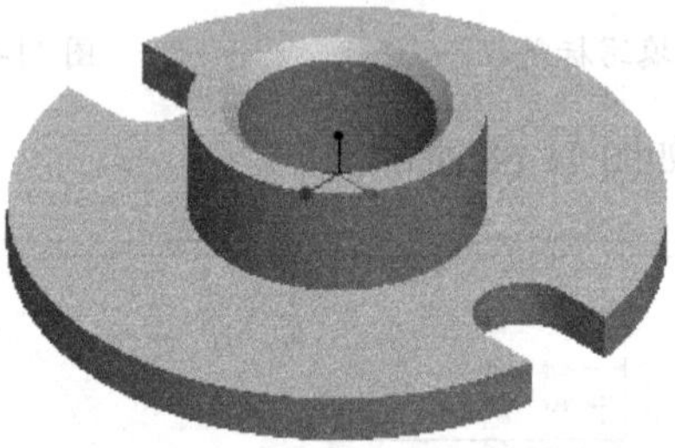

图 11-69　为实体模型建立工程图

（9）上机练习：创建一个轴零件（要求该零件具有键槽、退刀槽等结构），然后为该轴实体模型建立工程图，要求应用有局部放大图。